GUIAS OCEANO

ARGENTINA

D1662986

OCEANO

ACERCA DE ESTE LIBRO

Equipo editorial

VERSIÓN ORIGINAL

Edición
Huw Hennessy

Director del proyecto
Brian Bell

VERSIÓN EN LENGUA ESPAÑOLA

Edición y actualización
Editorial Océano

Traducción
Alejandra Devoto

Diseño de cubiertas
Idee

© 2006 Apa Publications GmbH & Co.
Verlag KG Singapore Branch
© 2006 Editorial Océano, S.L.
Milanesat, 21-23
EDIFICIO OCEANO
08017 Barcelona (España)
Tel.: 932 802 020
Fax: 932 031 791
www.oceano.com
info-librerías@oceano.com

Editorial Océano, S.L.
ISBN: 84-7764-056-4
Ediciones Océano Argentina, S.A.
(firma integrante
de la presente coedición)
ISBN: 987-9361-36-9

Reservados todos los derechos.
Quedan rigurosamente
prohibidas, sin la autorización
escrita de los titulares del *copyright*,
bajo las sanciones establecidas
en las leyes, la reproducción total
o parcial de esta obra por cualquier
medio o procedimiento,
comprendidos la reprografía
y el tratamiento informático,
y la distribución de ejemplares
de ella mediante alquiler
o préstamo público.

Impreso por
Insight Print Services Pte. Ltd.
Singapur

Printed by
Insight Print Services Pte. Ltd.
Singapore

Océano presenta esta nueva edición de la guía de Argentina, totalmente actualizada y revisada por sus expertos en viajes. En ella ha trabajado un experimentado equipo de redactores y fotógrafos con un profundo conocimiento del país, uno de los países latinoamericanos más interesantes y atractivos. Aparte de los clubs de tango de Buenos Aires, esta inmensa república ofrece también una gran variedad de paisajes impresionantes, con una creciente demanda turística de deportes de aventura y de actividades de turismo ecológico.

Cómo utilizar esta guía

La guía ha sido cuidadosamente estructurada tanto para ofrecer una visión detallada del país, sus habitantes y su cultura, como para servir de guía al lector que lo visite.

Para comprender la sociedad argentina actual es necesario conocer un poco de su historia. Las dos primeras secciones, señaladas con una franja amarilla, describen la historia y la cultura del país en una serie de ensayos de estilo ameno.

La sección *Lugares*, marcada con una franja azul, proporciona una guía de

todos los sitios y áreas de especial interés que merecen la pena ser visitados. Dichos lugares han sido destacados con una referencia alfanumérica que se corresponde con mapas a todo color.

La sección *Guía práctica*, situada en las últimas páginas de la guía, es un apartado de referencia que ofrece información útil sobre alojamiento, restaurantes y otros aspectos prácticos. En la solapa posterior, que también sirve como marcador, hallará un índice detallado de esta sección para localizar el dato preciso que desee.

Los colaboradores

La presente reedición ha sido supervisada por **Huw Hennessy**, a partir del material original redactado por **Deirdre Ball**, **Elena Decima**, **Philip Benson**, **Tony Perrottet**, **Federico Kirbus** y **Parry Jones**.

Los artículos de historia han sido revisados y actualizados por **Nick Caistor**, director para Latinoamérica del BBC World Service.

La mayor parte de los capítulos de la sección *Lugares* han sido puestos al día por **Jill Hedges**, directora de servicios financieros y residente en Buenos Aires, mientras que la información sobre Tierra del Fuego se debe a **Caroline Mouzo**, que vive en Ushuaia.

Fiona Anderson, una escritora que vivió seis años en Bariloche, ha puesto al día el capítulo sobre la Patagonia, además de redactar los artículos «Un pueblo apasionado», «La comida y el vino», así como «La aventura de la naturaleza».

Una experta en bailes latinos, **Shannon Shiell**, ha actualizado el artículo sobre el tango y también ha escrito sobre otras clases de música y danzas argentinas.

El escritor, **David Burnie**, experto en historia natural, ha revisado el artículo «La Argentina agreste», además de escribir el de «Un safari a la estepa meridional».

Eduardo Gil es autor de gran parte de las fotografías; otras son de **Volkmar Janicke** y **Mireille Vautier**. El índice ha sido elaborado por **Isobel McLean** y **Sylvia Suddes** ha corregido la Guía práctica.

Jane Egginton ha sido la encargada de la actualización y revisión de esta última edición.

Leyendas de los mapas

▬ ▪ ▬	Límite internacional
▬ ▬ ▬	Frontera provincial
⊖	Aduana
▬ ▪ ▬	Parque Nacional/Reserva
▬ ▪ ▪ ▬	Ruta de transbordadores
Ⓜ	Metro (o subte)
✈ ✈	Aeropuerto internacional/regional
🚌	Estación de autobuses
🅿	Aparcamiento
❶	Información turística
✉	Oficina de correos
⋔ † ⸸	Iglesia/ruinas
†	Monasterio
☾	Mezquita
✡	Sinagoga
🏰 🏯	Castillo/Ruinas
∴	Yacimiento arqueológico
∩	Cueva
⚊	Estatua/Monumento
★	Lugar de interés

Los principales sitios de interés que aparecen en la sección *Lugares* están destacados con una remisión alfanumérica (**❶**, **❷**, **❸**...; **Ⓐ**, **Ⓑ**, **Ⓒ**...) que indica su localización en el mapa de referencia. En la parte superior de las páginas impares, un segmento del mapa indica la página dónde encontrarlo.

SUMARIO

Interior de la portada
Mapa de Argentina
Interior de la contraportada
Plano de Buenos Aires

Las fachadas
multicolores
de la calle Caminito,
en Buenos Aires.

Una mirada a...

Cuadros informativos

Lugares

Guía práctica

◆ **El índice completo
de la Guía práctica
está en la página 339.**

BIENVENIDOS

*Argentina empieza a sacar partido al
atractivo de sus amplios espacios abiertos*

Algunas de las características de Argentina ya son famosas en todo el mundo, pero el país posee otros encantos que pasan inadvertidos. Todos saben que es la tierra del tango, pero no que el pico más alto del continente americano, el Aconcagua, está situado en la frontera occidental. La carne de ternera argentina tiene fama mundial, pero pocos han oído hablar de las extrañas formaciones glaciares que existen en la zona lacustre; y mientras que a casi todos les suena el nombre de Tierra del Fuego, no son muchos los que saben que Ushuaia, en la costa meridional, es la ciudad más austral del mundo, además del puerto principal donde hacen escala los cruceros que recorren el estrecho de Magallanes y llegan hasta la Antártida.

En los últimos años, Argentina ha sido noticia por el desmoronamiento del sistema económico y financiero del país. Sus clases medias adineradas pasaron a engrosar las filas de los desempleados, y paralelamente se ha producido un incremento de la pobreza y de las manifestaciones populares. No obstante, la ira y la frustración populares nunca se han dirigido contra los visitantes extranjeros, que siempre reciben una cálida bienvenida.

Dejando de lado una metrópoli sofisticada como Buenos Aires, los gauchos a caballo y los extensos espacios abiertos de la Patagonia y la Pampa, Argentina también sorprende al visitante con buenos vinos, espectaculares cataratas en plena selva, ciudades coloniales y colonias de pájaros bobos. En este país se pueden pasar unas vacaciones practicando actividades tan variadas como pasear a caballo por los Andes o apostar en un casino frente al mar.

Los primeros pobladores llegaron a Argentina procedentes de una gama de países mucho más variada que la de ningún otro lugar de América del Sur (*véase pág. 79*), sobre todo del centro y norte de Europa y Asia central. La influencia de las diferentes comunidades de inmigrantes todavía es notoria en todo el país: en los partidos de críquet y polo importados por los británicos, en las estaciones de esquí alpino, en las *Oktoberfest* alemanas y en los *Eisteddfod* galeses.

Además de disfrutar de los refinamientos de Buenos Aires o de las bellezas naturales del interior, el viajero tiene que aprovechar la oportunidad para conocer a los argentinos. Pasar una tarde conversando en un café con un animado grupo de porteños (nombre que reciben los habitantes de la ciudad de Buenos Aires), o hablando de caballos con un gaucho experto en la Patagonia, ayudarán a todo aquel que visite Argentina por primera vez a conocer y apreciar la fascinante cultura de los argentinos, por la cual sienten un orgullo más que justificado.

Páginas anteriores: el glaciar Perito Moreno, en el sur de la Patagonia;
un paseo a caballo hasta la vertiente sur del Aconcagua;
un pintor callejero en la Boca, Buenos Aires; un gaucho.
Izquierda: un futuro gaucho.

DE LAS JUNGLAS A LOS GLACIARES

Al abarcar tantas latitudes, Argentina presenta un paisaje sumamente variado,

desde la estepa austral, barrida por el viento, hasta el norte subtropical

Argentina es un país de muchas riquezas, aunque la plata no sea una de ellas, algo que desconocían los exploradores españoles cuando dieron su nombre al país (en latín, *argentum* significa «plata»). Este metal precioso se descubrió en grandes cantidades más al norte, en Bolivia y Perú, pero de todos modos el nombre se mantuvo.

La Argentina actual es un país enorme, el octavo del mundo por su tamaño y el segundo de Latinoamérica (por su población y superficie), después de Brasil. Está formado por 23 provincias, una de las cuales incluye parte de Tierra del Fuego, varias islas del Atlántico Sur y una porción de la Antártida, en forma de una cuña de 49 grados, que llega hasta el polo Sur, y un distrito federal. De ellas, 14 se consideran provincias históricas: Buenos Aires (capital La Plata), Catamarca (capital San Fernando del Valle de Catamarca), Córdoba (capital homónima), Corrientes (capital homónima), Entre Ríos (capital Paraná), Jujuy (capital San Salvador de Jujuy), La Rioja (capital homónima), Mendoza (capital homónima), Salta (capital homónima), San Juan (capital homónima), San Luis (capital homónima), Santa Fe (capital homónima), Santiago del Estero (capital homónima) y Tucumán (capital San Miguel de Tucumán). Las nueve provincias restantes adquirieron este rango a lo largo de la segunda mitad del siglo XX.

La República de Argentina abarca una superficie de casi 2,8 millones de kilómetros cuadrados. Las islas y el sector antártico abarcan 1,2 millones de kilómetros cuadrados más. La extensión del país es de 3 700 kilómetros de largo y unos 1 500 kilómetros de ancho en el punto máximo. Es el séptimo Estado del mundo, pero está relativamente poco poblado, con 35 millones de habitantes y una densidad de 13 hab/km².

Como era de esperar, un país tan extenso presenta una gran diversidad topográfica y climática. Si bien la mayor parte está situado dentro de la zona templada del hemisferio sur, el clima varía de tropical, en el norte, a subantártico, en el sur. En general, el clima de Argentina resulta moderado por la proximidad de los océanos a ambos lados de la masa continental, y la imponente mole de los Andes, al oeste, también desempeña un papel importante. Esta diversidad de ambientes ha dotado al país de un amplio espectro de vida vegetal y animal.

A grandes rasgos, el país se divide en las siguientes zonas geográficas: la fértil pampa central, los esteros de la Mesopotamia al nordeste, la

región boscosa del Chaco en el centro norte, la meseta alta del noroeste, el desierto montañoso del oeste y las estepas ventosas de la Patagonia. Dentro de estas zonas se puede encontrar cualquier paisaje, desde tórridas junglas subtropicales hasta los casquetes de hielo continental, y en medio toda clase de características ambientales.

Una llanura cubierta de hierba

La pampa es quizás el tipo de suelo más conocido de Argentina. Estas fértiles llanuras aluviales fueron la tierra del legendario gaucho, y en la actualidad constituyen la base de gran parte de la riqueza económica del país. Estas praderas abarcan la mayor parte del centro de Argentina, extendiéndose hacia el sur, el oeste y el norte en un radio de

PÁGINAS ANTERIORES: atardecer en el Aconcagua, el pico más alto de América del Sur (6 959 metros). **IZQUIERDA:** dos habitantes del noroeste a caballo. **DERECHA:** un cóndor andino.

unos 970 kilómetros desde la ciudad de Buenos Aires. Por el norte esta gran área linda con la llanura chaqueña, de relieve muy similar pero de la que la separan disimilitudes climáticas. Los argentinos presumen de la riqueza del suelo de la llanura pampeana; según algunos, la capa superior alcanza los 2 metros de profundidad, mientras que otros creen que son 5 metros. En la zona pampeana, la disponibilidad de agua subterránea a escasa profundidad es casi una constante. El agua aparece en diferentes capas del subsuelo y, debido a su potabilidad, constituye uno de los grandes recursos naturales de la región.

La pampa se divide en húmeda y seca. Corresponde a la pampa húmeda la parte más oriental del país, fundamentalmente la provincia de Buenos Aires. De esta porción más húmeda se obtiene la mayor parte de la producción agrícola del país, pues allí se cultivan cereales, sobre todo trigo. Se trata de una zona básica para la industria ganadera. El hecho de que el ganado se alimente de pasto proporciona a la carne argentina su sabor peculiar. El desarrollo de la región dio un gran salto a raíz de la construcción de la red ferroviaria.

Casi toda la pampa húmeda ha sido labrada y cultivada. Muchos de los terratenientes argentinos tienen allí sus estancias, campos que suelen abarcar cientos de miles de hectáreas. La pampa seca se extiende más al oeste, donde los Andes hacen que el ambiente sea menos húmedo.

UNA TIERRA SIN ÁRBOLES

Hay muy poca vegetación endémica de la pampa. En algunas zonas se ve una hierba fina que alcanza poca altura, mientras que en otros sitios hay pastos altos y gruesos, mezclados con matorrales. El único árbol original es el ombú, en realidad ni siquiera un árbol, sino un arbusto. Aunque alcanza un tamaño considerable, sus fibras húmedas no sirven como leña para hacer fuego. Tradicionalmente, su principal función era proporcionar sombra a los gauchos. Con los años se han introducido numerosas especies. Por todas partes se encuentran altas hileras de árboles que sirven para cortar el viento e interrumpir la monotonía del paisaje.

Sierras y ríos

La llanura pampeana se interrumpe en diversos puntos por las sierras bajas. Los sistemas principales son las sierras de Tandilia y las sierras de Ventania, en el este, y varias cadenas paralelas en las provincias centrales de Córdoba y San Luis. Las de Tandilia tienen poca altura, con un máximo de 524 metros en la sierra La Juanita. Las de Ventania, que tienen un origen diferente, son más elevadas.

La cuenca del Río de la Plata tiene como afluentes varios grandes ríos: Paraná, Uruguay y Paraguay, entre otros. Desagua una extensa zona de Latinoamérica que incluye el este de Bolivia, casi todo Paraguay y Uruguay, y parte del sur de Brasil.

La cuenca del Río de la Plata acaba en el estuario del Río de la Plata, cuya desembocadura queda un poco al noroeste de Buenos Aires. La zona del delta del río está surcada por numerosos riachuelos que han originado un ecosistema pantanoso único. La mayor parte del puerto de Buenos Aires se ha desarrollado sobre las márgenes pantanosas del estuario, pero hay que dragar a menudo para evitar que se deposite limo en los canales.

Bosques subtropicales

La zona aislada que está situada al nordeste de Argentina se denomina Mesopotamia, ya que se extiende en su mayor parte entre los ríos Paraná y Uruguay. Cruzada por ríos y arroyos, gran parte de la región es baja y pantanosa porque recibe mucha lluvia.

La zona sur, llena de esteros y sierras bajas, basa su economía en la cría de ganado ovino y vacuno, así como de caballos; se trata de una de las grandes regiones productoras de lana del país.

Hacia el norte, el clima se vuelve subtropical y muy húmedo. Allí la economía se basa en la agricultura, y los principales cultivos son una forma de té llamada yerba mate (*véase pág. 92*) y diversas clases de fruta. Además, se han destruido grandes extensiones de la selva tropical virgen para dedicarlas a la industria maderera, de creciente importancia en la economía argentina.

En el extremo septentrional de la provincia de Misiones, se alza sobre las tierras bajas una meseta de arenisca y basalto. Allí el paisaje se caracteriza por un relieve irregular, combinado con ríos de corriente rápida. Justo en el límite con Brasil están las magníficas cataratas del Iguazú (*véase pág. 235*), donde hay más de 275 cascadas diferentes, de más de 60 metros de altura en medio de la exuberante selva tropical.

La montería

La zona central del norte de Argentina se llama Chaco. Es la porción meridional del Gran Chaco, que abarca Bolivia, Paraguay y Brasil y limita al norte con la región brasileña del Mato Grosso. En el dialecto local, *chaco* significa «montería»; de hecho, a lo largo de esta región extensa y muy poco accidentada abundan los animales que justificarían tal nombre.

Hay planicies cubiertas de selva, marismas y palmares al este, y en la zona más seca de la llanura chaqueña, una sabana que se extiende al oeste; el clima va desde el tropical hasta el subtropical.

El Chaco se halla dentro de la cuenca del Río de la Plata y, aunque es una zona seca durante casi todo el año, las lluvias torrenciales del verano causan grandes inundaciones.

Los bosques contienen madera dura de excelente calidad, por eso la principal industria es la maderera. Gran parte de las áreas de bosque que han sido taladas se utilizan para la ganadería, aunque también se cultiva algodón y otros productos, como girasol y maíz.

> **EL ÁRBOL DE LA VIDA**
>
> Una de las principales actividades económicas del Chaco es la cosecha del quebracho, un árbol cuya resina se utiliza para curtir el cuero. El cuero curtido es un importante subproducto de la industria ganadera argentina.

Altiplanicie y montañas

Yendo desde el Chaco hacia el oeste, se llega a la región de la meseta del noroeste, donde la proximidad de los Andes produce un ambiente árido o semiárido en gran parte del territorio. Esta zona tiene una extensión aproximada de 205 000 kilómetros cuadrados y abarca toda la provincia de Jujuy, gran parte de las de Salta y Tucumán y el norte de Catamarca. La altura aumenta de manera progresiva, hasta llegar al altiplano, en la frontera septentrional de Argentina con Bolivia. En este tramo, los Andes se dividen en dos cordilleras paralelas: la Salta-Jujeña, al oeste, y las sierras Subandinas, al este.

Aislada por su ubicación geográfica y su altura, que dificultan las comunicaciones con el resto del

IZQUIERDA: el lago Argentino, situado en la provincia de Santa Cruz, al sur del país.
DERECHA: un tucán, en la zona subtropical del nordeste.

país, la Puna es un desierto frío y seco, flanqueado por los Andes, que se extiende desde la provincia de Catamarca hacia el norte, en dirección a Bolivia, y abarca también parte del norte de Chile. Los pobladores de esta región crían cabras, ovejas y llamas.

Más al este, el barómetro vuelve a experimentar un gran cambio, ya que en la mayor parte de las provincias de Tucumán, Salta y Jujuy predomina el clima tropical de montaña, con inviernos suaves. Este clima permite, además de la cría de ganado, el cultivo de viñedos,

LA RIQUEZA DE UNA NACIÓN

La región de Cuyo cuenta con una gran riqueza mineral. Se extrae cobre, plomo y uranio, y el petróleo que se ha hallado allí y en la Patagonia hace que Argentina sea autosuficiente con respecto a un recurso tan vital como éste.

olivos, cítricos, tabaco y caña de azúcar, así como de verduras y hortalizas en los valles y en las laderas de las montañas.

Vides y cítricos

La región centro-occidental de Argentina, que comprende las provincias de San Juan, Mendoza y San Luis, se conoce como el Cuyo. Es allí donde la cordillera de los Andes se convierte en una imponente mole, ya que muchos de sus picos superan los 6 600 metros. Al oeste de Mendoza se halla el Aconcagua, de 6 980 metros de altura, el pico más alto del hemisferio occidental. Justo al sur del Aconcagua se halla el paso de Uspallata (un antiguo camino inca), cuyo punto culminante, a 3 800 metros de altura, marca el límite con Chile.

Desde las montañas glaciales hasta las planicies, se extienden hacia el este estrechas franjas desérticas. Allí la mayor parte del suelo es seco y está erosionado por el viento y salpicado de matorrales. Los ríos que se alimentan del deshielo de las nieves andinas atraviesan los desiertos. Gracias a ellos y con ayuda de un vasto sistema de regadío, se practica en la región la agricultura a gran escala. Cuyo, que en lengua araucana significa «país de arena», es la tierra del vino argentino: su clima árido, suelo arenoso y el hecho de que luzca el sol durante todo el año ofrecen las condiciones meteorológicas ideales para la vitivinicultura (*véase pág. 93*). También permite el cultivo de cítricos.

La estepa abierta

Al sur del río Colorado se encuentra la Patagonia, que ocupa más de una cuarta parte del país, constituida por una serie de mesetas secas que bajan desde los Andes hasta los accidentados acantilados de la costa atlántica.

Los Andes patagónicos son más bajos que los del norte y están salpicados de lagos, prados y glaciares. Muchas laderas están cubiertas de bosques. Las estepas centrales son azotadas por fuertes vientos, que más al sur soplan de forma casi permanente. El terreno ha sido erosionado por estos vientos y también por ríos y glaciares.

En los valles fluviales bajos y anchos del norte de la Patagonia se cultivan frutas y hortalizas gracias al regadío. Hacia el sur, los ríos atraviesan cañones profundos, de fondo llano. Pero aunque llueve durante la mayor parte del año, el clima es frío y no favorece demasiado la vegetación. Las planicies están cubiertas de hierbas, arbustos y algunos árboles resistentes. Debido a la dureza del suelo, la principal actividad económica de esta zona es la cría de ovejas.

Hacia el sur, entre el estrecho de Magallanes y el canal de Beagle, se halla la Tierra del Fuego (capital Ushuaia). Allí predomina el clima subantártico, aunque podría ser peor, teniendo en cuenta la latitud. La proximidad de las aguas del Atlántico y del Pacífico contribuye en cierto modo a moderar la temperatura, y algunas partes del archipiélago son bastante verdes, lo que incluso proporciona pasto a las ovejas.

IZQUIERDA: cardones, los enormes cactus del noroeste. **DERECHA:** el cerro Torre, en el Parque Nacional Los Glaciares, al sur de la Patagonia.

Fechas decisivas

ÉPOCA PRECOLOMBINA: 10 000 A.C.-1480

Antes de 10 000 a.C.: Tribus nómadas de cazadores-recolectores llegan a Argentina desde el norte y se establecen en los Andes y a lo largo de la costa.

500 a.C.-650 d.C.: Aparición de la cerámica en Jujuy y San Juan. Florece la cultura de Tafí en la actual Tucumán, en el noroeste.

600-1480: Crecimiento de centros urbanos en el noroeste y el oeste; desarrollo de la metalistería fina.

1480: Los incas, liderados por Túpac Yupanqui, conquistan el noroeste de Argentina, construyen caminos y fuertes y establecen lazos comerciales.

LA ÉPOCA COLONIAL: 1516-1809

1516: Juan Díaz de Solís descubre el Río de la Plata.

1536: Pedro de Mendoza funda el asentamiento de Santa María del Buen Ayre (Buenos Aires).

1551: Los colonizadores procedentes de Perú fundan Santiago del Estero, el primer asentamiento español permanente de Argentina.

1580: El conquistador Juan de Garay funda por segunda vez la ciudad de Buenos Aires y se constituye el Cabildo.

1592: Hernando Arias de Saavedra, Hernandarias, es nombrado primer gobernador del Río de la Plata.

1776: El monarca español Carlos III declara Buenos Aires capital del Virreinato del Río de la Plata, que abarca los actuales territorios de Argentina, Uruguay, Paraguay y Bolivia.

1806-1807: Las tropas británicas invaden y ocupan Buenos Aires, pero son expulsadas en dos ocasiones.

LA REPÚBLICA INDEPENDIENTE: 1810-1900

1810: Cuando las tropas napoleónicas ocupan España, se forma en Buenos Aires una junta nacional o «Junta Grande». Se celebra el 25 de mayo como día de la declaración de la independencia de España.

1816: El 9 de julio, el Congreso de Tucumán declara formalmente la independencia.

1817: El héroe de la independencia, José de San Martín, conduce a las tropas argentinas por los Andes y vence a los españoles en Chacabuco y Maipú.

1820: Lucha entre los caudillos (terratenientes), que representan a las provincias del interior, y las fuerzas de Buenos Aires por el poder en el nuevo Estado.

1821: Se funda la Universidad de Buenos Aires.

1826-1827: Bernardino Rivadavia es elegido presidente. Se promulga una Constitución unitaria.

1829-1832: El hacendado bonaerense Juan Manuel de Rosas se convierte en gobernador de la provincia de Buenos Aires.

1835-1852: Rosas asume de nuevo el cargo, esta vez con plenos poderes.

1852: El ejército de Rosas es derrotado por Urquiza en la batalla de Caseros. Rosas se exilia en Gran Bretaña, donde muere en 1877.

1853: Se adopta la Constitución Nacional, que regirá en todo el país excepto en Buenos Aires. Paraná es la capital nacional hasta 1861.

1862: Se vuelve a trasladar la capital a Buenos Aires.

1865: Tratado de la Triple Alianza: Brasil, Argentina y Uruguay declaran la guerra a Paraguay. Derrota de los paraguayos en Yatay.

1869: Según el primer censo, Buenos Aires tiene 178 000 habitantes, mientras que la población total de Argentina asciende a 1,8 millones.

1879: Julio A. Roca dirige la Conquista del Desierto, en la que la población indígena resulta diezmada, y expande las fronteras hacia el sur.

1890: Alem funda el partido la Unión Cívica Radical.

1898: Segundo mandato del general Roca.

PRIMERA MITAD DEL SIGLO XX: 1900-1945

1910: Se celebra el primer siglo de independencia. Argentina es uno de los países más ricos del mundo.

1916-1930: La Unión Cívica Radical llega al gobierno. Hipólito Yrigoyen es la figura dominante y preside el país de 1916 a 1922 y de 1928 a 1930.

1930: El general conservador José F. Uriburu derroca a Yrigoyen e instaura el estado de sitio.

1932: El presidente Agustín P. Justo levanta el estado de sitio y llama a la conciliación.

1943: Golpe de Estado del GOU, Grupo de Oficiales Unidos, contra el presidente Castillo; Juan D. Perón se hace cargo de la Secretaría de Trabajo y Previsión.

EL PERONISMO Y LA ETAPA POSTERIOR: 1945-1982

1945: Juan D. Perón es ministro de Defensa; dimite y es encarcelado, pero es liberado triunfalmente; se convocan elecciones generales.

1946: Perón, casado con Eva Duarte (Evita), es elegido presidente el 24 de febrero.

1947: Fundación oficial del Partido Peronista.

1951: Perón es reelegido presidente.

1952: Eva Perón muere de cáncer.

1955: Enfrentamiento entre la Iglesia y el Estado. Eduardo Lonardi derroca a Perón.

1958: Es elegido presidente Arturo Frondizi, de la Unión Cívica Radical.

1962: Frondizi es sustituido por el presidente del Senado, José M. Guido.

1963-1966: Se forma un gobierno dirigido por el moderado Arturo Illia.

1966: La Junta Militar destituye el presidente Illia; Onganía le sustituye en el cargo.

1970: Debido al creciente malestar sindical y político, Onganía es sustituido por Levingston. Finalmente llega al poder el general Alejandro Lanusse, que anuncia que habrá elecciones presidenciales en marzo de 1973. Perón declara su intención de regresar a Argentina.

1973: Los peronistas ganan las elecciones, con Héctor J. Cámpora como candidato del Frejuli (Frente Justicialista dc Liberación).

1974: Perón asume la presidencia. Se nombra vicepresidenta a María Estela Martínez de Perón, *Isabelita*. Perón muere el 1 de julio y el poder presidencial pasa a manos de su esposa.

1976: La Junta Militar derroca a Isabel Perón el 24 de marzo. Se inicia el Proceso de Reorganización Nacional bajo el liderazgo del general Jorge Videla.

1981: El general Videla renuncia y lo sustituye el general Roberto Viola, que es sustituido a su vez por el general Leopoldo Fortunato Galtieri.

1982: Para salvar el gobierno, que carecía de apoyo, el general Galtieri envía tropas a ocupar las islas Malvinas, que desde 1833 estaban en poder de los británicos. Al cabo de dos meses de guerra con Gran Bretaña, el 14 de junio, las fuerzas argentinas se rinden.

LA DEMOCRACIA ARGENTINA: DESPUÉS DE 1983

1983: Tras la derrota en el Atlántico Sur, el gobierno militar se desmorona. El candidato de la Unión Cívica Radical, Raúl Alfonsín, es elegido presidente.

1984: La Comisión Nacional sobre la Desaparición

de Personas, encabezada por el escritor Ernesto Sábato, presenta un informe titulado *Nunca más*.

1985-1986: Se celebra el juicio oral y público de los comandantes de las juntas militares.

1989: La Unión Cívica Radical pierde las elecciones. Carlos Saúl Menem, candidato peronista, gana las elecciones presidenciales.

1992: Se establece la paridad peso-dólar estadounidense. Se reanudan las relaciones diplomáticas con Gran Bretaña.

1994: La Asamblea Constituyente modifica varios artículos de la Constitución, entre ellos el que permite la reelección presidencial.

1995: Carlos Menem es reelegido presidente.

1999: Fernando de la Rúa es elegido presidente.

2001: De la Rúa dimite a raíz de las protestas populares suscitadas por el aumento de la pobreza.

2002: El peronista Duhalde es designado nuevo presidente en funciones.

2003: Tres candidatos peronistas no oficiales se presentan a la primera ronda de las elecciones presidenciales. El ex presidente Carlos Menem obtiene la mayoría de los votos, pero se retira antes de la segunda ronda en beneficio de Néstor Kirchner, gobernador de Santa Cruz, que toma posesión como presidente el 25 de mayo.

2005: La coalición gubernamental que apoya al presidente Néstor Kirchner resulta victoriosa en las elecciones legislativas. El Frente para la Victoria (FPV) se impone en los principales distritos electorales.

2007: Elecciones presidenciales.

PÁGINAS ANTERIORES: pinturas prehistóricas de la cueva de las Manos Pintadas, en Santa Cruz.

IZQUIERDA: indios de la Patagonia.

DERECHA: encuentro del presidente Carlos Menem con el príncipe Andrés en 1998.

LA ÉPOCA PRECOLOMBINA

Aunque no tan conocidos como los de otros países latinoamericanos,

los primeros habitantes de Argentina fueron pueblos autosuficientes

Argentina y Chile fueron las últimas regiones a las que se trasladaron los primeros seres humanos en busca de nuevas tierras y recursos alimentarios. Si se mira más allá, más al norte de Argentina, la historia empezó mucho antes, a miles de kilómetros de distancia, cuando el primer grupo de asiáticos llegó al continente norteamericano. Según la teoría aceptada por la mayoría de los arqueólogos, los primeros habitantes de América llegaron a través del estrecho de Bering en alguna de las numerosas glaciaciones, en un momento en que el nivel de los océanos era mucho más bajo que el actual. Así, el estrecho de Bering se convirtió en un puente perfecto entre América y Asia.

Si se aceptan las primeras dataciones arqueológicas del valle del Yukón, en Alaska, que sitúan las primeras oleadas de inmigrantes en torno al 29 000-24 000 a.C., es posible que los primeros americanos llegaran al extremo meridional de América del Sur en el 10 000 a.C. El yacimiento de Los Toldos, en el sur de la provincia de Buenos Aires, corroboraría esta teoría.

El desplazamiento de personas y el asentamiento de grupos en toda América se vio gravemente afectado por las glaciaciones, que causaron numerosos avances y retrocesos de la placa de hielo. Resultaba muy difícil desplazarse por América del Norte cuando dos inmensas capas de hielo cubrían la mayor parte del continente. Aunque todavía no se conocen todos los efectos de la glaciación en América del Sur, se supone que en el hemisferio sur, igual que en el norte, el Pleistoceno se caracterizó por los avances y retrocesos de los hielos.

Un clima diferente

El último avance de la capa de hielo en América del Sur ocurrió entre los años 9000 y 8000 a.C. y produjo efectos diferentes de los de América del Norte. La placa de hielo no cubrió la pampa argentina ni la selva brasileña. La principal manifestación fue que en aquella época los Andes, la gran cadena montañosa que constituye la espina dorsal

IZQUIERDA: petroglifo que se cree representa al demonio, procedente de Talampaya, provincia de La Rioja.
DERECHA: figura de cerámica precolombina de Córdoba.

de América del Sur, estaban cubiertos por más hielo que en la actualidad.

El medio ambiente también era diferente, ya que había muchos más lagos que ahora, y el nivel del mar era más bajo, con lo cual muchas zonas que actualmente están bajo el agua eran lugares atractivos para acampar. Tal vez el lado atlántico del continente, que hoy en día posee una

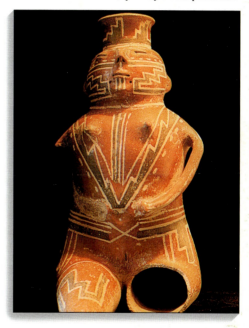

plataforma submarina amplia y poco profunda, fuera mucho más extenso y continuara más allá de la actual pampa y la Patagonia para constituir una planicie mayor. También era diferente el patrón de precipitaciones durante el Pleistoceno, y algunas zonas de la Patagonia que ahora son áridas entonces estaban cubiertas por hierba.

Durante varios milenios, los pobladores de esta zona evolucionaron de forma independiente de los habitantes de otras masas continentales y, aparentemente, apenas tuvieron contacto con las grandes civilizaciones de los Andes centrales.

Cuando los primeros españoles arribaron a Argentina durante el siglo XVI (*véase pág. 37*), no hallaron las grandes ciudades y pirámides de Mesoamérica, ni un imperio espléndido como el que construyeron los incas peruanos en un siglo, sino un país poco poblado que se extendía desde la Puna, al noroeste, hasta el extremo de Tierra del Fuego. Además, esta población no presentaba un desarrollo cultural homogéneo.

Las construcciones y la agricultura

El actual noroeste argentino era, sin duda, la zona de mayor desarrollo cultural. A lo largo de los siglos, esta zona recibió influencias procedentes de Bolivia (durante el auge del imperio de Tiahuanaco) y Perú (sobre todo en la época de la expansión del imperio inca, que incluía entre sus extensos dominios el noroeste de Argentina).

excelentes obras de metalistería (como piezas de cobre y bronce) y esculturas de piedra, que eran reliquias de los distintos grupos que vivían en la zona. Las tribus y confederaciones de tribus eran las unidades de organización política.

Las montañas centrales y la región en torno a Santiago del Estero constituían una zona menos desarrollada. Había en ella pequeñas aldeas, en algunos casos con viviendas semisubterráneas. Si bien se practicaba la agricultura, la caza y la recolección seguían desempeñando un papel destacado. Se hacían utensilios de cerámica, pero bastante toscos, y casi no se trabajaban los metales; de hecho, muchas de las piezas que utilizaban se importaban del noroeste.

A principios del siglo XVI, los aborígenes del noroeste vivían en casas de piedra de arquitectura sencilla, en poblaciones que en algunos casos pudieron alcanzar los 3 000 habitantes, por lo que ésta era la zona con mayor densidad de población.

Muchas de las poblaciones estaban amuralladas, situadas en alguna elevación con fines defensivos, y contaban con sus propias construcciones ceremoniales. En todas partes se practicaban la agricultura intensiva y el regadío; también se empleaban animales domésticos, sobre todo camélidos como la llama y la alpaca, como medio de transporte y para obtener lana y carne.

En el siglo XVI, la mayoría de las artes habían alcanzado un alto nivel de desarrollo. Se han encontrado trabajos en cerámica, tallas de madera,

La pesca y los nómadas

La vida en el noreste argentino presentaba muchas características similares a la de las montañas centrales, salvo por la presencia de dos grandes ríos, el Paraná y el Uruguay, que aportaban una nueva dimensión a la economía regional: la pesca. Aunque se conocía la alfarería, parece que no había metalurgia. Lamentablemente, hasta la fecha es una de las zonas del país en las que se han hecho menos estudios arqueológicos.

En la última región, que comprende la mitad meridional del país, desde el sur de Santa Fe y Córdoba hasta las islas más australes, casi no había arquitectura permanente. Muchos de los grupos que vivían allí eran nómadas y levantaban asentamientos temporales con viviendas sencillas, hechas a base de ramas o cuero. Apenas se practicaba la agricultura, y la caza (tanto en tierra como en mar) y la recolección eran actividades importantes. La alfarería o no se conocía o, cuando se practicaba, era muy tosca. La metalistería no se conoció hasta la llegada de las tribus araucanas procedentes de Chile. La mayoría de las herramientas eran de piedra o hueso, y en ambos materiales alcanzaron una tecnología muy desarrollada. En la región de la Patagonia, se calcula que algunas de estas tribus nómadas llegaban a incluir hasta 150 miembros.

Cazadores y recolectores

Si bien existen numerosos yacimientos arqueológicos en distintos lugares de Argentina, todavía no se ha establecido de manera satisfactoria la datación de muchos de ellos, y sólo unos cuantos se pueden atribuir a finales del Pleistoceno y principios del Holoceno, entre el 10 000 y el 9000 a.C.

Muchos arqueólogos llaman a la tradición cultural más primitiva la «tradición de la caza» o la «tradición de la caza y la recolección». De su nombre se deduce que estos grupos primitivos recorrían el país y vivían de la caza mayor y la recolección de plantas, semillas y frutas. Muchos de los animales que cazaban y comían se han extinguido. Sus primeras viviendas fueron cuevas o refugios en las rocas.

Las cuevas de Los Toldos tienen las paredes y el techo cubiertos de pinturas, sobre todo manos, realizadas con una técnica llamada «del negativo» (es decir, apoyando la mano sobre la pared y aplicando la pintura alrededor). Como algunos de los artefactos de piedra de los niveles primitivos tienen restos de pintura, se cree que estas pinturas rupestres también corresponden a los niveles primitivos, o sea, en torno al 9000 a.C.

Puntas de piedra

La tradición de la caza se mantuvo durante varios milenios, incluso hasta la llegada de los europeos en algunas zonas. Estas manifestaciones aparecen en las distintas regiones en forma de yacimientos arqueológicos que presentan ciertas características comunes: la falta de cerámica y metal, la ausencia de señales evidentes de que se practicara la agricultura (aunque en el 2500 a.C. en algunos lugares se encuentran piedras para moler) y la presencia de herramientas y objetos para el atavío personal hechos de piedra y hueso.

Izquierda: antiguas herramientas de piedra muy bien trabajadas.
Derecha: obelisco tallado del Parque de los Menhires, en la provincia de Tucumán.

Tanto las herramientas de piedra como las de hueso presentan cambios sustanciales con el paso del tiempo. Una de las herramientas más útiles para valorar estas variaciones es la punta de piedra, ya que su evolución refleja los avances tecnológicos, los cambios funcionales, la especialización en la caza y el descubrimiento de materias primas nuevas y mejores.

La pesca en el mar

La evolución fue desigual en todo el país, y ciertas zonas de la Patagonia y de Tierra del Fuego jamás se desarrollaron más allá de la etapa tradicional de la caza, como demuestra el yacimiento de Túnel, en la costa meridional del canal de Beagle.

LAS CUEVAS DEL SABER

Los huesos y otros elementos hallados en cuevas proporcionan mucha información sobre la historia primitiva de Argentina. Las cuevas de Fells y Pailli Aike contienen huesos de caballos, guanacos y perezosos, junto con otros de humanos. En el sur de Chile, en la cueva de Eberhardt se hallan restos de *Mylodon* (el perezoso gigante) y *Onohippidion* (un caballo primitivo). Los Toldos, en Santa Cruz, es un grupo de cuevas que contiene huesos de caballos. En todos estos yacimientos hay herramientas de piedra; en algunos de hueso, y en Eberhardt de cuero trabajado. Además, los yacimientos indican un patrón de ocupación nómada estacional.

Tras la primera ocupación, orientada hacia la caza del guanaco (un pariente de la llama), los habitantes se fueron dedicando poco a poco a una economía basada en el mar.

Durante 6 000 años, hasta que establecieron pleno contacto con los europeos a finales de la década de 1800, su economía y forma de vida se mantuvieron en general dentro del mismo patrón de la pesca y recolección marinas, complementándolas con la caza del guanaco y la recolección de semillas y frutos. La falta de cambios revolucionarios no refleja primitivismo ni atraso cultural, sino una adaptación eficaz y, con el tiempo, cómoda, al medio ambiente de un pueblo que conocía los recursos y los aprovechaba.

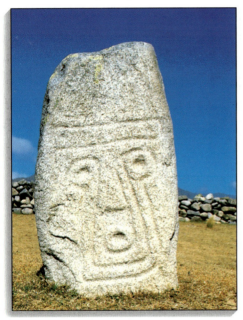

La llegada de la agricultura

En otras regiones, la tradición de la caza acabó por dar paso a la agricultura. Así, se produjo la transformación de un patrón de recolección de frutas, semillas y hojas en el lugar donde se encontraran (siendo el nomadismo una consecuencia de este régimen) a otro organizado de siembra, cuidado y recolección de la cosecha dentro de una zona más restringida, por lo general relacionado con un patrón de asentamiento sedentario.

En el Nuevo Mundo, México y la región andina fueron los centros de domesticación de las plantas silvestres. Las verduras y frutas que, con el tiempo, se convirtieron en el alimento básico de todas las sociedades precolombinas y, más tarde, de las poblaciones europeas (maíz, patata, cala-

baza, judía, pimiento), aparecen en Mesoamérica o bien en la región andina alrededor de 5000 a.C.

Cerámica y esculturas de piedra

La aparición de la agricultura a menudo va seguida de cerca por la evolución de la cerámica. Tal vez la recolección de los cultivos y el nuevo fenómeno de los excedentes alimentarios fueran un incentivo para la fabricación de recipientes donde poner y conservar semillas y frutas. Aunque la alfarería surgió en el Nuevo Mundo durante el IV milenio a.C., no aparece en los registros arqueológicos argentinos hasta aproximadamente el año 500 a.C.

Este período de transición entre la caza y recolección y la agricultura sedentaria recibe el nombre de agricultura incipiente o de la cerámica temprana (en los casos en los que ésta existe). El período de la cerámica se suele dividir en temprano, intermedio y terminal, según los diferentes estilos que se sucedieron en distintas zonas. La mayoría de las culturas de la cerámica se desarrollaron en la mitad norte de la actual Argentina.

Al período de la cerámica temprana, que duró aproximadamente desde 500 a.C. hasta el año 600 d.C., pertenecen varias culturas que ocuparon un arco que se extiende desde el centro de Jujuy hasta la parte oriental de San Juan. Uno de los primeros complejos es la cultura de Tafí, en Tucumán, que destaca por sus esculturas de piedra. Varios de estos monolitos espléndidamente tallados (algunos de hasta 3 metros de altura) tienen rostros humanos estilizados.

Los pueblos de la zona vivían en asentamientos formados por grupos de viviendas dispuestas alrededor de un patio. Su alimentación incluía la quínoa (un cereal andino), patatas y, posiblemente, maíz; además, cuidaban manadas de llamas. Se han encontrado montículos que podían usarse para enterramientos o como plataformas para estructuras especiales.

Otro ejemplo extraordinario de excelentes esculturas de piedra se halla en el asentamiento de la cultura de Alamito, en el límite entre Tucumán y Catamarca. Allí las estatuas, tanto de hombres como de mujeres, presentaban un nivel de evolución fuera de lo común, con un estilo casi abstracto, poderoso y expresivo a la vez.

En contraste con estas culturas orientadas hacia la piedra está la de Condorhuasi, en la que el arte de la cerámica alcanzó niveles de expresión que no se conocen en otros grupos. Se observan figuras extrañas, a menudo con características tanto animales como humanas, sentadas y a cuatro patas, por lo general con cuerpos y patas globulares, pintadas en una variedad de combinaciones de blanco y rojo, crema y rojo, o negro y rojo.

Asentamientos defensivos

Durante el período intermedio de la cerámica, que data del 650 al 850 d.C., se produjo la evolución y continuación de los avances realizados durante las culturas anteriores, aparecieron comunidades totalmente agrícolas que vivían en asentamientos permanentes y empezaron a cuidarse rebaños de llamas y alpacas.

La arquitectura seguía sin ser demasiado impresionante, a veces meras paredes de arcilla, tal vez con techos de caña o madera. Se siguió desarrollando el arte de la cerámica, pero en cambio decayó el trabajo de la piedra. Por entonces ya estaba muy avanzada la metalistería: se fabricaban hachas, agujas, pinzas, pulseras y discos de bronce y cobre, con complicados diseños. Las diferencias palpables en la cantidad de artefactos hallados en las tumbas es un claro indicio de que ya existía la estratificación social. La falta de obras monumentales o de ejemplos claros de un trabajo organizado apunta a una organización política sencilla todavía. El complejo de la Aguada (sobre todo en Catamarca y La Rioja) representa muy bien este período.

Durante el período terminal, que se desarrolló desde el año 850 a 1480 d.C., se produjeron algunos cambios. Los asentamientos aumentaron de tamaño y algunos se situaron en lugares defensivos; de hecho, en muchos sitios se han encontrado muros gruesos, construidos con piedras redondas. Poco a poco empezaron a aparecer carreteras, cementerios, obras de regadío y lo que quizás fueran centros ceremoniales.

La urna de cerámica (utilizada para el enterramiento de niños) es una de las características del período. Estos recipientes, de 40-60 centímetros de altura, suelen llevar pintados rostros humanos que presentan unas marcas que podrían ser de lágrimas. Otras marcas típicas son unos discos o petos de metal, profusamente decorados con motivos de cabezas humanas y serpientes.

La invasión inca

En1480 llegaron las fuerzas invasoras incas, encabezadas por el Inca Topa. Fue la máxima expansión de este imperio, ya que conquistaron lo que después sería el noroeste argentino. En la región hay restos de caminos incas, «tambos» (lugares de descanso, provisión y almacenamiento) y «pucarás» (fuertes). Introdujeron sus estilos y valores artísticos bien definidos, y muchas de las piezas

IzQUIERDA: rostro de piedra del Parque de los Menhires, en la provincia de Tucumán.
DERECHA: las ruinas de Quilmes, en la provincia de Tucumán.

de la época no son más que reproducciones locales de piezas incas originales.

Los albores de una civilización

A su llegada, los españoles hallaron en Argentina un mosaico cultural que incluía desde grupos que seguían practicando un modo de subsistencia basado en la caza y la recolección hasta otros con un nivel de desarrollo superior.

La historia de la desigual evolución cultural de la región se remonta hacia el año 10 600 a.C. y aún no se ha revelado por completo. No obstante, el trabajo permanente de los arqueólogos va llenando las lagunas de nuestro conocimiento sobre la Prehistoria de Argentina.

LA DECORACIÓN RUPESTRE

Si bien hay ejemplos de arte rupestre por toda Argentina, el lugar donde ha sido estudiado con mayor detenimiento es en la Patagonia. En esta zona se distinguen varios estilos. El de las manos pintadas está presente en numerosas cuevas. Estas ilustraciones, realizadas con la técnica del negativo, corresponden sobre todo a manos izquierdas de adultos. Un ejemplo excelente se observa en la cueva de las Manos Pintadas, en Santa Cruz. Otro estilo es el naturalista o escénico, que representa ceremonias de danzas y la caza del guanaco. A lo largo del curso superior del río Pinturas, en Santa Cruz, se encuentran varias pinturas de esta clase.

MER

DE

SUD, ou

PACI:

Mer

FICQUE.

DE

CHILI.

MER

LANIC

L'ARTIE

DU

PERÉ

Char
Cas.

Atacama
Desertum.

PA

TU

CU:

TONOCO
tes.

TRAPALANDA
Son DE LA SAL

Diaguitas

MAN.
Iuries.

Cordoua

Tropique du Capricorne.

S. Miguel de
la Ribera

R. Tambez
R. Albior
R. de Canas

Los
Char

B. Anganes
I. Guane

C. Michael Diax
C. Iacy
P.ta de Vetes
B. de N.S.
P. Copiapo

I. de Lobos

P. Guasco

P. Guasco
I. de Teroal
I. de Mensillones
I. de Pocorra
Loncalea
Choapa F.
Longauaya F.
Ligua F.
P. Quintero
P. Valparayso
P. Maipo
P. Topol
P. Lora
P. Maul
P. Cauten

Aurropiteta I.
P. Itaubi
P. Lebu

Quedal
C. Archampulgua
Prin. de los Lobos
P.ta de Inglers
R. de Cron
R. Margant
C. Carne
Bol. de S. Pablo
P.ta de Guilan

Chonos

P. de S. Esteuan
C. de Ochauaria

Abra de

Reis portant
los Euangelistos

C. Dispro
los Apostolos

TERRE MA

Lacus del
Desaguadero

GELLA

NIC

Pata

QUE

gons.

Costa de
Sierra

Bahia sin fonc

Puerto de los Leon
Cabo Redondo
Ancon de Sardinia
I. Regum
C. de Mates
P.ta de Camarones
C. Pequeno
C. de S. Jorge
Port Defire
I. de los Leones
I. de S Dionisio
B. de S. Iulian
C. de las Barreras
I. de los Leones
I. de las Arenas
R. Gallegos
C. de los Virgines

Ins Sebald. de
Werde

Entrada de S. Sebastian
P.ta de Synes

TERRE DE
FEU ou Isles MAG

I. de Diego
Ramires

S. Ilefonso Barnevelts. Eyl.

CHA:
CO

Tama
coa

Paraguei
Guebecuses
Surucusis
Bascherepos
Payembos

Xacoues
Guaratapos

Mocontos.
Tobares.
Mathagua
sels.
Titanes.
Taguamaicu.

Zapatala
Moxu
ana

B R E S I L.

DE

Nort

et

DU BRE

Tropicque du Capricorne

SIL

GUAY

BRA.

Villerisba ou Colonie des Castillans

Tajoba.

Paraná

Capitania

de Rio Janeiro

Cap de S.

Vincen

S. Vincent

S. Paulo

Cananea I.

Fongo de Parnagua

R. S. Francisco

R. Itabuca

R. Tajahu

P. Mandevi

I. de Gale

I. de S. Catharina

Arboredo

R. de Lagoa als Porto

Araranguā R. de Biera

MER DE

GA

la

ches.

NA

Y

Tierra dos Patos

URU SAIG.

Tape

Iares.

Charrues.

Ibicuit.

Terpotinhi R.

Tamarandahu R.

R. Grande als

Porto de S. Pedro

R. de Marmanso

C. de Castilhos

I. de Lobos

C. de la Plata

C. de S. Antonio

P A R A G U A Y R.

G E L

U E .

LE PARAGVAYR.

LE CHILI.

LA TERRE, et LES

ISLES MAGELLANICQUES

Tirées de diverses Relations

Par N. Sanson d'Abbeville, Geographe ord.re du Roy.

A Paris.

Chez Pierre Mariette, Rüe Sainct Iaque à l'Esperance.

avecq Privilege du Roy pour vingt Ans.

1656.

BÚENAS AERES

DE LA CONQUISTA A LA INDEPENDENCIA

Con la invasión española aumentó la población de Argentina,
pero en el siglo XIX los habitantes decidieron independizarse de España

Desde la llegada de los españoles a estas tierras a comienzos del siglo XVI, grandes logros y profundas depresiones han marcado la evolución de la nación argentina en su lucha por liberarse primero de un amo distante y después de los potentados locales y los caudillos. Por otro lado, el conflicto existente entre Buenos Aires y el interior, que sigue manteniéndose vivo en nuestros días, también ha dificultado en cierta medida el desarrollo del país.

Los primeros exploradores

Tras el descubrimiento de América, la Corona española acordó con particulares la conquista de nuevos territorios por medio de las «capitulaciones», un instrumento legal-contractual por el que las partes fijaban sus respectivos compromisos. Otras veces fueron capitanes-aventureros los que abordaron por su cuenta la empresa. Desde una perspectiva europea, la primera mitad del siglo XVI fue un período de exploración intensa de los nuevos territorios en nombre de las Coronas de España y Portugal.

Apenas diez años después del primer viaje de Colón al Nuevo Mundo, Américo Vespucio exploraba las costas orientales de América del Sur. En la actualidad, muchos le atribuyen el descubrimiento del Río de la Plata, aunque la versión argentina menciona a Juan de Solís como el primer europeo que navegó por estas aguas.

Solís, que buscaba un paso que comunicara el océano Atlántico con el Pacífico, llegó al estuario del Río de la Plata en el año 1516 y le dio el nombre de Mar Dulce, porque debido a su enorme anchura le pareció inconcebible que fuera un río. Poco después, cuando iba a la cabeza de algunos hombres que desembarcaron, murió a manos de los indígenas charrúas. Según cuenta la leyenda, tras matar a los españoles, los indígenas procedieron a comérselos a la vista de la tripulación que seguía a bordo del barco, pero la antropología desmiente esa posibilidad.

En 1519, el navegante portugués Fernando de Magallanes, en su búsqueda de un paso entre los océanos Atlántico y Pacífico, fue el siguiente explorador que llegó a la actual Argentina. Hizo escala en el golfo que llamó de San Julián, en la costa patagónica, y entró en contacto con los indígenas tehuelches, a quienes los españoles llamaron patagones. Luego continuó su viaje hasta que,

FUNDADOR DE LA CIUDAD DE BUENOS AIRES XI

en esta expedición, Magallanes descubrió el estrecho que hoy lleva su nombre. A continuación arribó Sebastián Caboto. Navegando bajo bandera española, atraído por los rumores de una montaña de plata, fue el siguiente en aventurarse en la región del Río de la Plata, en 1526. Se adentró hasta el actual Paraguay, donde los indígenas guaraníes le ofrecieron unas baratijas de metal. Esto lo inspiró para bautizar el trecho de agua lodosa con el nombre de Río de la Plata.

El noble español Pedro de Mendoza llegó a la zona al frente de una gran expedición, atraído también por las noticias de grandes riquezas en la región. El 2 de febrero de 1536 fundó Santa María de los Buenos Aires. Al principio los indígenas se mostraron amistosos, pero después se enfurecie-

---

PÁGINAS ANTERIORES: mapa de Argentina en el siglo XVII.
IZQUIERDA: ilustración satírica de Osri sobre los conflictos entre conquistadores españoles e indígenas.
DERECHA: mural de la segunda fundación de Buenos Aires.

ron con los españoles. Así lo describe uno de los soldados de Mendoza: «Los indígenas atacaron nuestra ciudad de Buenos Aires con gran fuerza. [...] Eran alrededor de 23 000. [...] Mientras algunos nos atacaban, otros disparaban flechas encendidas sobre nuestras casas». Al final, los indígenas se retiraron ante el fuego de la artillería española. Pero Mendoza y sus hombres no encontraron jamás grandes riquezas minerales y abandonaron Buenos Aires para instalarse en Asunción del Paraguay, una ciudad más hospitalaria.

Otro grupo de españoles, que llegaron por tierra desde Chile, Perú y el Alto Perú (la actual Bolivia), consiguió establecer asentamientos más duraderos. En la segunda mitad del siglo XVI se fun-

daron en el noroeste las poblaciones de Santiago del Estero, Catamarca, Mendoza, Tucumán, Córdoba, Salta, La Rioja y Jujuy. Santiago del Estero es la más antigua de Argentina, fundada en 1551.

Durante el siglo siguiente y casi todo el XVIII, el noroeste fue el centro de la mayor parte de la actividad en Argentina, sobre todo debido al proteccionismo del rey de España, que en 1554 prohibió el tráfico por el Río de la Plata. Los productos manufacturados procedentes de España y los esclavos africanos se embarcaban en una ruta comercial triangular, a través de Panamá y después Perú. Este mandato real resultó muy beneficioso para las ciudades coloniales españolas como Lima y México, pero mantuvo aislado y comercialmente atrasado el estuario del Río de la Plata.

La supremacía del noroeste y el centro del país

Mientras Argentina formó parte del Virreinato de Perú hasta 1776, dos regiones de la colonia se convirtieron en centros importantes. Tucumán se transformó en una importante región agrícola que proporcionaba trigo, maíz, algodón, tabaco y ganado al vecino Alto Perú. Poco después, Córdoba adquirió la categoría de centro educativo, con la creación de la universidad jesuítica en 1613. También esta ciudad prosperó en el aspecto económico, gracias a su posición central y las tierras fértiles. En cambio Buenos Aires, fundada por segunda vez en 1580, era una población pequeña cuya fuente de ingresos dependía principalmente de las redes de contrabandistas. Como todos los productos manufacturados tenían que recorrer una larga ruta desde España a través de Panamá, sus precios eran muy elevados, lo que contribuyó al contrabando, que permitía precios más bajos.

El cambio del oeste al este

La creciente decadencia de las industrias mineras de los Andes, junto con la creciente demanda de un comercio transatlántico directo, persuadió al final a la Corona española para crear el nuevo Virreinato del Río de la Plata, con centro administrativo en Buenos Aires. Esta ciudad, al igual que las localidades de Santa Fe y Corrientes, fue originalmente poblada por colonos provenientes de Asunción del Paraguay.

Con el nuevo virreinato, que incluía Uruguay, Paraguay y partes del Alto Perú y Argentina, España esperaba ejercer mayor control sobre una región de importancia creciente. La población de Buenos Aires aumentó de golpe de 2 200 habitantes en 1726 a más de 33 000 en 1778. Más de una cuarta parte de esta población era de origen africano y seguía sometida a la esclavitud. Muchos otros eran hijos de indígenas y españoles, ya que había pocas mujeres españolas en el virreinato.

Otro elemento importante en el panorama demográfico fue el gaucho, que apareció con las grandes estancias en la segunda mitad del siglo XVIII. Representaba una cultura muy diferente de la de los perfumados y pulcros habitantes de Buenos Aires.

La creciente importancia del Virreinato del Río de la Plata no pasó inadvertida en Europa. A consecuencia de la alianza franco-española durante las guerras napoleónicas (1804-1815) se produjo cierta distensión en los lazos de Argentina con España, cuando la armada británica destruyó la flota española. Las colonias españolas de América Latina empezaban a llamar poderosamente la atención de los británicos.

Las invasiones británicas

En 1806, y otra vez al año siguiente, los británicos invadieron Buenos Aires. Durante la primera invasión, el virrey español Rafael de Sobremonte huyó a Montevideo, al otro lado del Río de la Plata, llevándose gran parte de sus tropas. Se encomendó la reconquista de la ciudad a Santiago de Liniers, que organizó el resto de las tropas españolas y a los habitantes de la ciudad. Los británicos fueron derrotados enseguida, pero volvieron poco después.

Tras apoderarse de Montevideo, los británicos intentaron reconquistar Buenos Aires con un ejér-

MUERTE EN LAS CALLES

Cuando los británicos invadieron la ciudad de Buenos Aires por segunda vez en 1807, las calles se convirtieron en una especie de corredores de la muerte.

tina) y las tropas españolas, al reconocer éstas que no estaban en condiciones de servir a su propia Corona, tan distante y con tantos problemas. La creación de un gobierno provisional contribuyó también a alentar a la elite local, partidaria de la independencia. Los criollos empezaron a alimentar la esperanza de desarrollar una economía floreciente, sin las limitaciones impuestas por la lejana Corona española.

La independencia

En España, la invasión de Napoleón Bonaparte en 1808 y la posterior abdicación del rey dejaron los

cito de más de 7 000 hombres. Allí les esperaban Liniers y sus hombres, y las mujeres que les lanzaban piedras y aceite hirviendo desde los tejados. El comandante de la expedición evacuó sus tropas de inmediato.

Aparte de las consecuencias inmediatas que se produjeron al rechazar a los invasores, hubo varios importantes efectos de la confrontación con los británicos. Naturalmente, la colonia se sintió orgullosa de haber derrotado a un ejército numeroso y bien entrenado. Además, surgieron tensiones entre los criollos (es decir, los colonos nacidos en Argen-

reinos y colonias dependientes de la Corona española en una situación institucional ambigua, lo que proporcionó el impulso final para la ruptura de relaciones: un cabildo abierto en Buenos Aires depuso al virrey español y estableció una junta revolucionaria para que se encargara de llevar las riendas del gobierno en su lugar.

Bernardino Rivadavia, Manuel Belgrano y Mariano Moreno, tres intelectuales criollos imbuidos del pensamiento liberal europeo, canalizaron su energía hacia la creación de una nueva nación, partiendo de la base de un reordenamiento de la sociedad colonial. Evidentemente, el antiguo orden (los comerciantes ricos, los estancieros, el clero y toda la administración colonial) se oponía a que se modificara su situación en el país.

IZQUIERDA: ilustración de 1586 que representa a un grupo de españoles en plena cacería.
ARRIBA: la invasión británica de 1806.

División de opiniones

Debido a la falta de unidad, la consecución de una nación independiente resultó un proceso mucho más conflictivo de lo que habían imaginado los intelectuales criollos. De hecho, se estaba fraguando una guerra civil después de lo que los argentinos llaman la revolución de mayo. El 25 de mayo de 1810 se estableció en Buenos Aires un gobierno autónomo. Esta fecha se sigue celebrando en Argentina como el nacimiento de la independencia, aunque no hubo una declaración formal hasta 1816.

Los primeros años no fueron fáciles, ya que la población del Virreinato estaba dividida por criterios políticos, de clase y regionales, que enfrentaban a la elite de Buenos Aires con los partidarios de la Corona que vivían en las provincias del interior. Los unitarios querían un gobierno central fuerte, que lo manejara todo desde la capital, Buenos Aires, mientras que los federales defendían una amplia confederación de provincias autónomas. Entonces se sucedieron una serie de juntas, triunviratos y asambleas, a medida que un grupo llegaba al poder y lo perdía frente a otro al poco tiempo. Las ocho jurisdicciones originales del Virreinato se redujeron a tres, que después se fragmentaron en siete provincias.

Se convocó un congreso para mantener la poca unidad que quedaba; el 9 de julio de 1816 se reunió en Tucumán y declaró de manera formal la independencia, bajo la bandera azul y blanca de las Provincias Unidas de América del Sur.

José de San Martín

Pero todavía faltaba expulsar del continente a los ejércitos españoles. José de San Martín llevaría a cabo una de las acciones más audaces de las guerras de liberación latinoamericanas. Tras reunir un numeroso ejército, cruzó los Andes por Mendoza en 21 días y se enfrentó y derrotó al ejército español en Chacabuco, Chile (1817). Después volvió a enfrentarse a los españoles, esta vez en Maipú (1818), poniendo así fin al gobierno español en Chile de manera definitiva. A continuación, formó una flota con naves principalmente británicas y estadounidenses para escoltar a su ejército hasta Lima, a 2 400 kilómetros. El ejército español evacuó la ciudad sin luchar porque quería mantener intactas sus fuerzas. En 1822, San Martín se reunió en Guayaquil con el otro gran libertador de Latinoamérica, Simón Bolívar. Nunca se ha averiguado de qué hablaron en aquella entrevista, y desde entonces los historiadores especulan al respecto. De todos modos, lo que ocurrió fue que San Martín se retiró de la lucha, dejando que Bolívar continuara con la campaña de independencia.

Del olvido a la santidad

Póstumamente, los argentinos dieron a San Martín el lugar que le correspondía. Hoy día, todas las poblaciones argentinas tienen una calle que lleva su nombre, y en cada aula hay un retrato del general cruzando los Andes en un hermoso caballo blanco. Pero la historia fue muy distinta cuando regresó a Buenos Aires en 1823, después de sus campañas en nombre de Argentina. Entonces no recibió reconocimiento alguno por sus servicios al país. Poco después partió hacia Francia, donde moriría en el olvido.

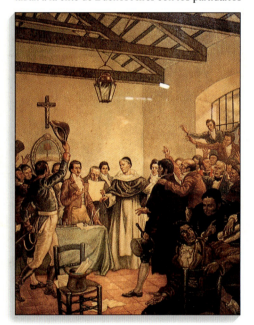

UN LÍDER CARISMÁTICO

Basil Hall, contemporáneo de San Martín, lo describe con estas palabras: «A primera vista, no había nada en su aspecto que llamara la atención; pero cuando se puso en pie y empezó a hablar, se notó sin duda alguna [...] su superioridad sobre los demás, [...] un hombre alto y bien parecido, erguido, proporcionado, de gran nariz aguileña, cabello negro y grueso, espesas patillas, [...] cutis cetrino y ojos grandes, prominentes y penetrantes, negrísimos; tiene un aspecto muy militar. [...] La contienda en Perú, dijo, era un enfrentamiento entre los principios nuevos, liberales, y los prejuicios, el fanatismo y la tiranía».

IZQUIERDA: la declaración formal de la independencia, el 9 de julio de 1816, en Tucumán.

Los afroargentinos

El mayor misterio de Argentina es la desaparición de los afroargentinos. Durante años, los historiadores han ofrecido distintas explicaciones. El ciudadano común propone historias que van de lo plausible a lo absurdo.

Había muchos argentinos de ascendencia africana, que durante casi cuarenta años (1778-1815) constituyeron el 30 por ciento de la población de Buenos Aires. Los esclavos llegaron por primera vez a Argentina en el siglo XVI con sus propietarios españoles. Debido al peculiar acuerdo comercial con la Corona española, la mayoría de los esclavos se importaban a Buenos Aires a través de Panamá y Perú, y después por tierra desde Chile, con lo que su precio aumentaba de manera considerable. Otros se compraban de forma ilegal, directamente en Buenos Aires, o se introducían desde Brasil.

Por lo general, los esclavos argentinos eran empleados domésticos, aunque también cubrieron la creciente necesidad de artesanos en la colonia, donde escaseaba la mano de obra. A pesar de que su trabajo era muy diferente del que realizaban los obreros de las plantaciones en Brasil y Estados Unidos, sufrían lo mismo. Se destruían las familias, los fugitivos eran castigados y la posición social de los africanos era muy baja, incluso después de su emancipación.

En la época posterior a la independencia, la liberación de los esclavos tuvo un carácter discontinuo. Aunque a la mayoría de ellos se les concedió la libertad antes de 1827 (mediante el servicio militar, la generosidad de sus amos o porque ellos mismos la compraron), algunos no la obtuvieron hasta 1861. Una ley de la Asamblea de 1813 declaraba que los hijos de esclavos serían libres desde su nacimiento, aunque sus madres siguieran siendo esclavas. Sin embargo, muchas veces los propietarios burlaban la ley: las enviaban a Uruguay (donde la esclavitud era legal) cuando estaban embarazadas, y una vez que habían dado a luz, las volvían a llevar a Argentina con sus hijos, ambos como esclavos.

El profesor estadounidense George Reid Andrews ha llevado a cabo una investigación para averiguar el destino de los afroargentinos en su obra *The Afro-Argentines of Buenos Aires, 1800-1900*. Aunque no ofrece una conclusión definitiva, explora con detenimiento algunas de las teorías más probables. Reid Andrews investiga cuatro grandes posibilidades. Un gran porcentaje de hombres afroargentinos se incorporó al ejército, donde formaron sus propios batallones.

Quizás muchos de ellos murieran en las batallas que se sucedieron durante y después de la independencia. El mestizaje es una explicación que muchos defienden. Esto también podría ser razonable teniendo en cuenta hasta qué punto fue absorbida la comunidad africana por los cientos de miles de inmigrantes europeos que llegaron a Argentina a partir de mediados del siglo XIX. La gran epidemia de fiebre amarilla de 1871, junto con la mala salud general y las pésimas condiciones de vida de los afroargentinos, se mencionan así mismo como posibles factores. Por último, investiga la decadencia del comercio de esclavos (ilegal desde 1813) y el impacto que esto pudo producir en una comunidad que no se renovó con la llegada de nuevos individuos.

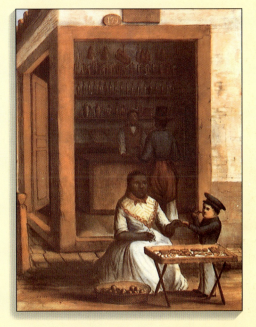

Las cifras de los censos de la ciudad de Buenos Aires en el período comprendido entre los años 1836 y 1887 indican una importante disminución del número y el porcentaje de afroargentinos; de una cifra de 14 906, o sea el 26 por ciento del total de la población, se pasa a 8 005, el 1,8 por ciento.

En su mayor parte, la aportación que hicieron los afroargentinos a la sociedad ha quedado excluida de los registros. Después de principios del siglo XIX, los afroargentinos desaparecieron. Hay que revisar los grabados y las fotografías de finales del siglo XIX para descubrir que este grupo, a pesar de su decadencia, seguía formando parte de la comunidad en general. En estas imágenes se ve a afroargentinos que trabajaban como gauchos, vendedores callejeros o artesanos en la ciudad de Buenos Aires.

Derecha: una vendedora callejera afroargentina, una imagen muy común en Buenos Aires a mediados del siglo XIX.

INMORTALIDAD

DON

EL DIA

QUIJOTE

EL JUICIO

Lit. J. Ribas y Hno

DESCRIPCIONES DE ARGENTINA

Los viajeros de los siglos XVIII y XIX retrataron Argentina como un país donde la violencia salvaje formaba parte de la vida cotidiana

El viajero que visita hoy en día Argentina lo hace siguiendo la estela dejada por un grupo de personajes sumamente diversos que han recorrido el país en busca de sus secretos, han escalado sus montañas, han presenciado los grandes acontecimientos históricos e, inevitablemente, han comparado las costumbres y convenciones de sus habitantes, tan similares y sin embargo tan diferentes de las propias.

Aunque los más conocidos sean los nombres de Magallanes y Darwin, es increíble la cantidad de viajeros que han publicado sus diarios de viaje por esta región. Tal vez estos visitantes quisieron compartir sus experiencias porque había muchas personas en Europa y Estados Unidos que sentían curiosidad por saber cómo eran realmente aquellas tierras tan lejanas de la Patagonia y Tierra del Fuego.

El lector de literatura de viajes, sobre todo la de los siglos XVIII y XIX, descubre muchas de las maravillas de una Argentina que ya no existe. Hay que examinar estos relatos fabulosos con cierta cautela, ya que muchos de los viajeros occidentales no hablaban el idioma y a veces no comprendían los acontecimientos que se desarrollaban ante sus ojos. Sin embargo, proporcionan el color y el sabor que a veces falta en los diarios científicos.

Como era de esperar, los primeros viajeros se enfrentaron a numerosos peligros; en el caso de Argentina, el robo, los ataques de los indígenas, enfermedades como la fiebre amarilla y la sífilis, la falta de alimentos y viviendas adecuados, y a menudo unos medios de transporte bastante incómodos. De todos modos, se podría decir que los peligros quedaban compensados por la satisfacción que experimentaba el viajero. Una hospitalidad inesperada en los sitios más alejados, encuentros casuales en la carretera, la visión de indígenas tehuelches y gauchos haciendo gala de sus habilidades ecuestres, así como la maravillosa sensación de visitar lugares que muy pocos habían visto antes, eran algunas de las innumerables ventajas que podían encontrar los extranjeros.

PÁGINAS ANTERIORES: caricatura de la vida política argentina en 1893 publicada en la revista *Don Quijote*. **IZQUIERDA:** el mate de la mañana en un salón de la clase alta. **DERECHA:** acuarela del siglo XIX de una iglesia colonial.

La ciudad de los buenos aires

Durante el siglo XIX, la mayor parte de los viajes seguramente empezaban su itinerario por las vastas tierras argentinas en Buenos Aires.

En 1833, el naturalista británico Charles Darwin describió en una de sus obras la ciudad como «grande y yo diría que una de las más regulares del mundo. Todas las calles se cruzan formando

un ángulo recto, y las calles paralelas son equidistantes; las casas se agrupan en bloques compactos de iguales dimensiones, llamados "cuadras"».

Diez años después que Darwin, el coronel J. Anthony King comentó que «el mercado de Buenos Ayres [*sic*] es [...] el centro de todas las celebraciones públicas, las ejecuciones públicas y las reuniones populares. Precisamente, en el mercado Rosas mandaba colgar los cuerpos de muchas de sus víctimas, y a veces las adornaban [...] con cintas del color de los Unitarios (azul) y les ponían etiquetas, en las que inscribían las crueles palabras "carne con cuero"».

J. P. y W. P. Robertson escribieron una serie de cartas desde América del Sur que publicaron en 1843. Lo primero que les impresionó fue el medio de transporte de la ciudad: «La primera vez que uno llega a Buenos Aires, lo que más sorprende al viajero son los carros y los carreteros, unos vehículos provistos de grandes ejes de madera y unas ruedas enormes y tan altas que los rayos miden casi 2 metros de diámetro, superando ampliamente a los caballos y al conductor; éste monta uno de los animales. [...] La primera vez que uno ve estos vehículos tan pesados es al desembarcar. Parten retumbando con su equipaje hacia el hotel, como sendas bañeras, mientras una docena de carreteros, al igual que una docena de maleteros, continúan discutiendo acaloradamente para ver cuál de ellos consigue la preferencia para ayudar a desembarcar a los pasajeros y su equipaje».

A principios del siglo XX, Buenos Aires se había convertido en la ciudad más ruidosa y llamativa de América Latina, a medida que llegaba la riqueza al país en grandes cantidades y que se exportaba a Europa la carne de ternera refrigerada.

A Thomas Turner, que vivió en Argentina entre 1885 y 1890, le divertía comprobar cómo algunos de sus compatriotas llegaban a la capital llenos de prejuicios, esperando encontrar un lugar salvaje y poco civilizado. Llegaban «tan imbuidos de estas tonterías que el equipo que traían habría sido más adecuado para las necesidades de la estepa australiana o del campo canadiense que para la clase de vida que iban a encontrar en Argentina. En lugar de traer traje de etiqueta y zapatos de

LAS REFLEXIONES DE UN MINISTRO

G. L. Morrill, un ministro estadounidense que escribió acerca de Buenos Aires en su libro *To Hell and Back: My Trip to South America* (*Ida y vuelta al infierno: mi viaje a Sudamérica*; 1914), comentaba sobre la vida cosmopolita de la capital argentina: «Cuando uno pasea por la tarde, la ciudad se parece mucho a París por su arquitectura, [...] sus cafés y terrazas, llenas de mesitas con hombres y mujeres. Hay quioscos de periódicos y floristas que venden violetas en las esquinas. Las calles laterales están repletas de coches y carros, y las avenidas, de taxis. Por la noche está lleno de lámparas eléctricas que iluminan el camino hacia los cafés y teatros».

baile, llegaban provistos de un arsenal defensivo completo y una ropa poco elegante».

Los peligros de lo desconocido

Los peligros abundaban sin duda en los caminos, tanto para los viajeros que recorrían el país por su cuenta como para los propios habitantes. Francis Bond Head, un ingeniero de minas inglés que pasó dos años tempestuosos e intensos (1825 y 1826) en el interior de Argentina, y cuya obra *Rough Notes Taken During Some Rapid Journeys Across the Pampas and Among the Andes* (*Las Pampas y los Andes: notas de viaje*) constituye uno de los mejores libros de viaje sobre América Latina, estaba preparado para la violencia que estaba seguro de encontrar: «Para cruzar la pampa, es imprescindible ir armado, ya que hay muchos ladrones o salteadores, sobre todo en la solitaria provincia de Santa Fe. Evidentemente, su objetivo es el dinero y, por lo tanto, yo solía ir tan mal vestido y bien armado que, aunque una vez pasé entre ellos con sólo un niño como postillón, no les pareció que mereciera la pena atacarme. Llevaba siempre dos pares de pistolas detonantes en una cartuchera y una escopeta corta de dos cañones en la mano. Me impuse la obligación de no pasar ni un instante sin un arma, y de amartillar los dos cañones de la escopeta cada vez

UNA TIERRA PELIGROSA

Darwin describió las dificultades del terreno: «Cambiamos de caballo por última vez y seguimos avanzando en medio del barro. Mi animal cayó y quedé cubierto de lodo negro: un accidente muy desagradable».

el país está tan despoblado, que resulta imposible recabar información alguna».

Cuando una mujer viajaba sola encontraba otra clase de problemas. La estadounidense Katherine S. Drier describe sus dificultades al llegar a Buenos Aires en el año 1918: «Antes de partir, en Nueva York todos me dijeron que el Hotel Plaza era el único de Buenos Aires y que, por supuesto, me tenía que instalar allí mientras estuviera en la ciudad. Pero los que me proporcionaron esta información eran hombres, y ni ellos ni yo esperábamos encontrar-

que me encontraba con un gaucho». Head, a quien llamaban «Cabeza Galopante» (en alusión a su apellido, que significa «cabeza»), describe los peligros de encontrarse con los indígenas: «Una persona a caballo no puede tomar más precauciones que la de ir bien armada y correr el riesgo, que, si se calcula, es bastante alto. Si se encuentra con ellos, tal vez lo torturen y maten, aunque es poco probable que los encuentre por el camino; no obstante, son tan astutos y cabalgan a tal velocidad, y

nos con que el Plaza no aceptaba mujeres que no estuvieran acompañadas por sus maridos, reales o supuestos. Ni siquiera alojan a hermanas con sus hermanos, o a esposas cuyos maridos tienen que salir de viaje, ni a viudas. ¡Mucho menos aún a señoritas respetables!».

Tehuelches y puelches

Los indígenas americanos siempre llamaron la atención de los viajeros del siglo XIX, aunque en la década de 1870 fueron quedando cada vez menos, a medida que llegaban a su apogeo las campañas para poner fin al «problema indígena». Un individuo intrépido, el jesuita Thomas Falkner, vivió durante casi veinte años entre las tribus puelches y tehuelches del sur de Argentina, desde la década de

IZQUIERDA: ilustración que representa a un grupo de indígenas de la pampa utilizando las boleadoras para apoderarse de una manada de caballos.
ARRIBA: asentamiento indígena en la sierra de la Ventana.

1730 hasta que la orden religiosa fue expulsada del país. Su libro *Descripción de la Patagonia* sirvió de guía a Charles Darwin un siglo después.

El encuentro con un indígena puede marcar el momento culminante de un viaje, como relata lady Florence Dixie en su libro *Across Patagonia* (1881): «No nos habíamos alejado demasiado cuando vimos un jinete que venía lentamente hacia nosotros y, al cabo de pocos minutos, nos encontramos en presencia de un auténtico indígena de la Patagonia. Frenamos los caballos cuando se acercó, para poder verlo bien, y como él hizo lo mismo, estuvimos mirándolo todo lo que quisimos durante unos cuantos minutos mientras él, a su vez, nos escudriñaba con el mismo interés».

UN PUEBLO POSITIVO

Julius Beerbohm, autor de *Wanderings in Patagonia or Life Among the Ostrich-Hunters* (*Correrías por la Patagonia o la vida entre los cazadores de ñandúes*, 1879), sentía gran admiración por los habitantes aborígenes de Argentina: «Los tehuelches son de muy buen ver [...] y amables. Tienen la frente bastante estrecha, la nariz aguileña, la boca grande y los labios gruesos, [...] de inteligencia general, carácter amable, castos, y con un comportamiento serio en sus relaciones sociales y familiares, son superiores no sólo a las demás tribus indígenas sudamericanas, sino también al común del hombre blanco civilizado».

Uno de los mayores deseos de «Cabeza Galopante» era pasar algún tiempo conviviendo con los indígenas latinoamericanos. «Su profesión es la guerra, se alimentan con sencillez y sus cuerpos se encuentran en tal estado de salud y vigor que se pueden levantar desnudos de la planicie donde han dormido y contemplar, orgullosos y tranquilos, sus propias imágenes que han quedado marcadas sobre la hierba cubierta de blanca escarcha. ¿Qué podemos decir ante esto nosotros, los "hombres vestidos"?»

La vida en el campo

Los gauchos a menudo parecían tan salvajes como los indígenas, e igual de interesantes. Además, los gauchos y demás habitantes del campo eran famosos por su hospitalidad. El coronel King escribe que «tanto sano como enfermo, el viajero siempre es bienvenido en su casa o el lugar donde vive, y jamás se les ocurriría cobrarle por un vaso de agua, como tampoco por darle de comer, o proporcionarle alojamiento durante la noche».

Charles Darwin también quedó muy impresionado por sus costumbres. «Los gauchos u hombres del campo son muy superiores a los habitantes de las ciudades. El gaucho siempre es mucho más atento, amable y hospitalario. No he encontrado uno solo que fuera grosero o poco hospitalario.» En una ocasión, Darwin preguntó si alcanzaba la comida para que él pudiera comer; entonces le respondieron: «En nuestro país tenemos carne para los perros; por lo tanto, no se la negamos a un cristiano».

Pero viajar por el campo en general no siempre era agradable. «Cabeza Galopante» ofrece una descripción poco atractiva de su experiencia nocturna: «Llegamos una hora después del atardecer a un puesto fortificado. Nos abrimos camino en la oscuridad hacia la cocina, en donde el cocinero preparaba la comida de mala gana; el correo nos dio su cena, [...] cabañas con gente de aspecto salvaje, [...] tres mujeres y niñas casi desnudas, [...] en nuestra cabaña [...] un anciano impasible, [...] estampas de María o Mariquita, [...] muchachitos mestizos y tres o cuatro personas más. [...] El techo se aguantaba en el centro con unos pilares torcidos, [...] agujeros en el techo y en las paredes, [...] muros de adobe, agrietados y llenos de hendiduras [...]. El suelo, la tierra, [...] ocho peones hambrientos, de pie a la luz de la luna, empuñan sus cuchillos mientras se inclinan sobre una oveja que se disponían a matar».

En el campo, lejos de médicos y hospitales, a menudo dependían de una serie de medicamentos populares. Darwin quedó asombrado con los remedios y tan sólo fue capaz de mencionar lo siguiente: «Uno de los menos asquerosos consiste en matar y abrir dos cachorrillos y atarlos a ambos lados de un miembro fracturado. Hay una gran demanda de perros pequeños desprovistos de pelo para dormir a los pies de los inválidos».

Los viajeros se quedaban muy impresionados ante la destreza con que los gauchos manejaban los caballos, arrojando las boleadoras para derribar ñandúes (los avestruces sudamericanos) y enlazar ganado. Darwin fue testigo de algo así: «Me fascinó la destreza que empleó un gaucho para obligar a [...] un caballo a cruzar

CON LAS ARMAS PREPARADAS

Darwin escribió que «el viajero no tiene más protección que sus armas de fuego, y el hábito de llevarlas encima es sobre todo lo que impide que se produzcan más robos».

Tierra y cielo hasta el infinito

Por el tamaño del país y la dureza de los caminos, recorrer Argentina era, sin duda, un largo viaje. E. E. Vidal, otro viajero de principios del siglo XIX, cita al autor anónimo de las *Letters from Paraguay* (*Cartas desde Paraguay*), quien describe que tardó 22 días en hacer el viaje desde Buenos Aires hasta Mendoza, al pie de los Andes, en un carro grande tirado por bueyes. «Emprendíamos viaje por la tarde, alrededor de dos y a veces tres horas antes del atardecer, y no parábamos hasta una hora después

un río a nado. Se desnudó, se montó y entró en el río hasta que dejó de hacer pie; entonces, deslizándose sobre la grupa, se agarró de la cola y, cada vez que el animal se daba la vuelta, lo asustaba echándole agua a la cara. En cuanto el caballo volvió a hacer pie, montó de nuevo y quedó bien sentado, con las bridas en la mano, antes de llegar a la orilla. Un hombre desnudo sobre un caballo desnudo es todo un espectáculo. No tenía idea de lo bien que quedaban los dos animales juntos. La cola del caballo es un apéndice muy útil».

Izquierda: mural realizado por las tribus indígenas de Ushuaia, Tierra del Fuego.
Arriba: el *Beagle*, el barco de bandera británica en el que Darwin realizó sus investigaciones.

de que amaneciera.» Contar con agua suficiente fue uno de los obstáculos que tuvo que vencer el escritor en su viaje. «Tuvimos que detenernos en un punto donde hasta la hierba parecía haber ardido hasta la raíz, y lo único que se presentaba ante nuestros ojos era esterilidad y desolación. [...] Sólo nos quedaba una jarra pequeña con agua, y nuestra sed crecía por momentos. Pero intervino la naturaleza en forma de una tormenta eléctrica. "Mirad los bueyes; huelen agua". Todos nos volvimos hacia los pobres animales sedientos, y vimos que volvían la cabeza hacia el oeste, y olfateaban el aire, como si estuvieran seguros de que conseguirían agua si se elevaban hacia la atmósfera. En ese momento no se veía ni una nube y no se sentía ni una brizna de aire; pero en pocos minutos los animales empezaron a moverse como si estuvieran locos, poseídos por algún espíritu invisible, olfateando el aire con violenta ansiedad, y apretándose cada vez más unos contra otros; y antes de que pudiéramos efectuar una conjetura racional acerca de qué podría ser lo que estaba provocando su repentina y simultánea desazón, estalló la tormenta de truenos, rayos y lluvia más impresionante que he visto en toda mi vida. La lluvia caía a raudales, como si de pronto todas las fuentes del cielo se hubiesen derramado.»

Muchos viajeros han mencionado la llanura aparentemente interminable de la pampa. W. J. Holland, un científico estadounidense que tomó parte en una expedición a Argentina en 1912, describió

El complejo de superioridad

Los relatos de muchos de los viajeros están teñidos de un cierto racismo y de la profunda convicción de que la cultura propia del autor es casi siempre superior a la de los argentinos. Abundan los comentarios del estilo de: «La mayor parte de la corrupción que existe en la vida pública se debe a la participación de extranjeros, sobre todo italianos», o «Empezaba a acostumbrarme a los aires corteses de esta ciudad que critica y ataca por toda América del Sur a Estados Unidos, cuya doctrina Monroe –dinero, mentalidad y moralidad– ha servido de ayuda a Argentina en el pasado y constituye su única esperanza para el futuro».

la escena que veía desde el tren. «He cruzado las praderas de Minnesota y las de Dakota del Sur y Dakota del Norte, de Kansas y Nebraska, de Manitoba y Alberta; he viajado por las estepas rusas; pero nunca he visto tierras tan llanas como entre Rosario e Irigoyen. El horizonte es como el del océano; llama la atención un terrón de tierra que sobresalga; una cabaña parece una casa; un árbol se eleva como si fuera una colina.»

Comida y política

Los hábitos de los argentinos, tanto de los habitantes de las ciudades como de los gauchos o los indígenas, siempre han sido objeto de comentarios entre los viajeros que recorrían el país. Thomas Turner, hablando de la comida en casa de una conocida y sumamente rica familia, en la década de 1880, comentaba lo siguiente: «De las costumbres domésticas de los argentinos, de sus modales en la mesa, en familia, resulta muy difícil dar una descripción halagüeña. Tienen unos modales excesivamente bohemios. Leen el periódico, se gritan con vehemencia los unos a los otros, estiran las extremidades tanto por debajo como por encima de la mesa, casi se tragan los cuchillos, escupen con auténtica libertad yanqui sobre el suelo alfombrado, gesticulan y se inclinan sobre la mesa en el calor de la discusión, fuman cigarrillos entre un plato y otro, e incluso cuando algunos todavía están comiendo (hábito que estimula la expectoración y provoca discusiones), usan el mismo cuchillo y tenedor para todos los platos –sea pescado, entrante o carne–; en una palabra, dentro de la casa cambian el estudiado comportamiento de la calle por los modales toscos de la taberna».

Turner también quedó muy impresionado de que se hablara tanto de política, algo que sigue ocurriendo. «Aunque los dos sexos hablen de temas prohibidos con entusiasmo y completa libertad, el principal tema de conversación es la política. Todo el mundo habla de política. [...] Hasta los niños, que comentan los méritos de este o aquel estadista, repitiendo como loros lo que han oído a sus padres, con libertad de opinión y sensatez de criterio.»

Ya sean positivos o críticos, los viajeros y exploradores han transmitido al lector la tradición del país, que de lo contrario no hubiera llegado hasta él. Sus relatos divierten a veces sin querer al lector actual, pero casi siempre resultan fascinantes e instructivos.

Izquierda: ilustración que representa el interior de una pulpería; este establecimiento es la taberna, tienda y centro social comunitario de la pampa.
Derecha: un rico hacendado del siglo xix.

LOS SIGLOS XIX Y XX

En los dos últimos siglos, en Argentina se han sucedido diferentes,

y en ocasiones turbulentos, regímenes y gobiernos

Los años que van desde la independencia hasta el inicio del gobierno de Juan Manuel de Rosas (1829) fueron difíciles para las Provincias Unidas del Río de la Plata (al desaparecer el grupo original se dejó de lado el nombre anterior y más espléndido de Provincias Unidas de América del Sur). Bernardino Rivadavia, un hombre de gran visión, intentó modelar el futuro del país con valor pero inútilmente. Quería establecer una Constitución para la nación, formar un gobierno central fuerte, dividir el territorio en partes más equitativas y atraer inmigrantes para que se establecieran en las Provincias Unidas. Pero se tuvo que apartar de sus planes, en primer lugar a causa de los caudillos y hacendados de las provincias del interior, que no estaban dispuestos a renunciar a su poder, y en segundo lugar por la agotadora guerra Cisplatina (1825-1828) contra Brasil por la situación de Uruguay. En 1827, cuando Rivadavia renunció a la presidencia de las Provincias Unidas y se exilió, poco quedó de sus años de esfuerzo y dedicación.

El general Rosas

Juan Manuel de Rosas, que gobernó la mayor parte de Argentina durante más de veinte años, es probablemente una de las figuras más fascinantes y controvertidas de la historia latinoamericana. En su afán de poder, forjó una coalición de gauchos, ricos terratenientes y otras personas que representaban la causa federal, una combinación que resultó formidable durante muchos años.

A pesar de haber nacido en Buenos Aires en 1793, Rosas era un producto de la pampa abierta. Fue allí, en la estancia de su familia, donde aprendió a montar a caballo, pelear y lanzar con habilidad las boleadoras (tres piedras unidas por correas que sirven para derribar animales). Llegó a ser tan hábil en estos menesteres como cualquier otro gaucho de su contorno, y así se ganó su respeto, y más tarde, su apoyo.

Rosas ya era rico desde muy joven. Con poco más de veinte años, poseía miles de hectáreas y era un empresario de éxito, al haber contribuido a instalar uno de los primeros saladeros de carne de la provincia. Tomó una decisión acertada al ca-

IZQUIERDA: una representación de la nueva nación.
DERECHA: Juan Manuel de Rosas.

sarse con María de la Encarnación Ezcurra, hija de otra familia adinerada, que le sería de gran ayuda para llegar al poder, ya que colaboró con él e intervino con sutileza y eficacia en su favor.

Con el fin de poner freno a la creciente oleada de anarquía que se produjo después del exilio de Rivadavia, en 1829 ofrecieron a Rosas el cargo de gobernador de la provincia de Buenos Aires.

El problema de los federales era la escasa unidad entre sus diversas facciones. Los de las provincias exigían autonomía y una situación equiparable a la de Buenos Aires, mientras que los defensores de la causa federal desde la capital argentina no estaban dispuestos a ceder su primacía. Como gobernador dotado de poderes extraordinarios, Rosas firmó en 1831 el Pacto Federal, tratado que vinculaba las provincias de Buenos Aires, Santa Fe y más tarde Corrientes.

La oposición a Rosas, la Liga Unitaria, recibió un duro golpe cuando su líder, José María Paz, fue derribado de su caballo por las boleadoras de un soldado federal. Rosas envió a Paz a prisión. En 1832, los unitarios habían sufrido varios reveses en el campo de batalla y, por el momento, no significaban una grave amenaza para los federales. En 1832, al finalizar su primer mandato como gobernador, la Legislatura, el consejo de los representantes provinciales, se negó a renovarle las facultades extraordinarias, porque no quería que conservara su autoridad casi ilimitada. En este caso, los diputados alegaron que el estado de amenaza había perimido –al ser desbaratada la Liga Unitaria– y que ya no se justificaba dotar de poderes omnímodos al gobernador.

Darwin y Rosas

En medio de esta lucha, Rosas no se ausentó del combate y asumió el mando de la campaña contra las tribus aborígenes del sur. Durante esta Conquis-

ta del Desierto (1833-1834) conoció al naturalista británico Charles Darwin, que escribió acerca de esta entrevista: «El general Rosas es un hombre de extraordinario carácter; en la actualidad ejerce gran influencia en este país y podría llegar a convertirse en su gobernante. [...] Además, es un gaucho perfecto, como demuestra su habilidad en el manejo del caballo. Es capaz de arrojarse sobre un potro sin domar cuando sale del corral y de resistir todos los esfuerzos del animal por derribarlo. Viste de gaucho y cuentan que así vestido recibió a lord Ponsonby, diciendo que la vestimenta del país le parecía la más adecuada y, por lo tanto, la que demostraba mayor respeto. Con estos medios obtuvo una popularidad sin límites en el campamento y, en consecuencia, un poder despótico. [...] Como conversador es entusiasta, razonable y muy serio. Lleva su gravedad hasta un punto muy elevado».

Mientras Rosas hacía campaña en el sur, su esposa, en Buenos Aires, intentaba conseguir que lo volvieran a nombrar gobernador de la ciudad, creando la Sociedad Popular Restauradora y su aparato represivo, la Mazorca. De hecho, los *rosistas* obstaculizaron los esfuerzos que hicieron por gobernar los tres sucesores de Rosas.

Finalmente, la Junta accedió a las demandas de Rosas, quien asumió el cargo de Restaurador de las Leyes y gobernador en una ceremonia fastuosa celebrada el 13 de abril de 1835. El color rojo de los federales se convirtió en un distintivo. Las mujeres llevaban vestidos escarlatas y los hombres insignias que proclamaban «Federación o muerte». Los adornos azules, el color de los «unitarios», los opositores, fueron prohibidos en todo el país.

Un clima de terror

El período rosista constituye una de las etapas más controvertidas de la historia argentina. Interpretaciones historiográficas que sólo ven en ella la encarnación de una dictadura sin límites se enfrentan a otras que buscan reivindicar la figura de Rosas en algunos aspectos no contemplados por aquéllas. La posición que interpreta el rosismo como un ejemplo de despotismo y «barbarie política», destacó la aplicación del «terror» –tal y como lo llamaban los opositores contemporáneos al régimen– como un elemento consustancial a un sistema que, por otro lado, mantuvo hasta su caída la formalidad del régimen electoral legislado en la época de Rivadavia.

Durante el régimen rosista se produjeron diversos conflictos, tanto en el ámbito interno como en el de las relaciones internacionales. Intervino en los asuntos del país vecino, Uruguay, aunque jamás consiguió conquistar Montevideo. Además,

EL JUEGO DE LA MUERTE

En la época de Juan Manuel de Rosas, se institucionalizaron unos crueles métodos para silenciar a los opositores. El modo más habitual de matarlos era cortarles el cuello, a la manera de los gauchos. W. H. Hudson, naturalista y cronista de la pampa, escribió que los argentinos «cuando mataban a un hombre, no lo hacían con una bala, sino de una manera que les hiciera saber y sentir que estaban matándolo».

Otro de los métodos que se utilizaba era la lanceta: dos verdugos, uno a cada lado del prisionero, le clavaban una lanceta en el cuerpo. La castración y la extracción de la lengua también eran otras formas de tortura.

su propósito de rebajar la influencia de otros países en la política porteña también impidió que el país atrajera a los inmigrantes y al capital extranjero que tanto necesitaba. Durante dos etapas, la primera de 1838 a 1840, cuando las tropas francesas ocuparon una aduana en el Río de la Plata, y después entre 1845 y 1847, durante el bloqueo anglo-francés del río, las finanzas de Buenos Aires experimentaron un grave deterioro y las consecuencias de éste dificultaron en gran medida el desarrollo de la nación.

En 1850 empezó a pergeñarse la coalición que finalmente derrocaría a Rosas. Estos intelectuales, algunos de los cuales se hallaban en el exilio, como Bartolomé Mitre, Juan Bautista Alberdi y Domin-

pas de Rosas, que fueron derrotadas de manera rápida y contundente. Más tarde, Mitre escribiría: «La batalla se ganó incluso sin luchar». Había empezado una nueva etapa de la historia argentina, durante la cual Urquiza intentó consolidar la nación como una unidad y no como un conjunto de provincias semiindependientes; enseguida se notó el progreso en todos los campos.

Las bases del Estado

Durante el período comprendido entre el derrocamiento de Rosas y 1880 dio comienzo la organización y configuración de la nación-estado y el establecimiento de las instituciones necesarias para su gobierno. En aquella época, el principal con-

go Faustino Sarmiento, proporcionaron la retórica que galvanizó a la oposición.

Un rápido final

Justo José de Urquiza, un caudillo que apoyó a Rosas durante mucho tiempo, se puso en contra del Restaurador y organizó un ejército que al poco tiempo incluía a miles de voluntarios, incluso a numerosos uruguayos y brasileños. El 3 de febrero de 1852, el ejército de Urquiza se enfrentó en Caseros, a 30 kilómetros de Buenos Aires, a las tro-

IZQUIERDA: *El soldado federal*,
óleo de R. Quinsac Monvoisin.
ARRIBA: un grupo de indígenas capturados
durante la Conquista del Desierto.

flicto fue uno que venía de lejos: la posición y las relaciones de Buenos Aires con respecto a las provincias del interior. La cuestión se resolvió finalmente en 1880 con la federalización de la ciudad.

Lo primero que hizo Urquiza fue elaborar una Constitución Nacional para Argentina, para lo cual se reunió una Asamblea Constituyente en Santa Fe, de la que surgió un documento, según el modelo de la Constitución de Estados Unidos, que establecía una legislatura bicameral, un Ejecutivo elegido por un colegio electoral y un poder judicial independiente. La Constitución argentina fue aprobada por las provincias el 1 de mayo de 1853. Como era de esperar, Urquiza fue elegido primer presidente. Durante su mandato, creó un banco nacional, construyó escuelas y mejoró el transporte en toda la república. Pero el papel de Buenos Aires seguía siendo incierto. En realidad, había dos Argentinas: la de una ciudad rica como Buenos Aires y la del interior, cuya capital era Paraná. En 1862 se reunió un congreso en Buenos Aires que decidió que esta ciudad sería la capital tanto de la república como de las provincias.

Los siguientes presidentes

Bartolomé Mitre fue el segundo presidente. Aunque la tarea de crear una infraestructura nacional tenía mucha importancia para él, lo distrajo la guerra del Paraguay (1865-1870), cinco años de luchas sangrientas entre este país y la Triple Alianza, tratado por el que se aliaron los gobiernos de Bra-

Después de Sarmiento, ocupó la presidencia Nicolás Avellaneda, aunque estuvo a punto de no tomar posesión, en septiembre de 1874, porque los mitristas, temerosos de que disminuyera el prestigio de Buenos Aires en manos de presidentes no porteños (es decir, que no habían nacido en Buenos Aires) como Sarmiento, Avellaneda y Julio Roca, encabezaron una revuelta contra el gobierno. Tardaron tres meses en sofocarla.

Como ministro de Guerra de Avellaneda, Roca encabezó una serie de expediciones contra los indígenas de la Patagonia, que recibieron el nombre de Conquista del Desierto, y que concluyeron en 1879. De esta manera, varios miles de kilómetros cuadrados de tierras vírgenes quedaron libres para

sil, Uruguay y Argentina con el fin de someter al presidente paraguayo, Francisco Solano López.

A Mitre lo sucedió Domingo Faustino Sarmiento, cuyo papel como promotor de la educación en Argentina alcanzó proporciones míticas. Precisamente durante su gobierno (1868-1874), en el que Sarmiento prosiguió la empresa de erigir y consolidar las instituciones nacionales, Argentina consiguió un progreso notable. Llegaron a la ciudad de Buenos Aires cientos de miles de inmigrantes, se construyeron vías férreas, se llevó a cabo el primer censo de todo el territorio argentino, se impulsaron numerosas obras públicas, se avanzó en el desarrollo de la infraestructura de transportes y comunicaciones, y se extendió el uso de alambradas con el fin de controlar las praderas abiertas.

hacer asentamientos y exploraciones después de esta guerra.

La época dorada

Los cambios más profundos sentaron las bases para la época dorada de Argentina. Los nuevos métodos para enfriar y después congelar la carne, las innovaciones en el transporte de mercancías y la construcción de redes ferroviarias posibilitaron el desarrollo intensivo de la agricultura y la ganadería. La cantidad de tierra cultivada se multiplicó por quince entre 1872 y 1895, y las exportaciones de cereales experimentaron un gran crecimiento entre 1870 y 1900. La creciente demanda de productos alimentarios favoreció este crecimiento económico acelerado.

La nueva economía, basada en los cereales y las carnes, precisaba obreros, y en la década de 1890 Argentina recibió a miles de inmigrantes, sobre todo italianos y españoles. La población creció de 1,8 millones en 1869 a más de cuatro millones en 1895. Como la tierra ya estaba en manos de los grandes estancieros, los inmigrantes se instalaron en el litoral argentino, en algunas poblaciones que estaban creciendo (Rosario, Santa Fe, Bahía Blanca), aunque la mayoría se estableció en la capital, Buenos Aires. Al mismo tiempo, se produjo una evolución en el terreno intelectual. Se fundaron periódicos, surgieron partidos políticos, se publicaron libros, y en Buenos Aires se inauguró un teatro de ópera a la altura de los mejo-

siglo XX, comenzaron las huelgas en Argentina y aumentó la inseguridad laboral. Los obreros descubrieron que eran prescindibles, mientras el país se esforzaba por devolver los préstamos internacionales y las importaciones empezaban a superar a las exportaciones.

Las consecuencias de la Primera Guerra Mundial

La guerra europea estimuló la economía argentina de dos maneras. En primer lugar, se disparó la necesidad de productos agrícolas de los países beligerantes; en segundo lugar, al paralizarse el comercio europeo de productos manufacturados, se impulsó la producción local. Los artesanos ur-

banos empobrecidos empezaron a satisfacer la demanda interna al reducirse las importaciones en un 50 por ciento. Esta prosperidad industrial puso de manifiesto los puntos débiles de la economía argentina (la dependencia de la materia prima importada y la falta de desarrollo de los recursos energéticos y de un sector de bienes de capital), que se notarían sobre todo durante la gran depresión, cuando el país volvió a depender de la producción local.

res del mundo: el Teatro Colón. Pero esto no quiere decir que todo fuera tan bien en Argentina. En lo político predominaban elementos conservadores, que tendían a poner en manos de una elite restringida todos los hilos del poder. La clase media, que apoyaba a un nuevo partido político, la Unión Cívica Radical, presionaba para entrar en lo que había sido un gobierno dirigido por un grupo reducido de familias conservadoras. Los obreros también se politizaron y fueron atraídos por el Partido Socialista y el anarquismo. A principios del

Uno de los peores años de este período de la historia argentina fue 1919, en lo que se llamó la Semana Trágica, cuando el anarquismo protagonizó los enfrentamientos más violentos con las fuerzas del gobierno. La Unión Cívica Radical gobernó Argentina entre 1916 y 1930. Hipólito Yrigoyen

IZQUIERDA: masiva manifestación el Día de la Lealtad, en 1946.

ARRIBA: Perón y Eva Duarte, su esposa, saludan a sus partidarios desde el balcón de la Casa Rosada.

fue presidente durante todos esos años, menos seis. En 1922, cuando se terminó su primer mandato, le sucedió Marcelo Torcuato de Alvear, que había sido embajador en Francia durante la presidencia del primero. Durante el gobierno de Alvear el país conoció uno de sus períodos más prósperos.

Yrigoyen fue elegido presidente por segunda vez en 1928. Cuando se produjo la gran depresión, los conflictos internos en el seno del partido gobernante se agudizaron, lo que desembocó en el golpe de Estado militar de 1930, tras el cual el general José Félix Uriburu asumió la presidencia. En 1931 le sucedió en el cargo Agustín P. Justo.

LA UNIÓN OBRERA

Los principales partidarios de Perón eran la clase obrera, los trabajadores manuales.

Nacimiento y auge del peronismo

Sin duda, los antecedentes de Perón no mostraban ninguna tendencia favorable a los trabajadores. Asistió a una academia militar e hizo carrera. Destinado a Italia en 1939 como observador militar, le impresionó el nacionalismo de los fascistas. También le pareció lógico que el Estado interviniera en la economía italiana. A su regreso a Argentina, Perón participó en una organización militar secreta, el GOU (Grupo de Oficiales Unidos), compuesto por jóvenes que pretendían remodelar el sistema político argentino siguiendo las mismas líneas que en Alemania e Italia.

En 1938, las dos principales corrientes del radicalismo postularon a Roberto M. Ortiz como candidato para las elecciones presidenciales de ese año. Cuando las acusaciones de fraude electoral se dejaron sentir por todo el país, Ortiz intentó encontrar los mecanismos que asegurasen el sufragio libre y emprendió una «cruzada antifraude». Sin embargo, el progresivo empeoramiento de su salud le obligó a dimitir y delegar el mando en Ramón Castillo, su vicepresidente, quien derogó la campaña contra el fraude de su predecesor. La presidencia de Castillo significó la vuelta al poder de los sectores más conservadores, pero en 1943 fue derrocado por un movimiento militar encabezado por los miembros del Grupo de Oficiales Unidos (GOU), entre los que se hallaba Juan D. Perón.

El GOU derrocó a Castillo el 4 de junio de 1943. Perón fue nombrado secretario de Trabajo y Previsión, y desde este puesto comenzó a labrar su inmensa popularidad. Sus reformas laborales alcanzaron una gran popularidad entre la clase obrera. Además, mediante el sistema nacional de bienestar social, unió a los miembros de los sindicatos con los que no lo eran, lo que le permitió contar con el apoyo de la mayoría de los obreros.

Pero los militares no estaban satisfechos con el creciente poder de Perón y lo arrestaron. Esto dio lugar a una serie de manifestaciones, coronadas por un despliegue impresionante de trabajadores en la plaza de Mayo el 17 de octubre de 1945. Detrás de todo esto estaban Eva Duarte y los dirigentes sindicales. Esa noche, Perón fue puesto en libertad y, desde los balcones de la Casa Rosada, pronunció un discurso ante la multitud, momento que puede considerarse como el del nacimiento del movimiento peronista. Perón se dio cuenta de que había llegado su momento en la escena nacional. En las elecciones presidenciales de 1946 ganó por una mayoría del 54 por ciento de los votos. La victoria peronista marcó el principio de una nueva etapa política en Argentina. El gobierno puso en marcha una serie de medidas para favorecer la industria orientada hacia el mercado interno, la redistribución de los ingresos por medio del aumento de los salarios y el pleno empleo.

En los años posteriores a la Segunda Guerra Mundial, Argentina fue un país rico: el Tesoro contaba con un superávit, los salarios de los obreros aumentaban y la industrialización crecía a buen ritmo. Aunque aparecían algunos nubarrones en el horizonte económico, nadie se daba cuenta: era una época dorada, en la que todas las familias podían comer carne dos veces al día, de modo que Perón fue reelegido en 1952, primeras elecciones en las que las mujeres ejercieron su derecho al voto, por una abrumadora mayoría del 67 por ciento.

En los años siguientes, las graves sequías y la disminución del precio de los cereales en los mercados internacionales incrementaron en un 50 por ciento el déficit comercial de Argentina. La muerte de Eva Perón, poco después de que su esposo asumiera la presidencia por segunda vez, significó para él la pérdida de uno de sus mejores organizadores y contribuyó al malestar del país. Perón pareció perder energía; de hecho, dejaba muchas decisiones en manos de sus seguidores, cada vez más extremistas.

Una revuelta de clase media

En 1955 se formó un triunvirato de fuerzas de la clase media para derrocar a Perón. A los estudiantes les molestaba el control absoluto que ejercían los peronistas sobre sus instituciones, y la jerarquía eclesiástica se sentía amenazada por las medidas laicas adoptadas por Perón, como la anulación de la ley de enseñanza religiosa obligatoria en las escuelas, la legalización del divorcio y la despenalización de la prostitución. Por su parte, las Fuerzas Armadas, al haber dejado de ser el centro de atención, sabían que tendrían menos poder. Una manifestación apoyada por la Iglesia

atrajo a unas cien mil personas al centro de Buenos Aires, y poco después la Fuerza Aérea rebelde bombardeaba la Casa Rosada y la plaza de Mayo. El ejército contraatacó a la Fuerza Aérea disidente, mientras que los peronistas salían a la calle para defender al presidente. La situación quedó fuera de control al sublevarse la Armada, a la que se sumaron algunas unidades del ejército en el interior. Finalmente, los sublevados se rindieron y el gobierno declaró el estado de sitio. Perón huyó a Paraguay, pues los partidos políticos de la oposición habían apoyado a los militares en su intento de derrocarlo.

Desde el punto de vista económico, el peronismo dejó una herencia contradictoria que, incluso

hoy en día, sigue notándose. Con una fuerte protección contra las importaciones, la industria local creció, pero continuó siendo poco eficaz, costosa, no demasiado competitiva e incapaz de mantener un crecimiento sostenido. Al mismo tiempo, la constante dependencia de materias primas y bienes de capital importados, la vulnerabilidad de los ciclos de los precios agrícolas y la carga de un sector público diseñado para proporcionar altos niveles de empleo y bienestar social, causaron una serie de crisis en la balanza de pagos a partir de finales de la década de 1950.

El posterior interregno, antes del regreso triunfal de Perón, duró 18 años. Durante este período se sucedieron en Argentina nueve líderes, pero ninguno de ellos consiguió remontar la economía.

IZQUIERDA: con la revolución del 6 de septiembre de 1930, el general Uriburu derrocó al presidente Hipólito Yrigoyen.
DERECHA: el presidente Onganía (izquierda) y el general Lanusse.

Fragilidad institucional y golpes de Estado

El golpe de Estado de 1955, que desalojó del poder al peronismo, y el de 1966, que acabó con el gobierno del presidente radical Arturo Illia, fueron los hitos de un período de crisis política caracterizado por la alternancia de gobiernos militares (con las presidencias de Eduardo Lonardi y Eugenio Aramburu) y civiles que no terminaron su mandato (los de Arturo Frondizi e Illia).

Se siguió sintiendo la influencia de Perón, aunque estuviera en el exilio. Ningún grupo, ni los militares ni los demás partidos políticos, como la UCRP (Unión Cívica Radical del Pueblo) o la UCRI (Unión Cívica Radical Intransigente), po-

dían dejar por completo de lado al hombre fuerte ni a su partido.

Arturo Frondizi fue el primer presidente elegido en unos comicios después de Perón, en febrero de 1958; su gobierno se caracterizó por una constante situación de inestabilidad política, con el fantasma de un nuevo golpe de Estado pendiendo sobre todas las decisiones importantes del nuevo presidente, por lo que una parte de su proyecto se centró en la política económica. Lo que acabó con Frondizi fue su decisión de permitir la participación de los peronistas en las elecciones parlamentarias de 1962. Su intento de incorporar a los peronistas molestó a los militares, que le ordenaron que anulara los resultados de las elecciones y, cuando se negó, se produjo la intervención militar.

No le fue mucho mejor a Arturo Illia al ganar las elecciones presidenciales de 1963. Aunque la economía era más fuerte que durante el gobierno de Frondizi, la inflación se mantuvo muy elevada. El gobierno minoritario de Illia no tenía muchas probabilidades de sobrevivir; los militares estaban preocupados porque el presidente era incapaz de controlar al partido peronista, cada vez más popular, así que recurrieron a la Unión Popular.

El siguiente que ocupó la presidencia de Argentina fue el general Juan Carlos Onganía, líder del golpe de Estado de 1966 contra Illia. Entre 1966 y 1973, Argentina volvió a vivir bajo gobierno militar. En este lapso se sucedieron tres presidentes –Juan Carlos Onganía, Roberto Marcelo Levingston y Alejandro Agustín Lanusse–, cada uno de ellos con su propio proyecto político y económico. Fueron los años de la llamada «revolución argentina», el fallido intento de reorganizar desde arriba un país que siguió demostrando, como contrapartida, el vigor de su sociedad civil.

El «cordobazo» de 1969 precipitó la salida de Onganía del gobierno. La segunda ciudad de Argentina por su tamaño fue el foco de la actividad antigubernamental, protagonizada por una nueva alianza de estudiantes, trabajadores y empresarios; todos ellos habían sido perjudicados por la política de Onganía. Durante dos días, Córdoba vivió un conflicto abierto, con enfrentamientos entre el ejército y los manifestantes. Más de treinta personas murieron y unas 500 resultaron heridas en las luchas callejeras. Onganía fue destituido por el general Lanusse y otros representantes militares. En junio de 1970, Roberto Marcelo Levingston asumió la presidencia, pero sólo duró nueve meses en el cargo, hasta que se puso al mando el propio Lanusse, que preparó el país para el retorno a las elecciones civiles, que se celebrarían en 1973.

Los sucesivos levantamientos militares originaron la aparición de varios grupos guerrilleros en Argentina, entre ellos los Montoneros y el Ejército Revolucionario del Pueblo (ERP), que se enfrentaron en diferentes ocasiones al ejército y la policía. En este clima se desarrollaron las elecciones presidenciales de 1973. Perón eligió a Héctor Cámpora para que se presentara en su lugar a la cabeza del Frente Justicialista de Liberación Frejuli (peronista). Partiendo de una plataforma para la reconstrucción nacional, Cámpora obtuvo algo menos de la mitad de los votos. Había llegado la hora de que Perón pusiera fin a su exilio.

La vuelta de Perón

Tras el triunfo del peronismo en las elecciones, en junio de ese año Perón regresó a Argentina. Dos millones de personas se concentraron en el aeropuerto internacional para dar la bienvenida a un anciano que todos creían que sería capaz de devolver el orden a la economía y el nivel adquisitivo a la clase trabajadora. A su llegada se produjo el primer enfrentamiento abierto y violento entre los distintos sectores de su movimiento, episodio conocido con el nombre de «la masacre de Ezeiza». Lejos de resolverlas, la presidencia del líder agudizó las tensiones internas.

Cámpora renunció al cargo y en las nuevas elecciones presidenciales Perón ganó sin dificultad. Al igual que sucedió en su primer mandato, se le concedió un cargo a su tercera esposa, Isabel, que fue nombrada vicepresidenta. Los primeros intentos de Perón por lograr la reconciliación parecieron fun-

ron la hiperinflación, el déficit público, la crisis externa de pagos y la recesión interna. En septiembre de 1976 se aprobó la ley de seguridad que permitiría combatir a la guerrilla, para lo cual, además, se creó la Alianza Anticomunista Argentina (AAA o Triple A), grupo armado encabezado por López Rega, que secuestró y asesinó a opositores y peronistas que no comulgaban con su giro derechizante. Los militares recuperaron poco a poco la iniciativa política y se hicieron cargo de la represión de los focos guerrilleros del ERP en Tucumán. En marzo de 1976, en un clima de creciente desgobierno, violencia y miedo, Isabel Perón fue destituida de la presidencia por un nuevo golpe de Estado.

cionar, pero la economía empezó a complicarse otra vez y con ella la unidad que había conseguido.

La muerte repentina de Juan Domingo Perón el 1 de julio de 1974 colocó a Isabel al frente del país. El equilibrio de fuerzas aumentaba peligrosamente la inestabilidad de gobierno. José López Rega, ministro de Bienestar Social, se convirtió en la personalidad más importante del régimen. Su estrategia era la vuelta a la ortodoxia peronista, la eliminación de los infiltrados y la *peronización* del gobierno. Los resultados de este período fue-

IZQUIERDA: la tercera mujer de Perón, María Estela Martínez de Perón, *Isabelita*.
ARRIBA: las Madres de la plaza de Mayo en una manifestación en la década de 1970.

LA INFLUENCIA DE PERÓN

Aunque Juan Domingo Perón sólo fue presidente durante once años, su sombra sigue presente en Argentina. Desde su muerte en 1974, el hombre y su ideología han seguido ejerciendo una fuerte influencia. Despierta en la ciudadanía reacciones dispares. En su nombre han caído gobiernos, se han llevado a cabo actos terroristas y se han organizado los trabajadores. Su mayor logro fue aprovechar la energía de los obreros argentinos. Gracias a ellos, Perón estableció un partido político que continúa siendo una fuerza importante en la política, aunque recientemente haya modificado sus postulados iniciales.

El proceso

Cada una de las cuatro juntas militares sucesivas se planteó coordinar los esfuerzos de las distintas ramas de las Fuerzas Armadas. La primera introdujo una enmienda en la Constitución, llamada Estatuto del Proceso de Reorganización Nacional; con ella se encomendaba a la Junta que asumiera la responsabilidad de desempeñar las funciones de los poderes ejecutivo y legislativo. De ahí que el período de gobierno militar, que abarca de 1977 a 1983, se conozca con el nombre de Proceso de Reorganización Nacional.

El general Jorge Rafael Videla fue elegido primer presidente y se enfrentó al problema de la acción de la guerrilla de izquierdas mediante una

campaña para acabar con ella. Toda actividad política y gremial quedó prohibida, y se impuso la censura de la prensa y de prácticamente todas las manifestaciones culturales no promovidas desde el Estado. Además, había que –en la terminología oficial– «extirpar el cáncer de una sociedad enferma». Con ese fin se estableció la pena de muerte, aunque nunca se aplicó por la vía legal. En su lugar, se usaron el secuestro, la detención en centros clandestinos, la tortura y la posterior desaparición de miembros de las organizaciones guerrilleras, dirigentes sindicales y políticos, sacerdotes, integrantes de instituciones sociales, estudiantes e intelectuales.

Primeros síntomas de oposición

El rechazo al plan económico fue dando lugar poco a poco al surgimiento de la oposición al Proceso. Las quejas por la persistencia de la inflación y el deterioro salarial aglutinaron a los partidos políticos, a diversos sectores de la Iglesia, a las corporaciones e incluso a algunos núcleos de las Fuerzas Armadas. Éstas empezaron a dividirse entre sectores proclives al entendimiento con los representantes de la sociedad civil y sectores duros, que se oponían a toda apertura política. A esto se sumaron las presiones internacionales contra las violaciones de los derechos humanos.

El general Viola sucedió a Videla en marzo de 1981, pero al poco tiempo fue obligado a dimitir y en diciembre de ese mismo año fue sustituido por el general Leopoldo G. Galtieri, quien asumió el poder con el propósito de recomponer el proyecto autoritario. En este contexto las fuerzas armadas provocaron diversos focos de tensión externas, cuyos principales capítulos fueron el conflicto con Chile por el canal de Beagle y, en 1982, la guerra de las Malvinas, en mano de los británicos desde 1833.

La guerra de las Malvinas

El 2 de abril de 1982 se produjo el desembarco. El país se movilizó y se unificó en torno al sentimiento nacionalista. Diez mil personas se reunieron en la plaza de Mayo para apoyar la iniciativa gubernamental.

Para Galtieri, el archipiélago en disputa era un objetivo perfecto: unas islas pequeñas y poco pobladas, a más de 13 000 km de Gran Bretaña. Sin embargo, ni a él ni a los demás comandantes militares se les ocurrió que los británicos combatirían realmente para conservarlas. Este grave error de cálculo fue uno de los muchos que cometió la Junta Militar durante las semanas siguientes. Desde el punto de vista técnico, táctico y político, los gobernantes argentinos cometieron numerosos

LOS DESAPARECIDOS

Durante el mandato del general Videla se produjeron la mayoría de las desapariciones. Cualquier sospechoso de realizar actividades contra el gobierno, tal como lo definían los militares en términos generales, podía «desaparecer».

Monjas, sacerdotes, escolares y familias enteras fueron secuestrados y después asesinados por grupos de militares, policías y «escuadrones de la muerte», que actuaban, según sus propias palabras, en defensa del cristianismo y la democracia. Se calcula que el número de desaparecidos oscila entre 9 000 y 30 000 personas, de las que sólo una pequeña parte habría participado en actividades terroristas.

errores. El ejército, constituido por reclutas, no estaba preparado para luchar contra profesionales bien entrenados, y no opuso demasiada resistencia; por su parte, la Marina se quedó en puerto después de que un submarino británico hundiera el crucero *General Belgrano* el 2 de mayo. Tan sólo el heroico triunfo de la Fuerza Aérea argentina rescató parte del honor militar para el país.

Aunque al principio la mayoría de los argentinos apoyaron con entusiasmo la aventura de los militares, su euforia duró poco. El 14 de junio, 74 días después de la ocupación, las fuerzas argentinas se rindieron. Entre la población se generalizó un clima de frustración y descontento, que, mal informada por los medios de comunicación, había

blanco, reclamando la aparición de sus familiares. Estas concentraciones, que habían comenzado en abril de 1977, congregaban a un número cada vez mayor de personas. Paralelamente, surgieron o se actualizaron movimientos vecinales. El sindicalismo se movilizó. Las afiliaciones a los partidos políticos aumentaron. El clamor en pos del fin del autoritarismo y la emergencia de una sociedad democrática era generalizado.

El fin del poder militar

Ante el inminente retorno de la democracia, la lucha se polarizó entre los dos partidos históricos, peronistas y radicales. Pero la campaña para las elecciones de 1983 estuvo llena de sorpresas.

creído que se ganaba la guerra. La derrota bélica marcó el cierre de una etapa. Galtieri fue relevado del cargo, siendo sustituido en la presidencia por el general Reynaldo Bignone, con quien comenzó la retirada de los militares. Los partidos políticos volvieron a ocupar el primer plano de la escena nacional.

La fecha de las elecciones se fijó para finales de 1983, en un clima participativo. Todos los jueves, las Madres de la plaza de Mayo efectuaban sus marchas, con la cabeza cubierta por un pañuelo

IZQUIERDA: concentración a favor de la democracia en la década de 1980.
ARRIBA: las Madres de la plaza de Mayo hacen campaña por sus seres queridos desaparecidos.

Muchos analistas esperaban la vuelta al poder de los justicialistas (peronistas), o quizás un gobierno de coalición. Sin embargo, el 10 de diciembre de 1983 juró como presidente Raúl Alfonsín, de la Unión Cívica Radical. La mayoría de la Cámara de Diputados fue para los radicales, mientras que el Senado tenía mayoría justicialista, lo cual significó una gran traba para la marcha de los proyectos del radicalismo.

La campaña electoral de Alfonsín había girado en torno al respeto a la Constitución y al restablecimiento del pleno estado de derecho, y hacía hincapié en el ciudadano y en la representación parlamentaria. Su principal tarea de gobierno fue consolidar la democracia y resolver la grave crisis económica.

Eva Perón

Aunque María Eva Duarte Ibarguren de Perón, conocida en todo el mundo como Evita, vivió en el candelero muy poco tiempo, tuvo un gran impacto en la política argentina, que perdura todavía, más de cuatro décadas después de su muerte. De hecho, su recuerdo se protege con celo. En 1996, la película basada en el musical *Evita* y protagonizada por Madonna provocó la indignación de muchos argentinos que consideraban que la sacrílega estrella del pop mancillaba el nombre de su heroína, quien, cuando falleció, recibió honores de jefe de Estado, aunque oficialmente no alcanzó tan alta magistratura.

Eva era adorada por la clase trabajadora argentina, pero las damas de la alta burguesía de Buenos Aires no la tomaban en serio y la clase militar no la comprendía. A pesar de todo, llegó a convertirse en símbolo de una Argentina que, después de la Segunda Guerra Mundial, se mostraba rica, orgullosa y llena de grandes expectativas.

Su meteórico ascenso, desde sus inicios como una pobre niña nacida en un pueblo del interior hasta que se convirtió en una de las figuras más fascinantes y poderosas de la política argentina, en su mayoría dirigida por hombres, es una historia que vale la pena contar por lo extraordinaria. Nacida en 1919 en el humilde pueblo de Los Toldos, era una de los cinco hijos que tuvo su madre con Juan Duarte. Tras la muerte de éste, la familia se trasladó a Junín, un pueblo del

noroeste de la provincia, donde Eva pasó su infancia. En Junín, a los catorce años, Eva decidió ser actriz. En compañía de un joven cantante de tango, marchó a Buenos Aires, la meca cultural de América Latina, donde tuvo que enfrentarse a numerosas dificultades para empezar a trabajar en el teatro. Pero su suerte cambió al prendarse de ella un rico fabricante que le ofreció su propio programa de radio. Poco después, la voz de Eva ya era habitual en Radio Argentina y Radio El Mundo, donde interpretaba a destacadas mujeres de la historia.

Eva tenía una energía sin límites; su ritmo de trabajo se volvió frenético y entabló amistad con personas poderosas. Su escaso talento como actriz no fue un obstáculo para que hábilmente atrajera a su causa a personas importantes. Entre sus admiradores se encontraban el presidente de la nación y, sobre todo, el ministro de Comunicaciones, el coronel Imbert, que controlaba todas las emisoras de radio del país.

Eva conoció al coronel Juan Domingo Perón, de quien se decía que era quien lideraba el nuevo gobierno militar, en un acto para recaudar fondos para las víctimas del devastador terremoto que arrasó San Juan en 1944. Abandonó el acto del brazo del coronel viudo. Se casaron en Junín el 21 de octubre de 1945. A pesar de que Perón, que entonces contaba 48 años, le doblaba la edad, Eva colaboró en su ascenso al poder y se convirtió en una activa abanderada del ideario y la obra peronistas. Cuando fue nombrado ministro de Trabajo y Previsión, Eva lo convenció de que la base de su verdadero poder debía sustentarse en la masa obrera, hasta entonces olvidada, que vivía en las horribles «villas miserias» que todavía se levantan alrededor de la capital. Desde el Ministerio se adoptaron numerosas medidas para establecer salarios mínimos, mejores condiciones de trabajo, incrementos salariales y protección ante los patronos. Por primera vez, la clase obrera empezaba a percibir parte de los beneficios de su trabajo. Además, de manera inteligente, Perón consiguió el apoyo de la Confederación General del Trabajo (CGT), que reunía a muchos de los sindicatos.

No tuvo que pasar mucho tiempo para que Eva convocara en su ayuda a los potenciales electores de Perón. El 17 de octubre de 1945, después de que éste hubiese sido encarcelado y cuando estaba a punto de triunfar un golpe de Estado encabezado por el ejército, decidió utilizar todo su poder de convocatoria. Más de 200 000 obreros entraron en la capital y exigieron que Perón fuera nombrado presidente. El coronel aceptó el mandato del pueblo argentino.

Eva afianzó sus vínculos con los trabajadores mediante la creación de una fundación de ayuda social que llevaba su nombre. Por medio de esta organización benéfica se construyeron muchos hospitales y cientos de escuelas, se prepararon enfermeras y se entregó dinero a los pobres. Además, Eva formó el primer partido político femenino, la rama femenina del Partido Peronista, y gracias a su gestión se implantó en el país el voto de las mujeres.

Aunque se inició un culto a su personalidad, ella siempre decía en sus discursos que todo el mérito debía ser para su esposo, que ella daría con gusto la vida por él y que todos debían hacer lo mismo. Tal vez su momento de mayor gloria fue durante su largo viaje por Europa, en el que se entrevistó con Francisco Franco, el jefe de Estado español, el papa Pío XII y los ministros de Asuntos Exteriores de Italia y Francia. Deslumbró a la Europa de posguerra con sus joyas y trajes elegantes. La historia de la mujer pobre que llega a primera dama fue contada cientos de ve-

te de Eva, el 26 de julio de 1952, dejó a Argentina conmocionada. Su cuerpo fue embalsamado, y miles de personas se despidieron de ella en su velatorio. Sin embargo, no tuvo paz ni siquiera después de muerta, ya que en el año 1955 desapareció su cadáver del recinto de la Confederación General del Trabajo, tras ser depuesto Perón por los militares. Lo trasladaron primero a Alemania, y después a Italia, donde permaneció enterrado durante 16 años bajo otro nombre. Tras muchas negociaciones, le fue devuelto a su esposo, en España. La larga odisea de Eva llegó a su fin al morir Perón en Argentina en el año 1974. Trasladaron su féretro desde España y se colocó en la capilla ardiente junto al del hombre por quien había dicho que daría la vida.

ces en la prensa. El 22 de agosto de 1951 fue proclamada candidata a vicepresidente para acompañar en la fórmula electoral a su marido, pero aquejada ya de una grave enfermedad, y contando con la oposición de los militares, no aceptó la propuesta. Se vio obligada a establecer su despacho en sus habitaciones, haciendo gala de un espíritu tenaz.

En 1952, cuando la heroína del pueblo estaba a punto de morir, víctima de un cáncer de útero, seguía teniendo un intenso programa de trabajo. Durante su último discurso, el 1 de mayo, su esposo tuvo que sostenerla mientras se dirigía a los obreros. La muer-

Figura incómoda y polémica mientras vivió, incluso muerta no dejó de incomodar a ciertos sectores, los cuales, aun así, no pudieron evitar que se convirtiera en un mito. Aunque los intentos de canonizarla en Roma han sido recibidos con una amable negativa, en Argentina la consideran casi una santa. Por todas partes hay grafitos que proclaman «¡Eva vive!». En la cripta de la familia Duarte, en el cementerio de la Recoleta de Buenos Aires (véase pág. 177), sus devotos todavía dejan flores y homenajes escritos. Su epitafio, famoso por haber sido parafraseado en la ópera rock *Eva*, de Andrew Lloyd Webber y Tim Rice, y en la película que rodó después sobre el musical Alan Parker, reza así: «No llores por mí, Argentina, sigo estando muy cerca de ti». Y todavía es así, varias décadas después de su prematura muerte.

IZQUIERDA: Eva Perón.
ARRIBA: fotografía del matrimonio Perón con sus caniches.

LA DEMOCRACIA MODERNA

*Cuando Argentina adoptó con fervor el capitalismo del libre mercado,
consiguió controlar la inflación y el futuro parecía prometedor*

Para muchos argentinos, la caída del régimen militar en 1983 representaba el final de un ciclo de interferencia de las fuerzas armadas en la vida política, ciclo que comenzó en 1930. Se aguardaba con gran entusiasmo la instauración del régimen civil, que trajo al fin la libertad de prensa y expresión. Regresaron entonces varios millares de argentinos que se habían exiliado para eludir el régimen militar, contribuyendo así a la sensación de que se iniciaba un nuevo período en la vida política y social del país.

Este proceso se combinó con un intento de justificar y aceptar lo ocurrido durante la dictadura militar. En 1987, el Partido Radical y su presidente, Raúl Alfonsín, constituyeron una comisión para informar sobre la violencia política y sus víctimas, la CONADEP (Comisión Nacional sobre la Desaparición de Personas). Los resultados de las investigaciones realizadas por esta comisión fueron resumidas en el informe *Nunca Más,* cuyas pruebas recabadas fueron decisivas para el enjuiciamiento de la cúpula militar, así como para tomar la decisión histórica de encarcelar a cinco de sus miembros por crímenes contra la humanidad.

La determinación del gobierno civil de procesar a los líderes militares suscitó gran malestar en las fuerzas armadas. Hubo diversos alzamientos militares contra Alfonsín, que sólo pudieron ser aplacados gracias al apoyo popular hacia él, y la lealtad de los nuevos mandos militares. En respuesta a esta presión, el presidente Alfonsín promulgó dos leyes, una de ellas reducía la responsabilidad del alto mando militar en las «desapariciones», y la otra declaraba que el período de los procesamientos por contravención de los derechos humanos tenía un punto final muy bien definido.

Inflación y deuda

Otro legado de la dictadura militar que afrontó a duras penas el presidente Alfonsín era la deficiente gestión económica. Las juntas habían recibido préstamos internacionales para financiar grandes proyectos y equilibrar sus presupuestos. Pero la inflación y la deuda, combinadas con la falta de

experiencia gubernamental del Partido Radical, minaron la popularidad del presidente. Para poner remedio a la situación, se introdujo una nueva moneda, el austral. Al final, Alfonsín aceptó el consejo del FMI y creó una moneda nueva, el austral, quitando tres ceros al viejo peso, congelando precios y salarios y recortando el gasto público. Lamentablemente, los éxitos iniciales del plan Aus-

tral (una cierta recuperación de la actividad industrial y de los salarios, y la contención de la inflación) se vieron perturbados por las condiciones externas desfavorables y por las fuertes presiones sindicales. El último intento de estabilización, el plan Primavera de agosto de 1988, fracasó de inmediato: la inflación se convirtió en hiperinflación, la deuda externa y el desempleo continuaron creciendo.

Mientras tanto, abogados especializados en derechos humanos intentaban que se enjuiciara a los que habían llevado a cabo secuestros, torturas y asesinatos durante el gobierno militar. Pero se comprobó que también había oficiales involucrados, que reaccionaron ante la presión organizando motines en el ejército, lo que obligó a Alfonsín a po-

PÁGS. ANTERIORES: concentración en la plaza de Mayo.
IZQUIERDA: el Congreso Nacional.
DERECHA: manifestantes peronistas.

ner fin a los juicios. Al cabo de unos meses la elevada inflación, situada en varios cientos por cien, acabó con los ahorros de muchas personas, y restringió la capacidad del gobierno de planificar la economía con coherencia.

Ésta era la situación en 1989, cuando los argentinos participaron en los segundos comicios de la democracia recién restaurada. Por aquel entonces, muchos electores pensaban que el Partido Radical había fracasado en el intento de aportar prosperidad y buen gobierno a Argentina. De modo que recurrieron una vez más a los peronistas, entregando su voto a Carlos Saúl Menem. El ampuloso Menem había sido encarcelado por la dictadura militar, y parecía representar los valores económicos y

tecciones arancelarias de la industria argentina, permitiendo así la circulación de productos importados, más baratos. Pero su decisión más llamativa y polémica fue la aprobación de una ley que situó el peso argentino a la par con el dólar estadounidense. Con esta medida se pretendía resolver todos los problemas de inflación crónicos del país; el valor de la moneda argentina estaba garantizado por las reservas estatales, respaldadas por fuertes exportaciones e ingresos procedentes de la privatización. En este contexto participó en la creación del MERCOSUR (Mercado Común del Sur), espacio de libre comercio regional integrado por Argentina, Brasil, Uruguay y Paraguay.

sociales peronistas de siempre: el apoyo a la clase obrera y la industria nacional, así como una posición «anti-imperialista» en los asuntos exteriores.

El final del gobierno de Alfonsín fue un asunto lamentable. Durante el período comprendido entre la elección de Menem y la cesión oficial del poder, la economía se desmoronó hasta el punto de que surgieron serios brotes de descontento social.

Pronto se percibió con claridad que el menemismo era muy diferente del peronismo tradicional. Desde el comienzo de su legislatura, Menem siguió las recetas de éxito que le sugería el Fondo Monetario Internacional. Comenzó a vender gran parte de la industria argentina, desde las empresas petrolíferas nacionalizadas hasta la red telefónica y ferroviaria. Eliminó todas las pro-

Interludio de prosperidad

El presidente Menem intentó cambiar las relaciones de Argentina con el resto del mundo. Se realizaron grandes esfuerzos para salvar la escisión con el Reino Unido, si bien continuó abierta la cuestión de la soberanía sobre las Islas Falkland. Argentina abandonó el movimiento de la no alineación y declaró que sus intereses coincidían con los del mundo occidental desarrollado. Al mismo tiempo, el presidente declaró la amnistía para los militares y las guerrillas que participaron en la violencia política de la década de 1970, intentando zanjar así aquel trágico episodio de la historia del país.

Los primeros años de la década de 1990 fueron sumamente prósperos. Buenos Aires volvió a competir con las ciudades europeas y estadounidenses no sólo por la amplia variedad de productos que ofrecían sus grandes centros comerciales recién construidos, sus restaurantes glamurosos y elegantes cafés, sino también por la calidad de sus películas, obras teatrales y libros. Gran parte de la clase media miraba por encima del hombro al presidente Medem, por su amor por los coches de carreras y su afición al estilo de vida de los famosos (gustos memorablemente caracterizados como «pizza con champagne»), pero por lo demás se mostraba satisfecha con el consumo de los nuevos productos disponibles, viajaba de nuevo al extranjero, y por primera vez en muchos años redescubría el orgullo de tener nacionalidad argentina.

gentinos fueron despedidos como consecuencia de la venta de las empresas estatales, y no lograban encontrar un nuevo empleo. Todo esto puso en peligro la continuidad de las prestaciones de la seguridad social y las pensiones, lo cual, a su vez, obstaculizaba en gran parte la estabilización del país desde el gobierno central.

Escándalos y descontento social

Se extendía cada vez más la sensación de que la administración Menem era corrupta. La prensa comenzó a revelar todo tipo de escándalos, desde el descubrimiento de que uno de los congresistas favorables al gobierno era pariente lejano del representante elegido para apoyar a los peronistas, has-

Esta sensación de satisfacción contribuyó a que Menem ganase con facilidad las elecciones de la segunda legislatura en 1995. Pero muy pronto comenzaron a acumularse los problemas. El hecho de que el peso argentino tuviese el mismo valor que el dólar estadounidense provocó que las exportaciones del país tuvieran un precio excesivo en comparación con sus rivales regionales. Los bienes importados que tanto disfrutaban los argentinos de clase media eran también sumamente caros, lo cual dificultaba el mantenimiento del equilibrio en las cuentas estatales. Muchos millares de ar-

ta las acusaciones de que el presidente y otros altos cargos de su gobierno habían estado implicados en la venta ilegal de armas. Gran parte del dinero procedente de las privatizaciones había acabado en el bolsillo de los políticos.

El descontento condujo a la creación de una alianza de partidos antiperonistas, de la que formaban parte el Partido Radical y el Frepaso (Frente País Solidario). Esta alianza salió victoriosa en las presidenciales de 1999, mientras que los peronistas se encontraban divididos por disputas internas entre los partidarios del presidente Menem y el candidato que prevaleció al final, Eduardo Duhalde, gobernador de la provincia de Buenos Aires.

El nuevo presidente fue Fernando de la Rúa, y una vez más se impuso el optimismo de que las co-

IZQUIERDA: el presidente Néstor Kirchner y su esposa, Cristina.
ARRIBA: fervor patriótico de los nemenistas.

sas podían cambiar. La gestión aliancista estuvo marcada por la crisis económica y la inestabilidad política. El ministro de Economía, Domingo Cavallo, mantuvo la paridad cambiaria con el dólar e implementó recortes salariales y la inmovilización de los depósitos bancarios, el llamado «corralito», que provocaron un creciente malestar social. La paralización de un préstamo del FMI agravó la situación y, en medio de violentas protestas populares, el presidente De la Rúa y todo el gobierno se vieron obligados a dimitir.

Situación de crisis

La crisis alcanzó su cota máxima en diciembre de 2001. Los desempleados y funcionarios exaspe-

rados tras varios meses sin salario se sumaron a los sindicalistas peronistas en violentas manifestaciones callejeras. Se calcula que murieron unas 30 personas en las manifestaciones, y la situación llegó a ser tan inestable, que Fernando de la Rúa tuvo que dimitir. A finales de 2001, Argentina tuvo cuatro presidentes en dos semanas. Al final el presidente del Congreso, Eduardo Duhalde, fue nombrado presidente en funciones, con autoridad suficiente para poner orden en la situación.

El Parlamento, con mayoría justicialista, designó nuevo presidente a Adolfo Rodríguez Saá, quien apenas duró una semana, siendo sustituido en enero de 2002 por el también peronista Eduardo Duhalde. El nuevo presidente acabó con la paridad de la moneda argentina con el dólar y anun-

ció la suspensión de pagos de la deuda externa. La fuerte devaluación del peso, el rápido empobrecimiento de la población, la lucha entre los poderes del Estado y la bancarrota del país obligaron a Duhalde a convocar elecciones anticipadas.

Confianza en la reconstrucción

El descrédito de los radicales y las pugnas internas del justicialismo favorecieron el triunfo del peronista Néstor Kirchner, ex gobernador de Santa Cruz, quien asumió la presidencia en mayo de 2003. Mientras miles de argentinos emprendían el éxodo hacia Europa y Estados Unidos, Kirchner recibió en herencia una deuda externa de 178 000 millones de dólares y unos índices de desempleo, pobreza y marginación social escandalosos. Ante los graves problemas sociales, políticos y económicos, el presidente centró sus energías en restablecer el tejido productivo abandonando las políticas neoliberales y sanear las instituciones públicas. En este sentido descabezó la cúpula de las Fuerzas Armadas, de la Policía Federal y de los servicios secretos, purgando los elementos comprometidos con los excesos de la dictadura, y renovó la Corte Suprema de Justicia, que en junio de 2005 declaró inconstitucionales las leyes de Obediencia Debida y Punto Final, abriendo la vía para el enjuiciamiento y condena de los responsables de atrocidades cometidas durante la dictadura militar.

En el plano internacional, Kirchner estableció una «alianza estratégica» con Brasil reactivando el MERCOSUR y renegoció con el FMI y otros organismos financieros internacionales el pago de la deuda externa. En este capítulo logró que la XII Cumbre del G-15 reconociera la tesis argentina según la cual dicho pago era imposible sin desarrollo. También denunció en la V Conferencia de la OMC (Organización Mundial del Comercio) el proteccionismo mercantil de Estados Unidos y se opuso a las pretensiones estadounidenses de imponer el ALCA (Área de Libre Comercio de las Américas) en la IV Cumbre de las Américas celebrada en Mar del Plata en noviembre de 2005.

La estabilización de la economía, la recuperación de los índices de productividad y el clima de confianza social creado por Kirchner le significaron el rotundo triunfo en las elecciones legislativas celebradas en octubre de 2005. Su partido, el Frente para la Victoria, obtuvo en torno al 40 por ciento de los votos, lo que supone abrir el camino para su reelección en las elecciones presidenciales de 2007.

IZQUIERDA: información del cambio.
DERECHA: un mural multicolor en Buenos Aires.

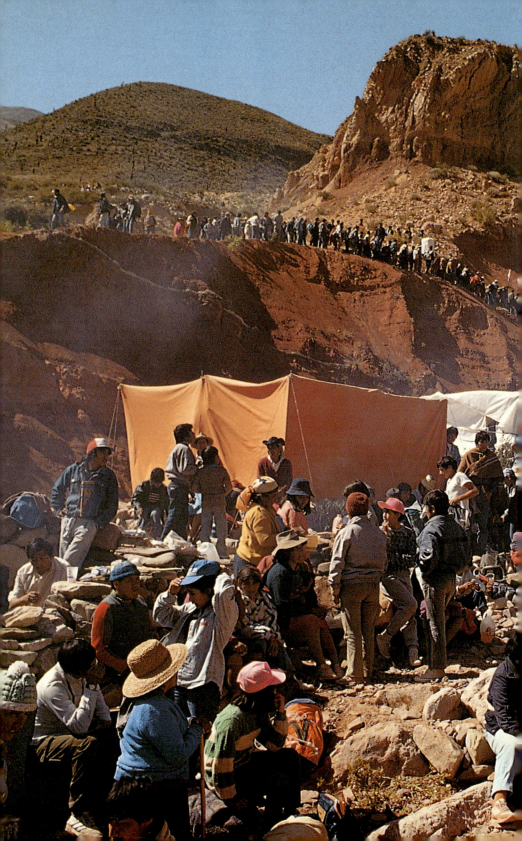

UN PUEBLO APASIONADO

Los numerosos y variados grupos de inmigrantes proporcionan al país

una identidad nacional y una vida cultural multicolor y muy rica

Si el viajero visita Bariloche en julio, la Fiesta de las Colectividades le ofrecerá una visión de los distintos grupos de inmigrantes que conformaron la actual población de Argentina. Allí se encuentran argentinos de ascendencia española, italiana, alemana, suiza, rusa, austríaca, eslovaca, danesa y noruega, entre otros, exponiendo así un sentido de identidad nacional que muchas veces está latente, manteniendo vivas las danzas y las canciones de una vida anterior, y formando un bullicioso tumulto alrededor de los puestos multicolores donde se vende comida de los diferentes países de origen, desde pizza hasta *blinis*. Se trata de una celebración vibrante, en la que el tiempo no importa. Es toda una revelación, por ejemplo, que amigos argentinos de toda la vida resuciten de pronto sus raíces culturales.

Paseando por las calles de Buenos Aires, a veces uno podría pensar que oye hablar un extraño italiano. En cuanto al aspecto de la ciudad, uno podría creerse en París, Nápoles, Londres o Barcelona, dependiendo del barrio o de la zona en la que se esté.

Los habitantes originales de Argentina estaban divididos en numerosas tribus distintas, pero eran pocos. En el siglo XVI, los primeros colonos europeos fueron casi todos españoles, al igual que los que llegaron durante los trescientos años siguientes. Enseguida se desarrolló una población minoritaria de mestizos (mezcla de indígenas con españoles). Durante los siglos XVII y XVIII se llevaron muchos esclavos procedentes de África, y entonces se añadieron los mulatos (mezcla de africanos con blancos).

Pero en el siglo XIX se produjeron cambios drásticos en la composición étnica del país. Durante la llamada Conquista del Desierto, la gran mayoría de la población indígena fue exterminada por el ejército argentino, tras lo cual las tierras fueron ocupadas por los colonos europeos. Tras la abolición de la esclavitud, la población de origen africano también desapareció (*véase pág. 41*).

Páginas anteriores: peregrinación religiosa en el noroeste; procesión de Semana Santa en la provincia de Jujuy.

Izquierda: dos ancianos argentinos.

Derecha: un grupo de inmigrantes rusos llegados a Argentina en la década de 1930.

Una nueva frontera

A finales del siglo XIX y principios del XX, se produjo otra oleada de inmigración que atravesó el Atlántico, procedente de Europa. Entre 1857 y 1939 se sumaron a la población más de 3,5 millones de trabajadores. Con gran diferencia, la mayoría procedía de sólo dos países: España e Italia, aunque también llegaron muchos que huían de

otras regiones de una Europa desgarrada por la guerra. Y no sólo de allí. Mirando la lista de los nombres que uno puede poner a sus hijos, es fácil hacerse una idea de las numerosas nacionalidades que están representadas, incluidos sirios y armenios; por ejemplo, Menem es de origen sirio. En aquellos años se veía Argentina como la tierra de las oportunidades.

En 1914, alrededor de un tercio de la población argentina había nacido en el extranjero, y en algunas de las ciudades más grandes había más extranjeros que nativos. Entre todos comenzaron a ocupar poco a poco puestos en las diversas industrias en expansión, como la agrícola, ganadera y el procesamiento de sus productos, y en las economías en desarrollo de las grandes ciudades.

Los galeses de la Patagonia

Los galeses, que dejaron atrás sus valles buscando una oportunidad y fueron los primeros en llegar a estas tierras, debieron de tener bastantes dudas cuando, alrededor de la década de 1860, tuvieron que caminar durante días por la Patagonia en busca de agua potable, hasta llegar al río Chubut. Pero el resultado de la colaboración inicial con los pueblos indígenas y su propia tenacidad fue una serie de prósperos asentamientos a lo largo del valle del Chubut; por eso, con legítimo orgullo, los galeses se aferran a su identidad nacional con más fuerza que la mayoría. Una de estas poblaciones galesas, Gaimán, lleva todos los años a una persona de Gales para preservar y proteger la

LA SUPERVIVENCIA DE LOS INDÍGENAS

En Argentina hay una abundante población de inmigrantes. Las poblaciones indígenas sobreviven en grupos aislados, y si bien se mantienen algunas lenguas nativas y la artesanía tradicional vuelve a despertar interés, son pocas las tribus que conservan el estilo de vida tradicional más que en un sentido ceremonial. En la actualidad, todavía se habla quechua en el noroeste, donde predominan los collas. En el Chaco se habla chiriguano, chorotí, wichí, mocoví y toba; los chiriguanos son la tribu más importante de la Mesopotamia. Los araucano-mapuches y los tehuelches fueron los grupos principales en la Patagonia y la pampa.

cultura nativa, y el *Eisteddfod* anual es algo tan característico allí como en Gales.

Más ingleses que los ingleses

Una comunidad que, al menos desde la década de 1980, ha intentado pasar inadvertida en la Fiesta de las Colectividades es la angloargentina. Los primeros colonos británicos llegaron para montar la infraestructura del país, y sus servicios contribuyeron a convertir Argentina en uno de los diez países más ricos del mundo a principios del siglo XX. Durante el siglo XIX, los ferrocarriles argentinos y el sistema bancario se construyeron en gran medida gracias al capital británico, que contribuyó también al desarrollo de la industria ganadera, al introducir modernos métodos de refrigeración, envasado y transporte. Algunos británicos compraron grandes extensiones de tierra en el sur para criar ovejas; de hecho, durante una cierta época el sur de la Patagonia pareció una prolongación del Imperio Británico.

En 1982, la guerra de las Malvinas supuso, inevitablemente, una época de tensión para los angloargentinos. Aunque algunos se marcharon, para la mayoría pesó más la lealtad a Argentina. Los argentinos siguen apoyando la legitimidad de su reclamación, e incluso en los lugares más remotos aparecen pintadas y carteles en los que reza: «Las Malvinas son argentinas». Sin embargo, en su mayor parte, son conscientes de los cuestionables motivos que impulsaron a los comandantes de las Juntas Militares a invadir las islas y, como la derrota en este enfrentamiento propició el fin del gobierno militar, no albergan animosidad alguna al respecto (*véase pág. 53*). Mientras tanto, como ocurre con muchos inmigrantes, sus recuerdos de la patria están estancados en el pasado. Se mantiene cierto refinamiento algo arcaico, una curiosa confianza en las «cosas británicas», que sin duda desaparecería ante el mínimo roce con la Gran Bretaña multicultural de hoy en día.

Siguen prosperando en Argentina algunas escuelas británicas como St. Andrew's y St. George's, al igual que el Hospital Británico. Se continúa jugando al críquet y al polo los fines de semana sobre la hierba del exclusivo Club Hurlingham, en las afueras de Buenos Aires. El rugby y el fútbol son así mismo importaciones británicas, como lo demuestran los nombres de muchos de los principales clubes de fútbol, entre ellos el River Plate y el Racing. Sin embargo, la herencia británica se va perdiendo a medida que las nuevas generaciones optan por el inglés comercial americano porque les resulta más práctico en lugar del inglés británico; de hecho, la omnipresencia de la televisión por cable refuerza esta tendencia. Lo habitual hoy en día entre las familias argentinas adineradas es enviar a sus hijos a una universidad estadounidense en vez de a los tradicionales internados ingleses.

Los inmigrantes de otros países latinoamericanos

La presencia de chilenos, bolivianos y peruanos refleja las variaciones de la fortuna económica de Argentina y de sus países vecinos. El comportamiento de estos nuevos inmigrantes difiere un poco de los europeos, ya que los procedentes de países limítrofes primero se asientan en las provincias cercanas a sus lugares de origen, para luego trasladarse a otras localidades.

nómica más liberal. De hecho, los argentinos siempre están dispuestos a probar las ofertas y la variedad de tiendas que hay al otro lado de la frontera con Chile.

La identidad nacional

La idiosincrasia argentina está llena de paradojas, que no permiten hablar de un estereotipo. Es muy común entre algunos turistas que visitan por primera vez Argentina la imagen de un pueblo dominado por una cierta angustia, en busca de su identidad nacional, pero ésta no hace justicia al dinamismo y el colorido de la sociedad argentina, el caleidoscopio de personalidades animadas y dogmáticas, la tendencia a los extremos, la curiosa

La relación de los argentinos con Chile ha sido en ocasiones algo conflictiva. Así, por ejemplo, en enero del año 1982, los dos países estuvieron al borde de la guerra por una antigua disputa territorial con respecto a las islas del canal de Beagle. Hasta se movilizaron fuerzas por ambas partes, y sólo la intervención del Papa logró impedir el conflicto. Mientras tanto, algunos chilenos han cruzado los Andes en busca de trabajo. Si bien en ocasiones los argentinos comentan lo serios que son sus vecinos, no dejan de reconocer las ventajas que ha proporcionado a Chile una política económica

coexistencia de energía e indolencia. En primer lugar, existe el contraste entre la vida urbana y la rural. De una población de 34,5 millones, unos 13 millones viven en Buenos Aires.

El porteño, es decir el habitante de Buenos Aires, disfruta del ritmo y el bullicio de la vida en la capital. Recorriendo la comercial calle Florida, la más concurrida de Buenos Aires (que incluso tiene sus propios grandes almacenes Harrods, los primeros fuera de Londres, cerrados en 1999 para su renovación), se palpa la sofisticación, acentuada por la elegancia innata de la gente. De hecho, aunque a primera vista a los visitantes procedentes de otros países pueda parecerles que no es así, a los argentinos no les hace falta que nadie les diga lo que les queda bien.

IZQUIERDA: una mujer araucana.
ARRIBA: muestra de arte popular en plena calle, San Telmo.

Fuera de la capital, la indumentaria suele ser más relajada, aunque sin dejar de ser elegante. Son más habituales los vaqueros de marca que los trajes. Llevar corbata no es de rigor.

La conversación en las ciudades

En los cafés de Buenos Aires, se nota enseguida que a los argentinos les encanta conversar. Son personas coherentes y lúcidas, que expresan su opinión con seguridad. Todas las cuestiones, tanto las trascendentes como las insignificantes, merecen una opinión. En mitad de la reunión más ruti-

LAS ESTRELLAS DE CINE

El creciente número de estrellas extranjeras, como Sylvester Stallone y Jane Fonda, que han adquirido tierras en la Patagonia, ha hecho aumentar el interés de los argentinos por este territorio.

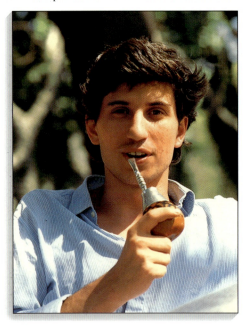

naria puede surgir una discusión acalorada. Allí los adolescentes no suelen ser reservados. El problema no es hacer que la gente hable, sino que escuche; además, los argentinos poseen un rico y expresivo repertorio de gestos, que compiten con las palabras por llamar la atención.

El fútbol y la política figuran entre los temas con mayores probabilidades de encender una conversación. El fútbol es el gran deporte nacional, y las simpatías por uno u otro equipo son intensas. Desde muy jóvenes, la mayoría de los argentinos tienen que decidir hacia dónde volcar sus simpatías.

En lo que respecta a la política, el renacimiento que se produjo después, se fue convirtiendo en la época Menem en un desencanto hacia la política y los políticos. El mayor logro de éste fue frenar la hiperinflación y mantener la paridad entre el dólar estadounidense y el peso, aunque a costa de una gran recesión, ya que la economía se redujo un 4,4 por ciento en 1995. Pero perdió la confianza de la población porque se alejó del programa peronista, gracias al cual fue elegido, al privatizar las empresas del Estado poco después de asumir el poder, y porque no se esforzó lo suficiente para acabar con la corrupción existente en determinadas instancias del sistema político del país, incluido el Poder Judicial y algunas empresas. La ruptura tormentosa y pública de su matrimonio no contribuyó a mejorar su prestigio personal. De hecho, para algunos argentinos, Menem personifica el culto que se profesa en buena parte del país por la imagen.

El campo

En las estancias, o «en el campo», como dicen los angloargentinos, la situación es diferente. El arquetipo masculino es taciturno, sobre todo si hay mujeres presentes. De todos modos, defiende sus opiniones con decisión, a menudo teñida de una melancolía irónica, pero lo hace con pocas palabras. Allí el foro de discusión no es el café, sino el mate (*véase pág. 92*). De esta infusión casera no importa tanto su capacidad para saciar la sed como su carácter social. El agua se calienta al fuego en un recipiente o hervidor (la pava), y «cebar mate» constituye todo un ritual. Se trata de un aspecto sociable de la vida donde se manifiesta la camaradería, no sólo en el campo.

Lo mismo ocurre con el asado, donde los argentinos dan rienda suelta a su pasión por la carne. Suele ser una celebración comunitaria, en la que se espera que cada comensal consuma unos 500 gramos de carne. Ahora se sirven ensaladas, como concesión a los preocupados por la salud, pero la mayor parte de los hombres sólo comen carne y pan seco, beben vino y después toman un mate. Es una forma de vida que tiene un gran atractivo. De ahí que algunos profesionales jóvenes abandonen el estrés de la gran ciudad y elijan una vida tranquila en las ciudades más pequeñas del sur.

Caballerosidad y patriotismo

En ningún lugar se notan tanto el conservadurismo y el patriotismo argentinos como en un asado. Su preparación es una actividad exclusivamente masculina, que comprende una distribución hábil y oportuna de la carne para asegurar que se cocine a la perfección. Cuando llega la hora de comer, se produce una segregación natural: los hombres se quedan de pie junto al fuego y van cortando los trozos de carne con unos cuchillos muy vistosos, mientras las mujeres se sientan a una mesa rústica y conversan. Cuando todos han comido hasta saciarse, ellos prosiguen su conversación en torno a un mate, mientras ellas lavan los platos. Tal vez las mujeres argentinas estén liberadas en sus lugares de trabajo, pero algunas cosas son como deben ser. «Así es», dicen, cortando de raíz cualquier argumento.

UN BESO EN LA MEJILLA

En situaciones familiares, sociales e incluso formales, rara vez caben dudas sobre la manera de saludar: lo más habitual es dar un beso.

No obstante, la vida familiar argentina ha experimentado una notable metamorfosis. En la actualidad, las mujeres constituyen el 40 por ciento de la población activa; una tercera parte de los hogares argentinos se mantienen con los ingresos de ellas, y alrededor del 53 por ciento de los estudiantes universitarios son mujeres. Sin embargo, aunque las estadísticas demuestran que ha habido cambios, todavía cuesta cambiar ciertas actitudes.

El clan familiar

A pesar de que sobrevivan un patriotismo algo anticuado y la consiguiente caballerosidad, la sociedad da una sensación, sobre todo entre los jóvenes, de libertad e informalidad. Algunos creen que esto es en parte una reacción después de los años de represión militar. Pero también es un reflejo de la fuerza del clan familiar. Los jóvenes suelen residir en su casa hasta que se casan, e incluso entonces quizás se vayan a vivir a pocas manzanas de distancia. Los estudiantes no se suelen ir de casa cuando ingresan en la universidad, ya que por lo general asisten a clase en la misma ciudad. La brecha generacional se nota menos que en otros países. Jóvenes y ancianos están acostumbrados a convivir y a compartir noticias e ideas. Los primos suelen ser buenos amigos. Existe, desde luego, la pretendida y estudiada indiferencia de los adolescentes. Pero la impresión general es que se trata de un pueblo que disfruta de la vida.

Cuando un hijo acaba la enseñanza obligatoria, la mayoría de los padres hacen un esfuerzo considerable para organizar una fiesta con sus compañeros. Se trata de un momento decisivo, una ocasión que se comparte con la familia y los compañeros de estudios, y una muestra contundente de lo mucho que conocen los argentinos el arte de festejar. La vida nocturna, por ejemplo, es muy animada. Muchas discotecas abren muy tarde y la música no deja de sonar hasta el amanecer.

IZQUIERDA: la generación más joven todavía mantiene la tradición de beber mate.
DERECHA: un niño del noroeste.

La mentalidad de grupo

Entre los jóvenes hay un fuerte sentido del individualismo, pero también de identidad de grupo. Los niños van a la escuela prácticamente con los mismos compañeros durante todos sus años de estudios. Por lo general festejan juntos los cumpleaños. Todos participan en un viaje de una semana con la escuela para celebrar el final de la educación primaria y la secundaria y, cuando regresan, el vínculo de las experiencias compartidas basta para consolidar relaciones que duran toda la vida. Además, se podría decir que los argentinos son gregarios por

naturaleza y que, ante todo, les gusta la compañía. Si uno encuentra un lugar idílico para comer y pasa otro automóvil, es probable que los ocupantes se queden allí, en lugar de buscar otro lugar donde sin duda estarían solos. Basta con ver las calles de Mar del Plata o Carlos Paz, destinos habituales de estos «viajes de egresados» (cuando se acaban los estudios), donde los estudiantes se mueven en grupos, cantando, amontonándose para hacerse fotografías, llevando sombreros o chaquetas todas iguales o muy similares.

El contacto físico es algo habitual en Argentina. No se limita a un beso amable de saludo o despedida, sino a tocar, besar, abrazar y tomar del brazo, con una calidez sencilla, desinhibida, que ningún argentino interpretará mal.

Dar tiempo al tiempo

Esta actitud sociable y relajada se aplica también al tiempo. Si algo no se acaba hoy, seguro que se termina mañana, el famoso «mañana» español. Si uno tiene una cita con un argentino, ya sea para tomar un café o por una reunión de trabajo, hay que calcular cierto retraso. Se trata de una forma de vida. Hay que tener cuidado cuando a uno le piden que espere «un momentito», porque puede ser mucho más que eso; o cuando le aseguran que algo está a punto de suceder, «ya», enseguida, pues este concepto también es muy elástico.

> ### LABERINTO BUROCRÁTICO
>
> La burocracia sigue formando parte de la vida cotidiana: para comprar un coche u obtener el pasaporte hay que hacer mucho papeleo.

La Iglesia y la burocracia

La Iglesia continúa ejerciendo una gran influencia, aunque sólo sea nominal. Las reformas constitucionales de 1994 siguen garantizando la libertad religiosa, pero el catolicismo ya no es la religión del Estado, ni tampoco hace falta que el presidente sea católico. Alrededor del 90 por ciento de la población argentina es católica, pero en los últimos años la fe ya no tiene tanto peso en la conciencia de los argentinos. Se mantienen las observancias periódicas, como el catecismo y la primera comunión, pero pocas veces se toman como modelo para la vida

Si uno le pregunta al mecánico cuándo va a estar arreglado el automóvil, la respuesta suele ser «a última hora», o sea, la hora del cierre, sea lo que fuere lo que esto signifique. Esto se debe, en parte, a una ética de trabajo diferente. Allí la gente siempre está dispuesta a sacrificar un poco de eficiencia para hacer el trabajo más agradable, con una conversación, un mate y unas «facturas» (pastas). Además, a veces es necesario dedicar mucho tiempo a hacer «trámites», cumplir formalidades que incluyen pagar los sueldos o saldar cuentas. En numerosas ocasiones, para realizar estas operaciones tiene que ir la propia persona, con lo cual resulta que el día de pago el lugar de trabajo suele quedar vacío y se forman largas colas a la entrada de los bancos.

cotidiana. Tal vez como consecuencia de esto, en Argentina se actúa con un nivel más bien bajo de confianza, quizás porque alguien de naturaleza activa (un «vivo») que consigue algo despierta más admiración que indignación. Por lo tanto, la burocracia ha tenido que construir sistemas complejos y no siempre eficaces de verificación y seguridad para no dar cabida a la deshonestidad. El sector público a menudo carece de recursos para implementar sistemas modernos y en ocasiones resulta rígido e ineficaz. A veces, para conseguir un sencillo documento hay que ir al banco, al correo y la comisaría, para obtener todos los sellos y validaciones necesarios, que unos empleados públicos comprensiblemente hastiados se toman el trabajo de pegar sobre más papeles. De este modo, los argentinos demuestran otra característica nacional: la paciencia. Esta caza de papeles es aceptada con serena resignación por los argentinos, a pesar de su volatilidad.

Cuestiones de salud

Para ir al médico también hace falta tener mucha paciencia. Hasta los niños se ponen a la altura de las circunstancias y esperan, por lo general sin juguetes ni libros para distraerse. Pero las cuestiones de salud enseguida se convierten en tema de conversación. La gente comenta sus dolencias con una franqueza notable.

La coexistencia de un profundo estoicismo con una nerviosa hipocondría no es más que otra de las paradojas de la naturaleza argentina. En Buenos Aires cuentan con una atención médica avanzada, aunque quizás no tanto en las provincias. También existe un creciente interés por la medicina alternativa, y se valoran mucho numerosos remedios tradicionales.

Así mismo, la psicología es una especie de *hobby* nacional. Tal vez en una escuela no haya fotocopiadora o suficiente material de papelería, pero seguro que dispone de un psicopedagogo. El estudio y la práctica de la psicología se suprimieron durante los años del Proceso. Las autoridades militares lo consideraban un campo subversivo, y los libros sobre el tema desaparecieron de las estanterías, tanto públicas como privadas. Las facultades fueron cerradas.

Convivir con el pasado

Aunque parezca irónico, esta represión, junto con el legado de penosos recuerdos que han dejado en muchos argentinos los últimos años de gobierno militar, han contribuido a hacer resurgir el interés por este tema. Mientras que el gobierno ha seguido la política de borrar el pasado y seguir adelante, declarando enseguida la amnistía de muchos militares, la gente ha hecho presión para que no sea así. De hecho, las madres de los desaparecidos se siguen congregando los jueves en la plaza de Mayo. En los pañuelos blancos que se ponen en la cabeza están bordados en azul los nombres de los hijos que han perdido (*véase pág. 153*). Después de muchos años de luchar por algo, han conseguido una victoria amarga y dulce al mismo tiempo. Ha habido abuelos que han encontrado a unos nie-

IZQUIERDA: dos generaciones de argentinos jugando juntos, algo muy habitual en este país.
DERECHA: un carnicero en un momento de descanso.

> ### REMEDIOS DE LA ABUELA
>
> Cuando alguien sufre de un problema de indigestión porque está empachado, se le puede curar estirando la piel que cubre las vértebras inferiores; esto se llama «tirar el cuerito». Funciona, aunque le parezca extraño.

tos que no conocían: hijos de mujeres que fueron detenidas cuando estaban embarazadas y que al nacer fueron entregados en adopción a familias de militares sin hijos, mientras sus madres naturales desaparecían. A algunos de estos niños, educados en hogares felices, descubrir la verdad les ha causado un gran dolor. ¿Cómo van a rechazar el único hogar que han conocido y a aceptar a unos abuelos desconocidos hasta ahora, que suelen tener un formación muy diferente, y que a menudo tienen ideas políticas opuestas? Para algunos de los abuelos, ver a

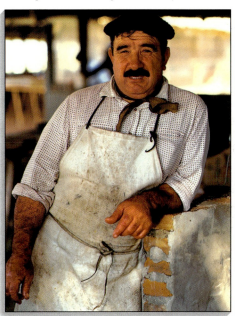

sus nietos por primera vez puede ser el cumplimiento de un sueño, pero para otros ha sido una mezcla de desilusión y desesperación.

Poesía callejera

Por último, otro de los rasgos de la sociedad argentina con el que sin duda se encontrarán las mujeres, es el de los piropos, casi un deporte nacional masculino y que aquí, según sus adeptos, ha sido elevado a la categoría de arte. No se trata de palabras malsonantes o fuertes, sino de una especie de poesía original e implícita. Pero la mayoría de estos *casanovas* callejeros no sabrían qué hacer si una mujer les plantara cara; en realidad, el juego consiste en que el hombre se siente satisfecho de su ingenio para halagar a una mujer.

EL TANGO

Del crisol de inmigrantes que es Argentina nació el tango,
abriéndose paso desde los burdeles hasta llegar al resto de la sociedad

Argentina tiene dos himnos nacionales: el oficial, que se canta en las ceremonias, y *Mi Buenos Aires querido*, un tango. Ésta es la forma más auténtica de música popular, que ha hecho famosa a Argentina en todo el mundo.

En la actualidad, la mayoría de los clubs y teatros de variedades que han dado origen al tango sólo existen en las letras y la memoria de los veteranos que recuerdan haber bailado sus pasos intrincados durante su época dorada, anterior a la Segunda Guerra Mundial. Sin embargo, se encuentra en pleno auge. El éxito internacional del neotanguista Astor Piazzolla, y los aplausos cosechados por las producciones musicales de tango o la inauguración del Festival Internacional de Tango, en Buenos Aires en 1999, son signos de que se está redescubriendo la magia de esta música.

El nacimiento del tango
Pero ¿cuáles son los orígenes de esta música sensual y melancólica que tanto se identifica en todo el mundo con Argentina y su centro neurálgico y capital, Buenos Aires?

La historia empezó a finales del siglo XIX. En aquella época, toda la región del Río de la Plata, tanto Uruguay como Argentina, comenzó a recibir grandes oleadas de inmigrantes europeos, hecho que coincidió con el regreso de miles de criollos, soldados veteranos licenciados después de las guerras civiles que duraron cincuenta años y que se habían iniciado a partir de la independencia de España. La mayoría de ellos se instalaron en los puertos de Buenos Aires y Montevideo, o bien en sus alrededores. La mezcla de recién llegados italianos, españoles, europeos del este y judíos se fusionó con la población local, que ya era una mezcla de españoles, africanos e indígenas americanos. Cada uno de estos grupos aportó su propia herencia musical. En aquel ambiente turbulento y fundamentalmente masculino formado por inmigrantes, ex soldados cansados de luchar y trabajadores pobres, los ritmos cadenciosos del candombe, una música que llegó con los esclavos de África, se mezclaron con las evocadoras melodías de Andalucía y el sur de Italia, y con

la música popular del país, la milonga (la canción tradicional del gaucho). En algún momento de la década de 1880 todos estos elementos culturales se fusionaron para crear algo nuevo: el tango.

Una música nocturna
Cuándo y dónde surgió exactamente, son dos cuestiones que continúan siendo misteriosas y

controvertidas, pero de lo que no cabe duda es de que el inicio del tango no se produjo en un ambiente refinado.

En aquella época, el lugar de reunión más importante para la clase obrera era el burdel. Los burdeles solían estar situados en las zonas semirrurales de Buenos Aires en torno a la zona del Retiro (donde se encuentran en la actualidad las terminales de los ferrocarriles que salen hacia el norte) y Palermo, y en las zonas portuarias de la Boca y la calle 25 de Mayo, así como alrededor de la plaza Lavalle, los burdeles eran los auténticos crisoles culturales de la época. En sus salones, mientras los clientes esperaban pacientemente a que les tocara su turno, los músicos tocaban y cantaban melodías de las más sugestivas, a menudo

IZQUIERDA: cantando un tango en la calle.
DERECHA: una pareja de bailarines de tango actuando en el barrio de La Boca.

obscenas, que dieron al tango su fama de escabroso. Debido a la marginalidad del contexto original, de las primeras letras sólo se conservan algunos fragmentos, y sus autores permanecen en el anonimato o sólo se conocen mediante seudónimos pintorescos. En 1896, el pianista Rosendo Mendizábal dio su nombre a *El entrerriano*, convirtiéndolo así en el primer tango de autor.

Pero los hombres que pasaban la noche escuchando tangos en los burdeles, vivían durante el día hacinados en las casas de vecindad que se concentraban en las zo-

TANGO PARA TURISTAS

Muchos locales situados en San Telmo presentan música y bailarines profesionales de tango que brindan a los turistas la clase de espectáculo que ha convertido este baile en una exportación famosa en todo el mundo.

violines, las flautas, y el piano, aunque era menos fácil de transportar, se sumó el bandoneón, un pariente cercano del acordeón.

En la primera década del siglo XX, Buenos Aires, y con ella el tango, experimentaron una transformación. La economía de exportación agraria estrechó los contactos con Europa, y los argentinos ricos, tras visitar clubs y cafés del Viejo Continente, buscaron diversiones similares en su país. Varios de los antiguos salones y burdeles reaccionaron ante esta nueva demanda y así surgieron los elegantes cabarés.

nas más antiguas, al sur de Buenos Aires. Era inevitable que el tango se volcara en los patios, donde lo ejecutaban organilleros, y que entrara a formar parte de otras formas de la cultura popular, como el sainete, un espectáculo teatral que atraía mucho público.

Un público nuevo

A principios del siglo XX, el público del tango había aumentado y gustaba a todas las clases sociales, excepto a la más alta, que lo seguía desaprobando. Durante aquellos primeros años, varió mucho la composición de las orquestas de tango. Como muchos de los músicos no tenían recursos, dependían de los instrumentos que se alquilaban y de que fueran económicos. A las guitarras, los

Carlos Gardel

Otro factor de cambio fue la llegada de la industria discográfica. En 1913 se hicieron en el país un número limitado de grabaciones y, en 1917, Victor Records grabó la joven voz de Carlos Gardel cantando *Mi noche triste*. Esto marcó el final de una era y el inicio de otra. Gardel se convirtió en la primera superestrella internacional del tango, y su carrera demuestra los avances más importantes del género en su época dorada. Es probable que Gardel naciera en Uruguay, la otra patria del tango, alrededor de 1890, pero otros creen que vino al mundo en la ciudad francesa de Toulouse.

Lo que lo convirtió en una estrella y al tango en una música mucho más atractiva y popular tanto en Argentina como en el resto del mundo fueron las grabaciones, la radio y el cine. De hecho, fue a Francia en 1929 y rodó películas en Joinville; en 1934 firmó un contrato con los estudios cinematográficos Paramount, en Hollywood, donde participó en cinco películas. Así, cuando en 1935 murió en un accidente de aviación en Colombia, Gardel ya se había convertido en la personificación del tango. Su cuerpo fue trasladado a Buenos Aires, donde se reunieron miles de personas para dar el último adiós al «pibe del Abasto», el barrio del viejo mercado central. En 1984, pusieron su nombre a una estación de metro.

LOS MÚSICOS

Decía Edmundo Rivero, uno de los grandes cantantes de tango de todos los tiempos: «Cuando ya se ha dicho y se ha hecho de todo, el tango no es más que un reflejo de nuestra realidad cotidiana».

de nuevas formas musicales, sobre todo el rock, pero también porque poco a poco fueron desapareciendo los grandes nombres del tango y no se produjo un relevo.

El renacimiento del tango

En la actualidad, sobre todo en los últimos años, el tango está viviendo en todo el mundo un espectacular renacimiento, desafiando en parte a los defensores de los ritmos tradicionales, que se fusionan con los principales estilos latinoamericanos. Así, por ejemplo, un arreglo insólito fue *Tango, salsa y arrabal*, pro-

Altibajos

Los altibajos en la popularidad del tango siempre estuvieron vinculados con la política y la situación social de Argentina en general. A finales de la década de 1930 cayó en picado, para alcanzar un nuevo auge con los gobiernos peronistas de 1945 y 1955 cuando, debido al incremento del nacionalismo y la subida de los salarios, prosperaron nuevos clubs y salas de baile. Pero a finales de la década de 1950, el tango entró en crisis, en parte porque sus seguidores más entusiastas sufrieron derrotas políticas, en parte a causa de la aparición

ducido por la banda colombiana de salsa La Sabrosura. En 2003, 25 países participaron el Festival Internacional de Tango, en Buenos Aires.

Hasta 1992, fecha en la que murió, el neotanguista Astor Piazzolla dominó la escena; sin embargo, el atractivo del tango se amplía también a otras formas de entretenimiento. Algunas compañías itinerantes e innovadoras han representado varios espectáculos musicales que han tenido mucho éxito. *Forever tango*, el éxito musical de Luis Bravo, recorre el mundo desde 1990, además de otros espectáculos como *Tango argentino* y *Tango pasión*. Algunos films, como *The Tango Lesson*, (1997), de Sally Potter, y *Tango* (1998), de Carlos Saura, han explorado la historia y la evolución del propio baile.

IZQUIERDA: una placa pintada que recuerda la famosa melodía de *Mi Buenos Aires querido*.
ARRIBA: para bailar el tango hace falta mucha pasión.

LA COMIDA Y EL VINO

Tal vez la cocina argentina no sea la mejor del mundo, pero ningún viajero se puede perder la carne nacional, acompañada con un vaso de vino tinto del país

La cocina argentina no es ni sofisticada ni elaborada; uno de los aspectos más notables de la comida, en comparación con la de la mayor parte de los demás países latinoamericanos, es que no suele estar muy especiada. Decir que algo está muy condimentado significa incomible. Pero la calidad de la carne es incuestionable. Quizás no siempre sea igual de tierna, pero sí sabrosa. Mejor no sazonarla para no adulterarla.

Un pueblo carnívoro

La carne de ternera es el placer y la alegría de Argentina, y se nota que todos se sienten muy orgullosos de su calidad. Cuando uno viaja por un país extranjero y sale a comer, lo mejor es, sin duda alguna, elegir algo autóctono y característico del lugar. Hay parrillas por todas partes; pedir una parrillada mixta brinda la oportunidad de probar todas las partes de la vaca. La comida suele empezar con un chorizo, una morcilla o una empanada (una especie de empanadilla grande), antes de llegar a la carne.

Los cortes de la carne no se pueden comparar con los de otros lugares, pero vale la pena probar el bife de lomo (solomillo de ternera), o el bife de chorizo (filete de cadera), que no hay que confundir con el chorizo propiamente dicho. A pesar de lo orgullosos que están de su carne, los argentinos también comen vísceras: riñones, mollejas (lechecillas), hígado y chinchulines (la segunda porción del intestino delgado; son deliciosos cuando están crujientes).

Se suele incluir el pollo, pero en general no son aficionados al cerdo. Con una parrillada mixta pueden comer bien dos argentinos, o cuatro o cinco turistas no iniciados.

Comer al aire libre

Lo ideal es saborear la comida argentina en su contexto. La quintaesencia de la experiencia argentina es el asado, o sea, una parrilla al aire libre. Los fines de semana, uno ve a los clientes salir de la carnicería cargados con bolsas de carne suficientes para alimentar durante casi un mes a la mayo-

ría de los adultos preocupados por su colesterol en el resto del mundo.

Las ensaladas son sencillas, pero la preparación del asado es todo un arte. Los cortes de carne y los chorizos (salchichas) se extienden sobre una parrilla del tamaño del somier de una cama. Se clavan corderos enteros en estacas y se asan lentamente, regulando la distancia de las brasas. Todo

el mundo come hasta hartarse, manifestando su entusiasmo y aprobación. El único condimento que se añade es el chimichurri, una sabrosa salsa muy especiada.

Otros platos más ligeros

Uno de los platos favoritos de los argentinos son las milanesas con patatas fritas, que consiste en un filete de carne empanado y frito, y es un plato típico de la cocina argentina; a veces se le añade queso y tomate por encima (a la napolitana). Donde más se nota la influencia italiana es en la comida. En todas partes se encuentran pizzas y pasta fresca de excelente calidad que, hasta hace poco, eran las únicas comidas rápidas que había en Argentina. Las empanadas son otra especialidad que

IZQUIERDA: el restaurante La Cabaña, en Buenos Aires, un excelente lugar donde degustar un buen plato de carne de vaca.
DERECHA: un tranquilo café de barrio en San Telmo.

se podría incluir en esta categoría. Estos pastelillos, que se pueden freír o hacer al horno, se suelen rellenar con carne, pollo o jamón y queso. La humita, un relleno a base de maíz, se utiliza a veces no sólo en empanadas, sino también en pequeños paquetes de chala (hoja que envuelve la mazorca de maíz), que se preparan sobre todo en Semana Santa. La polenta es un plato casero bastante común, por lo general servido con tuco o salsa de tomate, al igual que los raviolis, que se compran frescos, en cajas. Los ñoquis (hechos con patata) son así mismo muy habituales en la alimentación.

El locro, un guiso popular, barato y muy sabroso, se elabora a base de frijoles blancos, alubias, maíz tierno, calabaza y chorizo (salchicha). A estos ingredientes a veces también se añaden trocitos de carne. Llena mucho y es nutritivo, aunque su calidad varía.

Dulces

Hay muchos dulces para compensar el sabor amargo del mate. La mayoría de ellos contienen dulce de leche, que se prepara hirviendo leche, azúcar y vainilla hasta que alcanza una consistencia acaramelada y pegajosa. Se puede untar sobre el pan (en cualquier supermercado encontrará una variedad impresionante de marcas). Es el relleno invariable de los pasteles, y en los restaurantes se ofrece como postre.

LA HORA DEL TÉ

Además de por los dulces, los argentinos sienten debilidad por el mate, una planta que se cultiva en el nordeste. El mate no es sólo una bebida, sino un ritual social, y forma parte de la vida cotidiana. Para preparar este amargo té verde se ponen las hojas en una calabaza curada y se vierte encima agua caliente. La calabaza se pasa a cada participante por turno, que beben a través de una caña metálica llamada bombilla; después se vuelve a llenar de agua caliente y se pasa al siguiente. Es posible que el mate dé varias vueltas hasta que se considere «lavado». A veces se añaden azúcar y hierbas medicinales.

Otra clase de confitura muy popular se elabora con las bayas de un arbusto que crece en la Patagonia llamado calafate. Según una leyenda difundida por todo el país, los que comen calafate vuelven a esta vasta región argentina.

Uno de los placeres cotidianos de la vida argentina son las «facturas», que se consiguen en cualquier panadería. Se trata de pastas pequeñas, como las tortas negras, cubiertas de azúcar moreno, los vigilantes o las medialunas, unos bollos dulces con forma de cruasán, que se elaboran con gran cantidad de harina, azúcar, huevos y leche. Otras van cubiertas de confitura, dulce de leche, chocolate o requesón. Las facturas se compran por docenas y se consumen como tentempié a cualquier hora del día después de la hora del desayuno.

También se comparten habitualmente en las reuniones sociales las llamadas masitas secas, una gran variedad de productos de confitería, muy pequeños. Estas delicias se venden por peso. Otro placer son los churros al estilo español, rellenos, cómo no, de dulce de leche y espolvoreados con azúcar y otras delicias, acompañados sobre todo con chocolate a la taza caliente. Los alfajores son galletas rellenas de toda clase de exquisitos productos dulces, incluido el dulce de leche, que a menudo se bañan con chocolate.

Pero el producto de confitería más exquisito son los milhojas, unos pasteles elaborados con capas de hojaldre, unidas con dulce de leche y con merengue por encima. Hasta los argentinos las comen sólo en pequeñas cantidades.

Los vinos argentinos

Argentina es el cuarto productor mundial de vino, después de Italia, Francia y España, y por delante de Alemania. La devaluación del peso a finales de 2001 incrementó su competitividad, así como las ventas internacionales. Un grupo francés invirtió 50 millones de dólares en la reimplantación de siete nuevos viñedos en el país, síntoma evidente de que los vinos nacionales adquieren cada vez una mayor consideración internacional.

Casi el 90 por ciento del vino argentino se produce en las provincias andinas de Mendoza y San Juan, y el resto en Río Negro, Salta y La Rioja. Los finos representan menos del 10 por ciento de la producción, ya que la mayor parte son vinos de mesa, regionales y algunos especiales, como jerez, oporto y vermut.

Aunque el consumo interno per cápita haya disminuido en los últimos años, continúa siendo elevado. En Argentina se elabora vino desde hace mucho tiempo, pero sólo durante los últimos ochenta años la vinicultura se ha convertido en una actividad organizada y el vino ha alcanzado niveles de calidad. Únicamente cuatro bodegas de cinco llevan más de cien años de producción ininterrumpida, y entre ellas sólo una elabora vino desde hace más de ciento cincuenta años: González Videla, fundada en 1840. Hoy día existen cerca de dos mil bodegas, pero sólo unas pocas fabrican vino de calidad y son todavía menos las que embotellan o venden el vino con su propia marca.

La vitivinicultura se basa en variedades de uvas europeas. Destacan nombres nobles como Merlot, Cabernet Sauvignon, Chardonnay, Chenin y Pinot

Noir (*véase pág. 284*). Por tradición, Argentina ha sido siempre un país de vino tinto, y en opinión de los expertos internacionales, en la actualidad éste supera todavía al blanco, con alguna que otra excepción. Los tintos más populares y caros son los que se elaboran exclusivamente, o casi por completo, con uvas Cabernet Sauvignon, aunque en los últimos tiempos se han descubierto cualidades extraordinarias en las Malbec. Las cosechas de 1999 y de 2002 fueron las mejores.

Los vinos blancos se obtienen sobre todo con uvas de las variedades Chardonnay y Chenin, pero están saliendo buenos Riesling. Hay uno que destaca y que se produce sobre todo en la provincia norteña de Salta, donde se cultiva la uva de tipo

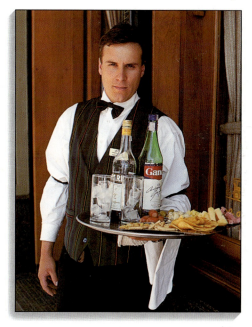

Torrontés. A pesar de ser de origen español, sólo desarrolla todo su potencial, según los entendidos, en el alto valle andino de Cafayate, al oeste de Salta. En Argentina se embotella así mismo una línea de vinos espumosos de diferentes calidades, algunos de ellos muy buenos.

El brandy y los vinos generosos, como el jerez y el oporto, no son habituales en las mesas argentinas; en cambio, a veces como cóctel se bebe pisco, un aguardiente que se asocia más con Chile y Perú, que contiene zumo de limón, clara de huevo, licor amargo y azúcar. El consumo de cerveza ha ido en aumento en los últimos años. Quilmes es la marca nacional más vendida, aunque existen otras locales de menor producción que tienen sus propios adeptos.

IZQUIERDA: el plato nacional: un filete de exquisita carne con vino tinto.
DERECHA: un camarero de La Biela, uno de los cafés tradicionales más famosos de Buenos Aires.

LOS HUÉRFANOS DE LA PAMPA

Los gauchos, otrora espíritus libres que vivían de la tierra, han perdido parte de su libertad y, debido a la privatización del suelo, están a punto de extinguirse

El gaucho representa uno de los símbolos culturales más conocidos de Argentina. Este jinete libre de la pampa, rudo y fuerte, pariente orgulloso del *cowboy* estadounidense, se mantiene en la cultura argentina como encarnación perfecta de la argentinidad, la esencia misma del carácter nacional. Ha sido elevado al nivel de mito, honrado en la canción y la prosa, y está dotado de virtudes como la fuerza, la valentía y el honor. Sin embargo, como ocurre con todos los elementos de la historia nacional, el gaucho y su cultura continúan siendo objeto de acalorado debate entre los argentinos.

Según algunos, el gaucho desapareció como personaje social identificable a finales del siglo XIX. Otros sostienen que, por más que su mundo haya experimentado cambios radicales en los últimos tiempos, sigue vivo en Argentina. No obstante, aunque todavía quedan hombres dispersos por el país que se consideran a sí mismos gauchos, su vida apenas guarda parecido alguno con la que llevaban sus antepasados.

Huérfanos pamperos

La vida del gaucho empezó en la pampa, la región de las vastas praderas que abarca el centro-este del cono sur, en algún momento del siglo XVIII. Con respecto al origen del término gaucho, existen muchas teorías: desde la que sostiene que procede del árabe y el vasco, hasta la que se inclina por un origen francés y portugués. Lo más probable es que su raíz sea una mezcla de dos dialectos indígenas, el quechua y el araucano, y que derive de la palabra huérfano. No resulta difícil imaginar que con tal significado haya evolucionado hasta designar a estas figuras solitarias, a las que nadie amaba ni gobernaba.

Los primeros gauchos eran en su mayoría mestizos, mezcla de españoles con indígenas. Como ocurrió con el *cowboy* estadounidense, algunos también tenían sangre africana, como legado de los esclavos llegados a Argentina.

PÁGINAS ANTERIORES: el típico
y trabajado cinturón de un gaucho.
IZQUIERDA: gauchos de Salta,
con sus guardamontes de cuero duro.
DERECHA: un gaucho de la estancia
La Escondida, en Santa Fe.

Cueros y sebo

Las reses y los caballos que habían huido de los primeros asentamientos españoles durante el siglo XVI proliferaron a lo largo de los siglos siguientes en enormes manadas que vagaban libremente por estas vastas extensiones; esta abundancia salvaje, sin dueño, sirvió de base para la evolución de la subcultura gauchesca. Primero se capturaban

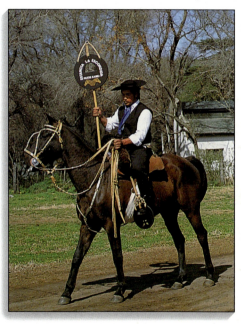

los caballos, se domesticaban, y después se usaban para custodiar el ganado.

En aquella época, la carne de res no tenía demasiado valor comercial, ya que había más cantidad de la que podía consumir la reducida población argentina, y todavía no se habían desarrollado los métodos de exportación. Este excedente causó un despilfarro a gran escala, ya que la carne que sobraba se tiraba.

El valor fundamental del ganado bovino residía en el cuero y el sebo que proporcionaba, ambos productos exportables y no perecederos. Los primeros gauchos se ganaban la vida vendiendo estos productos a cambio de tabaco, ron y mate; se dice que eran tan adictos a esta infusión estimulante, que no les importaba no comer carne. Llevaban una existencia bastante humilde y tenían pocas necesidades. La mayoría no poseía mucho más que un caballo, una montura, un poncho y un cuchillo. El trabajo no era demasiado riguroso y, según la versión de los primeros viajeros que entraron en contacto con ellos, eran unos vagabundos salvajes que pasaban la mayor parte del tiempo bebiendo y apostando. Tales actividades a menudo los conducían a otro de sus pasatiempos favoritos: las peleas con cuchillo. La gente de la ciudad contemplaba con espanto y un cierto desdén la forma de vida violenta de los gauchos, pero la animosidad era mutua, ya que éstos miraban con desprecio las costumbres de los porteños, que consideraban refinadas y reprimidas.

Hábiles jinetes

Sin embargo, el gaucho tenía una excelente reputación como jinete, y realmente se la merecía. Se decía que cuando le faltaba el caballo era como si no tuviera pies. Montado a caballo llevaba a cabo casi todos sus quehaceres diarios, desde bañarse hasta cazar.

Los primeros gauchos cazaban con lazos y boleadoras, ambos elementos tomados de los pueblos indígenas. Las boleadoras eran tres piedras o bolas de metal que se ataban al extremo de tres cuerdas unidas. Lanzadas por los gauchos con increíble precisión, trababan las patas de las presas (caballos o reses) que huían, haciéndolas caer, tras lo cual podían aprehenderlas con facilidad.

COMPETIDORES INTRÉPIDOS

Eran frecuentes las competiciones peligrosas, ya que los gauchos se sentían orgullosos de demostrar sus impresionantes habilidades como jinetes. Un ejemplo de cómo estas competiciones nacieron de la necesidad de desarrollar aptitudes para la supervivencia diaria se encuentra en la costumbre de pialar, que consiste en que un hombre tiene que pasar a caballo entre sus compañeros que, lazo en mano, intentan poner zancadillas a las patas de su cabalgadura. Al ser desmontado, el hombre tenía que caer de pie, con las riendas en la mano. Este tipo de control a menudo era necesario en la llanura abierta.

En la descripción de la vida argentina que hizo Charles Darwin en la década de 1830, hay una divertida descripción de sus intentos de arrojar las boleadoras. Al final, lo único que consiguió fue atraparse a sí mismo, ya que una de las cuerdas se enganchó en un arbusto y las otras dos se enroscaron alrededor de las patas del caballo. Es fácil imaginar que su ineptitud provocaría los comentarios y carcajadas entre los gauchos presentes.

La importancia que se daba a las aptitudes ecuestres llevó a las competiciones. Se apreciaban mucho la fuerza, la velocidad y el coraje, y con frecuencia se buscaban oportunidades para ponerlas a prueba. En una de las pruebas, la de la sortija, un jinete tenía que cabalgar a todo galope con una lanza en la mano con la que debía ensartar una pequeña sortija que colgaba de un travesaño. Otra prueba, llamada «la maroma», consistía en que un hombre se arrojara desde la valla de un corral justo en el momento en que pasaba por debajo una manada de caballos salvajes. Hacía falta una fuerza tremenda para caer a pelo sobre el lomo de un caballo, controlarlo y regresar montado hasta la entrada.

Pero a medida que fueron apareciendo personas de fuera para intentar poner orden en el campo y controlar la vida y las actividades de los gauchos, estas competiciones estuvie-

UN PUEBLO DESPLAZADO

Con la privatización de la tierra y el ganado, cuando los gauchos se metían en problemas en un lugar, sencillamente montaban a caballo y se iban a otro; así, poco a poco, cada vez se fueron encontrando más lejos de las zonas urbanizadas.

sos de Buenos Aires, a menudo como una forma de conseguir su apoyo político. Por sus costumbres anárquicas y demasiado independientes, los gauchos aparecieron como un obstáculo para el desarrollo de la tierra. Se fueron imponiendo cada vez más restricciones en su vida, con el fin de someterlos a la autoridad y ponerlos al servicio de los nuevos terratenientes.

Pero la tierra no fue lo único que pasó a manos privadas, sino también las reses y los caballos que se encontraban en ella, con lo cual resulta-

ron sujetas cada vez más a mayores restricciones. Al poco tiempo, las jineteadas organizadas y restringidas se convirtieron en el foro donde se mostraban estas habilidades.

Trabajadores agrícolas

La forma de vida de los gauchos experimentó un profundo cambio a medida que una parte cada vez más extensa de la pampa pasó a manos privadas. A partir de finales del siglo XVIII, se concedieron grandes extensiones de tierra a hombres podero-

IZQUIERDA: uno de los primeros gauchos, con los típicos estribos en los que se metían los dedos de los pies.
ARRIBA: un rodeo en la provincia de Corrientes, donde los gauchos son famosos por trabajar descalzos.

ban inaccesibles para estos jinetes solitarios. De pronto, se colocó a los gauchos en la posición de intrusos y cuatreros al mismo tiempo. Así, se equiparó su situación con la de las tribus de indígenas que quedaban. Su reputación empeoró.

El nuevo orden

Ante un conflicto de intereses tan evidente, se tomó una resolución que, como era previsible, resultó favorable a los terratenientes. Se vallaron los campos y, como los gauchos no tenían a nadie que los representara, se los puso a trabajar al servicio de los estancieros. Sus habilidades se aprovecharon para rodear el ganado, marcarlo y mantener las manadas; a cambio percibían un sueldo miserable. Sin embargo, los gauchos conservaron su orgullo. Se negaron a trabajar si no era a caballo, ya que ir a pie se consideraba la máxima degradación. Las tareas cotidianas, como cavar zanjas, reparar vallas y plantar árboles, solían hacerlas los inmigrantes que llegaban de Europa cada vez en mayor número. A medida que se abrían nuevas oportunidades de exportación a los mercados europeos, aumentaban las extensiones de tierra que se destinaban a la agricultura. La actitud rebelde de los gauchos dejó las plantaciones y las cosechas en manos de los inmigrantes.

No obstante, cuando se instalaron alambradas ya no hacían falta tantas personas para guardar las manadas; esto, unido al incremento de la agricultura, aumentó las dificultades de los gauchos.

LA VIDA DE LAS «CHINAS»

La vida familiar del gaucho no fue nunca demasiado estable. Se supone que las mujeres que vivían en sus primeros campamentos habían sido capturadas en las incursiones a los poblados próximos. Cuando más adelante hubo mujeres que se fueron a vivir a la pampa por decisión propia, los arreglos domésticos continuaron siendo informales, y lo habitual era el concubinato. Por lo general, estas «chinas», que en quechua significa «hembra, mujer», no eran bien recibidas en las estancias donde trabajaban los gauchos. Las pocas que llegaban eran contratadas como criadas, nodrizas, lavanderas y cocineras.

Durante el siglo XIX se estableció en la pampa un orden completamente nuevo, y el gaucho dejó de ser dueño de sí mismo. Su nueva situación de jornalero no encajaba con su espíritu rebelde. Pero las fuerzas que actuaban en su contra eran poderosas. Los terratenientes contaban con amigos fuertes en la capital, y para los políticos organizar el campo era una cuestión prioritaria. Argentina empezaba a figurar entre las naciones en vías de desarrollo, y la vida tradicional del gaucho no era más que un obstáculo en este sentido.

Ejércitos informales

Sin embargo, aunque el gaucho había dejado de representar una amenaza específica, todavía tenía una función que cumplir en la nueva estructura social de las zonas rurales, y al poco tiempo se establecieron lazos de lealtad entre el trabajador y su patrón. Los poderosos caudillos iban consiguiendo el control de extensas zonas del interior con el apoyo de sus gauchos, que prestaban servicio como tropas irregulares en sus ejércitos privados. Esta formación de poderes regionales estaba en total contradicción con los objetivos del gobierno centralista. En varias ocasiones, también se solicitó la colaboración de los gauchos para la defensa del gobierno central. Estos hábiles jinetes formaron parte de los ejércitos que derrotaron a las fuerzas invasoras británicas en 1806 y 1807, y no cabe duda de que sus servicios fueron inestimables. A continuación, se emplearon escuadrones de gauchos en la guerra de la independencia contra España, donde volvieron a desplegar su gran valor. La última vez que combatieron como una fuerza organizada en el ejército de la nación fue durante la llamada Conquista del Desierto, en la década de 1880 (*véase pág. 56*).

Una vestimenta elegante

Al principio la vestimenta del gaucho respondía a una cuestión de comodidad y sentido práctico; no obstante, los hombres de la pampa eran dandis innatos, y siempre llevaban su ropa tradicional con gran estilo y elegancia. El chiripá, una especie de paño suelto parecido a un pañal que se pasaba entre las piernas, era muy cómodo para montar a caballo. A menudo se llevaba con unas polainas largas con flecos, que más tarde fueron reemplazadas por las bombachas, unos pantalones plisados, con botones en los tobillos, que se metían dentro de las botas.

Aunque más adelante los gauchos empezaron a llevar botas compradas, con suela, las primeras eran de fabricación casera; se hacían con un solo trozo de cuero, cortado de la pata del caballo. A menudo quedaban los dedos descubiertos, lo que tenía una función práctica, ya que los primeros estribos consistían simplemente en un nudo al extremo de una tira de cuero colgante; entonces el jinete sujetaba el nudo entre el primero y segundo dedos del pie. Con el tiempo, esto hizo que los dedos estuvieran a menudo torcidos hacia abajo, lo cual contribuyó a dar al gaucho un curioso y desgarbado modo de andar, sumado a la permanente postura patizamba característica del jinete profesional.

En torno a la cintura llevaba una faja de tejido de punto y una rastra, un cintu-

EN PELIGRO

Los salarios bajos y las malas condiciones de vida siguen impulsando al gaucho a dedicarse a otros menesteres. En los últimos años, muchos han puesto rumbo a la ciudad, en lugar de regresar a la dureza de la vida a la intemperie.

nía el poncho, que también le servía de manta por la noche y de escudo en las luchas a cuchillo.

La silla de montar del gaucho estaba formada por una serie de capas de almohadillas, tirantes y cuero moldeado; encima se ponía una piel de cordero, para que cabalgar resultara más cómodo. En la región de la pampa donde crecían cardos altos se usaban un par de guardamontes acampanados, de cuero rígido, para proteger las piernas. Al cabalgar, el gaucho siempre llevaba en la mano un rebenque, una fusta de cuero fino trenzado.

rón de cuero rígido, adornado con monedas de acuerdo con su categoría; esta última constituía un importante esfuerzo trasero para la espalda cuando pasaba muchas horas a caballo. A la espalda, entre la faja y el cinturón, llevaba el facón, su posesión más preciada después del caballo. Este cuchillo se usaba en todas sus actividades cotidianas, como desollar y castrar a los animales, comer y defenderse. En las ocasiones más formales completaban el atuendo un pañuelo, un sombrero, unas espuelas y un chaleco. Encima de todo esto se po-

IZQUIERDA: un gaucho mostrando sus habilidades como jinete en una carrera de sortijas.
ARRIBA: una demostración de la capacidad del gaucho de no caerse del caballo.

Martín Fierro

Justo cuando en la realidad la forma de vida tradicional del gaucho se hallaba en vías de desaparición, ésta fue preservada por el arte. De hecho, el gaucho siempre fue muy aficionado a la poesía y la música; por ello los poetas solían ser figuras muy respetadas dentro de la comunidad. Las canciones, historias y poemas de la tradición gauchesca, muchos de ellos compuestos en un dialecto pintoresco, suelen tratar temas de amor y nostalgia, si bien muchos de ellos son de naturaleza bastante política.

Una obra maestra de la literatura argentina es un poema épico en dos partes, *El gaucho Martín Fierro*. Esta obra, escrita por José Hernández y publicada por primera vez en Buenos Aires en 1872 (la segunda parte, titulada *La vuelta de Martín Fierro*, apareció en 1879), defiende las costumbres orgullosas e independientes del gaucho y es una diatriba contra las fuerzas que conspiraron para su desaparición. Aunque parezca irónico, esta clase de obras sirvieron para aumentar su prestigio entre el público, aunque no lo suficiente ni a tiempo para salvarlo. El personaje protagonista del poema, Martín Fierro, se convirtió en símbolo nacionalista de toda una generación, que adoptó su nombre como estandarte. Además, esta obra tuvo una gran repercusión en

GAUCHO A LA VISTA

Hoy en día, en los pueblos pequeños, es posible parar a beber algo en el boliche o la pulpería, una especie de taberna donde se reúnen los gauchos para jugar después de un día de duro trabajo.

nado bovino y ovino hay trabajadores agrícolas dedicados a las duras tareas de arrear y marcar los animales. La mayoría cobran un salario regular, aunque sigue habiendo trabajadores itinerantes que brindan servicios como la reparación de alambradas y esquila de ovejas. Aunque muchos de estos hombres se consideran gauchos, el trabajador agrícola adopta nombres diferentes en las distintas regiones de Argentina. Algunos se llaman paisanos, otros peones. Suelen estar en las estancias de la pampa, aunque cada vez se ven más alejados de Buenos Aires.

Como ocurría con los primeros gauchos, muchos de ellos son mestizos. Por lo general, los del nordeste son guaraníes, mientras que los araucanos trabajan en los campos de la Patagonia, al sur. Sin embargo, con el paso de los años se ha producido una mezcla, desde vascos e italianos, hasta los *cowboys* estadounidenses que acudieron allí a trabajar en el siglo XIX.

A pesar de las diferencias regionales de nombre, vestimenta y sangre, todos ellos comparten la tradición que los hace gauchos de espíritu: su habilidad con el caballo. Su orgullo es el caballo, que suele ser casi lo único que tienen, aparte de la silla de montar, el poncho y el cuchillo.

La jineteada

Un viajero que explore un poco los caminos menos transitados de Argentina puede obtener su recompensa, pues allí es donde todavía se encuentran los gauchos trabajando. Si visita una estancia, tal vez encuentre algún domador de caballos, o a hombres cabalgando al galope, empuñando el lazo.

Uno de los mayores placeres es presenciar una jineteada. En algunos casos son acontecimientos muy organizados, que van seguidos de una fiesta donde se come, baila y canta. En estas celebraciones se reúnen estos hombres, patizambos, vestidos con sus sombreros, bombachas y pañuelos, y su «china» al lado.

Haciendo algunas averiguaciones y con un poco de suerte, quizás presencie encuentros más informales en los pueblos más escondidos, donde los gauchos acuden desde muy lejos para competir en duras pruebas de habilidad y valor. Entre nubes de polvo y gritos de entusiasmo, se pueden ver gauchos corriendo carreras y lazando ganado con tanta gracia y orgullo como sus antepasados.

autores españoles, y, por supuesto, en los escritores argentinos posteriores. El gaucho que cabalga libre pasó al reino del mito y se convirtió en un héroe popular que fue objeto de sentimentalismo y orgullo patriótico en una nación en busca de emblemas culturales.

Gauchos, paisanos y peones

Si bien la historia sitúa la desaparición del gaucho a finales del siglo XIX, en la Argentina actual se conserva buena parte de su cultura. Mientras que la disminución de la necesidad de mano de obra del campo empujó a muchos gauchos hacia las ciudades, otros se quedaron en las estancias para trabajar según el nuevo orden establecido. De hecho, en todos los lugares de Argentina donde se cría ga-

IZQUIERDA: dos jóvenes gauchos.
DERECHA: dos gauchos ataviados con los ponchos característicos del noroeste.

UN DÍA EN EL CAMPO AL ESTILO GAUCHESCO

Una visita a una estancia tradicional le permitirá conocer la forma de vida del gaucho

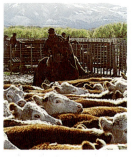

Una de las opciones para pasar un día fuera de la ciudad consiste en visitar una estancia. Muchas de ellas reciben visitantes que se quedan a pasar el día o el fin de semana, aunque la mayoría se dedica también a la agricultura y la ganadería tradicionales. Hay muchos establecimientos de esta clase, sobre todo a un par de horas en automóvil desde Buenos Aires. La mayoría de ellas se fundaron a principios del siglo XX y son muy parecidas: un camino de entrada flanqueado de árboles y una zona residencial principal, el «casco» (donde los árboles sirven de barrera contra el viento, en una pampa llana y a menudo sin vegetación), con una amplia vivienda principal de estilo criollo tradicional, rodeada de césped y jardines.

PARA ABRIR EL APETITO

Aunque evidentemente los métodos agrícolas han cambiado desde la época dorada de las estancias, en la década de 1920, todavía es posible ver una demostración de los métodos tradicionales. Para aquellos que sólo disponen de un día, la mayoría de las estancias ofrecen transporte, un asado tradicional a base de empanadas, carne asada, chorizo y mollejas, por lo general acompañado de vino tinto. Después, suelen ofrecer una exhibición gauchesca de destreza con el caballo y el lazo, al mejor estilo de una jineteada; así mismo, en muchos casos se puede montar a caballo o pasear en *sulky*, un carruaje abierto. En las estancias próximas a la costa o a alguno de los numerosos lagos de la provincia de Buenos Aires, también se practica la pesca, y todas ofrecen aire puro, cielo azul, hierba muy verde y la posibilidad de contemplar la pampa infinita.

▷ **INGRESOS EXTRAS**
Muchas estancias han tenido que abrir sus puertas a los visitantes para poder hacer frente a los gastos; a menudo, el turismo se convierte en su principal fuente de ingresos.

△ **UNA ESTANCIA CUBIERTA DE HIEDRA**
En San Antonio de Areco hay numerosas estancias antiguas muy hermosas, como la típica Los Patricios, cubierta de hiedra.

△ **LAS LANZAS, SALTA**
Todavía se encuentran estancias tradicionales, como El Bordó de Las Lanzas, en la provincia de Salta, que tiene un salón acogedor y elegante.

▽ **LA ESCONDIDA**
Desfile de gauchos ataviados con su mejor indumentaria; los caballos, evidentemente, también lucen sus mejores arreos y adornos.

◁ **COMPETICIONES DE GAUCHOS**
Muchas estancias organizan competiciones de destreza con el caballo, ofreciendo a los gauchos la oportunidad de lucir sus habilidades.

LOS GAUCHOS ARGENTINOS

Los gauchos argentinos siempre se han sentido orgullosos de los instrumentos de su oficio, que se han convertido en elementos muy decorativos de su vestuario.

El cuchillo tradicional del gaucho, o facón, que sirve para matar y desollar, pero también para comer y otras funciones, suele estar muy decorado y tener el mango de plata labrada. Así mismo, las espuelas son a veces de plata y, al igual que el ancho cinturón de cuero con hebillas ornamentales de plata, sirven para llamar la atención, aparte de cumplir una función práctica. La fusta ancha está hecha de cuero trenzado, con un lazo en el extremo para producir un fuerte chasquido.

Las boleadoras, un conjunto de tres bolas unidas por una cuerda, se usan para capturar y derribar animales; arrojar las boleadoras era un arte indígena que aprendieron los gauchos, y que requiere una gran habilidad y muchísima práctica.

También es imprescindible la calabaza tradicional con la bombilla, que se utiliza para beber mate, aunque en la actualidad a menudo están realizadas en plata o alpaca.

◁ **LA ESTANCIA LA CINACINA**
Otra de las estancias de San Antonio de Areco está especializada en actividades turísticas, como asados para grupos y un espectáculo musical en los antiguos establos.

▷ **MARTÍN FIERRO**
El poema épico de José Hernández, *El gaucho Martín Fierro*, habla de la vida y las dificultades de un héroe que es el arquetipo del gaucho del siglo XIX.

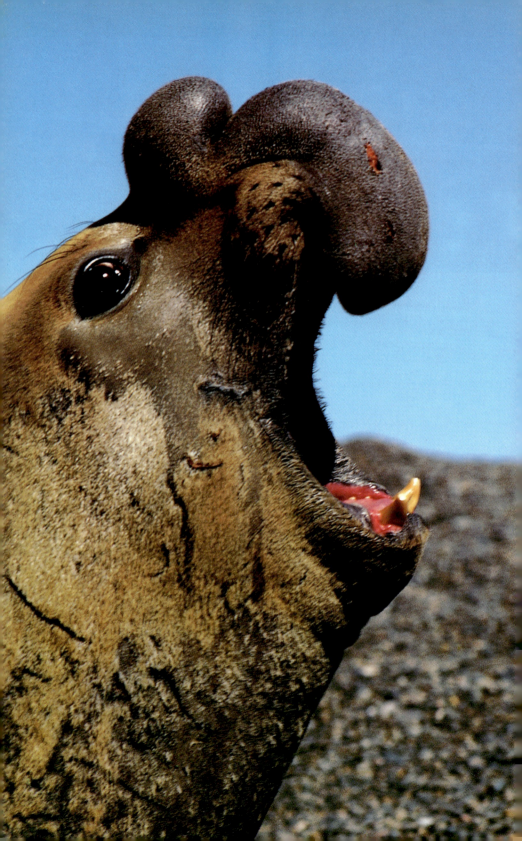

LA ARGENTINA AGRESTE

Del subtrópico húmedo a la estepa patagónica azotada por el viento, los diversos paisajes argentinos contienen una deslumbrante variedad de plantas y animales

Si pudiéramos extender Argentina por encima de Europa, colocando el extremo noroeste sobre Londres, el punto más oriental del país quedaría más o menos a la altura de Budapest. El extremo más austral, Tierra del Fuego, quedaría cerca de Tombuctú, en Malí, aproximadamente a la altura del primer tercio del continente africano. Teniendo en cuenta su gran extensión geográfica, no es raro que Argentina posea tal diversidad de vida vegetal y animal. No obstante, desde el punto de vista biológico el tamaño por sí solo no lo es todo. La gran variedad de suelos (desde la pampa llana del este hasta los Andes, al oeste) proporciona al país una amplia diversidad de hábitats. La variación climática entre el norte y el sur, y entre las llanuras y las montañas, acentúa las diferencias, creando las condiciones óptimas para especies tan diferentes como pingüinos y papagayos, o cactus y flores alpinas.

Las especies autóctonas

Durante un largo período de la historia remota de la Tierra, América del Sur fue un continente aislado. En aquella época, evolucionaron familias de especies que no se encuentran en ningún otro lugar del planeta. Cuando hace varios millones de años se formó el actual puente de tierra entre América del Norte y del Sur, este aislamiento llegó a su fin. Pero sus efectos se siguen notando incluso hoy en día. Muchos de los mamíferos y de las aves de Argentina son especies autóctonas sudamericanas; la primera vez que uno las ve producen una impresión perdurable.

En comparación con otros países, la población argentina, que alcanza unos 37 millones, es reducida y sobre todo urbana, y ha causado un impacto irregular sobre la flora y fauna. La pampa ha experimentado una gran transformación como consecuencia de la explotación agrícola y ganadera, pero en zonas menos fértiles del país todavía se encuentran lugares donde las huellas del impacto humano son escasas. Sin embargo, con la mejora de las comunicaciones y el intento de au-

mentar la producción, en los últimos años la situación está cambiando.

La competencia y la supervivencia

Argentina se extiende desde los trópicos hasta la zona subantártica. Incluye el punto más alto del continente americano, el Aconcagua, de 6 959 me-

tros sobre el nivel del mar, y también uno de los más bajos, la depresión salina, en la península Valdés, alrededor de 55 metros por debajo del nivel del mar. El país cuenta con algunas zonas muy secas y otras muy húmedas, pero no sufre las extremas temperaturas invernales de la mayoría de los climas continentales. Esto se debe a que, al menos en el sur, como el mar nunca se encuentra demasiado lejos atempera el rigor del frío invernal.

La mayor parte de Argentina está formada por un terreno despejado o ligeramente arbolado, lo que facilita la observación de la fauna y flora: si algo se mueve, tal vez lo vea. Esto es válido sobre todo en las vastas extensiones de la Patagonia y la parte argentina del altiplano andino. Algunos animales, como los zorros patagónicos, manifiestan

PÁGINAS ANTERIORES: un elefante marino hembra.
IZQUIERDA: un elefante marino macho, con cicatrices de guerra.
DERECHA: pingüinos magallánicos en Punta Tombo, cerca de la península Valdés, en la Patagonia.

a veces un desenfado increíble en presencia de los seres humanos, y son capaces de atravesar al trote los caminos de tierra a plena luz del día, echando una rápida mirada a los automóviles antes de seguir adelante. A los pájaros bobos de Magallanes, uno de los puntos más destacados de cualquier visita a Argentina, les preocupamos menos todavía. Por lo general, no prestan atención alguna a las personas, a menos que alguien se acerque demasiado a sus nidos. En cambio, después de años de persecuciones, otros animales son más esquivos. A pe-

QUIEN MUCHO ABARCA...

En un país tan extenso, uno tiende a ser demasiado ambicioso cuando planifica la observación de la fauna silvestre. Es mejor permanecer más tiempo en menos lugares que intentar abarcar demasiado en una sola visita.

les de la zona (que el escritor W. H. Hudson, 1841-1922, describió en su libro *Allá lejos y hace tiempo*) han luchado para adaptarse a todos estos cambios. Muchas de las aves que menciona Hudson se ven todavía, pero los mamíferos han sobrellevado peor las alteraciones producidas por la práctica de la agricultura durante más de un siglo, y en la actualidad muchos de ellos escasean.

En este paisaje básicamente agrícola, las esporádicas zonas boscosas o lacustres actúan como imanes para la fauna y flora, y lo mismo ocurre con las zonas pan-

sar de su metro y medio de altura, el ñandú (el avestruz argentino) es capaz de desaparecer entre los arbustos antes de que uno pueda enfocar los prismáticos. Los guanacos (parientes de la llama) también se alejan con rapidez en cuanto alguien los molesta, si bien en algunos parques y reservas, como el Cabo Dos Bahías, en la Patagonia, hay tantos que resulta imposible no verlos.

En busca de la prístina pampa

La provincia de Buenos Aires, en el corazón de la pampa, es el punto de partida para una visita a Argentina. Estas extensas praderas llanas, de suelo muy fértil, han sido valladas casi por completo y la mayoría son campos arados o se destinan al pastoreo. La flora y la fauna silvestres origina-

ALLÁ LEJOS Y HACE TIEMPO

Ahora que las comunicaciones son tan rápidas, cuesta imaginar cómo sería la vida de los primeros colonos europeos en la pampa. Una forma de averiguarlo es la lectura de *Allá lejos y hace tiempo*, escrito por el novelista y naturalista William Henry Hudson. Hudson nació en 1841 cerca de Buenos Aires, y creció en una estancia dedicada a la cría de ganado ovino. En su libro describe lo que a menudo se considera una infancia idílica, con un enorme espacio natural para jugar poblado de plantas y animales silvestres para investigar. En realidad, Hudson escribió el libro cuando tenía más de setenta años y vivía en Gran Bretaña.

tanosas, en especial las que llegan hasta la costa. A pesar de su tráfico peligroso, la Ruta 2, de Buenos Aires a Mar del Plata, recorre este tipo de terreno durante los primeros 200 kilómetros desde la capital. Alejados de la carretera, los lagos, ríos y canales de la región atraen a numerosas aves pescadoras, como garzas y garcetas grandes, blancas como la nieve.

Quizás lo más representativo de la pampa que queda todavía, sobre todo porque el suelo no está trabajado, sea la zona de General Lavalle hacia el sur, hasta Madariaga. Entre General Lavalle y

LA OBSERVACIÓN DE AVES

La reserva y observatorio de aves de Punta Rasa es un lugar ideal para observar las aves marinas y costeras, incluidas las migratorias que utilizan esta zona como refugio durante el invierno en América del Norte.

res nocturnos que viven en madrigueras y que en otra época eran muy comunes en la pampa. Llegan a pesar 9 kilos y sus gritos nocturnos son sonoros, variados e inquietantes. Las vizcachas de El Palmar son muy mansas, pero cualquiera que acampe en la zona ha de tener mucho cuidado, porque roban todo lo que quede fuera por la noche y se lo llevan rápidamente a sus vizcacheras.

Los bosques del norte

En el norte de Argentina el clima se vuelve cada vez más cálido y húmedo, y llueve lo suficiente

San Clemente hay una reserva natural, a cargo de la Fundación Vida Silvestre Argentina, donde se encuentran en libertad los últimos ciervos que sobreviven en la pampa.

Al norte de Buenos Aires, el Parque Nacional El Palmar, en la provincia de Entre Ríos, brinda un tipo de hábitat diferente, y la pampa abierta deja paso a una sabana tachonada de palmeras. El parque sólo conserva unos cuantos kilómetros cuadrados de este paisaje de palmeras y prados, pero merece la pena visitarlo por su flora y fauna. Entre sus habitantes figuran las vizcachas, unos roedo-

como para que la pampa se convierta en superficies boscosas. En su punto más septentrional, el país apenas llega al trópico; sin embargo, algunas de sus regiones arboladas producen una indudable sensación tropical. En el extremo noroeste, el Parque Nacional Calilegua conserva una zona de bosque neblinoso justo al lado de los Andes; en cambio, en el nordeste, el Parque Nacional Iguazú contiene lo más parecido que hay en Argentina a una selva tropical húmeda y baja.

Calilegua se encuentra en las laderas orientales de los Andes, entre los 600 y los 4 500 metros. Sólo se puede visitar durante la temporada seca (de junio a octubre o noviembre), ya que los caminos suelen quedar intransitables el resto del año. El camino que atraviesa el parque hace una

IZQUIERDA: flamencos sobrevolando la costa patagónica.
ARRIBA: un grupo de vicuñas.

subida escarpada y atraviesa en rápida sucesión una serie de zonas cubiertas de vegetación. La más baja es la vegetación chaqueña, con bombacáceas (*Chorisia*), que allí se conocen como palos borrachos. En esta zona también hay jacarandás y tabebuias, unos árboles que se suelen llenar de flores cuando todavía no tienen hojas, hacia el final de la estación seca. Sus flores espectaculares, de color lila, amarillo o rosado, atraen desde lejos a los insectos, que las polinizan. Más arriba, el viaje continúa por una jungla donde predominan las tipas (*Tipuana*) hasta llegar a

los bosques neblinosos de una conífera llamada *Podocarpus* y de alisos (*Alnus*), árboles que prefieren la humedad.

La vida animal de los bosques también cambia según la altura, si bien muchos de los predadores de mayor tamaño deambulan por todo el parque. Allí se encuentran algunos felinos: jaguar, puma, ocelote y el yaguarundí, aunque hace falta mucha habilidad y suerte para poder verlos. Se alimentan de ciervos, tapires, pecaríes, agutíes e incluso monos capuchinos, además de numerosas aves.

El este subtropical

En el este, las cataratas del Iguazú son un lugar destacado para cualquiera que visite Argentina, pero cuando uno se recupera de la emoción de ver

> **MARAVILLOSOS ESTEROS**
>
> Los esteros del Iberá son bastante inaccesibles y casi impenetrables. Sin embargo, alrededor de los esteros, las aves acuáticas de todas clases brindan un espectáculo maravilloso.

tanta agua, la selva que las rodea ofrece muchas posibilidades: alrededor de dos mil especies de plantas con flores, casi la misma cantidad de mariposas y palomillas, cien especies de mamíferos, incluido el esquivo jaguar, y casi cuatrocientas de aves, entre las que figuran el colibrí y el tucán. No obstante, al igual que Calilegua, este hábitat destaca por el hecho de que sus habitantes permanecen ocultos. Para observar sus riquezas hacen faltan tiempo y paciencia.

En el resto de la provincia de Misiones, el este subtropical de Argentina, los bosques autóctonos de madera dura de la región tienen un futuro incierto. Ya se han talado numerosas extensiones, y se han sustituido los bosques por cultivos con el fin de obtener un rendimiento más rápido o, en algunos casos, por zonas de pastoreo. En algunos lugares se plantan pinos para la industria papelera; aunque técnicamente se consideren zonas «boscosas», tienen muy poco valor para la flora y la fauna.

El Gran Chaco

El Gran Chaco es una extensa región baja que se extiende por el norte de Argentina y abarca también partes de Bolivia y Paraguay, donde el clima se hace más seco de este a oeste, dividiendo el Chaco en dos partes que confluyen. El Chaco seco, al oeste, sólo interesa a los viajeros más aventureros. Tiene una fauna y flora muy variada que al parecer incluye a algunas serpientes de tamaño extraordinario; de todos modos, moverse por esta zona resulta difícil, incluso para los aficionados a los reptiles. El terreno está cubierto de espesos matorrales de espinos, atravesados por unos cuantos caminos poco gratos para el visitante.

El Chaco húmedo, al este, es más fácil de visitar. Si bien en los últimos 25 años se ha limpiado una buena parte para dedicarla a la agricultura, aún contiene algunos espacios hermosos de bosques con pantanos, y abundan la fauna y la flora. Viajando hacia el oeste desde Corrientes o Resistencia, merece la pena explorar la Ruta 16, al menos hasta el Parque Nacional del Chaco. No obstante, se recomienda evitar la estación húmeda (de diciembre a marzo), porque hace mucho calor y los caminos se vuelven intransitables. Entre abril y noviembre las condiciones son más agradables, y es una buena época para visitar el parque nacional. Allí viven monos aulladores y muchos otros mamíferos, aunque para la mayoría de los visitantes el principal atractivo sean las aves, entre ellas pavas, chachalacas, garzas silbadoras, cigüeñas jabirúes, jacanas y patos.

Desde Corrientes, tanto hacia el este como al sur, hay unos bosques muy ricos, intercalados con amplias praderas abiertas y enormes esteros. La Ruta 12 está asfaltada en ambos sentidos, pero los caminos de tierra que corren de nordeste a sudoeste entre los tramos asfaltados, atravesando lugares como Mburucuyá y San Luis del Palmar, por lo general conducen a hábitats de fauna y flora mucho más interesantes (*véase pág. 232*).

En Corrientes, en la región de las cabeceras del complejo del Iberá, donde los mares de hierba se extienden de un horizonte al otro, los visitantes pueden ver a veces el escaso aguaraguazú o lobo de crin. Más semejante al zorro que al lobo, este esbelto miembro de la familia de los cánidos tie-

Para evitar el mal de montaña o soroche, conviene subir a los Andes poco a poco; la mejor forma de hacerlo es viajar hasta la quebrada de Humahuaca, en Jujuy (*véase pág. 261*). El viaje empieza en una exuberante tierra de labranza subtropical y acaba en medio del aire enrarecido y diáfano del altiplano, a más de 3 000 metros de altura. En esta parte de los Andes suele haber poca agua, de modo que las plantas y los animales tienen que sobrellevar la sequía, así como un sol intenso durante el día y unas temperaturas que suelen ser muy bajas por la noche.

La vicuña se siente cómoda en estas condiciones. A pesar de su aspecto delicado, el pariente silvestre más pequeño de la llama puede sobrevivir

ne las patas muy largas, de modo que parece como si tuviera zancos. Así mismo, allí sobreviven algunos ciervos de los esteros, y en las estancias más extensas y preocupadas por la conservación también se encuentran ciervos de la pampa, una especie en peligro de extinción.

El noroeste andino

Las provincias de Jujuy, Salta y Tucumán presentan una mezcla de paisajes extraordinarios y una flora y fauna fascinantes, distribuidos en una gama de altitudes que marea.

Izquierda: el chimango, un ave de rapiña o caracará, como se dice en Argentina, muy frecuente.
Arriba: leones marinos en la península Valdés.

El avestruz argentino

Para los primeros habitantes de la pampa argentina, el ñandú era una fuente importante de alimento, que también les proporcionaba su piel y sus plumas para vestirse. La forma tradicional de cazar ñandúes era con las boleadoras: dos o tres piedras unidas por una cuerda que se arrojaban al cuello o las patas del animal. Durante sus viajes por América del Sur, el naturalista británico Darwin determinó que en realidad existen dos especies de esta ave semejante al avestruz: el ñandú común vive en la pampa, mientras que otra especie de menor tamaño, el ñandú de pico largo o de Darwin, vive en la Patagonia y las laderas de los Andes.

a más de 5 000 metros y correr sin esfuerzo en estas elevadas altitudes, donde los visitantes, poco habituados a este aire enrarecido respiran con dificultad. Para ser un animal de pastoreo, su sentido del oído no es demasiado bueno, pero sus grandes ojos, tipo Bambi, le proporcionan una vista estupenda, lo que le permite detectar cualquier movimiento desde una gran distancia.

El camino que asciende hasta la quebrada conduce al pueblo polvoriento de Abra Pampa, donde el paisaje llano aparece rodeado de montañas lejanas. A esta altitud, el clima es demasiado duro para que prosperen los árboles, pero no escasean la fauna y la flora. Lo más interesante de la zona son los pájaros carpinteros y búhos, que se han te-

nido que adaptar a un hábitat donde no se pueden resguardar. Éstos excavan madrigueras, mientras que los pájaros carpinteros abren sus nidos en bancos de tierra; se puede ver a ambos en acción desde de la carretera.

Al noroeste de Abra Pampa, en una amplia depresión natural, se encuentra la laguna de los Pozuelos, una reserva protegida que alberga miles de flamencos (*véase pág. 262*). Allí viven tres especies, junto con aves acuáticas como la cerceta de la Puna, avocetas y taguas gigantes o ajoyas. En Lagunillas, al oeste de Pozuelos, hay un lago algo alejado de la carretera (al que se llega sin grandes problemas en coche o a pie), que permite contemplar más de cerca estas aves.

LOS MARSUPIALES

Si pregunta a cualquiera de dónde proceden los marsupiales, es muy probable que la respuesta sea Australia. Pues no; son oriundos del continente americano. Desde allí llegaron a Australia al atravesar Gondwana, el antiguo continente austral. Aún hay marsupiales en América, y en Argentina se encuentran varias especies. Es muy poco probable ver alguno, pero si pasea por una zona arbolada después del anochecer y le sorprenden unos ojos rojos, tal vez se trate de una marmosa. Otro marsupial es el yapok, un animal de grandes dimensiones, semiacuático, que vive cerca de los ríos del nordeste semitropical.

Tierra de dinosaurios

A unos 800 kilómetros al sur de la zona de Abra Pampa hay una parte igualmente espectacular de los Andes argentinos que recibe muchos menos visitantes extranjeros. En este paisaje inhóspito, la erosión ha producido extrañas formaciones en los sedimentos depositados hace millones de años. En el Parque Nacional Talampaya, provincia de La Rioja, unos desfiladeros de un rojo intenso flanquean una garganta escarpada, en un terreno ideal para que sobrevuelen los cóndores. En la vecina San Juan, la reserva de Ischigualasto contiene un paisaje lunar de arcilla erosionada, con pilares y desfiladeros rocosos (*véase pág. 281*).

Durante muchas décadas, esta clase de terreno ha proporcionado un tesoro escondido de animales fósiles. Por ejemplo, en Ischigualasto se ha descubierto un *Herrerasaurus*, un dinosaurio carnívoro primitivo que vivió hace más de doscientos millones de años, y muchos otros reptiles que vivieron en la misma época. Más al este, en la pampa, paleontólogos argentinos han desenterrado fósiles de la que podría ser el ave voladora de mayor tamaño que haya existido jamás: el *Argentavis magnificens*, que tenía una envergadura de unos 7,5 metros y medía más de 3 metros desde el pico hasta la cola. Como los cóndores actuales, quizás esta criatura gigantesca más que volar planeara, una técnica que va bien en lugares abiertos y soleados, en los que se originan corrientes de aire ascendentes.

> ### UN LAGO CON VISTAS
>
> Los lagos que se alimentan de los glaciares del Campo de Hielo son lugares ideales para que los visitantes echen un vistazo a las aves acuáticas, incluidos los famosos cisnes de cuello negro de la región.

Árboles y hielo

Los Andes patagónicos, que se extienden desde Neuquén, pasando por Río Negro, hasta Chubut y Santa Cruz, son una de las principales zonas de recreo de Argentina, aparte de ser el refugio de muchas de las plantas y animales autóctonos del país. Entre los animales que se pueden ver figuran cóndores, ocas y periquitos; de las plantas nativas destaca el coihue (*Nothofagus*), un árbol atractivo, cubierto de hojas anchas y pequeñas, de borde aserrado. Los coihues son un legado vivo del pasado remoto de América del Sur, que en una época formaba parte de Gondwana, un supercontinente austral que también incluía la Antártida y Australasia. La familia del coihue surgió antes de la división de Gondwana, pero las especies que la componían se separaron cuando este supercontinente se partió. Esto explica la notable distribución actual de las fagáceas que, además de crecer en América del Sur, también se encuentran en Australia, Nueva Zelanda y Nueva Guinea, a miles de kilómetros al otro lado del Pacífico.

A diferencia de las montañas situadas más al norte, los gélidos Andes patagónicos son más templados. Las precipitaciones aumentan en dirección a la frontera con Chile, lo que crea un paisaje que contrasta mucho con las planicies áridas del oeste. Los Andes patagónicos albergan grandes bandadas de ánsares en valles cubiertos de hierba, gansos de cabeza ceniciente en los claros de los bosques próximos a las orillas de lagos y ríos, y ruidosos ibis de cuello amarillo casi por todas partes. Los bos-

IZQUIERDA: la zona de distribución del solitario puma se extiende desde los trópicos hasta el extremo más austral del continente.
DERECHA: un zorro patagónico.

ques contienen también bandadas multicolores de periquitos australes y unos colibríes conocidos con el nombre de picaflores rubí. Ambas especies parecen fuera de lugar en un entorno semejante, pero, no obstante, se han adaptado bien a las frías condiciones de la región.

Una de las aves más espectaculares de los Andes patagónicos es el carpintero de Magallanes, el gigante de la familia. El macho tiene la cabeza de color escarlata intenso, con una pequeña cresta, mientras que su compañera es completamente negra y luce una cresta muy larga y flexible, que se

riza hacia adelante. Además, en esta región vive el pato cortacorrientes o pato de torrentes que, como indica su nombre, sólo se encuentra en ríos y arroyos de aguas rápidas; nada y se sumerge en las cercanías de rápidos de extraordinaria fuerza con tanta tranquilidad como si estuviera en un estanque de aguas plácidas.

Para numerosos visitantes, lo mejor de un viaje a esta región es la oportunidad de ver los glaciares argentinos, que descienden desde el Campo de Hielo, el casquete glaciar más austral de la Patagonia, fuera del alcance de la vista, en la cima de los Andes. Algunos de los glaciares más espectaculares quedan dentro del Parque Nacional Los Glaciares, situado en las inmediaciones de la ciudad de El Calafate (*véase pág. 316*).

Tierra del Fuego

Cuando el naturalista Charles Darwin recorrió el canal de Beagle en 1832, Tierra del Fuego era un lugar casi desconocido para todo el mundo. Desde entonces, los colonos europeos han introducido cambios que han modificado la ecología de esta región remota y tormentosa. Las ovejas y los conejos que llegaron en el siglo XIX, así como los castores y desmanes introducidos en la década de 1940, causaron estragos en los bosques de la isla, ya que talaron árboles y cortaron surcos de agua.

En fechas más recientes, el desarrollo desmedido ha convertido la ciudad más al sur de Tierra del Fuego, Ushuaia, en un lugar con un crecimiento descontrolado, donde se producen los atascos

meja a un barco de vapor con paletas, cuando persiguen a sus rivales o huyen de ellos.

En los sitios donde permanecen intactos, los bosques de coihues de Tierra del Fuego tienen un aire sombrío y sobrenatural. En un lugar tan austral, los vientos pueden ser tremendos, y crecer es una ardua tarea; en las ramas más claras se distinguen los lugares donde los árboles han perdido la batalla contra los elementos. Pero a pesar de las condiciones hostiles, estos bosques tienen mucha vida: entre los árboles vuelan periquitos australes, los cóndores suelen planear en las alturas y en otoño (que empieza a partir de marzo) el despliegue de hojas doradas y broncíneas hace las delicias de los fotógrafos.

de tráfico más australes del mundo. No obstante, Tierra del Fuego es un destino fascinante para todos los que sientan interés por la vida natural. El canal de Beagle continúa siendo tan hermoso como en la época de Darwin y, si el viajero emprende una excursión en barco desde Ushuaia, podrá ver de cerca cormoranes, leones marinos y otarios (*véase pág. 365*). En el canal hay, así mismo, pequeñas colonias de pingüinos magallánicos, junto con algún que otro pingüino de corona blanca o papú, una especie de mayor tamaño, que tiene el pico de color rojo intenso. Además, si el visitante hace un recorrido en barco, quizás vea ánsares o algún patovapor austral. Estas extraordinarias aves son una particularidad local, y deben su nombre al impresionante rocío que levantan, que les aseme-

La costa desierta

Volviendo otra vez hacia el norte, para regresar a Buenos Aires hay que recorrer cientos de kilómetros de la estepa patagónica, una vasta meseta barrida por el viento cuya altura va aumentando poco a poco de este a oeste. En esta parte de América del Sur, los Andes interceptan la mayor parte de la humedad que transportan los vientos predominantes del oeste, creando así una zona sin lluvia a sotavento. En consecuencia, la Patagonia presenta una sequedad insólita para un lugar situado tan al sur; por ejemplo, la ciudad de Sarmiento recibe apenas 13 centímetros de lluvia al año.

La plataforma continental situada al este de Argentina está bañada por una corriente rica en nutrientes que sube desde el sur y atrae, inevitablemente, a numerosos mamíferos y aves marinos. En otra época, muchos de ellos eran cazados sin piedad, pero en la actualidad crían aquí ballenas, focas y pingüinos sin que nadie los moleste, salvo sus predadores naturales.

En la provincia de Chubut hay dos reservas, Punta Tombo y Cabo Dos Bahías, que en verano, durante la época de cría, albergan cientos de miles de pingüinos magallánicos. Más al norte, la península Valdés es famosa porque desde allí se pueden contemplar ballenas y focas. Siempre hay algo que ver en la

venes leones marinos que se aventuran más allá de la seguridad de la playa.

EXCURSIONES

Cerca de la península Valdés se realizan numerosas excursiones de senderismo y muchos paseos en barco para observar las ballenas; la mayoría de ellas se organizan en el cercano Puerto Madryn (*véase el apartado Guía Práctica*).

Hacia el interior

Si el viajero se aleja de esta hermosa y escarpada costa, comprobará que la situación privilegiada de la península Valdés beneficia también a los animales del interior. Se trata de un lugar ideal para observar guanacos y ñandúes, y también marás o liebres de la Patagonia, unos roedores de patas largas que parecen un cruce entre una liebre y un ciervo pequeño. En la península

costa, en cualquier época del año, pues los leones marinos australes salen a reproducirse entre enero y marzo, las ballenas australes que migran llegan en junio y los elefantes marinos crían a partir de septiembre. En diciembre han nacido las crías y se puede ver a los adultos holgazaneando en la playa de guijarros, echándose conchillas sobre el cuerpo con las aletas para desprender la piel que están mudando.

En las aguas poco profundas merodean las orcas, una presencia espectacular que contribuye a crear un ambiente amenazador entre los meses de marzo y mayo, mientras acechan a la espera de jó-

abundan así mismo los conocidos y peculiares tinamúes, unas aves rechonchas que se alimentan en tierra y a menudo se encuentran junto a la carretera. A pesar de lo bajos que son, según los biólogos tal vez estén más relacionados con el avestruz y el ñandú que con las aves de caza a las que se asemejan por su aspecto.

Siguiendo hacia el norte a lo largo de la costa del Atlántico Sur, la meseta patagónica se va fundiendo poco a poco con la pampa, y conduce otra vez a Buenos Aires. Después de disfrutar de la soledad del extremo sur del país, regresar a la multitud y el tráfico puede producir una fuerte impresión; pero incluso allí es casi seguro que la variedad de la variada flora y fauna argentinas nunca se encuentran demasiado lejos.

IZQUIERDA: el mará o liebre de la Patagonia.
ARRIBA: el aguaraguazú o lobo de crin.

LA AVENTURA DE LA NATURALEZA

La diversidad de paisajes que ofrece Argentina brinda numerosas oportunidades

para disfrutar al aire libre, practicando actividades agotadoras o descansadas

Al que vaya a Argentina en busca de aventuras y emociones le bastará con viajar en autobús. Pero si quiere ir un poco más lejos, las oportunidades que se le ofrecen son tan amplias como el país.

No obstante, una de las dificultades de probar todas las posibilidades reside sencillamente en las distancias que separan un sitio de otro. Algunos lugares que en Europa estarían llenos de turistas allí a veces llaman poco la atención, sólo porque se encuentran a cientos de kilómetros de ninguna parte, de modo que sólo el turista más ocioso dispone de tiempo para llegar hasta allí.

Desde las exuberantes selvas tropicales de Misiones hasta la Tierra del Fuego, barrida por el viento, el viajero puede experimentar y explorar muchas zonas vírgenes. Hay numerosos lugares donde puede practicar actividades al aire libre.

Para los aventureros de verdad, la falta de desarrollo comercial a una escala significativa en muchos lugares de Argentina constituye un atractivo adicional. Sin embargo, en la actualidad existen varios centros organizados o en proceso de organización en las laderas de los Andes y también sobre la costa atlántica que ofrecen una gran variedad de deportes de aventura.

Escalar más y más alto

La cordillera de los Andes, que recorre todo el límite occidental de Argentina con Chile, atrae a escaladores de todo el mundo. Uno de los principales centros de escalada se halla en la provincia de Mendoza, unos 1 300 kilómetros al oeste de Buenos Aires, donde se encuentra el pico más alto del continente americano, el Aconcagua, de 6 959 metros. Muchas expediciones lo han escalado desde que el suizo Matthias Zurbriggen lo conquistó por primera vez en 1897.

Se reconocen diez rutas para escalar la montaña, aunque la más habitual es la que está más al norte. Se puede alcanzar la cima sin ninguna expe-

riencia técnica en escalada, aunque es imprescindible contar con un guía e irse aclimatando de manera adecuada y progresiva a la altitud. Como una sombría advertencia para los que no van suficientemente bien preparados, hay un pequeño cementerio al pie del Aconcagua, en Puente del Inca, donde han sido enterrados muchos escaladores que han perdido la vida en el intento. El principal centro de senderismo y escalada de la zona se halla en Villa Los Penitentes, en la ruta que va de Mendoza a la frontera.

También resulta difícil el cerro Tupungato, un volcán de 6 800 metros y al que sólo se puede llegar recorriendo en mula parte del camino. Otros picos andinos menos difíciles de escalar son: Catedral (5 300 metros), Cuerno (5 400 metros), Tolosa (5 400 metros), Cúpula (5 700 metros), Almacenes (5 650 metros) y Pan de Azúcar (5 300 metros). Otra cadena popular es el Cordón de Plata, a tan sólo 80 kilómetros de la ciudad de Mendoza, donde escalar resulta relativamente sencillo. Picos como El Plata (6 300 metros), Negro (5 800 metros), Pico Bonito (5 000 metros), Nevado Excelsior (6 000 metros), Rincón (5 600 metros) y, por último, Valle-

PÁGINAS ANTERIORES: una tienda plantada en la montaña.

IZQUIERDA: unos escaladores en el granito, que parecen diminutos sobre la cara rocosa del cerro Fitz Roy, en el sur de la Patagonia.

DERECHA: un pescador muestra orgulloso el magnífico ejemplar de dorado que ha capturado.

citos (5 800 metros) atraen todos los años a gran cantidad de excursionistas y escaladores, tanto locales como extranjeros.

Para los que no tienen la cabeza en las alturas, toda la zona al oeste de Mendoza ofrece también muchas posibilidades para atravesar los Andes en bicicleta de montaña, a pie o a caballo, así como para hacer safaris fotográficos en vehículos todoterreno.

Hay cinco ríos fundamentales en la zona, en los que se puede practicar *rafting*: Mendoza, Tunuyán, Diamante, Atuel y Grande. Así mismo, se puede navegar en

VIAJES DE AVENTURA

En Argentina hay organizaciones y operadores turísticos especializados en muchas de las actividades que se describen en esta guía (encontrará más información en el apartado *Guía práctica*).

de actividades al aire libre, desde montañismo hasta vuelo en parapente. Queda en pleno distrito lacustre argentino, en una zona llamada la «Suiza de América del Sur». El Club Andino de Bariloche es un lugar adecuado para averiguar las posibilidades que se ofrecen y reservar alojamiento en alguno de los diversos refugios de montaña. Además, el club consigue guías que se encargan de organizar expediciones de escalada y senderismo. Los más accesibles son el cerro Otto para parapente, o los pináculos graníticos del cerro Catedral para escalar.

kayac o canoa, aparte de practicar *windsurf*, buceo, esquí acuático y vela.

Al sur de Mendoza

Al sur de Mendoza se encuentra Malargüe, un centro mucho más pequeño pero que cuenta con interesantes atracciones. La cercana cueva de las Brujas es la red de grutas más importante del país. También queda cerca el lago Tigre. Al sudoeste de Malargüe se extiende el lago Llancanelo, un lugar magnífico para observar aves; entre las especies que viven allí destacan los flamencos rosados y los cisnes de cuello negro.

Más al sur, en San Carlos de Bariloche, a unos 1 700 kilómetros de Buenos Aires, se halla otro centro importante para practicar una variada gama

El Tronador y Bariloche

A un par de horas en automóvil se encuentra el pico más alto de la región, el cerro Tronador, que con sus 3 500 metros es 1 500 metros más alto que las montañas que lo rodean. Debe su nombre al ruido sordo que producen sus glaciares, que parecen truenos. Hay un hostal en Pampa Linda, al pie del Tronador, y varios refugios para senderistas en la zona.

Si bien todo está lleno en diciembre y enero, el turismo en Bariloche es bastante estacional, por lo que, fuera de esta época (y dejando aparte los meses de esquí, que son julio y agosto), suele ser un lugar mucho más tranquilo. Se trata de una zona ideal para montar a caballo, y existe igualmente la opción de cruzar la frontera hasta Chile.

Uno de los atractivos especiales de Bariloche es la gran variedad de vegetación comprendida en un radio de apenas 30 kilómetros, debido a que recibe las lluvias de los Andes. Caminando hacia el oeste, enseguida se entra en una selva húmeda templada, con espesos matorrales de bambú y una vegetación impenetrable. Al este se halla el magnífico y sorprendente paisaje esculpido del Valle Encantado, por ejemplo y, más allá, la inmensidad del desierto patagónico.

El viajero puede practicar *rafting* en un río relativamente tranquilo como el Limay, que desemboca en el lago Nahuel Huapi, o en el Manso, cuyo nombre no refleja las dificultades que encierran sus aguas. Aunque podría parecer que el Nahuel

tros), al que se parece mucho. El Lanín ofrece una escalada clásica para escaladores expertos. Al sur, el Parque Nacional Lago Puelo y, cerca de Esquel, el de Los Alerces, son zonas ideales para practicar senderismo y acampar.

La provincia de Santa Cruz

El Calafate es la entrada al Parque Nacional Los Glaciares, en la provincia de Santa Cruz. Constituye la base principal para explorar la zona y, sobre todo, para visitar el glaciar Perito Moreno, a 80 kilómetros de distancia, en el extremo opuesto del lago Argentino. El viajero puede practicar senderismo sobre el glaciar, ya sea en forma de una excursión breve o como parte de una expedición

Huapi ofrece un potencial tremendo, la temperatura de sus aguas y los vientos traicioneros que soplan a lo largo de los brazos del lago han impedido, en general, la explotación comercial de los deportes acuáticos. De todos modos, las personas que lo desean y a quienes no les importan las dificultades, encuentran oportunidades de practicar *windsurf*, submarinismo, piragüismo y vela.

Al norte del Nahuel Huapi está el Parque Nacional Lanín, que debe su nombre al volcán que tiene la misma altura que el Fujiyama (3 776 me-

Izquierda: esquí con parapente en Las Leñas, un lugar muy de moda en la actualidad.
Arriba: ciclistas descansando en la localidad de San Carlos de Bariloche.

más larga, de dos o tres días, que incluye también el glaciar Frías y el ascenso al cerro Cervantes. De hecho, las opciones para practicar senderismo en la zona son prácticamente infinitas. Así mismo, es un terreno ideal para las bicicletas de montaña y los vehículos con tracción a las cuatro ruedas; ambos se pueden alquilar allí mismo. Varias estancias de la zona organizan excursiones a caballo y a pie.

A unos 230 kilómetros de El Calafate (el viaje dura alrededor de cuatro horas) se encuentran el espectacular cerro Fitz Roy (3 440 metros) y el cerro Torre. Según los escaladores profesionales, el Fitz Roy y los picos que lo rodean son de los más difíciles del mundo para escalar. Lo escalaron por primera vez Lionel Terray y Guido Magnone en 1852. El cerro Torre (3 128 metros) y los montes vecinos se hallan justo al borde del casquete glaciar patagónico y, al ser los picos más occidentales de la cadena del Fitz Roy, reciben toda la fuerza de los vientos que soplan desde el océano Pacífico. Se atribuye al italiano Cesare Maestri y al austriaco Tony Egger la conquista de esta montaña en 1959, aunque el último murió en el descenso.

A los que quieran explorar la zona con detenimiento les conviene quedarse en El Chaltén, un asentamiento que está creciendo, donde encontrarán un hostal y suministros básicos. Aunque carece de muchos de los servicios turísticos que hay en El Calafate, brinda un acceso más inmediato a

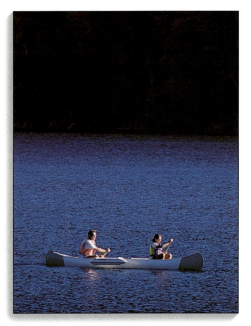

EL FIN DEL MUNDO

Ushuaia es la ciudad más austral del mundo. Cerca de ella, varias estancias ofrecen alojamiento y la oportunidad de montar a caballo, hacer excursiones y participar en las labores cotidianas del campo.

A la mayor parte del terreno pantanoso o boscoso de Tierra del Fuego se accede mejor a pie o a caballo que en un vehículo. Desde Ushuaia, todos los días se organizan excursiones en barco a las islas vecinas para ver cormoranes y leones marinos. También es posible, aunque no siempre resulta fácil, fletar un barco hasta el cabo de Hornos o para contemplar los glaciares que hay a lo largo de la costa.

las montañas. Los autocares parten de El Calafate hacia El Chaltén por la mañana temprano, de modo que el viajero tiene oportunidad de ver ñandúes y guanacos en el camino.

La afición por la nieve

El esquí y el *snowboard* han ido creciendo en popularidad, y cada vez se crean nuevas pistas. Los dos centros principales son Bariloche, con la estación que se construyó a tal efecto en el cerro Catedral, y el más nuevo de Las Leñas (a 1 200 kilómetros de Buenos Aires), en la provincia de Mendoza, donde se celebraron las pruebas del Campeonato Mundial. Aunque la nieve es bastante impredecible, la mejor época suele ser de junio a octubre.

Bariloche es el mayor centro de esquí de toda América del Sur; cuenta con más de treinta telesillas y arrastres. Hay una pequeña pista de esquí en el cerro Otto, en las afueras de la ciudad, y en esta zona también se puede practicar esquí de fondo. Villa La Angostura, al otro lado del lago, ofrece menos facilidades. Más al norte se encuentra San Martín de los Andes, un centro de esquí más pintoresco y exclusivo y, por lo tanto, más caro, aunque en realidad ninguno de los dos resulta barato. Esquel, al sur, también ofrece la posibilidad de esquiar, aunque limitada, en La Hoya. Creado en 1983, Las Leñas es un complejo mucho más reciente, con laderas excelentes, aunque dispone de menos atracciones que otros centros.

El paraíso de los pescadores

Argentina está atravesada por numerosos ríos y lagos (tanto naturales como artificiales) y posee más de 4 000 kilómetros de costas a lo largo del océano Atlántico. Esto la convierte en un paraíso para pescadores, que pueden capturar especies, tanto de agua dulce como salada, como anguilas, bagres, truchas, salmones, siluros, tiburones, peces espada, lenguados, sábalos y dorados.

Se puede pescar durante todo el año en las poblaciones costeras del país, muchas de las cuales se hallan a una distancia de entre 300 y 500 kilómetros de Buenos Aires. Mar del Plata es un importante centro para la pesca, al igual que la población cercana de Laguna Brava, donde las autoridades municipales aprovisionan periódicamente las aguas y se pueden alquilar barcas.

Quequén Grande, a orillas del río Necochea, destaca por el salmón, que, junto con la trucha, abunda también en los ríos y lagos interiores, hacia el sur de Buenos Aires, en las provincias de Neuquén y Río Negro. Sin embargo, estas regiones se encuentran bajo la jurisdicción de la Junta de Parques Nacionales y hace falta un permiso para pescar.

Aparte de ser una estación de esquí, la atractiva ciudad de Bariloche, a orillas del lago Nahuel Huapi, es así mismo uno de los mejores lugares para pescar truchas; allí se han pescado ejemplares de hasta 16 kilogramos. Algunas estancias de los alrededores disponen de zonas especiales para los turistas y a menudo reciben a pescadores entusiastas procedentes de Estados Unidos que acuden a los ríos y lagos de la región. También es posible cazar, aunque se vigila de manera muy rigurosa y se require una autorización.

En San Martín de los Andes, al norte de Bariloche, por lo menos hay una organización de pesca con mosca que brinda un servicio completo, que incluye alojamiento y el equipo necesario, además de guías expertos.

Por último, para aquellos que estén dispuestos a viajar al extremo sur del país o que dispongan de tiempo para ello, la localidad de Río Grande es el centro de pesca de truchas de Tierra del Fuego. Hay mucho viento, pero esto se compensa por el tamaño de las truchas, que pueden alcanzar dimensiones excepcionales. Se puede obtener más información en la Asociación Argentina de Pesca, en Buenos Aires (tel.: 5411-4313-4279).

Un buen *swing*

El golf es otro deporte que se ha beneficiado de los amplios espacios abiertos y del clima de Argentina. La Copa del Mundo se celebró en Buenos Aires en 2000; hay numerosos clubs de golf en todo el país, como el prestigioso Jockey Club de Buenos Aires, el pintoresco campo de golf de Mar del Plata, en la costa atlántica, y el campo del espectacular y lujoso Hotel Llao-Llao, próximo a la población de San Carlos de Bariloche, donde Bill Clinton jugó con el presidente Menem durante la visita oficial que realizó a Argentina en octubre de 1997.

A toda vela

Argentina reúne excelentes condiciones para navegar: un clima suave, fuertes vientos y gran cantidad de lagos, ríos y embalses. Este potencial todavía no está aprovechado comercialmente al máximo en algunas regiones más alejadas.

No obstante, existen numerosos clubs náuticos en las orillas del legendario Río de la Plata, donde se pueden alquilar veleros, tablas de *windsurf* y yates de diferentes tamaños y precio. También existen varios clubs de remo apiñados en torno a la agradable región del delta del Tigre, a las afueras de Buenos Aires.

Izquierda: en canoa por un lago solitario, al norte de la Patagonia.
Derecha: practicando *windsurf.*

El contacto con la naturaleza

Uno de los principales atractivos de Argentina es su fauna y flora (*véanse págs. 109-117*), y la península Valdés es famosa por ser un buen observatorio. El golfo Nuevo y el golfo de San José son importantes lugares de cría de la ballena austral, que se puede observar incluso desde la costa entre septiembre y mediados de diciembre. También es posible acercarse en barca para ver las ballenas desde más cerca. En el punto más septentrional de la península a menudo se encuentran orcas, y en diversos lugares de la costa hay pájaros bobos, focas y elefantes marinos. En tierra se pueden contemplar guanacos, marás y ñandúes, sobre todo en la Salina Grande, el punto más bajo del continen-

te americano. Puerto Madryn es el principal centro turístico, a unos 100 kilómetros de la península; allí se practican submarinismo, ciclismo de montaña y senderismo.

En la península Valdés, Puerto Pirámide carece de las instalaciones que ofrece su vecino, más extenso (no dispone de mucho alojamiento), pero si el viajero acampa cerca de la orilla, llegará enseguida a la costa accidentada y tal vez se despierte con el ruido de las ballenas.

A lo largo de la costa, al sur de Puerto Madryn, hay alguna atracción turística aislada como la Reserva de Fauna de Punta Loma y Punta Tombo. Para visitar estos enclaves, hay que recorrer algunos tramos por caminos de tierra, pero merece la pena el esfuerzo.

EL DEPORTE COMO ESPECTÁCULO

La afición de los argentinos por el deporte se demuestra por las estrellas
de este país que inundan los campos de fútbol, tenis y polo de todo el mundo

Debería ser un día normal y corriente en Buenos Aires; sin embargo, las calles están desiertas, los bancos vacíos, en los restaurantes no se oye ningún ruido y en toda la ciudad reina un silencio sepulcral. Las únicas personas que se ven se apiñan alrededor de una radio portátil o un aparato de televisión, con la atención puesta en las últimas noticias.

¿Ha estallado una guerra? ¿Ha ocurrido un desastre nacional? ¿Acaso los resultados de las elecciones? Pues no. Esto es lo que ocurre cada vez que sale al campo el equipo de fútbol argentino, lo que demuestra el interés que tiene el deporte para el país. Cada partido concentra la atención de la nación y las victorias son objeto de celebraciones inigualables. De hecho, cuando Argentina ganó el Campeonato Mundial de México en 1986, el máximo galardón del fútbol, varios cientos de miles de aficionados inundaron las calles de Buenos Aires, Córdoba, Rosario, La Plata y muchas ciudades más. Se improvisaron desfiles, miles de automóviles ocuparon las calles principales y secundarias, y el país se vistió de azul y blanco. En realidad, era la segunda vez que Argentina conquistaba el campeonato mundial, ya que la primera fue en 1978. Pero aquel torneo, organizado apresuradamente en el país por el gobierno militar que había llegado al poder poco antes, no despertó el mismo orgullo y entusiasmo que se vieron en 1986. Para muchos observadores, el Mundial de 1978 fue sobre todo un ejercicio de relaciones públicas, destinado a evitar que la atención mundial se concentrara en la inflación galopante imperante en Argentina, en el aumento de la deuda externa y en los conflictos laborales que sacudían el país de un extremo a otro. El equipo nacional dispone desde entonces de nuevos logros: participó en la final en 1990 y en cuartos de final en 1998.

La historia del fútbol

El fútbol llegó en la década de 1860, introducido por los marineros británicos que pasaban el rato en el puerto jugando ante los espectadores locales. Al final, la numerosa comunidad británica de Buenos Aires organizó oficialmente este deporte en 1891; pelotas, palos y redes para la portería, importados de Europa, pasaron por la aduana como «algunas tonterías para los locos de los británicos».

A principios del siglo XX, Argentina ya tenía su propio campeonato nacional de fútbol. El Club Atlético Quilmes se constituyó en 1897, por lo que es el equipo más antiguo del país. No tardaron en surgir Rosario Central (1899), River Plate (1901), Independiente (1904) y Boca Juniors (1905). El equipo nacional argentino también se creó enseguida, como demuestra su actuación en la primera Copa Mundial de fútbol que se disputó en Uruguay, en 1930. Aunque todavía era un deporte de aficionados y estaba bastante mal visto, Argentina derrotó a equipos fuertes como Francia y Chile, y consiguió llegar a la final, que perdió frente a Uruguay por 4 goles a 2.

El fútbol se convirtió en un deporte profesional en Argentina en 1931, y los partidos de liga empezaron a atraer a una multitud vociferante. River Plate y Boca Juniors, dos clubs que surgieron del barrio italiano de La Boca, en Buenos Aires (*véase pág. 165*), enseguida se convirtieron en los dos equipos más populares del país. Incluso hoy en día, casi el 50 por ciento de los argentinos aficionados al fútbol apoya a alguno de los dos. Pero un apoyo tan desenfrenado a veces no es tan bueno y, de hecho, en los últimos años el fútbol argentino ha tenido problemas debido a la violencia de algunos seguidores en los partidos de liga, sobre todo cuando se encuentran rivales tan fanáticos como River Plate y Boca Juniors.

Cada club tiene sus aficionados fanáticos, un grupo de seguidores incondicionales y a menudo violentos, llamados la «barra brava». Como consecuencia, muchos de los estadios del país, incluida La Bombonera, tienen fosos, vallas y alambradas con el fin de que los aficionados no salten al campo de juego y para separar las facciones rivales. Pero estas medidas no siempre han conseguido erradicar la violencia. Los críticos acusan a los presidentes de los clubes de fútbol de regalar entradas a sus «barras bravas», de pagarles el viaje cuando juegan en otro lugar, de patrocinar su viaje al Campeonato Mundial, e incluso de permitirles asistir a las reuniones de su junta directiva.

Veinte equipos compiten todos los años en Argentina en primera división, y juegan un total de 36 partidos, de septiembre a junio. Además, muchos de los clubes más importantes compiten en torneos internacionales como la Copa del Mundo de Clubs y la Copa Libertadores.

Los argentinos, como la mayoría de los latinoamericanos, parecen tener una habilidad especial para el fútbol; Diego Armando Maradona, por ejemplo, era un ídolo nacional mucho antes de adquirir fama internacional en los Mundiales de 1986. Cuando en 1982 Maradona amenazó con irse de su club, el Boca Juniors, para jugar en Europa, el gobierno intentó infructuosamente intervenir, declarándolo «patrimonio nacional».

Destrezas en el polo

Evidentemente, el fútbol no es el único deporte popular en Argentina. Gracias a un clima que permite practicar una amplia variedad de deportes durante todo el año, el país también tiene fama por el polo, el rugby, las carreras de caballos, el automovilismo y el tenis.

Una de las primeras cosas que preguntan muchos de los que llegan al país es dónde pueden ver jugar al polo. A pesar de no ser originario de Argentina, se ha convertido en una parte integral de la herencia deportiva nacional. Muchos de los mejores jugadores y equipos del mundo proceden de este país. Además, Argentina cuenta con programas de primera clase para la cría de caballos.

Al igual que el fútbol, el polo llegó a Argentina de la mano de los británicos, a mediados del siglo XIX. La destreza innata de los argentinos para montar, como demuestran los gauchos, y la abundancia de espacio, contribuyó a asegurar la prosperidad de este deporte. En la actualidad, hay más de seis mil jugadores de polo registrados en el país. En Argentina se celebran torneos de polo durante todo el año, aunque la mayoría de ellos se disputan en primavera y otoño. Los mejores equipos compiten todos los meses de noviembre en el Campeonato Abierto Argentino, en los pintorescos campos de polo de Palermo, en el centro de Buenos Aires; se trata de una competición que se celebró por primera vez en 1893.

DIEGO ARMANDO MARADONA

Como primera figura de todos los tiempos del mayor deporte espectáculo del país, Diego Armando Maradona sigue contando con el apoyo de la mayoría de los aficionados argentinos, a pesar de que la FIFA lo suspendió por consumo de drogas mientras jugaba en el equipo del Nápoles, en Italia, y en el equipo nacional argentino en los Mundiales de 1994.

Tras dos intentos fallidos de entrenar con dos equipos de segunda fila en Argentina, Diego Armando Maradona regresó a su primer amor, Boca Juniors, para jugar como delantero centro, pero finalmente se vio obligado a retirarse, actualmente vive en Cuba.

PÁGINAS ANTERIORES: un partido de polo, uno de los deportes que los británicos legaron a los argentinos.
IZQUIERDA: disputando un partido de pato, uno de los pocos deportes originarios de Argentina, que ahora se juega con una pelota de cuero.
DERECHA: un partido de fútbol del River Plate.

En Argentina no se distingue entre el polo profesional y el amateur, pero muchos de los mejores jugadores son contratados habitualmente por equipos extranjeros por grandes sumas de dinero. En realidad, en un torneo internacional, el equipo favorito suele ser el que cuenta con más jugadores argentinos. Así mismo, los caballos que se emplean en este deporte suelen importarse de Argentina. Estos robustos animales, entrenados en alguna estancia donde se juegue a polo, son muy apreciados en todo el mundo por su velocidad, fuerza y destreza.

DEMANDA DE CABALLOS

Los caballos de polo argentinos, bajos y fornidos, especialmente entrenados por los «petiseros» en las estancias donde se juega al polo, son muy valorados por su velocidad, fuerza y capacidad para colaborar con el jinete.

enlazar al contrario hasta cortarle la silla. La única regla del juego era que el jinete que tenía el pato debía llevarlo en el extremo del brazo derecho extendido, ofreciéndoselo a cualquier contrincante que se le pusiera a la par. Tales escaramuzas siempre acababan en un feroz forcejeo, y el desafortunado jinete que caía de la silla a menudo moría pisoteado. El gobierno prohibió el juego del pato en 1822, pero un grupo de ardientes defensores lo revivió en 1937. Establecieron una serie de normas, lo perfeccionaron y crearon una federación en 1938.

La pasión por el pato

Algunos observadores han descrito el juego del pato como «baloncesto a caballo», y es uno de los pocos deportes originarios de Argentina. Las primeras referencias sobre el juego datan de 1610, aunque quizás los habitantes indígenas ya lo jugaran mucho antes de esta fecha.

Seguro que el pato que dio el nombre al juego lo pasó muy mal en las primeras etapas de la evolución del juego. Se metía un pato dentro de una cesta de cuero con asas y dos equipos de hombres a caballo (por lo general trabajadores del campo o indígenas) se disputaban su posesión e intentaban apoderarse de la cesta y devolverla a su estancia. Podían participar en el juego cualquier número de jinetes y todo estaba permitido, desde

En la actualidad, el pato se juega en equipos de cuatro jinetes y se coloca una cesta (del tipo de la que se usa en baloncesto) en cada extremo del campo reglamentario. El pato original ha sido sustituido por una pelota de cuero con asas, y se anotan puntos cada vez que ésta se introduce en la cesta. La popularidad de este deporte ha ido en aumento, y hoy en día tiene la misma aceptación social que el polo. El campeonato abierto se celebra todos los años a mediados de diciembre en Palermo, Buenos Aires.

Otros deportes ecuestres

En un país donde abundan los caballos y en el que su cría es un buen negocio, las carreras de caballos y los concursos hípicos también son muy populares. De hecho, en la mayoría de las ciudades argentinas hay hipódromos y muchas oportunidades para apostar desde fuera, aunque el gobierno supervisa las apuestas oficiales. Las carreras principales se realizan en Buenos Aires, por lo general en el Jockey Club, en San Isidro.

Los concursos hípicos se celebran en numerosos clubs, tanto en Buenos Aires como en otras ciudades importantes casi todas las semanas, de marzo a diciembre. Este deporte tiene mucha tradición (al igual que el adiestramiento de caballos para que ejecuten maniobras) y si no fuera porque los mejores caballos siempre se exportan, Argentina ocuparía un lugar destacado a nivel internacional.

El auge del tenis

En Argentina se juega al tenis desde el siglo XIX, pero siempre había sido un deporte reservado para las clases media y alta. Sin embargo, impulsado por la carrera meteórica de Guillermo Vilas, un jugador enérgico y con gran talento que adquirió importancia internacional en las pistas de todo el mundo en la década de 1970, el tenis ha experimentado un auge sin precedentes. El apuesto Vilas ganó el Masters en 1974 y el Open de Estados Unidos en 1977, y enseguida se hizo famoso como *play boy* internacional. Vinculado sentimentalmente con mujeres como la princesa Carolina de Mónaco y numerosas actrices jóvenes de Hollywood, Vilas surgió como un héroe nacional en una época en la que no había ningún otro en Argentina.

De la noche a la mañana, muchos jóvenes argentinos soñaban con ser jugadores de tenis profesionales. Se disparó el número de jugadores, así como las ventas de raquetas, pelotas y zapatillas. Aparecieron nuevas pistas en todos los suburbios de Buenos Aires, tanto municipales como privadas, y el circuito internacional se llenó de jugadores argentinos.

Una de las mejores que han aparecido a raíz de aquel auge ha sido Gabriela Sabatini, una adolescente que surgió como una de las mejores jugadoras a mediados de la década de 1980. Apodada por la prensa internacional «la maravillosa Gabi», en 1986 Sabatini se colocó entre las diez mejores y pronto consiguió el tercer puesto, aunque después descendió al séptimo u octavo, a pesar de ganar dos Masters y un Open de Estados Unidos. En 1996 Sabatini se retiró definitivamente de las pistas. Si bien pocos tenistas argentinos han igualado los logros de Vilas y Sabatini, este deporte

---

IZQUIERDA: el rugby se ha convertido en uno de los deportes más populares de Argentina.
DERECHA: el hipódromo de Palermo, en Buenos Aires.

conserva su popularidad en Argentina, y, así, el estadio River Plate de Buenos Aires fue ampliado en 2003 para la Copa Davis, ahora con capacidad para 10 000 espectadores.

El rugby en alza

Al igual que el fútbol y el polo, el rugby fue introducido en Argentina por los británicos. Pero inexplicablemente sólo se puso de moda a mediados de la década de 1960, cuando los Pumas, el equipo nacional argentino, atrajo el interés tras conseguir una serie de triunfos internacionales. Al igual que sucedió con el tenis, numerosos jóvenes empezaron a jugar al rugby y fueron destacando algunos talentos.

En la actualidad, el rugby argentino figura entre los mejores del mundo. Casi todas las provincias tienen su propia federación y los partidos internacionales atraen a más de 50 000 aficionados. La mayoría de los partidos internacionales se juegan en el Estadio Monumental de Buenos Aires, con capacidad para 76 000 espectadores.

El críquet se impone

Tal vez más de uno se sorprenda al saber que en Argentina se juega al críquet, otra importación británica que se ha mantenido como patrimonio de esta comunidad cerrada durante gran parte del siglo XX, pero hace poco, los argentinos se han interesado por este deporte y han aparecido varios jugadores destacados.

LUGARES

*Una guía detallada de toda Argentina, en la que
los lugares de mayor interés llevan una referencia
alfanumérica que se corresponde con los mapas*

Los paisajes argentinos se cuentan entre los más impresionantes del mundo. El país ofrece algunos accidentes geográficos extraordinarios, desde las cascadas de Iguazú a los glaciares de Tierra del Fuego. El visitante puede deambular por las ventosas praderas de las pampas, esquiar en los complejos turísticos de Bariloche, o degustar vino de los viñedos de Preton Mendoza. Y luego está la moderna ciudad de Buenos Aires, con su rica vida cultural, sus bulevares arbolados y sus cafés bohemios. Visitar Argentina requiere planificación, pues es un país muy extenso y los lugares de interés distan mucho entre sí. El desplazamiento desde los desiertos del noroeste hasta las reservas naturales costeras de Patagonia requiere organización y tiempo.

Afortunadamente, en Argentina existe una sólida infraestructura dedicada al turismo. En todos los lugares más frecuentados hay hoteles cómodos, y en las zonas más remotas suele haber por lo menos zonas de acampada. Aviones, trenes y autocares tienen un horario flexible, y se pueden alquilar vehículos. Incluso es preferible recorrer algunas áreas a pie o a caballo. Los pases aéreos de Aerolíneas Argentinas permiten recorrer las distancias más grandes a precios reducidos.

En los capítulos siguientes se ha dividido el país en zonas que se pueden visitar como una unidad: Buenos Aires, la costa para pasar las vacaciones de verano, las sierras centrales, el nordeste, el noroeste, la región de Cuyo, la Patagonia y Tierra del Fuego. Sin embargo, cada persona debe elegir a su conveniencia a qué lugares va a ir.

El viajero debe tener en cuenta las limitaciones que impone la época del año en que viaje. Durante las vacaciones, a veces es difícil hacer reservas; algunas partes resultan inaccesibles durante la temporada de lluvias invernales; la fauna que se encuentre en un lugar determinado depende de las migraciones. En estos capítulos le ayudaremos a decidir si prefiere tomar el sol en las playas de Mar del Plata en enero, esquiar por las laderas de los Andes en agosto, o comer un bife de chorizo en Buenos Aires en cualquier época del año.

PÁGINAS ANTERIORES: el cerro Fitz Roy, en la provincia de Santa Cruz;
un gaucho observando sus tierras; el cementerio de la Recoleta, en Buenos Aires.
IZQUIERDA: el paisaje espinoso del noroeste.

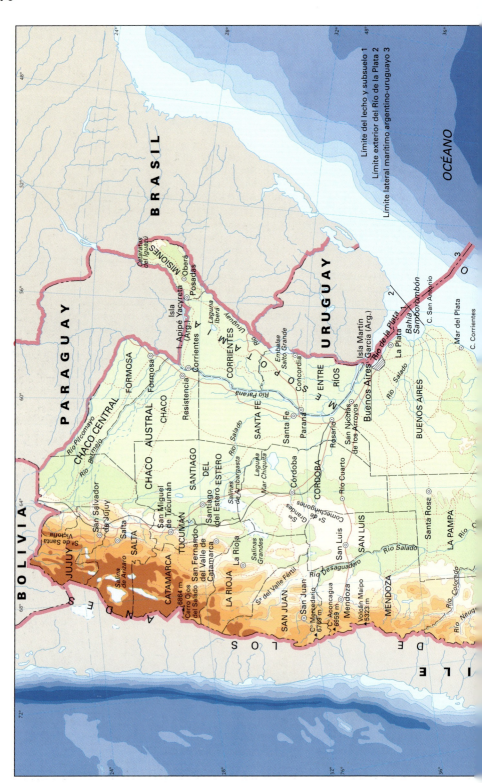

BRASIL

PARAGUAY

URUGUAY

BOLIVIA

OCÉANO

Límite del lecho y subsuelo 1
Límite exterior del Río de la Plata 2
Límite lateral marítimo argentino-uruguayo 3

MISIONES
Cataratas del Iguazú
Oberá
Posadas
Isla Apipé Yacyretá (Arg.)
Laguna Iberá
Corrientes
CORRIENTES
Resistencia
FORMOSA
Formosa
CHACO
CHACO AUSTRAL
CHACO CENTRAL
Río Pilcomayo
Río Bermejo
Río Paraná
Río Salado
SANTIAGO DEL ESTERO
Laguna Mar Chiquita
Salinas de Ambargasta
SANTA FE
Santa Fe
Paraná
ENTRE RÍOS
Concordia
Embalse Salto Grande
Río Uruguay
San Nicolás de los Arroyos
Rosario
Córdoba
CÓRDOBA
Río Cuarto
Sª de Comechingones
Sª Grandes
Salinas Grandes
Santiago del Estero
San Miguel de Tucumán
TUCUMÁN
San Salvador de Jujuy
JUJUY
Sª de Santa Victoria
Salta
SALTA
Salina de Arizaro
Salina del Salado
Cerro Ojos del Salado 6864 m
CATAMARCA
San Fernando del Valle de Catamarca
La Rioja
LA RIOJA
Sª del Valle Fértil
SAN JUAN
San Juan
Cº Mercedario 6795 m
Aconcagua 6959 m
Volcán Maipo 5323 m
Mendoza
MENDOZA
Río Desaguadero
Río Salado
SAN LUIS
San Luis
Santa Rosa
LA PAMPA
Río Colorado
Río Neuq.
Río Co.
BUENOS AIRES
Santa Rosa
Buenos Aires
Isla Martín García (Arg.)
La Plata
Río Salado
Bahía Samborombón
C. San Antonio
Mar del Plata
C. Corrientes
Río de la Plata
1
2
O   O   3

ANDES
LOS
DE
ILE

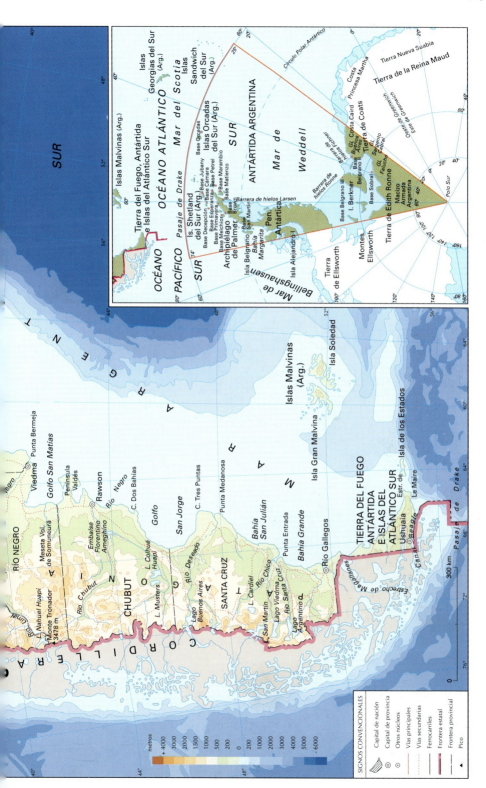

SUR

OCÉANO ATLÁNTICO SUR

Islas Malvinas (Arg.)

Islas Georgias del Sur (Arg.)

Islas Sandwich del Sur (Arg.)

Mar del Scotia

SUR

ANTÁRTIDA ARGENTINA

Mar de Weddell

Tierra del Fuego, Antártida e Islas del Atlántico Sur

Pasaje de Drake

OCÉANO PACÍFICO SUR

Is. Shetland del Sur (Arg.)
Base Jubany
Base Cámara
Base Petrel
Base Deception
Base Esperanza
Base Primavera
Base Melchior
Base Brown
Base San Martín
Base Marambio
Base Matienzo
Base Orcadas

Islas Orcadas del Sur (Arg.)

Círculo Polar Antártico

Tierra Nueva Suabia

Tierra de la Reina Maud

Costa Princesa Martha

Oeste de Greenwich
Este de Greenwich

Barrera de hielos Ronne
Barrera de hielos Larsen

Archipiélago de Palmer
Bahía Margarita
Isla Belgrano
Isla Alejandro I

Pen. Antártica

Mar de Bellingshausen

Tierra de Ellsworth

Montes Ellsworth

GL Costa Caird
Base Belgrano II
GL Buenos Aires
Base Belgrano
Base Sobral
GL Sargento Cabral
GL Faulon

Tierra de Coats
I. Berkner
Macizo Armada Argentina
Tierra de Edith Ronne

Polo Sur

Estrecho de Magallanes
Canal Beagle

RÍO NEGRO

Nahuel Huapi
Monte Tronador 3478 m
Meseta Vol. de Somuncurá

Viedma
Punta Bermeja
Golfo San Matías
Península Valdés

Rawson
Río Negro
C. Dos Bahías

CHUBUT

Embalse Florentino Ameghino
L. Colhue Huapi
L. Musters
Río Chubut
Golfo San Jorge
Río Deseado
C. Tres Puntas
Punta Medanosa

SANTA CRUZ

Lago Buenos Aires
L. Cardiel
Río Chico
L. Viedma
Lago San Martín
Lago Argentino
Río Santa Cruz

Bahía San Julián
Punta Entrada
Bahía Grande

Río Gallegos

Islas Malvinas (Arg.)

Isla Soledad
Isla Gran Malvina

TIERRA DEL FUEGO ANTÁRTIDA E ISLAS DEL ATLÁNTICO SUR

Ushuaia

Isla de los Estados
Est. de Le Maire

Pasaje de Drake

A R G E N T I N A

C O R D I L L E R A

300 km

0

SIGNOS CONVENCIONALES
- Capital de nación
- Capital de provincia
- Otros núcleos
- Vías principales
- Vías secundarias
- Ferrocarriles
- Frontera estatal
- Frontera provincial
- Pico

metros
+4000
3000
2000
1500
1000
500
200
0
200
1000
2000
3000
4000
5000
-6000

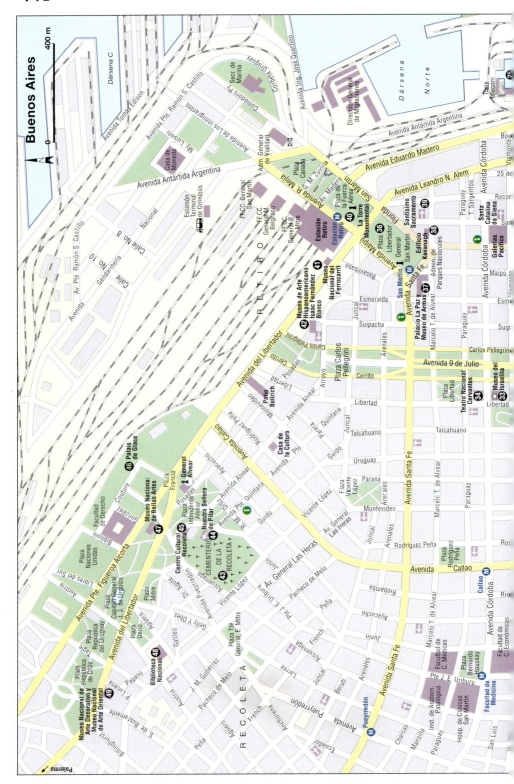

Buenos Aires

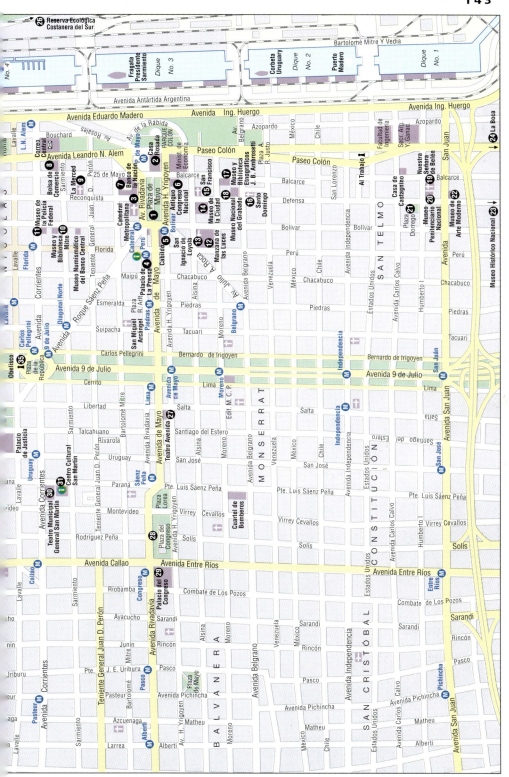

BUENOS AIRES

*Según algunos, es la ciudad más cosmopolita de América del Sur;
de hecho, la histórica capital argentina desprende una energía
arrolladora y posee un estilo con gran personalidad*

Plano
páginas
142-143

A pesar de las grandes avenidas y de su arquitectura ostentosa, ésta es una ciudad compuesta por pequeños pueblos o, mejor dicho, por barrios: 46 en total. Ha sido descrita como el París latinoamericano o, como escribió el viajero y escritor Paul Theroux, «un hormiguero sumamente civilizado». Se trata de una ciudad exuberante, elegante y con grandes pretensiones. Se dice que Buenos Aires es una ciudad con once millones de conductores temerarios. Si preguntamos a un porteño por los hábitos locales en cuanto a la conducción, dirá: «Se conduce deprisa, claro, pero bien; no como los brasileños, que lo hacen rápido pero alocadamente».

Para el turista, la parte más interesante es la zona más oriental de la ciudad, la que se encuentra a orillas del Río de la Plata. Allí, en los barrios de Recoleta, Retiro, San Nicolás, Montserrat, San Telmo y La Boca, están situados los hoteles, museos, edificios oficiales, tiendas y lugares de entretenimiento.

Las tribulaciones económicas de país han atraído a los inversores extranjeros, de modo que se han abierto muchas tiendas y restaurantes nuevos durante los últimos años. En 1994 se inauguró el Puerto Madero, con apartamentos y restaurantes exclusivos, y prosiguen los desarrollos urbanísticos. Palermo Viejo es la última zona que ha experimentado una drástica revitalización, con el desarrollo de centros culturales, tiendas de diseño y restaurantes de moda.

A pesar de su enormidad, Buenos Aires es una ciudad donde resulta muy fácil moverse. Las calles siguen un patrón lógico en forma de cuadrícula y tienen una numeración ordenada. La red de autobuses es amplia y eficaz. Según el tipo de cambio, un trayecto en taxi puede costar desde una cifra razonable hasta un importe muy bajo. Pero nada puede compararse con recorrer Buenos Aires a pie, la mejor manera de tropezar con los parques y rincones interesantes. El terreno es completamente llano, de modo que resulta fácil caminar. De hecho, la mayor variación de altitud son las bocas de las alcantarillas, situadas en las esquinas. Pero al andar, hay que tener en cuenta que en esta ciudad a los peatones no les asisten demasiados derechos. Así que... ¡buena suerte!

Fundación y población

Los historiadores discuten todavía sobre la fecha de la fundación de Buenos Aires y la identidad de su descubridor. Sí se sabe con certeza que en 1516 desembarcó allí Juan de Solís, buscando una ruta hacia las Indias. Buenos Aires se halla en la desembocadura de uno de los ríos más grandes del mundo, al que Solís denominó Mar Dulce. Por la margen izquierda se llega a la pampa, un terreno llano, sin árboles, con una capa superior de tierra negra muy fértil, ideal para la agricultura. Solís también dio otro nombre al río: el mar del León, por su color amarronado y gran extensión. Este estuario adquirió más tarde el nombre de Río de la Plata (*véase pág. 37*).

Pedro de Mendoza fue el siguiente europeo que llegó hasta allí. En 1536, bajo los auspicios de la Corona espa-

PÁGINAS ANTERIORES:
la avenida 9 de Julio.
IZQUIERDA: un guardia
de la Casa Rosada.
ABAJO: un tango
en las calles
de San Telmo.

El poeta y escritor argentino Jorge Luis Borges llamaba a Buenos Aires «la ciudad de la nostalgia [...] A mí se me hace cuento que empezó Buenos Aires: la juzgo tan eterna como el agua y el aire».

ABAJO: interior de unos almacenes del puerto en el siglo XIX.

ñola, estableció la primera población, según algunos en donde se halla ahora el parque Lezama. Se encontró con la fértil pampa, así como sus habitantes, unas tribus indígenas hostiles. Al cabo de cinco años de ataques constantes, el grupo se trasladó río arriba hasta Asunción del Paraguay. Mendoza dejó dos legados importantes: el nombre de la ciudad, Santa María del Buen Ayre, y centenares de caballos y vacas que se multiplicarían y llegarían a convertirse en la base de la economía argentina.

Por último, en 1586 se produjo la segunda fundación de la ciudad, cuando Juan de Garay, nacido en Asunción del Paraguay, regresó con setenta hombres y estableció una población permanente. Construyeron un fuerte frente al río, y al oeste se marcó la plaza, la actual plaza de Mayo. En el extremo opuesto de ésta se edificó el Cabildo (la sede del gobierno municipal) y, en el extremo septentrional, una pequeña iglesia. Aunque se han levantado edificaciones nuevas sobre las ruinas, la plaza conserva la estructura original y continúa siendo el centro de las actividades oficiales de la ciudad.

Buenos Aires fue la última gran ciudad que se fundó en América Latina. No sólo quedaba alejada geográficamente de otras rutas comerciales más desarrolladas, sino que además se prohibió el uso de sus puertos para importaciones y exportaciones europeas de metales preciosos procedentes de Potosí y Lima. Británicos, portugueses y franceses aprovecharon la poca presencia española en el Río de la Plata y así prosperó el comercio ilegal. La población consiguió sobrevivir en gran parte gracias a este contrabando. Se cambiaban productos manufacturados por plata procedente de las explotaciones mineras del norte y por pieles de vaca y sebo. También se empezó a importar material de construcción, ya que en la pampa no había ni árboles ni piedras. Las primeras casas eran de adobe y paja.

Para hacer frente a la competencia de otros países europeos en la región, en 1776 España convirtió en virreinato lo que en la actualidad comprende los países de Argentina, Uruguay, Bolivia, Paraguay y el norte de Chile. Buenos Aires pasó a ser la sede del gobierno central; con su nuevo papel judicial, financiero y militar, floreció como poder regional. Llegaron funcionarios, abogados, religiosos, personal militar, artesanos y esclavos, y la pequeña aldea empezó a transformarse en una gran ciudad cosmopolita. En Latinoamérica, tan sólo Lima y Ciudad de México la superaban en desarrollo económico en aquella época.

Los porteños se acostumbraron a mantener cierta independencia económica y política de España. Tras rechazar ellos solos dos invasiones británicas (1806 y 1807), creció el orgullo de la población ante esta hazaña militar y aumentó el sentimiento de lo que después se llamaría nacionalismo.

Independencia y evolución

En 1810, los habitantes de la ciudad aprovecharon que España estaba inmersa en la guerra de Independencia para conseguir más autonomía. De todos modos, hasta 1816 no se declaró la independencia de todo el país.

En las décadas siguientes, el gobierno de Buenos Aires se agotó en la lucha para controlar el resto del país. Los federales, representados por Juan Manuel de Rosas, gobernador de Buenos Aires entre 1829 y 1852, creían que cada provincia debía mantener un poder y una independencia considerables. Los unitarios, que llegaron al poder cuando el general Urquiza derrocó a Rosas, pretendían la preponderancia de Buenos Aires sobre el resto del país. De hecho, todavía existe una cierta tensión entre los habitantes del interior y los porteños. Al final, en 1880, la disputa se resolvió en una pequeña batalla callejera y la ciudad se convirtió en distrito federal, en lugar de ser sólo la capital de la provincia de Buenos Aires. Aquélla fue así mismo una década de muchos cambios. Durante la presidencia de Julio Roca, el alcalde se inspiraba en Europa, sobre todo París, como modelo para cambiar la ciudad. Se construyeron centenares de edificios imitando los últimos estilos parisienses, y se crearon barrios nuevos para los ricos, rellenando grandes extensiones del río, especialmente al norte de la capital.

Auge y depresión

En la misma década de 1880 empezó la inmigración masiva procedente de Europa, sobre todo de Italia y España, aunque también de Alemania, Polonia y Gran Bretaña, así como de Líbano y Siria, y más tarde Rusia. En 1910, la población de la ciudad había aumentado hasta 1 300 000 habitantes. Ya se habían puesto en marcha algunos servicios públicos, como tranvías, agua corriente, escuelas y protección policial. La literatura, la ópera, el teatro y las demás artes llegaban a todo el mundo, y de pronto Buenos Aires se convirtió en el París de América Latina para los turistas europeos y estadounidenses de clase alta.

No obstante, en los últimos veinte años, ha ido perdiendo terreno ante otras grandes ciudades cosmopolitas. Las consecuencias de la inestabilidad política y económica todavía se notan en los automóviles viejos, los edificios en mal estado y las pocas obras en construcción. Donde se han levantado edificaciones nuevas, apenas se ha tenido en cuenta el mantenimiento de la belleza de la ciudad antigua, y casi no ha habido planificación urbana para una ciudad nueva. Al mismo tiempo, se han realizado muy pocos esfuerzos para mantener y restaurar algunos de los edificios más antiguos y típicos de la ciudad, como el barrio de San Telmo, el centro original de

**Plano
páginas
142-143**

*Un inmigrante turco
con un narguile.*

ABAJO: tomando
el sol en uno de los
parques de la ciudad.

*Detalle colonial
en la calle Florida.*

ABAJO IZQUIERDA:
descansando
a la sombra
de una estatua.
ABAJO DERECHA: un
mural del pasado
colonial.

Buenos Aires; un buen número de construcciones de la época colonial han sido remodeladas y convertidas en *lofts*.

La incongruencia arquitectónica patente en varias zonas de Buenos Aires tal vez desilusione a quienes se habían hecho a la idea de una pintoresca ciudad europea. Pero ésta es la auténtica ciudad, en crisis, con un futuro indefinido pero esperanzador, que refleja el carácter especial de sus habitantes.

Cómo orientarse

Para conocer Buenos Aires hay que aventurarse fuera del centro; recorrer las calles de las zonas residenciales a pie y de día, viajar en autobús, sentarse en los cafés y, sobre todo, hablar –y escuchar– a la gente. Sus sentimientos con respecto a la ciudad y al país en general, conflictivos y emotivos, resultan contagiosos.

Buenos Aires no sólo es enorme en comparación con la población del resto de Argentina, sino también una de las mayores ciudades de América Latina. La capital federal tiene una superficie de 200 kilómetros cuadrados, y toda la zona metropolitana abarca más de 2 915 kilómetros cuadrados. Unos doce millones de personas, o sea, un tercio de la población del país, viven en la ciudad y sus alrededores. Tres millones residen dentro de la capital federal.

Buenos Aires limita al norte y al este con el Río de la Plata y, si el día está despejado, se puede ver la costa uruguaya al otro lado de este río de color barro. Al sur, el límite de la ciudad lo marca el Riachuelo, un canal poco profundo, construido para permitir el acceso a los grandes puertos.

El paisaje es muy variado. Hay anchas avenidas y estrechas calles adoquinadas. En el centro, escaparates de tiendas selectas, cafés con terraza, restaurantes sencillos pero elegantes, y magníficos cines y teatros antiguos. En los barrios residenciales, los viejos edificios de apartamentos, con cristaleras y balcones llenos de plan-

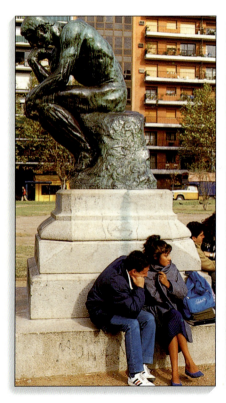

tas, conviven con edificios modernos de hasta veinte pisos, la mayoría con puertas
correderas de cristal y balcones. En las calles abundan sicomoros y tipas, a cuya
sombra juegan los niños al fútbol. Existen numerosos parques y plazas, donde apetece correr o sencillamente sentarse junto a los ancianos que en verano juegan al truco (un juego de cartas) o al ajedrez.

**Plano
páginas
142-143**

Una ciudad de barrios

En Buenos Aires hay 46 barrios, cada uno con una historia y características propias.
Salvo pocas excepciones, tienen una estructura de cuadrícula romana, en torno a una
plaza central, donde se encuentra la iglesia. En casi todos existe también una calle
principal dedicada al comercio, con un centro comercial de dos plantas, además de
carnicería, panadería, verdulería y frutería. Así mismo, en los barrios suele haber
club deportivo, cine, pizzería y heladería. El ambiente es mucho más cálido que el
de la concurrida zona del centro, donde los peatones van con prisas, como ocurre en
la mayoría de las grandes ciudades, y ni siquiera se detienen si uno les pregunta la
hora. En un barrio, un viajero perdido siempre será rescatado por los vecinos, cu-
riosos y serviciales. Crecer en un barrio implica establecer con él un lazo muy especial. De hecho, los equipos de fútbol de cada uno compiten en torneos nacionales que provocan apasionadas rivalidades entre muchos de los clubs.

Para hacerse una idea del trazado de Buenos Aires conviene simplificar y hablar
de los grandes bloques. Desde la plaza de Mayo nacen dos diagonales que se dirigen hacia el noroeste y sudoeste: las avenidas Roque Sáenz Peña y Julio A. Roca.
El tramo comprendido entre las dos es la zona más poblada de la ciudad. Al sur está
la parte más antigua, que incluye San Telmo y La Boca, donde viven muchas personas de clase trabajadora y algunas de clase media. Hacia el norte se hallan los
barrios de Retiro, Recoleta y Palermo, a los que se trasladaron los ricos en la déca-

ABAJO: echándose
un sueñecito.

NOTA

¡Cuidado! Muchos
mapas de Buenos
Aires parecen
inclinados, y el oeste
aparece en la parte
superior, como
si fuera el norte.
Lo que pasa es que
el Río de la Plata
corre hacia el sudeste,
no hacia el oeste.

ABAJO: el Cabildo,
centro histórico
del movimiento de
la independencia.

da de 1870, cuando la fiebre amarilla atacó el área sur. Una cuarta zona se encuentra al oeste. Con la inauguración de dos líneas de ferrocarril (la de Once, que circula a lo largo de la avenida Rivadavia, y la de Retiro, que corre paralela al río, en dirección noroeste), empezaron a aparecer barrios nuevos, como Palermo Viejo.

El centro de Buenos Aires

El centro es realmente el área comercial, y si bien la mayoría de los porteños vive en barrios periféricos, todos van allí ya sea para trabajar, comer o divertirse. Los barrios residenciales cuentan con sus propias zonas comerciales a pequeña escala; de modo que, salvo para visitar a los amigos, mucha gente no atraviesa jamás la ciudad, sino que se limitan a ir al centro.

Al igual que sucede en todas las grandes ciudades, en el centro de Buenos Aires hay muchos ejecutivos bien vestidos y con prisas, aunque también argentinos que disfrutan de las librerías, el cine, el teatro, las conversaciones en los cafés sobre cualquier tema, las plazas, los centros comerciales y la vida política y cultural del centro de la ciudad. Algunas calles, como Florida, Corrientes y Lavalle, son para dar largos paseos a pie, y están llenas de ociosos visitantes que salen a caminar, a ver y ser vistos. Una caminata de dos horas por el centro, empezando en la plaza de Mayo, ofrece una rápida visión de los edificios oficiales, así como de las zonas comerciales, financieras y de entretenimiento.

Una plaza de gran significación política

Buenos Aires se fundó en torno a la **plaza de Mayo ❶**, que en la actualidad presenta un aspecto muy lindo, con altas palmeras, elaborados jardines con flores y un monumento central, enmarcada por los edificios coloniales que la rodean. Fue y todavía es el centro palpitante del país. Desde su fundación como plaza del Fuerte

(1580), allí se han producido manifestaciones de homenaje o protesta ante muchos acontecimientos históricos importantes.

El edificio que más llama la atención es, sin duda, la **Casa Rosada**, la sede del poder ejecutivo, recientemente restaurado. La flanquean el Banco de la Nación, la Catedral Metropolitana, el Palacio Municipal (la corporación municipal o Concejo Deliberante) y el Cabildo (el ayuntamiento). Originariamente, la Casa Rosada era un fuerte que daba al actual **parque Colón**, pero que en aquella época era la orilla del río. Al cesar los ataques de los indígenas, la plaza se convirtió en plaza del Mercado y centro social. Su nombre y función volvieron a cambiar con las invasiones inglesas de 1806 y 1807, cuando pasó a ser la plaza de la Victoria. Finalmente, tras la declaración de la independencia, adoptó el nombre actual, en honor del mes de mayo de 1810, cuando la ciudad se independizó de España. Esta fecha marca también la primera concentración masiva que se produjo en el lugar, en aquella ocasión para celebrar la independencia. Después, los argentinos se han congregado allí para protestar o festejar la mayoría de los acontecimientos importantes que se han producido en el país a lo largo de su historia. Partidos políticos, gobiernos, sindicatos e Iglesia convocan al pueblo a la plaza como símbolo de su poder.

Manifestaciones históricas

Entre los hechos más destacados en la historia de la plaza de Mayo figuran la manifestación de los trabajadores el 17 de octubre de 1945, organizada por la Confederación General del Trabajo para protestar por la sucinta detención del entonces vicepresidente Juan Domingo Perón. Diez años después, la Fuerza Aérea bombardeó la plaza, mientras cientos de miles de partidarios de Perón se concentraban para defender su gobierno del inminente golpe militar. En 1982, los argentinos se congregaron allí para aplaudir la invasión de las Malvinas ordenada por el general Galtieri. Meses más tarde se volvían a reunir, amenazando con acabar con su vida por haberles mentido acerca de sus probabilidades de derrotar a los británicos. En 1987, ocuparon la plaza 800 000 porteños en una manifestación contra una rebelión militar, y a finales de 1989, para protestar por el perdón de Menem a los generales convictos.

Pero las manifestaciones más famosas han sido las de las Madres de plaza de Mayo, las madres de los numerosos desaparecidos durante el último gobierno militar. Se siguen manifestando todos los jueves por la tarde, exigiendo información sobre el paradero de sus hijos y reclamando que se castigue a los responsables. Su presencia en la plaza es quizás el mejor ejemplo de todo lo que simboliza ocupar este espacio. Durante los últimos años del régimen militar, los jóvenes que acompañaban a las Madres se burlaban de la amenaza de las unidades de la policía y del ejército, coreando la consigna de «¡Cobardes! Esta plaza pertenece a las Madres». En torno a la base de la pirámide se han pintado los pañuelos blancos que ellas suelen llevar en la cabeza en todas las manifestaciones. Otro grupo de protesta es Hijos, creado en 1995 por hijos de los desaparecidos.

La Casa Rosada

Por tradición, los líderes del país se dirigen a la población desde los balcones de la **Casa Rosada ❷**, un edificio arquitectónicamente desequilibrado que fue construido en 1894 sobre los cimientos de estructuras anteriores. Dieciséis años antes, el presidente Sarmiento había escogido este lugar como sede de la nueva casa

Plano páginas 142-143

La plaza de Mayo tiene una pirámide en el centro que se construyó en el primer centenario de la independencia que celebró la ciudad. Además, sirve de centro para las rondas semanales de las Madres de la plaza de Mayo.

ABAJO: Papá Noel disfrutando de la Navidad al sol.

Un niño porteño observa a un guardia de la Casa Rosada.

ABAJO: la Casa Rosada, el palacio presidencial.

de gobierno. Existen varias explicaciones sobre el motivo por el cual la mandó pintar de este color; la más verosímil es que en aquella época era la única alternativa al blanco. En realidad, se consiguió el tono mezclando grasa de vaca, sangre y cal.

El **Museo de la Casa Rosada** es una pequeña galería situada en el sótano, donde se exponen antigüedades y objetos relacionados con la vida de los distintos próceres nacionales. Se entra por la avenida Hipólito Yrigoyen (abierto todos los días, excepto miércoles, de 11:00 a 18:00 h; domingos, de 14:00 a 18:00 h; visitas guiadas todos los días a las 11:00 h y a las 16:00 h, y domingos a las 15:30 y 16:30). La visita a una pequeña galería que da a la Avenida Yrigoyen es gratuita, en ella se exponen antigüedades y objetos pertenecientes a diversos héroes nacionales.

El Regimiento de Granaderos custodia la Casa Rosada y al presidente. Esta unidad de elite del ejército fue creada durante las guerras de independencia por el general San Martín, y sus soldados llevan el mismo uniforme azul y rojo que los distinguía en aquella época. Todos los días (de 18:00 a 19:00 h) arrían la bandera nacional ante la Casa Rosada. En las festividades nacionales, los Granaderos suelen desfilar a caballo, y acompañan al presidente en sus apariciones públicas.

Edificios eclesiásticos y gubernamentales

El siguiente edificio de la plaza es la **Catedral Metropolitana** ❸ (abierta todos los días, excepto sábado tarde y domingo por la mañana; visitas guiadas de lunes a viernes a las 11:30 h). La sede del arzobispado se halla en el ángulo noroccidental. La presencia de la catedral en este espacio de tanto significado político no es casual. La Iglesia Católica siempre ha sido un pilar de la sociedad argentina, y desde la fundación de la ciudad la iglesia ha ocupado parte de la plaza de Mayo. En un mural situado en el extremo norte de la avenida 9 de Julio aparecen pintados dos símbolos que ilus–

tran la fundación de la ciudad: un sacerdote y una espada; esta última representa a los militares.

La catedral fue construida a lo largo de varias décadas y terminada en 1827. Al igual que el Cabildo y la Casa Rosada, se levantó sobre los cimientos de edificaciones anteriores. Presenta doce austeras columnas neoclásicas en el frontispicio, que se supone que simbolizan a los doce apóstoles; se dice que el frontón de la parte superior representa el encuentro de José con su padre, Jacob. En general, se considera que esta parte fue obra de unos arquitectos, aunque algunos creen que la diseñó un preso que más tarde fue puesto en libertad como recompensa por tan hermoso trabajo. En el interior hay cinco naves con importantes reliquias artísticas. Las pinturas al óleo de las paredes se atribuyen al artista flamenco Pieter Paul Rubens (1577-1640). También hay unos hermosos grabados en madera realizados por el portugués Manuel Coyto de Couto.

Para la inmensa mayoría de los argentinos, lo más importante de la catedral es la tumba del general José de San Martín, el libertador de los actuales países de Argentina, Chile, Perú, Bolivia y Uruguay. San Martín, que murió durante su exilio voluntario en Francia, es uno de los pocos próceres nacionales que veneran los argentinos de todas las tendencias políticas.

El **palacio de La Prensa** ❹, el primer edificio de la avenida de Mayo que llama la atención, situado al salir de la plaza de Mayo, albergaba hasta hace poco tiempo el periódico más antiguo y conservador del país. Se encuentra en la acera de enfrente del Cabildo, al lado del Palacio Municipal, un antiguo edificio ornamental con un reloj pentagonal enorme en la torre. El palacio de La Prensa, que alberga actualmente la Casa de la Cultura de la ciudad de Buenos Aires, es de estilo francés, y por eso se distingue de la mayor parte de la avenida de Mayo, de estilo español; vale la pena mirar la planta baja por su vitral, así como por la decoración y la marquetería.

Plano
páginas
142-143

En la escalinata de la catedral el Día de la Bandera.

ABAJO: una enorme escultura en la avenida del Libertador.

Al otro lado de la avenida de Mayo, en el extremo occidental de la plaza de Mayo, se alza el **Cabildo ❺**, un edificio histórico clave y quizás la mayor atracción patriótica de Argentina. Allí suelen llevar a los escolares para explicarles cómo desde allí sus antepasados planearon la independencia del país.

Es la sede de la corporación municipal desde la fundación de la ciudad (1580), aunque el edificio actual fue construido en 1751. Al principio abarcaba todo el largo de la plaza, con cinco grandes arcos a cada lado. Pero en 1880, al ser trazada la avenida de Mayo, se demolió una parte. En 1932 sufrió una nueva reducción, esta vez hasta alcanzar sus actuales dimensiones; ahora cuenta con dos arcos a ambos lados de los balcones centrales.

En el Cabildo se halla también el **Museo del Cabildo**, que expone muebles y reliquias de la época colonial (abierto de martes a viernes, de 12:30 a 19:00 h; domingos, de 15:00 a 19:00 h). Detrás del museo hay un patio muy agradable, con un sencillo bar con terraza, y los jueves y viernes por la tarde se celebra una pequeña feria de artesanía.

Siguiendo alrededor de la plaza, en el ángulo sudoriental se encuentra el **Antiguo Congreso Nacional ❻**, construido en 1864. Fue la sede del gobierno hasta 1906, y desde 1971 lo utiliza la Academia Nacional de Historia como centro de conferencias; cuenta con una biblioteca histórica (abierto para visitas guiadas los jueves, de 15:00 a 17:00 h; la biblioteca abre de lunes a viernes, de 13:00 a 19:00 h).

«La City»

La zona bancaria de Buenos Aires, conocida como «La City», abarca cuatro manzanas hacia el norte desde la plaza de Mayo hasta Corrientes, a lo largo de las calles paralelas comprendidas entre ambas, y tres manzanas al oeste, hasta la calle Florida, que es peatonal. Allí se hallan los principales bancos, tanto nacionales como extranjeros.

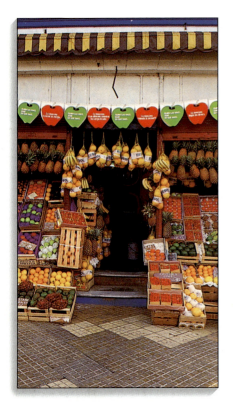

ABAJO: una tienda de frutas y verduras.

Frente al Antiguo Congreso Nacional, en la esquina nordeste de la plaza de Mayo, se halla el **Banco de la Nación ❼**. En este lugar se erigía antes el viejo Teatro Colón, hasta que reabrió sus puertas en la plaza Lavalle (1908). Este impresionante edificio de mármol y piedra fue inaugurado en 1888. En el primer piso se halla el **Museo Numismático**, con entrada por la calle Bartolomé Mitre 362. Aparte de una amplia colección de monedas, billetes y medallas, hay una biblioteca privada de investigación; también se organizan visitas al propio banco, que se deben concertar previamente (abierto de lunes a viernes, de 10:00 a 15:00 h, de febrero a diciembre).

Muy cerca, en San Martín 216, el **Banco Central** cuenta, así mismo, con un museo numismático. Con alrededor de 14 000 piezas en exposición, se dice que es el mayor de su clase en el continente americano (abierto de martes a jueves, de 10:00 a 14:00 h).

La **Bolsa de Comercio ❽** se encuentra a tres manzanas de la plaza de Mayo, entre las avenidas Sarmiento y Corrientes. El edificio fue inaugurado en 1919, y merece la pena echar un vistazo a sus trabajos en madera y metal, así como a la cúpula y la escalera interior (abierto de lunes a viernes, de 10:00 a 17:00 h). Dentro de esta zona se erige la **basílica de la Merced ❾**, en Reconquista y Perón, una iglesia y convento del siglo XVIII con hermosos jardines y un restaurante en el patio, uno de los pocos oasis apacibles en el centro de Buenos Aires. Desde 1712, en este emplazamiento siempre ha habido una iglesia, y desde 1600 hasta 1823 hubo también un convento. En San Martín 336, entre Sarmiento y Corrientes, se halla el **Museo y Biblioteca Mitre** ❿, que incluye pinturas al óleo, efectos personales del presidente Mitre, una importante biblioteca histórica y cartográfica, así como un museo numismático (abierto de lunes a viernes, de 13:00 a 18:30 h). Enfrente, en San Martín 322, se encuentra el **Museo de la Policía Federal** ⓫, donde se muestra la historia de este cuerpo de policía (abierto de martes a viernes, de 14:00 a 18:00 h).

La zona sur

La expansión de Buenos Aires que se produjo en el siglo XVII avanzó primero en dirección sur, por lo que este barrio es una de las zonas residenciales más antiguas de la capital. Allí existen tres áreas de interés para la mayoría de los turistas: la Manzana de las Luces, situada a una manzana de la plaza de Mayo, en dirección sur; San Telmo, un barrio con una historia fascinante, donde en la actualidad residen artistas y anticuarios, y La Boca, en el extremo sudoriental de la ciudad, famosa por las casas de planchas de cinc pintadas en vivos colores donde solían vivir los estibadores, y por los ruidosos restaurantes a los que acuden los turistas para pasar una noche divertida.

La **Manzana de las Luces** ⓬ es una manzana de edificios construidos por los jesuitas a principios del siglo XVIII. Entre las calles Bolívar, Alsina, Perú y Moreno se hallan la iglesia de San Ignacio, el antiguo colegio de los jesuitas y los túneles. Este lugar se concedió originalmente a los jesuitas a finales del siglo XVII. En 1767, la Corona española se amedrentó ante el poder de la orden, que parecía crecer cada vez más. En realidad, la preocupación principal en este caso, como ocurrió con las misiones jesuíticas de todo el mundo durante aquella época, eran los principios igualitarios que aplicaban los religiosos dentro de sus organizaciones sociales. En la actualidad, la Manzana de las Luces funciona como centro cultural, pero se hacen

Plano páginas 142-143

NOTA

La Feria de las Artes (abierta los viernes, de 10:00 a 17:00 h), en la plazoleta de los Franciscanos, en la esquina de Alsina y Defensa, es un mercado semanal que ofrece una buena selección de arte y artesanía.

ABAJO: muchos porteños contratan a paseadores de perros profesionales.

El interior de la farmacia La Estrella, con sus estanterías talladas en nogal italiano.

Abajo: un músico callejero en San Telmo.

visitas guiadas para recorrer su pasado histórico a cambio de un pequeña contribución (abierto sábados y domingos, de 15:30 a 17:00 h).

A pesar de la represión que sufrieron los jesuitas, muchas de las iglesias de la orden se mantienen todavía en pie; la más antigua es la de **San Ignacio de Loyola ⓭**, en la esquina de Alsina y Bolívar 225. De estilo barroco, se trata de la más antigua de las seis iglesias coloniales que se conservan en Buenos Aires; fue fundada en 1675 y terminada en 1735 (abierta durante la misa, de lunes a viernes, a las 19:00 h).

Yendo hacia el sur por Defensa, desde la plaza de Mayo, se encuentra la **farmacia La Estrella**, del siglo XIX; luce espléndidos murales alegóricos en el techo y las paredes, que representan la enfermedad y la medicina. En el segundo piso del mismo edificio está el **Museo de la Ciudad ⓮**, que muestra exposiciones itinerantes sobre aspectos del pasado y el presente de la ciudad, incluidos estudios fotográficos de la arquitectura de la capital y curiosidades, como postales viejas (abierto de lunes a viernes, de 11:30 a 19:00 h; domingos, de 15:00 a 19:00 h).

En la confluencia de las calles Defensa y Alsina se erigen la **basílica de San Francisco ⓯** y la **capilla de San Roque**. La iglesia principal, concluida en 1754, es la sede de la orden de los franciscanos. Algunas partes del edificio neoclásico fueron edificadas a finales del siglo XIX, imitando los estilos barrocos alemanes que estaban en boga en aquella época. La capilla fue construida en 1762. San Francisco sufrió graves daños en 1955, al igual que una docena de iglesias más, cuando una muchedumbre de peronistas la incendió en respuesta al rechazo de la Iglesia Católica al gobierno peronista y su apoyo al inminente golpe militar.

La **basílica de Santo Domingo ⓰**, situada en Belgrano y Defensa, también fue parcialmente incendiada en 1955, pero aquí además se destruyó casi todo su altar mayor. Este antiguo convento contiene el mausoleo del héroe de la independencia, el general Manuel Belgrano. La basílica (cuyo nombre correcto es Nuestra Señora

del Rosario) fue inaugurada en 1783, aunque desde el año 1600 siempre ha habido una iglesia en este lugar, y es famosa por su magnífico órgano, que se utiliza a menudo para recitales.

Una manzana hacia el norte, en Moreno 350, el **Museo y Biblioteca Etnográficos J. B. Ambrosetti** ⓱ posee la mayor colección arqueológica y etnográfica de Argentina, que incluye una momia de 1 200 años de antigüedad y cerámica de la época precolombina. El primer edificio, del siglo XIX, fue la antigua Facultad de Derecho de la Universidad de Buenos Aires (abierto de febrero a diciembre, de miércoles a domingo, de 14:30 a 18:30 h).

El **Museo Nacional del Grabado** ⓲, situado en la calle Defensa 372, expone obras de artistas contemporáneos y del siglo XIX, e incluye una biblioteca (abierto de lunes a viernes y domingos, de 14:00 a 18:00 h).

San Telmo, el Buenos Aires bohemio

Como el Greenwich Village de Nueva York, **San Telmo** era en otra época una de las zonas más decadentes de la ciudad, hasta que, por su historia, su arquitectura y los bajos alquileres, en la década de 1960 atrajo a intelectuales y artistas, que empezaron a reavivarla. Atractivos estudios, restaurantes y tiendas de antigüedades sustituyeron progresivamente a las ruinosas casas de vecinos. El mercado al aire libre que se celebra todos los domingos en la plaza central atrae suficientes turistas para alimentar a los nuevos comerciantes. Aunque San Telmo sea hoy una de las principales paradas turísticas, el barrio ha sabido conservar su vitalidad y autenticidad histórica.

La **plaza Dorrego**, donde está el mercado al aire libre los domingos, es buena prueba de ello. Los días laborables continúa siendo un lugar fascinante; de hecho, el visitante puede ver a los ancianos que han vivido allí toda su vida, muchos de ellos

Plano páginas 142-143

La basílica de Santo Domingo contiene cuatro banderas británicas capturadas durante las invasiones británicas de Buenos Aires, en 1806 y 1807, así como dos banderas españolas que consiguió el general Belgrano durante la guerra de independencia.

ABAJO: una tienda de antigüedades en San Telmo.

hablando con acento italiano, charlando y jugando al ajedrez y al truco. San Telmo creció durante el siglo XVIII como lugar de descanso para los comerciantes que iban desde la plaza de Mayo hasta los almacenes situados a orillas del Riachuelo. Junto a la plaza Dorrego había un establecimiento comercial para productos importados. En las calles adyacentes fueron surgiendo pulperías (una mezcla de bar y tienda de comestibles) para atender a los transeúntes. A excepción de los miembros de la orden de los betlemitas, que se habían instalado en la iglesia de San Pedro, los primeros habitantes de la zona fueron irlandeses, africanos y marineros genoveses que, debido a su poco prudente y morigerada forma de beber, dieron mala fama a las pulperías.

Las casas del siglo XIX que había en San Telmo se llamaban «chorizo» por su forma alargada.

A principios del siglo XIX, muchas familias importantes construyeron sus hogares a lo largo de la **calle Defensa**, que une la plaza de Mayo con la plaza Dorrego. En aquella época, una casa típica tenía tres patios interiores sucesivos y lo único que cambiaba era la fachada, a medida que se iban introduciendo nuevos estilos arquitectónicos. El primer patio era el lugar de estar, en el segundo se cocinaba y lavaba, y el tercero era para los animales.

En la década de 1870, se produjo en San Telmo una epidemia de fiebre amarilla que duró tres meses y acabó con la vida de más de 13 000 personas. En aquel tiempo, todo el mundo creía que la portadora de la enfermedad era la niebla del Riachuelo, de modo que los que pudieron se fueron del barrio y se construyeron una casa justo al oeste de la zona del centro, acercándose hacia lo que ahora se llama Congreso, y también en la parte norte, el actual Barrio Norte.

ABAJO: un puesto de venta de encajes en el mercado de San Telmo.

Durante la década de 1880 y en las tres décadas posteriores, se instalaron en San Telmo los inmigrantes pobres de origen europeo, sobre todo italianos. Muchas de las antiguas mansiones y las «casas chorizo» se convirtieron en conventillos (casas de vecindad con una sola habitación por familia que daba al patio común) para poder alojar a la oleada de familias recién llegadas.

Tango, jazz y lugares para comer

Un paseo por San Telmo empieza en la esquina de las calles Balcarce y Chile, en el extremo norte del barrio. Por allí cerca se encuentran varios de los bares de tango o «tanguerías» más antiguos y prestigiosos de la ciudad (*véase el apartado Guía práctica*).

Cruzando Chile por Balcarce, se llega a una calle adoquinada, de dos manzanas de largo, llamada **San Lorenzo**. A la derecha hay unas hermosas casas antiguas, muchas de las cuales son clubs nocturnos. Otras (algunas con patios interiores) se han convertido en apartamentos, estudios y tiendas de moda. En San Lorenzo 319 se encuentran **Los Patios de San Telmo**, una casa restaurada, abierta al público, que contiene los estudios de numerosos artistas y un bar. Los techos de ladrillo y madera tienen por lo menos doscientos años.

La calle Balcarce continúa al otro lado de la avenida Independencia; se trata de una de las calles más bonitas de San Telmo para pasear y asistir a recitales de música en vivo. En la manzana siguiente está el **Pasaje Giuffra**, otra calle estrecha adoquinada, donde se hallaban algunas de las antiguas pulperías.

Más adelante, **Carlos Calvo** es una calle atractiva, con numerosas casas coloniales restauradas; muchas de ellas se han convertido en restaurantes elegantes. Media manzana después de Carlos Calvo, en Balcarce 1016, se encuentra la vieja casa del pintor, dibujante y arquitecto argentino **Juan Carlos Castagnino**, nacido en 1908 en

Mar del Plata, cuyos murales, pintados en la década de 1950, adornan el techo de las Galerías Pacífico, en la calle Florida. Cuando murió, en el año 1972, su hijo transformó la casa en un museo de arte.

En la misma manzana, a la derecha, está la **Galería del Viejo Hotel** (Balcarce 1053), otro viejo conventillo restaurado que ahora funciona como centro de arte. Dos plantas de estudios dan a un patio central, lleno de flores. Los visitantes pueden recorrer todo el complejo y ver a los artistas trabajando. Conviene visitarlo durante los fines de semana.

La siguiente es la calle Humberto I. Girando a la derecha, se halla la antigua **iglesia de Nuestra Señora de Belén ⑲**, de estilo barroco, construida por los betlemitas en 1770 y ocupada transitoriamente por las tropas británicas cuando invadieron la ciudad de Buenos Aires en 1807.

Al lado, en Humberto 1378, se alza el macabro **Museo Penitenciario Nacional ⑳**, en el lugar donde antes había una cárcel, que funcionó hasta finales de la década de 1870. En él se muestran objetos como una exposición de grilletes y otros utensilios carceleros. Se pueden concertar visitas al museo, que a veces también ofrece exposiciones de arte (abierto de miércoles a viernes, de 15:00 a 18:00 h; domingos, de 11:00 a 18:00 h).

Al otro lado de la calle se erige la Escuela Guillermo Rawson, que antes era un convento. Al lado hay una placa conmemorativa que indica el sitio donde había una vieja pulpería, perteneciente a una mujer llamada Martina Céspedes. Durante las invasiones británicas, la señora Céspedes y sus numerosas hijas atraían al bar a los soldados británicos de uno en uno; luego los ataban y entregaban al ejército argentino. Aunque se dice que una de las hijas se casó con uno de los oficiales británicos que capturaron, se premió a la madre por su valentía con el título honorífico de capitana del ejército argentino.

Plano páginas 142-143

El balcón de un café en San Telmo.

ABAJO: la iglesia barroca de Nuestra Señora de Belén.

NOTA

Si después de visitar
el mercado al aire libre
quiere curiosear más,
una manzana hacia
el norte de la plaza
Dorrego, en la calle
Carlos Calvo, se halla
el mercado municipal
de San Telmo, donde
se vende carne fresca,
frutas y hortalizas.

El mercado al aire libre de los domingos

Finalmente, se llega a la **plaza Dorrego** ㉑, el centro de la vida comercial y cultural de San Telmo. Los domingos se celebra un mercado al aire libre, la Feria de Antigüedades de San Pedro Telmo, donde se vende bisutería, libros de segunda mano, antigüedades y algunos objetos de artesanía. Alrededor de la plaza hay varios restaurantes, bares y tiendas de antigüedades que vale la pena recorrer. En la calle Defensa se encuentra la hermosa **Galería El Solar de French**, reconstruida en estilo colonial, con suelos de losetas, puertas estrechas de madera, jaulas para pájaros y plantas colgando de ganchos de hierro a lo largo del patio.

Dos manzanas al sur de la plaza, en la avenida San Juan 350, se encuentra el **Museo de Arte Moderno** ㉒, situado en la antigua fábrica de cigarrillos Massalín y Celasco, un hermoso edificio, con la fachada de ladrillos. Alberga la colección Ignacio Pirovano de grandes pintores del siglo XX, así como diferentes exposiciones temporales de arte internacional que se celebran a lo largo del año (abierto de martes a domingo, de 11:00 a 20:00 h; miércoles, entrada gratuita; cerrado en febrero).

El **parque Lezama** queda sólo cuatro manzanas al sur de la plaza Dorrego, por la calle Defensa. Muchos creen que en esta pequeña elevación se fundó la ciudad por primera vez. Más tarde vivió allí Gregorio Lezama, que lo transformó en parque público. A finales del siglo XIX era un centro social importante, con numerosas atracciones, entre ellas un restaurante, circo, cuadrilátero de boxeo y teatro. Ahora el parque está algo deteriorado, y la vista ya no resulta atractiva por las construcciones que lo rodean y porque hay mucho tráfico. Sin embargo, la vieja mansión conserva todavía sus recuerdos nostálgicos y se ha convertido en el **Museo Histórico Nacional** ㉓, situado en Defensa 1600 (abierto de martes a sábado, de 13:30 a 17:30h). Uno de sus mayores atractivos es una habitación decorada con los muebles que había en la casa de Francia donde acabó sus días el general San Martín.

Abajo: mezcla
de colores
en una casa
típica de La Boca.

La Boca

El barrio de clase obrera de **La Boca** ❷❹ se encuentra en el extremo meridional de la capital, junto al canal llamado Riachuelo. Es famoso por sus casas de planchas de cinc pintadas de vivos colores y por su historia como zona donde residían marineros genoveses y estibadores durante el siglo XIX.

A mediados de este siglo La Boca se llenó de vida con el repentino auge del comercio internacional y el consiguiente aumento de la actividad portuaria. En la década de 1870, se construyeron numerosos saladeros de carne y almacenes, y un tranvía facilitaba el acceso a la zona. Al crecer el puerto de la ciudad, hubo que dragar el Riachuelo para que pudieran entrar embarcaciones de gran calado. Enseguida empezaron a instalarse en el lugar marineros y estibadores, inmigrantes italianos en su mayoría.

La influencia de un pintor

El famoso pintor Benito Quinquela Martín adoptó el tema del color, tradicional en su barrio, y lo hizo suyo. Quinquela era huérfano y a principios del siglo XX fue adoptado por una familia de estibadores que residían en La Boca.

Como artista, dedicó su vida a captar la esencia de este lugar. Pintó figuras oscuras, encorvadas, en animadas escenas de acción en el puerto. En una de sus obras (que al parecer Mussolini intentó comprarle con un cheque en blanco, aunque en vano), un enorme lienzo salpicado de naranjas, azules y negros brillantes, unos hombres descargan apresuradamente las mercancías de un barco en llamas.

Los habitantes del barrio se sentían orgullosos de su artista, y el punto de vista de Quinquela influyó en sus vidas y en la aplicación del color, de modo que eligieron tonalidades todavía más llamativas para sus propias casas, estableciéndose así un diálogo único entre vecinos y artista.

Plano páginas 142-143

Las casas de planchas de cinc que todavía se ven por toda La Boca y al otro lado del canal, en Avellaneda, se construyeron con materiales que los marineros genoveses extraían del interior de los barcos abandonados.

ABAJO: pintadas artísticas.

NOTA

La Boca es famosa
por sus pizzerías, que
ofrecen especialidades
como la pizza a la
piedra, con corteza
muy fina y hecha
en horno de ladrillos;
la «fainá», una masa
de harina de garbanzos
que se come encima
de la pizza; y la
fugazza, una pizza
de cebolla y hierbas
aromáticas.

ABAJO: interior del
centro comercial
Galerías Pacífico,
en la calle Florida.

Quinquela se hizo cargo de un callejón, conocido como **Caminito**, lo decoró con murales y esculturas, y estableció un mercado al aire libre para promocionar a los artistas locales. Las casas de vivos colores y la ropa tendida sirven de fondo a este encantador callejón. Hay pequeños tenderetes, de los que se ocupan los propios artistas, donde se exponen y venden acuarelas y otras obras de arte.

Un itinerario a pie

Un paseo por La Boca empieza en Caminito. Si va hacia el norte desde el río, puede dar la vuelta a la manzana y regresar a la orilla para captar la vida de una calle residencial normal. Las casas de planchas de cinc no están pensadas para los turistas, pero de hecho son muy cómodas. La mayoría de ellas tienen un corredor largo que conduce a los apartamentos interiores, y están decoradas con paneles de madera. Las calles adoquinadas reciben la sombra de altos sicomoros, y las aceras elevadas brindan cierta protección ante las frecuentes inundaciones.

La **Vuelta de Rocha**, donde empieza Caminito, consiste en una plazuela triangular con un mástil de barco. Da a la zona del puerto, que se podría describir como un astillero en decadencia. Hay más barcos tumbados y medio hundidos que verticales y en funcionamiento.

La **Fundación Proa** es un pequeño museo moderno, con exposiciones temporales de arte y un café con terraza que ofrece unas vistas acuáticas excelentes. El nuevo Malecón se extiende desde la Vuelta de Rocha por la orilla del río y es un lugar extraordinario para pasear.

Siguiendo hacia el este por la avenida Pedro de Mendoza, paralela al canal, en el número 1 835 se halla el **Museo de Bellas Artes de La Boca** (abierto de martes a domingo, de 10:00 a 18:00 h). Quinquela utilizaba el piso superior como estudio y allí se exhiben muchas de sus principales pinturas; también podrá ver el modesto

apartamento donde residió los últimos años de su vida. El museo es una parada divertida, aunque no sea más que para ver las vistas del astillero desde la ventana del estudio, el mismo que aparece en sus pinturas.

Ruidosas cantinas y ruidosos partidos de fútbol

Justo al otro lado del puente de Avellaneda está la **calle Necochea**, donde las ruidosas cantinas contrastan con los apacibles restaurantes de otras zonas de Buenos Aires. Estos animados clubs de música y baile eran en una época comedores para marineros, y en la actualidad están tan llenos de vida que recuerdan a los clubs de jazz de Nueva Orleans.

Los murales de vivos colores que representan a parejas bailando el tango, los oradores que se instalan en las aceras para protestar por el volumen de la música y los agresivos porteros que intentan atraer a los turistas asustan a veces a los que llegan desprevenidos. Pero la escena no es en absoluto tan sórdida como pudiera parecer. Allí se reúnen las familias que llegan del interior del país para pasar una noche de fiesta. Los ancianos cantan sus canciones favoritas y bailan entre globos y cintas. Así se mantiene la impresión de que salir de noche por la calle Necochea es como presenciar la celebración de los marineros que vuelven a casa. Gran parte de la acción se concentra entre las calles Brandsen y Olavarría. Dos manzanas hacia el oeste se encuentra la **avenida Almirante Brown**, la principal calle comercial de La Boca, que no presenta ningún atractivo particular, a excepción de sus excelentes pizzerías.

El barrio también se jacta de tener el equipo de fútbol más famoso del país, el **Boca Juniors**, cuyo estadio, conocido como La Bombonera, atrae a aficionados de toda la ciudad y de todo el país. Diego Armando Maradona, que llevó a Argentina a la victoria con sus espectaculares goles en los Mundiales de Fútbol de 1986, fue jugador de este equipo.

Plano
páginas
142-143

*Mural de un bar
en La Boca.*

ABAJO: unos niños,
quizás futuros
Maradonas,
practicando
en el parque.

Puerto Madero

Si vuelve a la plaza de Mayo y se dirige hacia el este, en dirección al río, encontrará la zona que está más de moda en Buenos Aires en este momento: **Puerto Madero ㉕**. Caminando desde la plaza de Mayo, cruce la avenida Leandro N. Alem donde, en Sarmiento y Leandro N. Alem, dos manzanas al este de la plaza, se halla el **Correo Central**, un edificio muy ornamentado de estilo francés (abierto de lunes a viernes, de 10:00 a 20:00 h). Si cruza la avenida Madero y la avenida Alicia Moreau de Justo, al final verá una serie de antiguos edificios del puerto que han sido rehabilitados, que van desde la avenida Córdoba, en el extremo norte, hasta la autopista Buenos Aires-La Plata, en el extremo sur. Los edificios originales de los muelles, que construyó Eduardo Madero en 1887, se han convertido en oficinas y restaurantes lujosos, donde puede tomar un café o comer. Aunque éste sea el lugar de moda para almorzar o cenar, estos restaurantes figuran entre los más caros de Buenos Aires (y no necesariamente los mejores); de modo que los viajeros que dispongan de un presupuesto ajustado o los que prefieran la cocina típica argentina pueden tomar un café en el muelle y buscar algo más sustancioso en otro lugar.

En la zona de Puerto Madero hay una pasarela para peatones que abarca toda la longitud del puerto y también incluye clubs náuticos y la mayoría de las torres más modernas de Buenos Aires, además de los edificios del propio puerto, que son del siglo XIX. Las de tecnología más avanzada son la torre de Telecom y la Torre Fortabat. En el dique 3 está la **Fragata Sarmiento** (abierta todos los días, de 9:00 a 21:00 h), una embarcación de la Armada argentina del siglo XIX, que en la actualidad sirve de museo. Actualmente, esta zona está en constante renovación y hacia el este destaca el hotel del famoso Philippe Starck.

Muy cerca, en dirección este de Puerto Madero, se halla la **Reserva Ecológica Costanera Sur ㉖**, un amplio espacio verde a orillas del río que no es más que una

ABAJO: el café La Biela, en Recoleta.

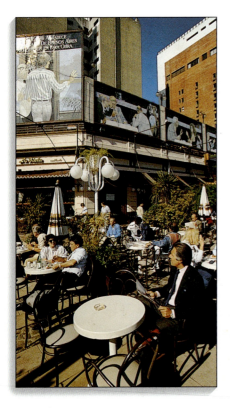

LA VIDA DE LOS CAFÉS

La vida social y, en gran medida, la vida empresarial y cultural de Buenos Aires se desarrolla en torno a los cafés o las confiterías, como se denominan en Argentina. «Nos encontramos en el café», es la respuesta típica a una invitación a ir al cine o al teatro, o para cerrar un negocio, o sencillamente para reunirse a charlar con los amigos. Tomar un café o un coñac en una confitería agradable también es la forma más habitual de acabar una salida nocturna.

Hay cafés en casi todas las esquinas, desde locales de reunión de lo más elegantes hasta establecimientos más modestos y acogedores, donde los vecinos intercambian saludos o los empleados de las oficinas próximas hacen un alto para leer el periódico del día. Las personas que llegan a Buenos Aires comentan a menudo que sólo París rivaliza con esta ciudad como una auténtica «sociedad de los cafés».

Históricamente, su función como institución deriva de la elevada proporción de inmigrantes del sexo masculino que o bien eran solteros o habían dejado atrás a sus esposas. Estos hombres iban a los cafés en busca de compañía, a fumar o jugar una partida de dominó. Poco a poco, numerosos locales se asociaron con una clientela determinada. Cada grupo político, artístico y social tenía su propio café, de modo que incluso hoy muchos de los acontecimientos que marcan la historia argentina se han discutido antes entre amigos o enemigos en la mesa de una confitería.

sombra de lo que fue. Las largas caminatas y las meriendas al aire libre son habituales y el visitante puede comer una buena parrillada en muchos de los sencillos restaurantes, o comprar la comida a los vendedores callejeros que asan carne y chorizos en parrillas colocadas en la acera. La reserva alberga numerosas especies de aves acuáticas y mamíferos (abierta todos los días, de 8:00 a 19:00 h; entrada gratuita).

Volviendo a la plaza de Mayo y mirando hacia el oeste, la vista por la avenida de Mayo hacia el Congreso Nacional es espectacular; de hecho, la caminata de quince manzanas es una forma maravillosa de conocer la ciudad. Esta avenida, inaugurada en 1894 como el nexo entre el poder ejecutivo y el Congreso, fue acabada en su mayor parte antes de 1906. Diseñada en un principio como una avenida española, con aceras anchas, farolas doradas, chocolaterías, grandes tiendas de confección y viejos teatros de zarzuela, hoy en día hay, sin embargo, una mezcla de influencias con adaptaciones locales que impiden cualquier clasificación. Como ocurre en gran parte de la ciudad, los términos neoclásico, francés, italiano y modernista no bastan para describir la combinación especial de influencias que se observa aquí. Tampoco existe una coherencia tradicional entre un edificio y otro, de modo que verá construcciones ornamentales al lado de otras más sencillas y austeras.

Una comida en un hermoso entorno

Por el camino encontrará varios cafés y restaurantes muy conocidos, como el **Café Tortoni** (avenida de Mayo 825), un histórico lugar de reunión de escritores e intelectuales. Se dice que muchos clientes famosos frecuentaban el local; pero aparte de esto, vale la pena echarle un vistazo por su decoración interior: mesas de mármol, asientos de cuero rojo, estatuas de bronce y espejos elaborados crean un ambiente majestuoso. Por la noche se presentan en el café diversos espectáculos teatrales y musicales; los más comunes son de tango o jazz.

Plano páginas 142-143

Un menú del Café Tortoni, el café más famoso de Buenos Aires.

ABAJO: la restauración en ladrillo rojo de Puerto Madero.

El **Teatro Avenida** ㉗, de estilo español e inaugurado en 1908, se halla en la avenida de Mayo 1 222. En 1979 fue cerrado a causa de un incendio, pero tras ser restaurado abrió sus puertas de nuevo en 1994. Esta hermosa sala, con capacidad para 1 200 espectadores, suele ofrecer representaciones teatrales y conciertos, por lo general de compañías españolas o con temática española, y también se utiliza para conferencias.La avenida de Mayo acaba en la plaza Lorea, justo ante la gran plaza del Congreso.

En la plaza del Congreso se halla el kilómetro 0 de todos los mapas de Argentina.

Pizzas, palomas y política

En la manzana siguiente se encuentra la **plaza del Congreso** ㉘, un lugar bellísimo e ideal para observar a la gente en las cálidas tardes de verano. Jóvenes y ancianos comen pizza y toman helados sentados en los bancos, entre las palomas, disfrutando del ambiente. Hay una fuente impresionante, con un caballo al galope y pequeños querubines, y por la noche suena la música clásica que surge de debajo de las cascadas. Por encima de la fuente se alza un monumento que se construyó en homenaje a los «dos Congresos»: la Asamblea de 1813 que abolió la esclavitud y el Congreso de Tucumán, que en 1816 declaró la independencia del país de la Corona española.

El **Palacio del Congreso** ㉙, con su bóveda verde, alberga la Cámara de Senadores, al sur, y la Cámara de Diputados, al norte (por la entrada de la avenida Rivadavia). El color verde no figuraba en los planes originales cuando se inauguró el edificio en 1910, para el centenario de la revolución de mayo; pero la bóveda era de cobre, y con el tiempo fue adquiriendo el tono verde actual.

ABAJO: el Obelisco se encuentra en el centro de la vida nocturna de la ciudad.

Las sesiones del Congreso, que por lo general se celebran del 1 de mayo al 30 de septiembre, están abiertas a todos aquellos que presenten credenciales de prensa y a quienes tengan un pase proporcionado por algún miembro del mismo, que se consigue en el Anexo de la Cámara de Diputados, cruzando Rivadavia.

Si lo desea puede concertar una visita guiada al Congreso: los lunes, martes, jueves y viernes, a las 11:00 y a las 17:00 h. El interior está decorado con la correspondiente pompa: grandes cuadros, esculturas de bronce y mármol, lujosas alfombras rojas, cortinas de seda y paneles de madera. Una de las partes más impresionantes es el vestíbulo central (el Salón Azul), que queda debajo de la bóveda y luce una enorme araña de cristal que pesa 2 toneladas y data de 1910. Junto al Salón Azul está el Salón de los Pasos Perdidos, donde se recibe a las delegaciones y se instala la capilla ardiente de los ex presidentes argentinos. Así mismo, en el edificio hay una amplia biblioteca, abierta de lunes a sábado las 24 horas del día.

Cruzando Rivadavia verá un ala moderna de la **Cámara de Diputados**. Las obras se iniciaron en 1973, pero quedaron interrumpidas con el golpe militar de 1976. Tras el restablecimiento de la democracia en 1983 se reanudó su construcción y, finalmente, fue inaugurada un año después, en 1984.

La calle que no duerme jamás

El Congreso se halla en la esquina de Rivadavia y Callao. Ésta corre hacia el norte desde Rivadavia, y cuatro manzanas más adelante cruza la **avenida Corrientes**, otra de las principales calles porteñas. Aunque la avenida Santa Fe, con su aire tan americano, se haya apropiado de parte de su bullicio, Corrientes atrae a los que apoyan la cultura local más que la importada. De modo que, a pesar de las luces de neón, los restaurantes de comida rápida que sirven comida local de buena calidad, los teatros y las numerosas tiendas de música de Corrientes, el ambiente es más intelectual que chabacano.

Hay librerías pequeñas por todas partes, quioscos que ofrecen una amplia selección de periódicos, revistas y libros en rústica, así como viejos cafés donde se reúnen los amigos para mantener largas conversaciones. Las películas internacionales y nacionales que se proyectan reflejan también la seriedad de los cinéfilos; allí se encuentran películas europeas de arte y ensayo, mientras que en Santa Fe es más probable ver el último éxito de Hollywood.

Las librerías son tradicionalmente uno de los mayores atractivos de Corrientes. Tienen una sola sala, abierta a la calle, donde se venden libros nuevos y de segunda mano. Algunos clientes acuden en busca de viejos tesoros, o de los recientes éxitos editoriales. Otros utilizan las librerías como lugares de encuentro. Permanecen abiertas hasta después de medianoche y, a diferencia de otras tiendas de Buenos Aires, se puede entrar y salir sin sufrir el acoso de agresivos vendedores.

El café y la cultura

Otra característica entrañable de la avenida Corrientes y de las calles adyacentes es la vida de los cafés. Hay centenares de viejos cafés, de ventanas altas, con marco de madera, que se dejan abiertas cuando hace calor. Desde una mesita junto a la ventana, el pensador solitario puede observar la vida de la calle, escribir o leer en un ambiente relajado. Pero salir a tomar un café en Buenos Aires también es un encuentro social. Aunque el visitante acabe tomando un licuado (un batido de fruta y leche), tomar un café significa pasar un momento íntimo con un amigo o amiga. Y sin duda lo mejor de estas salidas es que el camarero jamás le meterá prisa.

Plano páginas 142-143

NOTA

Rivadavia, la calle más larga del mundo, es una vía fundamental en Buenos Aires, que divide la ciudad por la mitad; a partir de esta avenida cambia el nombre de las calles que la cruzan y también empieza la numeración.

ABAJO: el Palacio del Congreso.

NOTA

Para recuperar
el antiguo sabor de
la calle Corrientes hay
que ir a **La Giralda**,
a la altura del 1 400,
donde los camareros
de chaqueta
blanca sirven una
especialidad muy
española: chocolate
con churros.

ABAJO: un momento
tranquilo en el
Café Tortoni.

En el número 1 500 de Corrientes están **Liberarte** y la **Librería Gandhi**, la una junto a la otra, ambas una combinación de librería, café y espacio de actuaciones en directo, donde se reúnen intelectuales y bohemios para hojear libros, tomar café y escuchar lecturas de poesías, obras de teatro o música. Abren por las noches.

Un acontecimiento semanal popular para los habitantes de la ciudad es el programa de radio de Alejandro Dolina, que se transmite los viernes a medianoche desde el **Teatro Alvear**, en Corrientes 1 659. Jóvenes y mayores hacen cola para escuchar a este «filósofo de la calle». La entrada es gratuita, pero hay que conseguir los billetes en el teatro durante la tarde.

Cultura gratuita

En Corrientes 1 530 se encuentra el **Teatro Municipal General San Martín** ❸⓿. Este edificio de vidrio y cromo se inauguró en la década de 1960 y es el mayor teatro público de Argentina; tiene cinco escenarios y suele acudir una media de 500 000 espectadores anuales. Durante todo el año hay una programación de conciertos, obras de teatro, festivales de cine y conferencias gratuitos; el teatro cuenta con una compañía permanente, un ballet contemporáneo y un grupo de titiriteros. Así mismo, dentro del edificio está la sala de cine Leopoldo Lugones, que proyecta retrospectivas, cine internacional y películas de vanguardia. Es inevitable que el transeúnte se sume a los grupos de personas que se detienen ante al teatro a leer la lista de actividades programadas. En el noveno piso se halla el **Museo de Arte Moderno** (abierto de martes a domingo, de 12:00 a 20:00 h), que ofrece exposiciones permanentes de artistas modernos locales e internacionales.

En la manzana situada detrás del teatro, en Sarmiento 1 551, el **Centro Cultural San Martín** ❸❶, un edificio hermano, también ofrece numerosas actividades culturales. En el quinto piso se encuentra la **Oficina Municipal de Turismo**, donde po-

drá conseguir planos, mapas, información sobre hoteles, listas de actividades y un programa de las visitas guiadas gratuitas por la ciudad.

La tradición de conciertos, seminarios y otras actividades culturales gratuitas es uno de los aspectos más notables de la vida en Buenos Aires, algo que ha cobrado más impulso en los últimos años, a pesar de la crisis económica, y no cabe duda de que en gran manera lo incentivó el restablecimiento de la democracia (*véase pág. 69*) en la década de 1980. Para los turistas, estos dos centros son una buena forma de acercarse a la escena cultural contemporánea de Buenos Aires y el resto del país.

La **plaza Lavalle** es otro centro de actividades que queda en la misma zona. Se halla dos manzanas más al norte, por la avenida Corrientes, a la altura del 1 300. En un extremo de esta plaza histórica se alza el **Palacio de Justicia** y, en el otro, el Teatro Colón, de renombre internacional. La plaza servía antes como basurero, donde se arrojaban los restos del ganado que se mataba para aprovechar el cuero. A finales del siglo XIX se situó allí la primera estación de ferrocarril de la ciudad, que después se trasladó a Once. Hay una hermosa estatua y una fuente que conmemoran a Norma Fontenla y José Neglia, dos bailarines de ballet del Teatro Colón que murieron en un accidente de aviación junto con otros nueve miembros del elenco en la década de 1970.

Una escultura moderna en el Centro Cultural San Martín.

El Teatro Colón

El **Teatro Colón** ㉜, donde se representan obras líricas, ocupa toda la manzana comprendida entre las calles Viamonte, Lavalle, Libertad y Cerrito (el lateral de la avenida 9 de Julio). Es el símbolo de la alta cultura de la ciudad, y uno de los motivos por los que a principios del siglo XX se conocía a Buenos Aires como el «París de América Latina». Su arquitectura europea, la acústica (de la que se dice que es casi perfecta) y la calidad de los intérpretes que se presentan allí, han proporcionado a este teatro fama internacional.

ABAJO: techos de estilo barroco en la plaza Lavalle.

En la construcción del edificio participaron tres arquitectos hasta que se terminó en 1907. No obstante, se respetó el proyecto original. Luce una combinación de estilos: renacimiento italiano, francés y alemán. En el interior hay bóvedas de vitrales y complicadas arañas. El auditorio principal tiene siete pisos de altura y capacidad para 3 500 espectadores. El escenario mide 612 metros cuadrados y se halla sobre un disco giratorio, lo que permite cambiar rápidamente la escenografía.

El teatro emplea a más de 1 000 personas. Aparte de ser el teatro lírico, también es la sede de la Orquesta Sinfónica Nacional y del Ballet Nacional. Hace poco se invirtieron millones de dólares para añadir un enorme sótano, a fin de ganar más espacio donde almacenar decorados y vestuario, y para que los distintos departamentos pudieran trabajar mejor.

La temporada del Colón se extiende aproximadamente de abril a noviembre. Puede unirse a una de las visitas guiadas que se ofrecen de lunes a viernes, de 11:00 a 15:00 h, y los sábados de 9:00 a 12:00 h. También en el Colón, con entrada por Viamonte 1 180, están el **Museo del Teatro Colón**, que incluye vestuarios, atrezzos originales y documentos, y el **Museo de Instrumentos Antiguos**, que muestra una colección de instrumentos musicales antiguos (ambos museos abren de lunes a viernes, de 9:00 a 16:00 h; sábados, de 9:00 a 12:00 h). Así mismo, alberga una biblioteca con mucho material sobre ópera y música clásica (abierta de lunes a viernes, de 9:30 a 17:00 h).

Plano páginas 142-143

Uno de los tesoros del Teatro Colón es la araña central, de fabricación francesa, que mide 7 metros de diámetro, tiene 700 bombillas y pesa 2,5 toneladas.

ABAJO: el magnífico interior del Teatro Colón.

A una manzana enfrente del Colón, siguiendo la plaza Lavalle, se erige la hermosa **Sinagoga Central**, la más importante que tiene en Argentina la comunidad judía, que incluye a un millón de personas. Permanece abierta de lunes a viernes, de 8:00 a 18:00 h. Ante esta sinagoga y otras, así como en varios edificios de la comunidad judía de Buenos Aires, se han levantado muros de hormigón a consecuencia del atentado con coche bomba que se produjo en 1992 en la embajada israelí y el de 1994 en la sociedad mutua judía, la AMIA, en el que murieron 84 personas. Se han instalado barricadas para impedir el aparcamiento y hay vigilancia permanente para evitar que se repitan más ataques. Dentro de la sinagoga se halla el **Museo del Israelita ㉝**, que expone una colección de objetos, religiosos o no, que documentan la historia de la comunidad judía en Argentina (abierto de martes a jueves, de 16:00 a 18:00 h).

A la derecha desde Libertad por Córdoba, llegará al hermoso **Teatro Nacional Cervantes ㉞**, inaugurado en 1921, y declarado monumento nacional en 1995. Remodelado en varias ocasiones, tiene tres escenarios: el principal, una sala grande con asientos y cortinas de terciopelo rojo y numerosos adornos en color dorado; la Sala Argentina, con 150 butacas, y el Salón Dorado, que en la actualidad permanece cerrado. Dentro del teatro está el **Museo del Teatro Nacional Cervantes**, con exposiciones sobre los principales actores, vestuarios, programas y manuscritos de obras importantes de Argentina, así como documentos relacionados con la historia del teatro local (abierto de lunes a viernes, de 13:00 a 18:30 h).

La avenida más ancha del mundo

Es imposible pasar por alto la **avenida 9 de Julio**, a la altura del 1 000. La avenida más ancha del mundo, según los argentinos, mide 140 metros de una acera a otra. Todo en ella es grande: enormes vallas publicitarias, edificios, árboles (palos borrachos) con flores rosadas en verano y, por supuesto, el gran Obelisco.

Plano páginas 142-143

El Gobierno de 1936 demolió hileras enteras de hermosas mansiones de estilo francés para construir esta vía. En la actualidad, la mayor parte de la manzana central está ocupada por aparcamientos. La única mansión que sobrevivió es la **embajada de Francia**, ya que sus ocupantes se negaron a abandonarla por considerar que era territorio extranjero. En la actualidad queda la triste imagen de su desnuda pared blanca, que mira al centro de la ciudad, como testimonio de la trágica desaparición de los edificios vecinos.

El **Obelisco** ⑮, que se alza nítido hacia las nubes en la intersección de la Diagonal Norte, Corrientes y la avenida 9 de Julio, se levantó en 1936 en conmemoración del cuarto centenario de la primera fundación de Buenos Aires. Tres años después de que fuera erigido, el Ayuntamiento (por 23 votos a favor y 3 en contra) resolvió derribarlo. Sin embargo, parece que la orden no se tomó en serio, puesto que el obelisco sigue allí todavía.

Calle Lavalle

Al cruzar la avenida 9 de Julio por Corrientes, se adentrará en el corazón del distrito financiero de Buenos Aires. Merece la pena llegar hasta la calle Lavalle, una manzana más al norte, ya que el mejor tramo de Corrientes se extiende al otro lado de la avenida 9 de Julio, hasta llegar a Callao. Lavalle, al igual que Florida, varias manzanas más abajo, es una calle peatonal. Por la noche está llena de gente que va al cine, ya que en un radio de cuatro manzanas hay al menos diez salas. Y esto a pesar de que en los últimos años se han cerrado varias o se han convertido en bazares o templos evangélicos. Como se han construido más cines en las galerías comerciales de los barrios, ha disminuido la tentación de ir al centro. También encontrará pizzerías, cafés y restaurantes donde tomar algo antes de entrar al cine o a la salida y varias galerías comerciales, y mucho ambiente gay.

ABAJO: la ancha avenida 9 de Julio.

NOTA

Hay dos centros de
información turística,
uno en cada extremo
de la calle Florida:
uno en la esquina
con la diagonal
Roque Sáenz Peña
y el otro entre
Córdoba y Paraguay.

Libros, hamburgueserías y arte

La **calle Florida**, también cerrada a los vehículos de motor, es la principal zona comercial del centro. El paseo, salpicado de vez en cuando por quioscos y arbustos en tiestos, está repleto de compradores durante todo el día, así como de intérpretes de música popular, mimos y otros personajes que pasan el sombrero después de su actuación. Se trata de un lugar para pasear con tranquilidad y, debido al gentío, no es un camino adecuado para los que tienen prisas.

Hacer compras en la calle Florida resulta algo más caro que en otros barrios menos cercanos al centro, aunque la parte más elegante sea la comprendida entre Corrientes y la plaza San Martín; entre Corrientes y Rivadavia, los precios no son tan elevados. Como en todas partes, la mayoría de las tiendas no tienen más que una sala, y muchas están situadas en galerías que se comunican con las calles adyacentes. Venden ropa, artículos de piel, joyas, juguetes y regalos. La piel continúa siendo lo más conveniente para los extranjeros. En general, no se recomienda comprar ropa porque suele ser cara en comparación con otros países y no siempre es de la mejor calidad.

El **Centro Cultural Borges**, entre Viamonte y Córdoba, fue construido en 1995 en conmemoración del escritor. Las cercanas **Galerías Pacífico** forman parte de una construcción italiana de principios del siglo XX que se salvó de la demolición por los frescos que luce en el techo de su enorme bóveda, que son obra de cinco pintores argentinos: Urrutia, Berni, Castagnino (*véase pág. 161*), Colmeiro y Spilimbergo. El interior, amplio y con aire acondicionado, es un alivio después del bullicio de Florida, y posee una buena selección de tiendas, cafés y puestos de artesanía.

El **Ateneo**, en Florida 340, y quizás la mayor librería del país, ofrece una amplia selección de guías, mapas y libros sobre los temas más variados. También hay cafés a lo largo de la calle, para aprovechar la oportunidad de descansar de tanto trajín. La calle acaba a la entrada de la **Galería de Ruth Benzacar** (Florida 1 000), una galería de arte subterránea, dedicada a artistas argentinos contemporáneos.

En el extremo sur de Florida, hacia la plaza de Mayo, se halla el distrito financiero. Altos bancos y casas de cambio flanquean las estrechas calles. Durante la semana, la zona está llena de hombres y mujeres de negocios bien vestidos, y los únicos vehículos que se abren camino entre la multitud son las furgonetas blindadas de los bancos. Los fines de semana, a pesar de la escasa distancia que lo separa de las bulliciosas Lavalle y Florida, en el distrito financiero reina un silencio inquietante.

La zona norte

La parte norte, que incluye los barrios de Retiro, Recoleta y Palermo, es la zona residencial y comercial más cara de la ciudad. Las elegantes mansiones, construidas a principios del siglo XX, recuerdan a París, aunque en realidad los estilos arquitectónicos sean una mezcla de distintas influencias. Esta área empezó a habitarse a finales del siglo XIX, excepto el matadero, situado en la plaza Recoleta. La mayor parte de la zona estaba bajo el agua. En la década de 1870, después de la epidemia de fiebre amarilla, muchas familias ricas del sur se trasladaron al norte.

En la década de 1880 se produjeron grandes cambios, pues el presidente Roca inició una campaña para convertir a Buenos Aires en el París de América Latina. Muchos argentinos notables habían viajado a esta ciudad, que ejerció sobre ellos una gran influencia; de hecho, re-

ABAJO: fachada del centro comercial Galerías Pacífico, en la calle Florida.

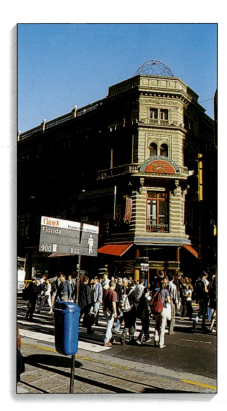

gresaron con materiales e ideas para convertir Buenos Aires en una ciudad cosmopolita. Las medidas políticas de Roca fueron controvertidas, y de hecho lo siguen siendo. Los críticos apoyaban una política más nacionalista, que promoviera el desarrollo del interior del país. No obstante, lo que se llamó la generación de la década de 1880 convirtió Buenos Aires en la gran ciudad que llegó a ser.

Para recorrer la zona norte, hay que empezar por el extremo oriental del centro de la capital, donde acaba la calle Florida, en la esquina de la plaza San Martín. En la punta norte de Florida se halla la **plaza Libertador General San Martín ㊱**, una de las partes más lujosas de la ciudad. Frente a esta plaza arbolada, en la esquina de Santa Fe y Maipú, se erige el **Palacio Paz** y **Museo de Armas ㊲**, antigua residencia de la familia Paz (los fundadores del diario *La Prensa*), actual sede del Círculo Militar. Este edificio de estilo francés, inspirado en parte en el parisino Museo del Louvre, tiene interés arquitectónico por su ornamentación, mientras que el Museo de Armas alberga una serie de uniformes utilizados por el ejército argentino, así como armas antiguas. El museo abre de martes a viernes, de 15:00 a 19:00 h, cierra de enero a febrero; en cambio, la única sección del Círculo Militar que permanece abierta al público es la biblioteca (de lunes a viernes, de 9:00 a 19:00 h).

Si atraviesa la plaza San Martín desde el final de la calle Florida, verá el **edificio Kavanagh ㊳**, construido en 1935, uno de los más notables de Buenos Aires, que además era el más alto de la ciudad cuando fue inaugurado. Comprende 105 apartamentos y destaca por el frente estrecho y su fachada en forma de terrazas. Detrás, en San Martín 1 039, se halla la **basílica del Santísimo Sacramento ㊴**, inaugurada en 1928; es la iglesia de la mayoría de las familias más tradicionales de Buenos Aires, muy popular sobre todo para bodas. Junto al edificio Kavanagh se encuentra el enorme Hotel Marriott Plaza, de principios del siglo XX y uno de los principales hoteles de lujo de Buenos Aires.

Plano
páginas
142-143

Buzón de correos de estilo británico en la calle Florida.

ABAJO: la Galería de Ruth Benzacar, en la calle Florida.

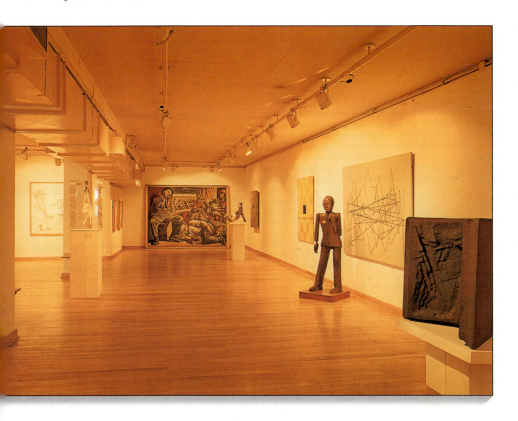

Dentro de la misma plaza San Martín se alza el monumento de mármol negro a los soldados que murieron en la guerra de las Malvinas, inspirado en el de la guerra de Vietnam que hay en Washington. El monumento incluye el nombre de los caídos, y da a la ancha avenida del Libertador, allí se encuentra la **Torre Monumental** ❹ (abierta de miércoles a sábado, de 12:00 a 19:00 h). También denominada la «Torre de los ingleses», fue donada por los británicos residentes para celebrar el centenario de la Revolución de mayo de 1860.

A un lado de la plaza se encuentra la estación de trenes de **Retiro**, que incluye las líneas suburbanas Mitre, Belgrano y Sarmiento y, en el otro extremo, la terminal de ómnibus, donde llegan y parten la mayoría de los buses de largo recorrido. La estación de ferrocarril fue construida en 1908, imitando el estilo de las estaciones británicas de la época; lamentablemente, se encuentra muy deteriorada. A un lado de ésta, en Libertador, se halla el **Museo Nacional Ferroviario** ❹ (abierto de martes a viernes, de 10:00 a 17:30 h); situado en un almacén remodelado, contiene viejas locomotoras, documentos y otros objetos de interés que ilustran el antiguo esplendor de la red ferroviaria argentina. En el exterior hay una curiosa colección de esculturas de arte moderno, hechas con chatarra de trenes o automóviles.

Al otro lado de la plaza se encuentra el moderno Hotel Sheraton, de 24 plantas; más al sur se alzan una serie de edificios de oficinas muy altos, de cristal y cromo; se trata de las **Torres Catalinas**, que se acabaron de construir a finales de la década de 1970. Salvo unos pocos edificios como El Rulero (rulo), una estructura alta y redonda sobre la avenida del Libertador, las Catalinas son los únicos añadidos de gran envergadura que se han incorporado al centro desde la década de 1940.

Justo al oeste de la plaza San Martín, en Suipacha 1 422, se halla el **Museo de Arte Hispanoamericano Isaac Fernández Blanco** ❹, emplazado en una antigua casa solariega; expone colecciones de obras de arte del período colonial y del pos-

ABAJO: haciendo cola para el autobús, frente a la estación de trenes de Retiro.

terior a la independencia, así como objetos de plata de toda América del Sur (abierto de martes a domingo, de 14:00 a 19:00 h).

Compradores elegantes

Antes de visitar la Recoleta, a los que quieran ir de compras tal vez les interese desviarse por la avenida Santa Fe, una de las principales zonas comerciales. La parte más concurrida queda entre las avenidas Callao y 9 de Julio. Allí hay numerosas galerías repletas de pequeñas boutiques que venden ropa, zapatos, chocolate, artículos de piel, ropa blanca, vajilla y joyas. Aunque quizás el mayor atractivo sea observar a las jóvenes porteñas del Barrio Norte, ataviadas con la última moda de París, que salen a pasear y tomar el sol.

La última morada de Eva Duarte

La zona de la **Recoleta**, a menudo llamada Barrio Norte, queda al lado de Retiro, hacia el norte. Un paseo de veinte minutos por la elegante avenida Alvear, desde la plaza San Martín hasta el cementerio de la Recoleta, es una agradable introducción a lo que algunos porteños consideran su época dorada (1880-1920).

En el **cementerio de la Recoleta** ❹ (abierto a diario, de 7:00 a 18:00 h) están enterrados los ricos y famosos. Al atravesar la entrada el visitante tiene la sensación de recorrer una ciudad en miniatura; de hecho, desde su inauguración (1882) ofrece una interesante perspectiva arquitectónica y artística de Buenos Aires. Allí reposan los restos de los grandes próceres del país, y también sus enemigos. La historia del lugar debería ser irrefutable, ya que las tumbas y los cadáveres constituyen pruebas materiales. Sin embargo, aquí se reflejan los mismos cismas que en el resto de la sociedad argentina no sólo por la disparidad de estilos arquitectónicos, sino también, aunque parezca increíble, porque no se ponen de acuerdo sobre quién está enterrado allí y quién no. Por ejemplo, una de las tumbas más visitadas es la de Eva Perón. Aunque figura en el plano-guía que proporciona el propio cementerio, algunos funcionarios de turismo han negado que estuviera enterrada en este camposanto, diciendo que no pertenece a la «clase» de personas que hay en la Recoleta. Pero sí está, junto a otros miembros de la familia Duarte, 9 metros bajo tierra; de este modo se intenta evitar que sus enemigos roben el cadáver, como ocurrió en 1955.

Enclaves exclusivos

Muchos de los palacios más suntuosos de la ciudad se encuentran a lo largo de la calle Arroyo y la avenida Alvear. La **embajada de Francia**, en el cruce de las avenidas 9 de Julio y Alvear, no pasa inadvertida no sólo por su aspecto lujoso, sino también por ser el único edificio que queda en pie en medio de la ancha avenida. Dos calles más allá, en Alvear 1 300, se halla la **plaza Carlos Pellegrini**, donde se erigen otras dos grandes mansiones: la **embajada de Brasil** y el exclusivo **Jockey Club**.

Algunas de las tiendas más caras y lujosas están situadas en la avenida Alvear. En los números 1 777 y 1 885 hay galerías elegantes, ideales para salir a ver escaparates. Y en la manzana del 1 900 se alza el majestuoso **Hotel Alvear Palace**, que cuenta así mismo con su propia galería comercial de boutiques selectas.

Paralela a la avenida Alvear, una calle más abajo en dirección a la avenida del Libertador, se extiende la calle **Posadas** y, a la altura del 1 200, el **Patio Bullrich**, tal vez la galería más exclusiva de Buenos Aires. Este anti-

Plano páginas 142-143

ABAJO: el edificio Kavanagh, en la plaza Libertador General San Martín.

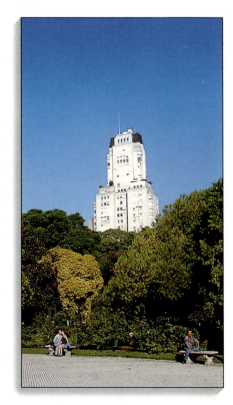

Entre los numerosos árboles que dan sombra a las terrazas de los cafés situados frente al cementerio de la Recoleta, hay un enorme árbol del caucho (Ficus macrophylla), que llegó de Australia hace más de cien años.

guo matadero (*véase pág. 187*) llega hasta la calle siguiente e incluye tiendas, boutiques, un cine y varios cafés. Justo enfrente se halla el moderno **Hotel Caesar Park**.

También paralela a la avenida Alvear, pero del otro lado, se encuentra la **avenida Quintana**, que acaba en la **plaza Ramón Cárcano** y el cementerio de la Recoleta. Allí puede seguir curioseando por las boutiques o detenerse a tomar un «café con leche con medialunas» (cruasanes) en **La Biela** o el **Café de la Paix**, dos de los establecimientos de reunión social más tradicionales de la ciudad, o bien en alguno de los numerosos cafés con terrazas o restaurantes temáticos de estilo estadounidense que dan a la plaza. Éste es uno de los lugares para ver y ser visto entre los argentinos ricos y guapos.

Justo a la izquierda, sobre una calle peatonal llamada **Ortiz** (que se junta con **Junín** después de un par de manzanas cortas), se encuentran varios de los restaurantes más famosos de la ciudad, la mayoría de ellos con asientos en el interior y al aire libre. Desde la sombra de un enorme árbol del caucho (*Ficus macrophylla*), observará la entrada del cementerio de la Recoleta, la hermosa iglesia de Nuestra Señora del Pilar, un convento en estilo barroco americano que actualmente se utiliza como centro cultural y una serie de parques y jardines atractivos y bien cuidados.

A pesar de su refinamiento actual, la plaza Ramón Cárcano tiene un pasado muy sangriento. Allí solía haber un «hueco de cabecitas», es decir, el lugar donde se arrojaban las cabezas del ganado que se mataba para aprovechar el cuero. Como ocurría con otros «huecos», por la zona pasaba un arroyo, donde también se tiraban otros residuos. La carne no se consumía y dicen que se empleaban mujeres de raza negra para arrastrar el cuerpo de los animales muertos. El arroyo fue canalizado bajo tierra en la década de 1770 y los religiosos de la orden de los recoletos arreglaron la zona, convirtiéndola en un huerto con hortalizas y árboles frutales. Hasta la década de 1850, el Río de la Plata llegaba hasta el borde de la plaza, cubriendo la actual

ABAJO: el mostrador de una tienda de comida en el centro comercial del Patio Bullrich.

avenida del Libertador. Esta área se empezó a rellenar durante el gobierno de Rosas. En la década de 1870, la población, gente rica en su mayoría, empezó a emigrar hacia esta zona norte.

La **iglesia de Nuestra Señora del Pilar** ❹ fue construida entre 1716 y 1732. Las restauraciones posteriores han respetado la sencillez jesuítica original de sus arquitectos, Andrés Blanqui y Juan Primoli. Muchos de los materiales de construcción, como las verjas de hierro forjado y la piedra, procedían de España. Hay que tener en cuenta que en Buenos Aires no hay rocas, ya que la ciudad está situada encima de parte de la pampa; hasta mucho después no se transportaron piedras desde una isla del Delta. Entre las reliquias históricas que contiene la iglesia destaca un altar plateado que se cree que procede de Perú. Como muchas otras iglesias coloniales, durante las invasiones británicas los soldados extranjeros la utilizaron como hospital. Actualmente es la iglesia favorita para las bodas de la élite.

El **Centro Cultural Recoleta** ❺ (abierto de martes a viernes, de 14:00 a 21:00 h; sábado y domingo, de 10:00 a 21:00 h.), contiguo a Nuestra Señora del Pilar, ocupa un antiguo convento. El centro presenta un programa variado de exposiciones de fotografía, pintura y escultura, además de teatro, danza y música. Los domingos, esta plaza cubierta de hierba que baja hacia el río, se llena de gente que acude a disfrutar de una de las mayores ferias de arte y artesanía de la ciudad.

Parques y patriarcas

Bajando la pendiente desde la Recoleta está la avenida del Libertador y, al otro lado, antes de llegar a la avenida Figueroa Alcorta, hay una serie de parques y jardines ideales para los que salen a correr y que prefieren ver algo más que los hermosos bosques y campos de Palermo. En la bajada se alza uno de los monumentos más espectaculares de Buenos Aires: una estatua ecuestre del **general Alvear**.

Plano
páginas
142-143

ABAJO: la iglesia de Nuestra Señora del Pilar.

Indicador del Automóvil Club Argentino (ACA), cuya sede central se encuentra en la avenida del Libertador 1 850.

ABAJO: El Rosedal, uno de los parques de Palermo.

Junto al monumento se erige el **Palais de Glace** ㊻, un centro de exposiciones de finales del siglo XIX, que desde entonces se utilizó como pista de patinaje sobre hielo y también como cabaré y club nocturno. Desde 1932 se celebra en este complejo el Salón Nacional de Bellas Artes, y en 1978 lo restauraron como Sala Nacional de Exposiciones. En la actualidad, el Palais de Glace ofrece una sucesión permanente de exposiciones temporales (abierto todos los días, de 14:00 a 21:00 h).

A dos manzanas, en Libertador 1 473, se halla el **Museo Nacional de Bellas Artes** ㊼. Contiene unas 10 000 obras, incluida la mejor colección de pintura argentina de los siglos XIX y XX que existe en el país, además de algunos cuadros y esculturas excelentes de grandes artistas extranjeros, como Rembrandt, El Greco, Goya, Degas, Gauguin, Rodin, Manet y Monet (abierto de martes a viernres, de 12:30 a 19:30 h; sábados, de 9:30 a 19:30 h).

Casi al final de esta sucesión de plazas se encuentra la **embajada de Chile**; detrás hay uno de los jardines públicos más bonitos de la zona. Cerca se halla la reconstrucción de la **casa de Grand Bourg** (Francia), donde pasó los últimos diez años de su vida el prócer de la independencia, el general José de San Martín (abierta de lunes a viernes, de 9:30 a 17:00 h). Ante el edificio, una serie de estatuas representan a algunos de los compañeros de campaña del Libertador.

Borrando el pasado

En la avenida del Libertador, entre las calles Agüero y Austria, se halla la **Biblioteca Nacional** ㊽, que estuvo en construcción durante treinta años y se inauguró en 1992. El edificio está situado donde antes se alzaba el Palacio Unzué, que se convirtió en residencia presidencial y fue demolido en 1955 por el gobierno militar –allí vivió Perón y allí murió su primera esposa, Eva Duarte. En 1999, se erigió en la plaza una estatua en memoria de la difunta.

La nueva biblioteca de hormigón contiene alrededor de cinco millones de libros y una hemeroteca, además de amplias salas de lectura y un parque al aire libre con bancos para sentarse a leer. Así mismo presenta exposiciones; destaca una primera edición del *Quijote* y un escritorio que utilizaba el novelista Jorge Luis Borges, que fue director de la biblioteca (visitas guiadas de lunes a sábado, a las 15:00 h).

Planos páginas 142 y 181

Los palacios de Palermo

A la vuelta está el barrio de los ricos y famosos, **Palermo Chico**. Tendrá que pasear un buen rato para hacerse una idea de cómo es este lugar tan exclusivo, un conjunto acogedor de palacios, separados del resto de la ciudad por unas calles curvas que parecen excluir a los que proceden de fuera de sus límites. Esta adinerada comunidad la forman una serie de estrellas de cine, deportistas famosos y diplomáticos.

Esta zona fue construida en la década de 1880 al mismo tiempo que la de la Recoleta. Muchas de las antiguas mansiones de estilo francés sirven en la actualidad como embajadas, ya que los primeros propietarios no han podido mantener un nivel de vida tan alto. También hay numerosas casas nuevas, de madera y ladrillo, con los clásicos tejados rojos; pero, aparte de los jardines muy bien cuidados, apenas pueden competir con los enormes palacios de piedra.

En Libertador 1 902 se erige uno de estos palacios clásicos. El **Museo Nacional de Arte Decorativo** y el **Museo Nacional de Arte Oriental** ❹ (abierto de martes a domingo, de 14:00 a 19:00 h) está situado en una mansión de estilo francés, fundamentalmente de estilo Luis XVI, que contiene pinturas, porcelanas y esculturas europeas y orientales. Así mismo, en Palermo Chico, en Libertador 2 373, se encuentra el **Museo de Motivos Argentinos José Hernández** Ⓐ, que muestra una colección espectacular de piezas de plata del siglo XIX, incluidos los arreos y utensilios propios de los gauchos, y una exposición de artesanías del interior del país, que se

ABAJO: patinando en un parque de Palermo.

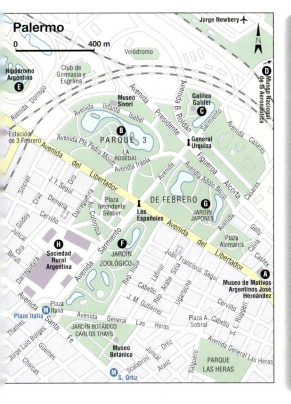

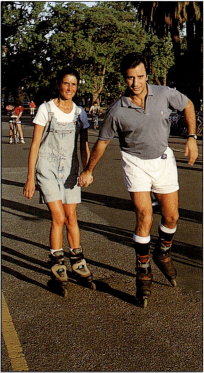

La estatua del general Urquiza, en la avenida Sarmiento y Figueroa Alcorta.

ABAJO: el Museo Nacional de Arte Decorativo.

venden al público. Abre de martes a viernes, de 14:00 a 19:00 h; sábados y domingos, de 10:00 a 18:00 h.

El resto de Palermo es famoso por sus parques y jardines, aunque destacan otras partes residenciales bastante atractivas. Abundan los espacios con plantas exóticas, que incluyen una extraña mezcla de pinos y palmeras. Además, disfrutará de las numerosas actividades de ocio que se ofrecen.

Parques y jardines

Pocas ciudades en el mundo tienen una estructura semejante para el esparcimiento, lo que sin duda es una clave para comprender a los porteños. En los parques de Palermo disminuye el frenesí de la capital y sus habitantes renuevan energías con el oxígeno de la exuberante vegetación. Allí verá familias comiendo al aire libre, hombres que hacen ejercicio con sus amigos, parejas jóvenes en la hierba a salvo de la supervisión estricta de sus padres y, por supuesto, muchos niños pequeños. Los parques son una sucesión permanente de personas, bicicletas y perros. Como en Buenos Aires hay relativamente pocos espacios verdes en comparación con otras ciudades de tamaño similar, los bosques y parques de Palermo constituyen un oasis muy preciado. Al mismo tiempo, el barrio no está tan lleno de grandes bloques de apartamentos y torres de oficinas como la mayor parte de la ciudad, y en algunas partes de Palermo predominan todavía las casas de uno o dos pisos, al estilo de finales del siglo XIX.

Una excursión por Palermo, agradable aunque prolongada, podría empezar en Palermo Chico. Pero el corazón de la zona de los parques, el **parque 3 de Febrero** ⓔ, queda a seis manzanas del extremo de Palermo Chico, bajando por la avenida Figueroa Alcorta. Abarca 400 hectáreas de campos, bosques y lagos; hay varios puntos de interés tanto cerca de él como en su interior. Si se aproxima a la avenida Sar-

miento por Figueroa Alcorta, verá a la derecha la Caballería Nacional y, enseguida, el **Complejo Deportivo KDT**. Pagando una pequeña entrada, puede disfrutar de estas excelentes instalaciones: canchas de tenis, pista de atletismo, piscina cubierta, golf, zoo, jardines botánicos y café con una terraza. Sin embargo, mucha gente va sencillamente a tumbarse sobre la cuidada hierba para empezar a broncearse antes de llegar a las playas de Mar del Plata o Punta del Este.

A la derecha, en la avenida Sarmiento, junto a un pequeño lago artificial, está el **Planetario Galileo Galilei ☉**, que presenta un espectáculo astronómico los sábados y domingos a las 15:00, 16:30 y 18:00 h.

Donde se cruzan Figueroa Alcorta y la avenida Sarmiento (no hay que confundirla con la calle Sarmiento, que queda en el centro), la más ancha que atraviesa el parque, se alza una enorme estatua del general Urquiza, que ocupó la presidencia tras derrocar a Rosas en 1852. Pasando Figueroa Alcorta se halla la Costanera Norte, donde se encuentra el aeropuerto metropolitano: el Aeroparque Jorge Newbery. Muy cerca, en Rafael Obligado 4 500, está el **Museo Nacional de Aeronáutica ☉** (abierto de martes a viernes, de 8:00 a 12:00 h; domingos, de 14:00 a 18:00 h en invierno; de martes a viernes, de 8:00 a 12:00 h y domingos, de 15:00 a 19:00 h en verano), que expone aviones militares que estuvieron en servicio entre 1937 y 1973.

A la izquierda, cruzando Sarmiento, está la **avenida Iraola**, que lleva al centro de los parques y lagos de Palermo. Allí se alquilan barcas de remo; verá un puente peatonal que parece de cuento y que conduce hacia unos senderos de grava, flanqueados por rosales, con bancos de piedra. Los vendedores de helados también ofrecen cacahuetes calientes, palomitas de maíz y manzanas caramelizadas, mientras que otros se especializan en choripanes (bocadillos de salchicha) y refrescos. Frente al área más poblada del lago hay un café, el **Green Grove**. El parque cerrado situado junto al lago se llama El Rosedal y permanece abierto todos los días, de 8:00 a 19:00 h.

Plano página 181

ABAJO: el hipódromo del barrio de San Isidro.

Un contenedor de
residuos ecológico.

ABAJO: un amable
camarero.
DERECHA: la avenida
9 de Julio.

La avenida Iraola da la vuelta al lago y vuelve a Libertador y Sarmiento, en cuya intersección verá otro gran monumento, que fue un regalo de la comunidad española y está rodeado por una hermosa fuente.

Si regresa por la avenida Sarmiento y gira a la izquierda por la avenida del Libertador, encontrará otras dos atracciones de Palermo. El **Hipódromo Argentino** ❷ se halla en la esquina de Libertador y Dorrego; suele haber carreras los lunes, viernes y domingos, a partir de las 15:00 o las 16:00 h. Al otro lado de la calle está el **Campo de Polo**, frecuentado por la elite argentina en primavera para ver los partidos, que se disputan por la tarde. Si baja por la avenida Dorrego, verá los campos entre los arbustos.

Niños y otras criaturas

La avenida Sarmiento se aleja del parque y muere en la **plaza Italia**. Justo en el cruce se halla la entrada al **Jardín Zoológico** ❻, un zoo que contiene una gran variedad de monos y aves autóctonas de América del Sur, aunque su principal atractivo sea la multitud de niños que corre de una jaula a otra. El zoo permanece abierto de martes a domingo, de 9:30 a 18:00 h.

El **Jardín Japonés** ❼ se encuentra al otro lado de la avenida. Se trata de un jardín botánico exuberante, con estanques llenos de peces, atravesados por puentes blancos de madera, que lo convierten en un lugar muy agradable para pasear.

Cruzando Sarmiento desde la entrada principal del zoo verá la **Sociedad Rural Argentina** ❽, un complejo para exposiciones que pertenece a la poderosa asociación de los grandes ganaderos argentinos. La feria principal es la Exposición Rural, una muestra de ganado y de la industria agraria, aunque también se celebran allí otros muchos acontecimientos para el público en general, desde exposiciones de automóviles hasta homenajes a países extranjeros.

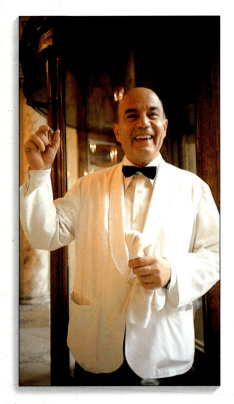

La **plaza Italia** se halla en la intersección de las avenidas Las Heras, Santa Fe y Sarmiento. El único interés de la plaza reside en su intensa actividad. En esta zona los fines de semana son muy divertidos. A la derecha, bajando por la avenida Santa Fe, hay una feria callejera, conocida como el mercado hippy, donde los puestos están atendidos por jóvenes con barba y sandalias, que fabrican jarras, ceniceros de cerámica, zapatos, cinturones y bolsos de cuero, así como joyas y ropa bordada y teñida que venden ellos mismos. En los puestos de la última manzana se venden libros y revistas de segunda mano.

Si va hacia el sur desde la plaza Italia por la calle Serrano (que ahora se llama Jorge Luis Borges), se podrá hacer una idea de cómo es la parte residencial de Palermo, llena de pequeñas plazas, casas unifamiliares, restaurantes y cafés modernos. A unas seis calles de Serrano está la plazoleta Julio Cortázar, un lugar particularmente moderno con muchos bares y restaurantes. A diferencia del resto de los barrios del norte de Buenos Aires, Palermo no es tan exclusivo.

Después de Palermo, hacia el oeste (accesible mediante la línea D del metro) se halla el barrio de Belgrano, de gente adinerada, que también tiene mucha vida nocturna y social. Es una de las principales zonas de cafés y cines. Se caracteriza sobre todo por los bloques de pisos altos y caros, y también incluye las llamadas barrancas de Belgrano, una colina verde que llama la atención en medio de la llanura general de Buenos Aires, así como el **Museo Sarmiento**, situado en la esquina de las calles Cuba y Juramento.

LA ARQUITECTURA DE BUENOS AIRES

*Con sus espléndidos monumentos
y los multicolores callejones de barrio,
la capital refleja la turbulenta historia del país*

▷ **LA CALLE CAMINITO**
La multicolor calle Caminito, situada al sur, en el barrio de La Boca, llama la atención por sus casas de colores intensos que recuerdan a los primeros inmigrantes italianos.

En alguna ocasión alguien dijo que la arquitectura ecléctica de Buenos Aires estaba compuesta fundamentalmente de estilos arquitectónicos que hacen daño a la vista. Aunque sus esfuerzos, a veces chabacanos, por parecerse a París o Nueva York justifican en cierto modo esta descripción, en Buenos Aires hay, sin embargo, hermosos edificios: desde los de estilo colonial más austero hasta lo que lucen diseños franceses bastante llamativos, barrocos, neoclásicos, e invenciones que combinan estos estilos y que se podrían definir como «porteño puro». En el centro de la ciudad y en el moderno Puerto Madero se pueden ver oficinas construidas con acero y cristal, con las últimas tecnologías, que compiten por el espacio con los antiguos muelles del puerto y los edificios públicos clásicos cada vez más abandonados.

△ **UN MONUMENTO NACIONAL**
La esbelta y característica silueta del edificio Kavanagh, que en la década de 1930 fue el primer rascacielos de América Latina.

UNA PERSPECTIVA DIFERENTE

Si el visitante contempla la ciudad desde lo alto de alguno de estos edificios, o si mira los laterales o la parte posterior de aquellos que tienen las fachadas más impresionantes, las que más llaman la atención, verá una notable diferencia: estas fachadas tan complejas están casi pegadas a unos edificios lisos, sin adornos, que a veces ni siquiera parecen casas solariegas o edificios de la *belle époque*. La importancia que se atribuye a la fachada en comparación con lo que hay detrás da una pista sobre la manera de pensar de los porteños.

△ **NO LLORES POR MÍ...**
Desde la Casa de Gobierno, conocida como la Casa Rosada, Perón y Eva Duarte se dirigían a sus seguidores, que llenaban la plaza de Mayo.

◁ **LA CALLE PERÚ**
El barrio de Montserrat conserva todavía algunos tejados y cúpulas de estilo barroco francés.

▷ **UN TEATRO DESLUMBRANTE**
Interior del espectacular Teatro Colón, un templo de la música y la danza con una acústica casi perfecta, decorado con dorados, cristal, mármol y terciopelo.

LOS TEMPLOS DEL COMERCIO

Como ocurre en otras ciudades del mundo, las galerías comerciales son cada vez más un punto de referencia social y cultural en Buenos Aires, y en la última década se han seguido construyendo tanto dentro de la ciudad como en sus alrededores. Algunas se han instalado en antiguas construcciones restauradas, como el Patio Bullrich, situado en un hermoso edificio que antes era un matadero; las Galerías Pacífico, una antigua estación de ferrocarril, o el Abasto, que antes era el mercado central de frutas y verduras. Una de las galerías nuevas más populares es la de Alto Palermo, situada en una zona cara: la esquina de Santa Fe y Coronel Díaz. Se trata de una estructura de acero, con techo de cristal, de dos manzanas de largo y tres pisos de altura. Aunque contiene muchas tiendas de ropa, quizás su principal atractivo, al igual que el de otros centros comerciales, sean los lugares de comidas y las salas de cine, que constituyen el núcleo de la actividad social. Entre cines y boutiques elegantes, hay puntos de venta de comida rápida, desde McDonald's hasta comida *kosher*, que constituyen un lugar donde encontrarse, comer, ver y ser visto, algunos de los pasatiempos favoritos de los porteños.

◁ **EL CORAZÓN DE LA NACIÓN**
El elegante Cabildo, donde la independencia argentina dio los primeros pasos en 1810, y la plaza de Mayo, escenario de numerosas protestas.

△ **UNA ESTATUA HEROICA**
El Libertador, el general José de San Martín, contempla el elegante entorno de la plaza arbolada que lleva su nombre desde su corcel a la carga.

◁ **OBRAS SANITARIAS**
El edificio de Obras Sanitarias, extraordinariamente trabajado, era la sede central de la empresa estatal de abastecimiento y tratamiento de aguas; ahora es un monumento nacional.

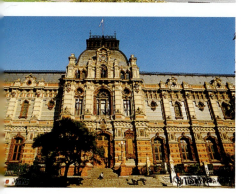

LOS ALREDEDORES DE BUENOS AIRES

Mapa página 190

A pesar de la enorme extensión de la capital, es relativamente fácil
hacer una excursión de uno o dos días a una estancia en medio del campo

Desde Buenos Aires, hay muchas posibilidades de viajar a alguna ciudad cercana de la pampa, salir hacia el norte por el Delta y sus islas, o al este, siguiendo la costa hasta la capital de la provincia, La Plata. La mayoría de las atracciones que se describen a continuación se pueden ver en un día, aunque si prefiere alejarse del bullicio de la ciudad durante más tiempo, dispone de una amplia variedad de alojamientos.

Un viaje a los suburbios

Entre los atractivos suburbios situados al norte de la ciudad, a los que se accede fácilmente en tren o autobús desde Retiro, están Olivos (donde se encuentra la residencia presidencial) y San Isidro. A ambos se puede llegar también con el tren de la Costa, una compleja línea férrea que recorre muchos lugares de interés, que sale de Retiro y acaba en el enorme Parque de la Costa, un parque de atracciones en el Tigre, sobre el río Luján. Con un solo billete, los pasajeros pueden subir y bajar del tren en todas las estaciones del recorrido; muchas de ellas se comunican con centros comerciales, restaurantes situados a la orilla del río y clubs deportivos. En **Olivos ❶** hay un par de clubs náuticos y unas cuantas residencias elegantes de estilo europeo, además de salones de té al aire libre. Así mismo, es posible pescar desde un malecón que depende del Club de Pescadores, que además organiza excursiones en catamarán para recorrer el río hasta el Delta durante los fines de semana y durantes las vacaciones.

Más al norte, **San Isidro ❷** tiene un importante hipódromo que pertenece al Jockey Club y fue inaugurado en el año 1935. El Hipódromo de San Isidro se halla en la avenida Santa Fe, en la esquina de Márquez, flanqueado por el campo de golf y el club de polo. Hay carreras los miércoles y sábados, de 15:00 a 21:00 h; los domingos, de 14:00 a 21:00 h. Tanto Olivos como San Isidro están situados a lo largo de la continuación de la avenida del Libertador, donde tradicionalmente vive la mayor parte de la comunidad de habla inglesa residente en Buenos Aires.

Por el Delta

El **Tigre ❸** es un antiguo pueblo situado en la desembocadura del Delta. La fruta que llega en barca desde las provincias del norte se deposita allí de camino a Buenos Aires. Pero su principal actividad económica gira en torno a los turistas que llegan en verano y los fines de semana para pescar, remar, practicar esquí acuático y recorrer los sinuosos canales que rodean cientos de islotes. A pesar de estar a sólo 28 kilómetros del centro de Buenos Aires, el aire es diáfano, la vegetación subtropical y el ritmo de la actividad bastante menos intenso. Los que viven todo el año en las islas, rara vez se aventuran a ir a la gran ciudad. Van al Tigre, o sencillamente compran la comida en la barca que vende comestibles.

IZQUIERDA: serenos reflejos en la catedral de La Plata.
ABAJO: una de las tantas aves acuáticas que se ven en el Delta.

NOTA

La empresa Cacciola
organiza visitas
guiadas a la isla
Martín García.
Los cruceros duran
todo el día: salen del
Tigre diariamente
a las 7:30 h y
regresan a las
19:00 h, e incluyen
la comida en la isla
(tel.: 4394-5520/
4393-6100).

Puerto de Frutos (Sarmiento, 160) es un un mercado de frutas muy recomendable. Abre a diario y los fines de semana se convierte en un mercado artesanal.

Después de recorrer la hermosa zona residencial de la población, donde abundan las plantas y los árboles, conviene dirigirse a la calle principal, paralela al río, el **paseo Victorica**, llena de viejos clubs ingleses de remo y restaurantes con parrillas. Hay varios muelles pequeños, de los que parten las lanchas que se usan como taxis. Varios transbordadores más grandes hacen excursiones de dos horas; salen del muelle situado junto a la estación de ferrocarril. Si le apetece, incluso puede dar un paseo en un catamarán que lleva a bordo un bar y un restaurante. Las empresas de los transbordadores también tienen un servicio diario regular que recorre el Delta, que permite que los pasajeros desembarquen en distintos puntos y continúen más adelante, o bien que regresen con la misma u otra compañía. También se pueden alquilar barcas para dar fiestas a bordo, y un transbordador cruza el río hasta las playas de Uruguay.

Un tren sale de la estación de Retiro y llega al centro del Tigre; tarda alrededor de 45 minutos. Así mismo, puede tomar la línea 60 de autobús, que empieza en Constitución y da muchas vueltas por el centro de la ciudad hasta llegar al Tigre. Pregunte antes de subir al autobús, ya que hay numerosas líneas y el trayecto es largo. Puede pedir más información sobre los servicios de autobuses en el ayuntamiento del Tigre (tel.: 4512-4497/4498) o la oficina de turismo (tel.: 4512-4498).

A menos que quiera ir al parque de atracciones, no conviene subir al **tren de la Costa**, que también va al Tigre, pues deja a los pasajeros en medio del **Parque de la Costa**, en la estación del Delta. El complejo ocupa 16 hectáreas, con edificios que imitan el estilo victoriano; ofrece además conciertos y otras actuaciones en vivo. Para obtener más información sobre el parque y el horario del tren, telefonee al 4732-6300.

ABAJO: puesta de sol
en Chascomús.

Isla Martín García

Tigre

San Fernando

San Isidro

Olivos

**Alrededores
de Buenos Aires**

0   10 km

*Río de la
Plata*

General
San Martín

Jorge Newbery

PALERMO

Puerto

Lynch

RECOLETA

Caseros

**Buenos
Aires**

SAN TELMO
LA BOCA

Morón

San Justo

Avellaneda

Don Bosco

Lanús

Quilmes

**Lomas de
Zamora**

Almirante Brown

Ezeiza

Monte
Grande

Burzaco

Florencio
Varela

Ezeiza

Campana

San Antonio
de Areco

Lobos

Luján

Colonia del Sacramento

La Plata

Chascomús

Mapa
página
190

Una reserva isleña

A tres horas del Tigre en barco se halla la **isla Martín García ❹**, la mayor del Delta. En una época fue una fortaleza donde se libraron batallas navales durante las guerras de independencia y en la que estuvieron detenidos, aunque por poco tiempo, los presidentes Hipólito Yrigoyen, Juan Perón y Arturo Frondizi. Hoy en día es una reserva natural con una amplia variedad de flora y fauna, que incluye aves acuáticas y ciervos. En la isla también hay un barrio chino, casi abandonado, un faro que data de 1991, un pequeño museo y un hotel con un excelente restaurante.

Luján

Luján ❺, una de las ciudades más antiguas del país, es visitada hoy en día por numerosos turistas argentinos por su significación religiosa. Queda a 63 kilómetros al oeste de Buenos Aires, a orillas del río Luján. Los trenes salen desde la estación Once y tardan dos horas en llegar, porque paran en todos los pueblecitos que hay por el camino.

La **basílica de Nuestra Señora de Luján**, una estructura gótica, tardó 50 años en construirse y fue terminada en 1935. La gran atracción es la **Virgen de Luján**, que tiene su propia capilla, detrás del altar principal. Según la leyenda, la imagen llegó en carreta desde Brasil, pero ésta no pudo continuar hasta que sacaron a la Virgen. Y allí se quedó; en la actualidad es la santa patrona de Argentina. Todos los años, en octubre, cientos de miles de jóvenes católicos llegan en peregrinación desde Buenos Aires, haciendo el viaje a pie en honor de la Virgen.

El río Luján atraviesa la ciudad; en la época colonial, allí era donde se comprobaba que las embarcaciones que se dirigían hacia el noroeste no llevaran contrabando. Si no ha llovido recientemente, el río se convierte en un lugar de recreo para residentes y turistas.

Campo de girasoles junto a la Ruta 8.

ABAJO: el Hipódromo de San Isidro.

*Un cañón
en el exterior del
Museo Gauchesco
Ricardo Güiraldes,
en San Antonio
de Areco.*

ABAJO: la estancia
Los Patricios,
en San Antonio
de Areco.

En Luján encontrará varios museos. El **Complejo Museográfico Enrique Udaondo**, situado en un hermoso edificio colonial, expone reliquias de las tradiciones y la historia argentinas (abierto de miércoles a domingo, de 11:30 a 17:00 h). En un anexo se halla el **Museo del Transporte**, que muestra una interesante colección en la que predominan los carros tirados por caballos, aunque también hay un hidroavión español, el *Plus Ultra*, el primer avión que en 1926 atravesó el Atlántico Sur. Ambos museos abren de miércoles a viernes, de 12:00 a 18:00 h; sábado y domingo, de 10:00 a 18:00 h). Así mismo, en el parque Florentino Ameghino se encuentra el **Museo de Bellas Artes**, dedicado fundamentalmente al arte contemporáneo argentino (abre a diario, de 13:00 a 18:00 h).

Los días de fiesta nacional o religiosa se celebran unas competiciones gauchescas a caballo bastante espectaculares. En realidad, la mayoría de los participantes son hijos de gauchos y trabajan en el campo como peones, aunque reservan la vestimenta y la montura para estas ocasiones especiales.

El país de los gauchos

A unos 50 kilómetros al noroeste de Buenos Aires, en la Ruta Nacional 8, se halla **San Antonio de Areco** ❻, una ciudad característica de la zona ganadera de la pampa. Allí hay varias estancias que se pueden visitar, como la **estancia La Porteña** donde vivió en una época el famoso escritor Ricardo Güiraldes (autor de un clásico de la literatura gauchesca: *Don Segundo Sombra*). El Museo Gauchesco Ricardo Güiraldes abarca bastante terreno a orillas del río, con vegetación autóctona (abierto de miércoles a lunes, de 10:00 a 17:00 h). El **Museo y Taller Gauchesco de Platería**, en Alvear y Alsina, abre todos los días, de 8:30 a 12:30 h y de 15:00 a 20:00 h.

Durante la segunda semana de noviembre se celebra en San Antonio de Areco la Semana de la Tradición, con espectáculos gauchescos, carreras y doma de caballos

y desfiles de gauchos. Varias estancias de la localidad se pueden visitar e incluso ofrecen alojamiento; también hay espectáculos gauchescos y deliciosos asados.

Hacia el sur

Así mismo, si quiere respirar aire puro, ver espacios verdes y otras atracciones, hay muchas excursiones posibles hacia el sur de Buenos Aires. Después de **Ezeiza**, la zona donde se encuentran el aeropuerto internacional y unos extensos bosques locales, se halla la pequeña localidad llamada **Lobos** ❼, a unos 95 kilómetros de Buenos Aires, en la Ruta Nacional 3. Es conocida sobre todo por su laguna, donde se puede pescar y practicar *windsurf*, y también porque allí nació Juan Domingo Perón. La casa, situada en Buenos Aires 1 380, es ahora el **Museo Juan Domingo Perón** (abierto de miércoles a domingo, de 10:00 a 12:00 h y de 15:00 a 18:00 h); contiene algunos de los efectos del ex presidente.

Unos 120 kilómetros al sur de Buenos Aires, en la Ruta 2, en dirección a Mar del Plata, se halla la ciudad de **Chascomús** ❽, a orillas del más grande de una serie de lagos que hay al sur de la capital. Esta atractiva ciudad colonial es el centro de una próspera región agrícola; sus edificios están bien conservados y se alzan en calles arboladas, con plazas verdes. En la laguna de Chascomús se puede pescar, remar y practicar esquí y otros deportes acuáticos, mientras que en el Centro de Equitación de Chascomús se puede montar a caballo. La ciudad tiene una infraestructura turística bien desarrollada (la **oficina de turismo** se halla en la Costanera España, en la laguna, y abre todos los días, de 9:00 a 18:00 h) y cuenta con una variedad de atractivos restaurantes a orillas del lago, un lugar ideal para comer pescado fresco (sobre todo pejerrey) o una parrillada. Varias estancias ofrecen alojamiento y espectáculos para turistas, al igual que el **Fortín Chascomús**, donde se representan escenas de batallas contra los araucanos en 1780 (tel.: 03241-424-993).

**Mapa
página
190**

La Plata

Para llegar a La Plata, se tarda una hora y media en tren desde la estación de Constitución, en Buenos Aires. En las afueras de la ciudad se atraviesa el cinturón industrial. Viajando por carretera, a unos 38 kilómetros de Buenos Aires, donde se separan las rutas 1 y 14, se encuentra una estancia que antes pertenecía a la familia Pereyra, que Perón expropió y convirtió en un parque de atracciones, donde acuden para descansar las familias de clase media que viven en la zona. Al lado hay un zoo, donde los animales están sueltos y los visitantes atraviesan el campo en automóvil, como en un safari. La **República de los Niños**, un maravilloso centro recreativo infantil, está situado 14 kilómetros más al sur. Lo mandó construir Eva Duarte a principios de la década de 1950, en 2001 se celebró el cincuenta aniversario.

Siguiendo un poco más por la Ruta 1 se llega a la ciudad de **La Plata ❾**. Aunque sólo se encuentra a 56 kilómetros de Buenos Aires, es la típica ciudad de provincias de Argentina. A pesar de ser la capital de la provincia de Buenos Aires, allí la vida es mucho más tranquila y los habitantes disfrutan de un ambiente político y cultural independiente. La ciudad fue fundada en 1882 por el doctor Dardo Rocha y diseñada por Pedro Benoit, que planificó su trazado tan organizado: calles horizontales y verticales con números, y avenidas en diagonal. Junto a la plaza San Martín se encuentran la Legislatura, el Palacio de Gobierno y el Pasaje Dardo Rocha, un gran centro cultural. La catedral gótica de La Plata queda en la plaza Moreno y, cruzando la plaza, se erige el Palacio Municipal. A una manzana de distancia, entre las calles 9 y 10, se halla el Teatro Argentino.

El **Paseo del Bosque** es una serie de hermosos parques en el centro de la ciudad, con lagos, un zoo, un observatorio y un teatro, el **Anfiteatro Martín Fierro**. En este paseo se encuentra también el **Museo de Ciencias Naturales**, fundado en 1884, que muestra numerosas exposiciones de geología, zoología y arqueología; está considerado el mejor de su clase en toda América del Sur (abierto todos los días). El **Museo Provincial de Bellas Artes**, en el número 525 de la calle 51, ofrece una excelente colección de pintura y escultura argentinas (abierto de lunes a sábado).

Una excursión a Uruguay

A unos 45 minutos al norte de Buenos Aires, al otro lado del río, en Uruguay, se encuentra la atractiva población ribereña de **Colonia del Sacramento**, fundada por los portugueses en 1680. La zona colonial o Barrio Histórico ha sido declarada por la Unesco Patrimonio de la Humanidad. Tiene mansiones portuguesas y españolas restauradas; varias de ellas se han convertido en museos, como el palacio virreinal del siglo XVIII, que ha sido restaurado. Destacan así mismo las pintorescas plazas adoquinadas y la antigua iglesia parroquial.

El viaje de ida y vuelta desde Buenos Aires se puede hacer cómodamente en el día. Buquebús, con oficinas en Córdoba 867, ofrece servicios frecuentes en aliscafo desde su terminal, en el extremo sur de Puerto Madero.

Chascomús es la ciudad natal del ex presidente Raúl Alfonsín (1983-1989).

ABAJO: la plaza principal de San Antonio de Areco.

MAR Y SIERRAS

*La costa atlántica es el lugar de entretenimiento de la gente rica
y guapa de Buenos Aires, mientras que en el interior, en las sierras,
hay hermosos prados para dar paseos a pie, en bicicleta o a caballo*

Mapa
página
198

S
i cuando sale de vacaciones le mueve algún interés sociológico y antropoló-
gico, no puede dejar de visitar esta zona cuando vaya a Argentina. A lo largo
de la extensa costa atlántica, donde las sierras llegan hasta el mar (de ahí el
nombre popular de Mar y sierras), hay numerosos centros turísticos para todos los
gustos y bolsillos, donde los argentinos van a pasarlo bien.

Aunque tienen un país enorme, con una gran variedad de destinos atractivos, todavía son pocos los argentinos que parecen interesados en explorarlo. De hecho, la
mayoría de ellos prefiere ir a la playa. Año tras año regresan al mismo lugar, incluso hasta el punto de alquilar la misma carpa (tienda en la playa para cambiarse). La
importancia que se da a la segunda vivienda crea un auténtico sentido comunitario
en cada centro turístico; así, ocurre que familias que viven alejadas la mayor parte
del año se encuentran todos los veranos, ven crecer a sus hijos y se mantienen al
día con las reuniones y charlas de la comunidad. En estas playas, por lo general los
mayores se pasan el día jugando a las cartas (el truco o la canasta son los más populares), mientras los jóvenes nadan y juegan al *paddle* o al voleibol. Las jóvenes lucen su bronceado con su biquini *cola-less* (que viene a ser, más o menos, un traje
de baño con muy poca tela en la parte posterior) y todo el mundo parece relajado y
feliz de huir de la estresante vida en la ciudad durante algunos días o semanas.

Los argentinos se sienten muy orgullosos de sus costas. Existe una intensa competencia entre todos los centros turísticos del Atlántico Sur, y algunos de los principales puntos de Argentina rivalizan con lugares como
Punta del Este, en Uruguay. La moda se sigue al minu-
to, e incluso muchas tendencias empiezan allí. La gente
elegante se tiene que dejar ver en la costa por lo menos
una vez durante la temporada de verano.

De modo que si su encuentro con la sociedad argentina ha quedado reducido a los porteños, muchos de ellos
estresados por el ritmo de la vida urbana, no sería mala
idea visitar la costa, donde la gente, relajada, sonríe más.
Tampoco estaría mal pasar allí unas vacaciones.

Las urbanizaciones de la costa

La franja principal de esta costa popular para las vacaciones se extiende desde San Clemente del Tuyú hasta
Mar del Plata, el centro de la zona atlántica. Aunque se
fundó a finales del siglo XIX, Mar del Plata era al principio un lugar de veraneo para los porteños ricos, es decir, los habitantes de Buenos Aires que se podían permitir un viaje de 400 kilómetros hasta los por entonces
solitarios acantilados de Punta Mogotes. Al principio,
el viaje se hacía en tren, y más adelante en automóvil.
Pero el auge de Mar del Plata empezó a mediados de la
década de 1930, y se debió fundamentalmente a dos circunstancias: la inauguración del casino, con 36 mesas de
ruleta (en aquel momento era el mayor lugar de juego del
mundo), y la pavimentación de la Ruta Nacional 2, que
unía Mar del Plata con Buenos Aires en 4 horas viajan-

PÁGINAS ANTERIORES:
un día de playa
en Mar del Plata.
IZQUIERDA:
comprobando el
estado de las redes.
ABAJO: las playas
de Mar del Plata.

do en automóvil. Hace poco esta ruta se ha pavimentado de nuevo y se ha ensanchado, por lo que el viaje aún se acorta más. Con el trazado de otra carretera paralela a la costa (la Ruta Provincial 11), empezaron a surgir nuevos y numerosos centros de veraneo más pequeños al norte y sur de Mar del Plata. En poco tiempo, cada uno de ellos fue adquiriendo características propias: algunos eran frecuentados por gente mayor; otros por jóvenes, varios por los aficionados a la música rock y otros por los que prefieren bailar tango.

Por carretera, tren o avión

Hasta hace poco, una excursión a la costa era una pequeña aventura. Los caminos llenos de lodo dificultaban el acceso a muchas de las poblaciones más pequeñas; ahora, en cambio, resulta fácil llegar a cualquier punto de la costa. Si bien las carreteras son excelentes, debe tener en cuenta que la reciente mejora de la Ruta Nacional 2 se paga por peajes, y que hay cuatro a lo largo de la ruta entre Buenos Aires y Mar del Plata. Para una persona que viaja sola, es más barato el autocar, o incluso el avión. En verano, los servicios son económicos y frecuentes y a menu-

Pescando al atardecer.

do se hacen ofertas promocionales. La mayoría de los vuelos unen Buenos Aires y Mar del Plata, aunque también puede llegar en avión a algunos de los centros más pequeños, como Santa Teresita, Pinamar, Villa Gesell, Miramar y Necochea. Por tren, se llega a Mar del Plata con el ferrocarril Roca, que sale de la estación de Constitución, en Buenos Aires, tres veces al día y tarda unas seis horas en hacer este viaje hacia el sur.

Reductos de pescadores

Yendo hacia el sur desde Buenos Aires por la Ruta Provincial 11, el primer centro de veraneo que se encuentra es **San Clemente del Tuyú ❶**, situado en el extremo septentrional del **cabo San Antonio**, el punto más oriental de la Argentina continental. Se halla junto a la bahía Samborombón, la lodosa desembocadura del río Salado y de otros ríos de la pampa, más pequeños. En la bahía abundan los peces que acuden a esta zona a alimentarse.

Mundo Marino es uno de los pocos parques de esta clase que existen en América Latina, muy popular sobre todo entre los pescadores que llegan con la esperanza de pescar corvina negra o rubia, dos pescados que se utilizan para preparar sopas y guisos y que se consideran una delicia. Hay numerosos cámpings muy bien equipados, además de muchas otras instalaciones deportivas al aire libre, como campos de fútbol y canchas de tenis.

Entre la bahía y el mar asoma una pequeña franja de tierra llamada **Punta Rasa**, donde se puede visitar el **faro de San Antonio**, construido con hierro en el año 1890; mide 63 metros y desde allí se contemplan unas vistas impresionantes (abierto todos los días, de 9:00 a 19:30 h). En Punta Rasa también hay una reserva ecológica y una estación biológica para aves migratorias, que llegan en primavera y otoño desde Alaska o Canadá, de camino hacia Tierra del Fuego. La **Estación Biológica de Punta Rasa** está a cargo de la Fundación Vida Silvestre Argentina y ofrece visitas guiadas y audiovisuales.

Unos 22 kilómetros más al sur, sobre la Ruta 11, se halla otro centro turístico bien organizado, **Santa Teresita**. Además de la famosa playa, un largo muelle para pescar y muchos restaurantes de mariscos, cuenta con un campo de golf y varios cámpings muy bien acondicionados; así mismo, se puede montar a caballo.

Yendo hacia el sur, por la Ruta 11, verá varios centros de veraneo, uno detrás de otro, en un tramo de costa bastante urbanizado. **Mar del Tuyú ❷** es la capital de la llamada municipalidad de la costa, que incluye las siguientes poblaciones: Costa del Este, Aguas Verdes, La Lucila del Mar, Costa Azul, San Bernardo y Mar de Ajó. Mar del Tuyú es una localidad pequeña y tranquila, que destaca sobre todo porque allí se nada y se pesca desde el muelle. Estos centros atraen a mucha gente, pero las playas son espaciosas y no faltan los servicios.

San Bernardo, el más grande de estos lugares de veraneo, tiene bloques de apartamentos y hoteles de muchos pisos. La mayoría de las personas que visitan la zona acuden a nadar, tomar el sol y pasear por la playa junto a las altas dunas, aunque muchos prefieren ir a pescar. Sin embargo, lo hacen sólo por deporte, pues cuando llega la hora de comer, se retiran a alguna de las numerosas marisquerías, muchas de ellas especializadas en cocina italiana.

Al sur, a partir de Mar de Ajó, la playa se vuelve cada vez más solitaria. Las poblaciones se van separando y hay más tramos de playas casi vírgenes.

Mapa página 198

NOTA

Al oeste de San Clemente del Tuyú hay una reserva natural que dirige la Fundación Vida Silvestre, uno de los últimos hábitats que quedan del antes abundante ciervo de la pampa.

ABAJO: una de las chicas que frecuentan estas playas del verano.

Naufragios, médanos y faros

En esta parte de la costa se ven muchos faros viejos de hierro y ladrillo. Ya se ha mencionado el de San Antonio, en San Clemente. Verá otro en Punta Médanos, una zona árida y rocosa, sin demasiados servicios, famosa así mismo por la gran cantidad de naufragios que se produjeron en otras épocas en el extremo meridional del cabo San Antonio. El faro, construido en 1893, se alza a 59 metros de altura entre los médanos que dan nombre al lugar. Las dunas cubren una gran extensión de costa entre Mar de Ajó y Pinamar; algunas están cubiertas de vegetación, pero otras se siguen formando con la arena movediza, y alcanzan unos 30 metros de altura.

Todavía quedan más faros, uno a mitad de camino hacia Mar del Plata (el faro Querandí), otro al sur, en las afueras de Mar del Plata (el faro de Punta Mogotes) y otro en Monte Hermoso. Algunas de estas torres tienen más de cien años, y muchas comparten la larga y fascinante historia de aventuras y desgracias marítimas de la zona. Merece la pena visitarlos, tanto por su interés arquitectónico como histórico, aunque es posible que algunos estén siendo reparados y permanezcan cerrados al público. Caminando por la playa, a menudo se ve el casco encallado y deteriorado de algún viejo velero o barco de vapor.

Quizás una de las zonas urbanas más atractivas de la costa atlántica sea la que comprende Pinamar, Ostende, Valeria del Mar y Cariló.

Pinamar ❸ es un lugar de moda. Como está rodeado de bosques de pinos, el aroma de los árboles, mezclado con el aire salino del mar, proporciona a la localidad un ambiente muy vigorizante. No hay médanos en Pinamar, por lo que se accede fácilmente a la playa, incluso en automóvil. La población tiene una gran variedad de instalaciones deportivas, que incluye un atractivo campo de golf entre los pinos. Para alojarse, puede elegir desde hoteles de cuatro estrellas hasta hosterías y hospedajes modestos y económicos. Si bien encontrará hoteles de todas las categorías

Uno de los numerosos barcos que naufragaron en esta zona es el Anna, *un vapor procedente de Hamburgo. En 1894 chocó contra un banco de arena cerca de Punta Médanos, donde permaneció hasta 1967, cuando lo desguazaron. No obstante, se rescató uno de los mástiles, que sirve de asta para la bandera del faro.*

ABAJO: el paseo marítimo de Mar del Plata.

abiertos durante todo el año, la mayoría de los visitantes pasan allí dos semanas o un mes, y por lo tanto prefieren alquilar un apartamento a un precio mucho más económico que el del hotel más barato. Estos apartamentos de una, dos o tres habitaciones se pueden alquilar allí mismo, o con antelación desde Buenos Aires. Pinamar es la urbanización más desarrollada de esta parte de la costa, y tiene numerosos bloques de apartamentos de muchos pisos y discotecas; por ello, resulta un lugar adecuado para la gente joven. Sin embargo, es menos tranquilo que otras zonas de la costa; en cuanto al ambiente, le parecerá estar otra vez en Buenos Aires.

Una elegancia de categoría

Los alrededores de Pinamar incluyen **Ostende** y **Valeria del Mar**, donde hay médanos muy altos. El casino, que antes estaba en Pinamar, ahora se halla justo a las afueras de Valeria, en la Ruta 11, la carretera principal que corre paralela a la costa. Un poco más al sur de Valeria, se encuentra **Cariló**, una comunidad de estilo club de campo, con elegantes chalés a la sombra de los pinos, que además tiene una playa ancha y algunas de las zonas arboladas más hermosas y menos estropeadas que quedan en la costa. El centro de Cariló es reducido, pero atractivo y de categoría, con tiendas y restaurantes de estilo alpino.

Unos 20 kilómetros al sur de Cariló se halla **Villa Gesell** ❹, fundada en 1940 por Carlos Idaho Gesell y plantada con pinos con la intención de mantener una villa turística pequeña y tranquila. En lugar de asfaltarlas, las calles se siguen haciendo de arena, que absorbe mejor el agua; todos los días pasan camiones para apisonarla. La localidad tiene un playa larga y muy ancha, además de una reserva de árboles que incluye un museo y un archivo con fotos y documentos relacionados con la fundación de la población. Fuera del centro, cerca de la entrada principal, se halla la escuela de equitación San Jorge, que ofrece clases y salidas guiadas. Villa Ge-

Mapa página 198

NOTA

La zona de Pinamar es un paraíso para los amantes de los deportes: hay campos de golf, centros de equitación y hasta un «Tennis Ranch», que está a cargo del ex campeón argentino José Luis Clerc.

ABAJO: el Museo del Automovilismo Juan Manuel Fangio, en Balcarce.

Disfrutando del
sol en la playa.

es popular sobre todo entre los jóvenes por sus bares, discotecas y pistas de patinaje; así mismo, existen varios cámpings excelentes.

Entre Villa Gesell y Mar del Plata, lo más destacado son los cámpings sombreados de la laguna **Mar Chiquita** ❺, un pequeño conjunto de hoteles y restaurantes a la orilla de una laguna de agua salada, y **Santa Clara del Mar**. Sin embargo, ambos se encuentran a cierta distancia de la playa.

La perla del Atlántico

Poco antes de llegar a **Mar del Plata** ❻ el paisaje cambia bruscamente. Cuando el viajero llega a la ciudad por la Ruta 11, que discurre paralela a la costa, los altos acantilados de cabo Corrientes y los rascacielos del centro, edificados sobre esta península rocosa, parecen salir del mar, como un espejismo. La primera impresión es realmente sorprendente; de hecho, a medida que se vaya aproximando le seguirá llamando la atención.

Sus 700 000 habitantes llaman con orgullo a Mar del Plata «la perla del Atlántico». Para alojarse, puede elegir desde hoteles de primera clase hasta apartamentos que se alquilan por períodos breves durante todo el año. En la ciudad hay plazas bien cuidadas, parques, avenidas y varios campos de golf. Además de la playa y el sol, es posible que el principal atractivo para los dos millones de visitantes que llegan en verano sea el imponente **Casino**, donde se puede probar fortuna en la ruleta, el póquer, punto y banca y otros juegos. Hay también varios teatros.

Otro de los principales pasatiempos de Mar del Plata es ver y dejarse ver. En el pasado, toda la gente elegante de Buenos Aires se sentía obligada a pasar por allí por lo menos una vez al año. Últimamente, sin embargo, el turismo hacia Mar del Plata se ha reducido, en parte, debido a la posibilidad de pasar unas vacaciones económicas en las playas de Brasil, México y el Caribe. De todos modos, en plena

ABAJO: un circo
en Mar del Plata.

temporada, las tiendas y galerías de la **calle San Martín** y las calles adyacentes están llenas de gente guapa y morena por el sol hasta altas horas de la noche.

Mapa página 198

Acontecimientos internacionales

Mar del Plata tiene un gran número de eventos importantes a lo largo del año: la Fiesta Nacional del Mar (la primera semana de enero), con varios acontecimientos deportivos; el Certamen Nacional de Pesca con su regata, en febrero; el Festival Internacional de Cine, en marzo; el Festival Internacional de Jazz, en abril; y el Festival Nacional de Cine, en noviembre. En verano, las playas están tan atestadas de veraneantes que casi no se ve la arena, aunque algunas de las más alejadas del centro son menos frecuentadas. Un buen sitio para observar a la gente, tanto los lugareños como los turistas, es la Rambla, un amplio paseo para peatones que se extiende a lo largo de la playa Bristol, en el centro de la población, al lado del Gran Hotel Provincial (cerrado en la actualidad) y el Casino.

Una visita a Mar del Plata no sería completa si no se prueban las especialidades del lugar. En el puerto de pescadores, con sus barcas rojas y amarillas a lo largo de los muelles, encontrará unos cuantos restaurantes donde sirven excelente pescado y marisco fresco. Así mismo, puede aprovechar la oportunidad para comprar prendas de punto, elaboradas por los residentes durante los meses de invierno.

NOTA

En Mar del Plata hay que probar los famosos alfajores marplatenses, unas galletas rellenas de chocolate o dulce de leche, ideales para la hora de la merienda.

A unos 60 kilómetros de Mar del Plata, alejándose de la costa por la Ruta 226, se encuentra la ciudad de **Balcarce** ❼, que tiene 35 000 habitantes. La zona es más ondulada que la mayor parte de la provincia de Buenos Aires, y Balcarce se encuentra en un valle próximo a la laguna La Brava. Muy cerca de la ciudad hay una estación terrestre de comunicaciones vía satélite, que se puede ver en una visita guiada que se concierta en la oficina de turismo de EMTUR en Mar del Plata; en Balcarce también se puede visitar el **Museo del Automovilismo Juan Manuel Fangio**, que lleva el nombre del ciudadano más ilustre de Balcarce, campeón mundial de Fórmula 1 en cinco ocasiones. Se exponen muchos de los premios de Fangio, y también uno de sus coches de carreras, el Mercedes Benz Flecha de Plata (abierto todos los días, de 10:00 a 20:00 h; de marzo a diciembre hasta las 18:00 h). En Balcarce también hay un famoso establecimiento para la cría de caballos de carrera (haras) en Ojo de Agua, y también se puede visitar la laguna La Brava, un lugar de pesca muy conocido.

ABAJO: practicando *windsurf*.

Playas solitarias

Más allá de Mar del Plata, la carretera de la costa continúa hasta Miramar, pasando por el faro de Punta Mogotes (donde hay una playa popular llena de marisquerías). A lo largo de este tramo de 40 kilómetros, el paisaje es muy diferente de el del extremo norte de la costa atlántica. Ya no se ven más médanos ni playas con arena, pues el mar llega hasta el pie de los acantilados. La carretera los va bordeando, de modo que ofrece una espléndida vista del mar y el espectáculo de Mar del Plata que va desapareciendo a lo lejos.

Más o menos a mitad de camino entre Mar del Plata y Miramar se halla Chapadmalal, donde se encuentra la residencia de vacaciones del presidente. La zona es un complejo turístico inaugurado en la década de 1950 por la Fundación Eva Perón, destinado a estudiantes, jubilados y familias de escasos recursos; tiene una ubicación privilegiada en una playa tranquila y continúa siendo un lugar muy solicitado para pasar las vacaciones.

Miramar ❽ está mucho menos desarrollado y es más tranquilo que Mar del Plata, aunque la playa principal queda a la sombra de unas impresionantes torres de apartamentos. No obstante, las playas son muy amplias y no cuesta alejarse de la multitud. Hay mucho espacio disponible para practicar numerosos deportes al aire libre, desde pasear en bicicleta o a caballo, hasta tenis, *footing* o sencillamente caminar. Pero si quiere huir de la playa y las olas, en Miramar encontrará un parque arbolado, el Vivero Florentino Ameghino, con lugares para comer y senderos ideales para dar largos paseos.

Entre Miramar y Necochea, cada vez hay menos centros de veraneo. En este tramo de la costa, de 80 kilómetros de largo, sólo verá tres lugares con instalaciones para veraneantes: Mar del Sur (con hermosas playas casi vacías, barridas por el viento), Centinela del Mar y Costa Bonita.

En **Necochea ❾**, una ciudad agradable a 125 kilómetros de Mar del Plata, el río Quequén desemboca en el mar. Hay un puerto grande, del que parten todos los días excursiones para pescar, un frente de playas muy desarrollado y un centro urbano. Después de la playa, un paseo interesante es el viaje de 15 kilómetros río arriba hasta el Parque Cura Meucó, donde puede descansar y disfrutar viendo las pequeñas cascadas.

Al sur de Necochea escasean las playas. **Claromecó**, unos 150 kilómetros más al sur, es una de las más atractivas.

Paz y tranquilidad

Un lugar muy recomendable es **Monte Hermoso ❿**, a unos 110 kilómetros por la costa. Visitado por el naturalista británico Charles Darwin durante su viaje a bordo del *Beagle*, y famoso desde entonces por los fósiles que abundan en la orilla, Monte Hermoso tiene playas anchas de arena blanca y fina, cámpings con sombra y un

ABAJO: los muelles de Bahía Blanca.

faro venerable. No es un sitio muy frecuentado, por lo que vale la pena explorarlo. Hay un cámping grande del YMCA en las afueras de Monte Hermoso, donde también puede conseguir alojamiento en hoteles, y suele haber un mercado artesanal. Sin embargo, quizás las oportunidades de tomar el sol no sean tantas debido a los fuertes vientos que soplan en la zona la mayor parte del tiempo, ya que la costa meridional de Buenos Aires está mucho menos protegida de los vientos del Atlántico Sur que la costa oriental. Justamente allí, en Monte Hermoso, acaba la costa de vacaciones argentina.

Unos 90 kilómetros al sur de Monte Hermoso, siguiendo la costa, y alrededor de 660 kilómetros al sudoeste de Buenos Aires, en la Ruta Nacional 3, se encuentra la ciudad de **Bahía Blanca** ⓫. Situada en la bahía del mismo nombre, es un gran puerto y centro industrial, desde el que zarpan y al que llegan barcos procedentes de todo el mundo. En la **plaza Rivadavia** se encuentran los principales edificios públicos, como el ayuntamiento, la catedral, los tribunales, la biblioteca y el periódico *La Nueva Provincia*.

La ciudad cuenta con varios museos interesantes. El **Museo Municipal de Ciencias**, en Alsina 425 (abierto de martes a viernes, de 9:00 a 12:00 h y de 16:00 a 20 h; sábados y domingos, de 15:00 a 18:00 h), es un museo de historia natural, mientras que el Museo El Caldén Rojo, en Sarmiento 3 000 (abierto los domingos, de 15:00 a 19:00 h), está especializado en temas indígenas. El **Museo del Puerto**, en Guillermo Torres 4 131 (abierto de lunes a viernes, de 9:00 a 12:00 h; sábados y domingos, de 15:30 a 19:30 h; cerrado durante el mes de enero), expone fotografías antiguas y otros objetos de interés que recuerdan el pasado industrial de la ciudad. En el área del **mercado Victoria**, que antes era el mercado central para la exportación de cueros y lana, se conserva todavía un barrio inglés, con casas construidas en el siglo XIX por las compañías ferroviarias para sus empleados británicos.

Mapa página 198

ABAJO: ganado pastando en las sierras.

**Mapa
página
198**

En las sierras

Unos 80 kilómetros al norte de Bahía Blanca, entrando en la zona de sierras de la provincia, se halla la pequeña ciudad de **Tornquist** ⓬, fundada en 1883 y llena de pinos y bonitos jardines. Destaca la iglesia de Santa Rosa de Lima, de piedra y con un encanto especial. Muy cerca se alza la antigua residencia de Ernesto Tornquist (un importante empresario del siglo XIX, responsable en gran medida del desarrollo original de los centros de veraneo de la costa atlántica), a quien se debe el nombre de la población, que incluye un castillo de diseño medieval. Cerca de la ciudad se encuentra el **Parque Provincial Ernesto Tornquist**, que incluye un centro ecológico donde proporcionan información sobre su flora y fauna, y desde donde parten visitas guiadas para recorrerlo. Dentro del parque, que queda en las sierras, están el Cerro Bahía Blanca y la cueva del Toro.

Al sur del parque, por la Ruta 72, se halla la atractiva población de **Sierra de la Ventana** ⓭, el principal centro turístico de la zona. Rodeada por tres ríos, la ciudad tiene playas, lugares para pasear y cámpings, además de un campo de golf. También es un centro donde se cultivan hierbas medicinales y en la oficina de turismo se organizan visitas a las plantaciones, así como excursiones por las sierras, a pie, en bicicleta o a caballo. La ciudad queda elevada; de hecho, desde la confitería El Mirador se contemplan hermosas vistas. Cerca se ve el **cerro Tres Picos**, el más alto de la región pampeana, con 1 239 metros.

Lagunas y lagos

Al norte de Tornquist, en la Ruta 33, está **Guaminí** ⓮, al sudoeste de la provincia de Buenos Aires, cerca del límite con la Pampa. Esta ciudad se halla a orillas de la laguna del Monte, una de las más grandes de la provincia, que dispone de playas, clubs de pesca, una isla y una reserva de antílopes. Se recomienda visitar el antiguo fuerte (en la actualidad la comisaría) y el **Museo Histórico** (abierto todos los días, de 15:00 a 20:00 h). Unos 40 kilómetros al oeste se encuentra **Carhué** ⓯, que al principio también era un fuerte, cuyo principal atractivo arquitectónico es el edificio municipal, de estilo modernista. Carhué queda cerca del gran **lago Epecuén**, de agua salada; famoso por sus propiedades curativas, anegó la localidad cercana de Villa de Epecuén en 1985.

La principal ciudad de las sierras es **Tandil** ⓰, a unos 160 kilómetros al norte de Necochea. Fue fundada a principios del siglo XIX y es un centro turístico importante, sobre todo en Semana Santa, cuando se hacen procesiones al monte Calvario y se representa la Pasión. Tandil se hizo famosa por la «piedra movediza» de 300 toneladas, situada al borde de un acantilado, que se movió durante unos 30 años hasta que cayó en 1912. Se ha intentado volver a ponerla en su emplazamiento original, pero en vano; de todos modos, todavía se honra su recuerdo. Tandil tiene un gran parque con un lago (el lago del Fuerte), enclavado al pie de las sierras, al sur de la población. En la propia ciudad se halla el **Museo Tradicionalista Fuerte Independencia**, donde se muestra la historia de la vida en el lugar; destacan un coche de caballos y varios carruajes (abierto de martes a domingo, de 16:00 a 20:00 h). En las sierras que rodean Tandil hay varias estancias que no sólo ofrecen alojamiento, sino también una amplia variedad de actividades al aire libre. Por ejemplo, la lujosa **estancia Acelain**, a 50 kilómetros de Tandil, incluye una mansión de estilo andaluz, piscina y jardines.

ABAJO: unos niños a caballo.
DERECHA: barcas de pesca en Mar del Plata.

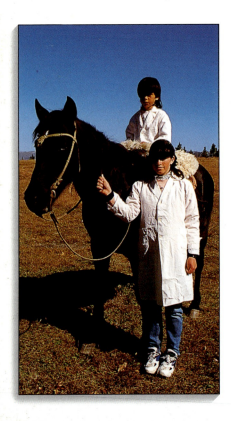

LAS SIERRAS CENTRALES

Esta región ofrece una exquisita arquitectura jesuítica en la ciudad histórica de Córdoba y sus alrededores, así como excelentes actividades al aire libre en el campo circundante

Mapa
página
220

En muchos aspectos, la provincia de Córdoba se podría considerar el centro de Argentina, porque está a mitad de camino entre los Andes, Buenos Aires y la costa atlántica. Pero dejando aparte la geografía, Córdoba representa muchas de las cosas por las cuales se conoce Argentina en el resto del mundo. Su economía no depende exclusivamente de la agricultura y la ganadería, sino también del comercio y de la industria automovilística.

Para llegar a Córdoba desde el este, hay que atravesar kilómetros y kilómetros de una llanura increíblemente plana, hasta llegar a las leves ondulaciones de las sierras centrales. En las planicies abiertas o en los valles escondidos, a veces uno tropieza con diversos paisajes típicos de Argentina: una amplia manada del famoso ganado nacional, alimentado con pasto, o una escena animada de gauchos marcando animales en un tosco cercado, o un campo especializado en la cría y el entrenamiento de caballos de carrera o de caballos de polo.

Aparte de los encuentros casuales, hay muchas cosas que el viajero se puede proponer ver y hacer aquí. La ciudad de Córdoba, la segunda de Argentina en superficie, presenta algunos de los mejores ejemplos de arquitectura colonial del país, tanto secular como religiosa. Los paisajes montañosos de la provincia son el marco ideal para practicar senderismo, montar a caballo, practicar deportes acuáticos y pescar, entre otras opciones.

Durante el verano, Villa Carlos Paz, próxima a la capital de la provincia, se convierte en el segundo gran destino turístico del país, después de Mar del Plata. Allí, los veraneantes pueden escoger entre varios acontecimientos culturales y musicales. Los más famosos son el Festival Folclórico de Cosquín, y la Fiesta de la Cerveza, la *Oktoberfest*, que organiza la comunidad germana de Villa General Belgrano.

La Córdoba histórica

La ciudad de Córdoba data de la época colonial. Es una de las ciudades más antiguas del país, ya que fue fundada por Jerónimo Luis de Cabrera en 1573. Cabrera llegó desde el norte, de Santiago del Estero, siguiendo el río Dulce, y se instaló con su gente junto al río Suquía. Es interesante destacar que, cuando los primeros topógrafos que se aventuraron en la región llevaron a Perú información acerca de estas nuevas tierras, donde todavía no había asentamientos, ya se mencionaban algunas de las características que han contribuido al atractivo de Córdoba. Se decía que en estas tierras había montañas bajas, pesca en abundancia en los numerosos arroyos y ríos, muchas aves y animales silvestres (ñandúes, ciervos, pumas, armadillos, nutrias, liebres, perdices y muchos más), hermosos paisajes y un clima agradable.

Con tan pocas palabras se resume el encanto de la región cordobesa, el mismo que impulsa a los turistas argentinos a visitar los cientos de pueblecitos, posadas y cámpings todos los años.

PÁGINAS ANTERIORES:
la fachada de la catedral de Córdoba.
IZQUIERDA: el techo de la catedral de Córdoba.
ABAJO: una escultura en Villa Dolores.

*Muela y mortero
de los comechingones.*

Cuando Cabrera llegó a la región de Córdoba en 1573, estaba poblada por tres grupos indígenas principales: los sanavirones en el nordeste, los comechingones en el oeste y los pampas en las planicies.

A pesar de que se produjeron unos cuantos enfrentamientos entre los españoles y los indígenas, estos últimos fueron calificados de «pacíficos y colaboradores», debido al contraste entre estos grupos y otras tribus mucho más belicosas del noroeste, el sur y el este del país.

Los pampas eran grupos nómadas que recorrían las llanuras. Los sanavirones y los comechingones vivían en cuevas o en casas de adobe, rodeadas de arbustos espinosos y vallas de cactus. Se organizaban en tribus encabezadas por un cacique y vivían de la caza, la recolección y la agricultura. Su religión giraba en torno al Sol y la Luna, y en la zona había tres o cuatro lenguas principales y numerosos dialectos. Se calcula que en la época de la conquista española había en la zona entre doce y treinta mil habitantes.

Cuando los españoles descubrieron que de las montañas se podían extraer metales y piedras de cantera, a sus ojos –y a los de la Corona– quedó más que justificada la fundación de otra ciudad.

Cien años después de su fundación, Córdoba ya presentaba las características que todavía conserva. La pequeña aldea había prosperado en el ámbito religioso y cultural. En esa época se vanagloriaba de contar con un número increíble de iglesias, capillas y conventos construidos por los jesuitas, los franciscanos, los carmelitas y otras órdenes; tenía una universidad dirigida por los jesuitas, una de las más antiguas del país, levantada en 1621 y que ahora recibe el nombre de Universidad Nacional de Córdoba, y la economía local se basaba en una gran variedad de productos agrícolas (trigo, maíz, alubias, patatas, melocotones, albaricoques, uvas y peras) y en sus extensas manadas de ganado salvaje, cada vez más numerosas.

ABAJO: la capilla de Candonga, en las sierras de Córdoba.

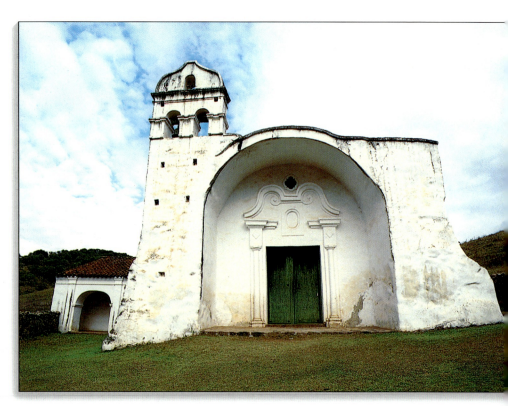

Las montañas y «el árbol»

En la provincia de Córdoba encontramos un fuerte contraste entre la pampa, increíblemente llana, y unas sierras onduladas que constituyen la primera cadena montañosa que aparece hacia el oeste, en dirección a la cordillera de los Andes. A medida que uno se aproxima a través de la planicie, las sierras parecen grandes olas que rompen en la playa.

Hay tres grandes cadenas montañosas en la parte occidental de la provincia de Córdoba, paralelas entre sí, de norte a sur. Son la Sierra Chica, al este, la Sierra Grande, en el centro, y la Sierra de Pocho (que después se convierte en la Sierra de Guasapampa), al oeste. El pico más alto de la provincia es el Champaquí, que alcanza los 2 884 metros de altura.

Las sierras de Córdoba no son ni tan altas ni tan extensas como muchas de las demás formaciones que se elevan al este de los Andes. Por su fácil acceso, su belleza, el clima seco, los espléndidos paisajes y las buenas carreteras, así como por la infinidad de riachos y cursos de agua, Córdoba ha conseguido una excelente reputación como lugar ideal para el descanso y la recuperación.

La mayor parte de las precipitaciones caen en verano, y son más abundantes en la parte oriental, donde las sierras presentan un aspecto verde y exuberante. En realidad, la vegetación es sobre todo de tipo monte, con arbustos y matorrales bajos y espinosos. En las estribaciones de las sierras orientales abundan más los árboles más grandes, entre los cuales destaca el amable algarrobo. Desde los tiempos prehistóricos hasta el presente la población lo ha aprovechado por su sombra, y también por los frutos y la madera, que sirve para hacer postes y como leña. El fruto se utiliza para hacer distintas comidas, como un pan duro y dulce llamado «patay». Además, el algarrobo es uno de los árboles más resistentes a la sequía; por todas estas virtudes, los lugareños lo llaman simplemente «el árbol».

Mapa página 220

La ciudad de Córdoba se fundó el 24 de junio de 1573 con el nombre de Córdoba La Llana de la Nueva Andalucía, probablemente haciendo referencia a su clima soleado de tipo mediterráneo.

ABAJO: el paisaje rocoso de los alrededores de La Cumbrecita.

La rica fauna silvestre de la región atrae a numerosos visitantes; en esta época, la mayoría sólo van armados con cámaras y prismáticos.

ABAJO: unos escolares en Córdoba.

La fauna

La fauna de la región ya no es tan rica como cuando llegaron los españoles, aunque sigue siendo abundante en algunas zonas escondidas, de modo que se permite la caza por temporadas. El puma o león americano sigue vagando por las sierras, aunque son pocos y están aislados. Los guanacos no abundan cerca de la mayoría de los centros de vacaciones, aunque se ven en las zonas occidentales más altas. Abundan las liebres, que se cazan y se comen, al igual que las perdices y las vizcachas. Hay varios tipos de serpientes, incluidas las de cascabel y las corales, aunque la presencia constante de turistas y residentes en la mayoría de los lugares de las montañas hace que cada vez haya menos. También se ven zorros de vez en cuando, además de innumerables especies de aves, incluso cóndores.

Córdoba tiene un clima continental seco, más fresco y húmedo en las sierras y más cálido y seco en las llanuras del sur y el este de la provincia. Aunque la mayoría de los visitantes prefiere el verano, con sus días calurosos y sus noches frescas, el invierno también tiene sus atractivos. Como las lluvias son estacionales, sobre todo en primavera y verano, es impresionante ver cómo cambian los paisajes.

Atravesando la llanura

La manera más fácil de llegar a la provincia de Córdoba y su capital es por el sur y el este. Desde Buenos Aires se puede viajar en avión, en autobús o en coche. Los autobuses son rápidos, ofrecen una mayor variedad de horarios y son todos nuevos, espaciosos y cómodos. Varias empresas cubren el trayecto entre Buenos Aires y Córdoba, con la posibilidad de hacer una parada en Rosario y en algunas otras ciudades grandes (el «expreso» tarda entre nueve horas y nueve horas y media).

Para viajar desde Buenos Aires por carretera hay dos caminos principales para llegar a Córdoba. El más corto pasa por Rosario, una ciudad de un millón de habitan-

tes, situada a 300 kilómetros al noroeste de Buenos Aires, por la Ruta 9. La otra opción es tomar la Ruta 8, un camino un poco más largo pero más tranquilo y pintoresco, que discurre en dirección sur y atraviesa ciudades agrícolas tan tradicionales como San Antonio de Areco (*véase pág. 192*), Pergamino, Venado Tuerto y Río Cuarto. En ambos casos, el visitante recorrerá kilómetros y kilómetros de la pampa, un terreno muy llano y muy fértil, salpicado de pueblos pequeños y vastos campos con plantaciones de trigo, maíz, soja y girasol. Por todas partes verá enormes manadas de ganado bovino (Aberdeen Angus, Hereford, Holando-Argentina) y caballar. Las carreteras están en bastante buen estado y disponen de los servicios básicos (hoteles, pequeños restaurantes, cafeterías, bares y gasolineras) en casi todas las poblaciones del camino.

También se puede llegar a Córdoba fácilmente desde el oeste (tanto desde Santiago de Chile como desde Mendoza) ya sea en avión como en autobús, y desde el norte (la ciudad de Santiago del Estero, Salta, Tucumán y Jujuy) en avión, autobús y tren. Todos los autobuses llegan hasta la **Terminal de Ómnibus**, situada en el bulevar Reconquista 380.

La cuadrícula española

La ciudad de **Córdoba** ❶ es la segunda más grande del país, con una población de alrededor de 1,2 millones de habitantes. Las bases de su economía son la agricultura, la ganadería y la industria automovilística. Su ubicación, en el cruce de muchas de las rutas principales que atraviesan el país, determinó su importancia y favoreció su rápido crecimiento. Aunque la capital, Buenos Aires, por su excesiva absorción de poder y población, siempre ha tendido a eclipsar al resto del país, Córdoba y su zona de influencia constituyen un fuerte núcleo de resistencia dentro del extenso interior de Argentina.

Mapa
página
220

NOTA

Las líneas aéreas Aerolíneas Argentinas, LAPA y Southern Winds tienen varios vuelos diarios al aeropuerto Pajas Blancas de Córdoba desde Buenos Aires; la duración es de aproximadamente una hora.

ABAJO IZQUIERDA:
la catedral.
ABAJO DERECHA:
El Arco, en Córdoba.

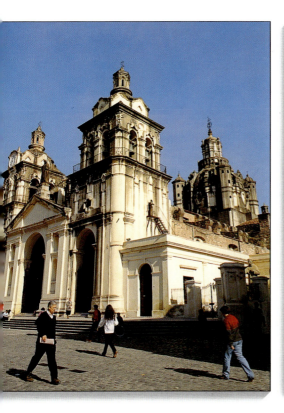

NOTA

Antes de hacer una
excursión fuera de la
ciudad se recomienda
pasar por la oficina
de turismo de la
Provincia de Córdoba,
en la Dirección
Provincial de Turismo,
Tucumán 25, donde
se puede conseguir
información sobre
las sierras cercanas.

Al igual que la mayoría de las ciudades fundadas por los españoles, Córdoba se diseñó según una cuadrícula de calles rectangular, con la plaza principal (la plaza San Martín), la catedral y los edificios más importantes en el centro de la ciudad, de modo que en un plano el viajero encuentra fácilmente los diferentes puntos de interés histórico, arquitectónico o artístico.

Como muchos de los primeros edificios cordobeses eran de carácter religioso o educativo, buena parte de ellos se conservan todavía a pesar del tiempo y del progreso, con lo cual tanto los residentes como los turistas disponen de un rico tesoro que visitar de capillas, iglesias, conventos y edificios públicos de la época colonial, rodeados de otros más modernos.

Existen varias oficinas de turismo diferentes; por ejemplo, hay una en el centro, otra en el aeropuerto y otra en la terminal de autobuses. La oficina central de turismo de la ciudad está situada en la **Recova del Cabildo** Ⓐ (abierta de lunes a viernes, de 8:00 a 20:00 h; sábados y domingos, de 9:00 a 13:00 h y de 15:00 a 19:00 h), en Independencia 30; allí se puede obtener información sobre paseos a pie, acontecimientos especiales, exposiciones en los museos, planos y antecedentes históricos.

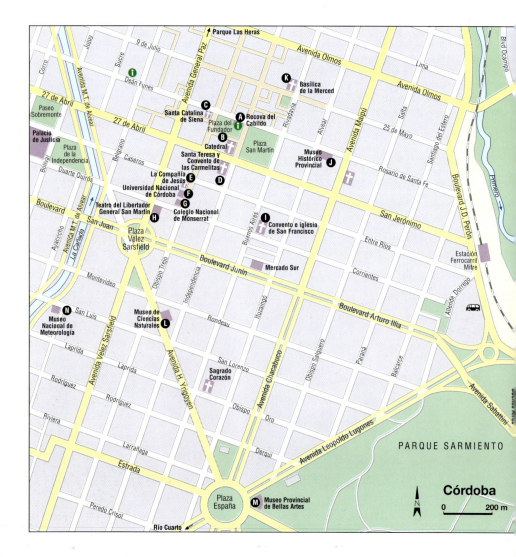

El circuito de las iglesias

El circuito religioso (en la oficina municipal de turismo llaman «circuitos» a los distintos itinerarios que recomiendan) abarca la mayoría de los edificios religiosos coloniales más antiguos. A continuación se propone un paseo a pie ideal por el centro de la ciudad, que cada uno puede hacer por su cuenta o con un guía.

Aunque se determinó su ubicación en 1577, la **catedral** ❷ no se consagró hasta 1784, a causa de derrumbamientos, interrupciones y modificaciones. Estos retrasos explican los numerosos estilos artísticos que se observan en su arquitectura. Según el arquitecto J. Roca, tiene un pórtico clásico del Renacimiento, con cúpula y torres barrocas, en las cuales se aprecia la influencia indígena. Completa la imagen una verja enorme de hierro forjado. El interior fresco y sombreado de la iglesia, situada en el lado occidental de la **plaza San Martín**, se divide en tres grandes naves, separadas entre sí por anchas columnas (que sustituyen a las originales, más pequeñas, que no tenían la fuerza suficiente para aguantar el edificio). El altar mayor, hecho de plata, es del siglo XIX; sustituyó al altar original, barroco, que actualmente se encuentra en la iglesia de Tulumba.

La iglesia y el convento de **Santa Catalina de Siena** ❸, situados detrás de la catedral, junto a la calle peatonal Obispo Trejo y al final del pasaje Cuzco, fueron fundados en 1613 por una viuda adinerada, Leonor de Tejada y Mirabal, que convirtió su casa en el primer convento de la provincia. El edificio actual data de finales del siglo XIX y destaca sobre todo por la cúpula (abierto en horario de misas: de lunes a sábado a las 7:00 h y los domingos, a las 8:00, 9:00 y 19:30 h).

La **iglesia de Santa Teresa** y el **convento de las Carmelitas** ❹ (también llamado de «las Teresas») se fundaron a principios del siglo XVII. Aunque se completaron en 1717, fueron objeto de una amplia renovación en la segunda mitad del siglo XVIII y muchos de los edificios datan de este período posterior. En el altar mayor hay una gran escultura barroca de Santa Teresa de Jesús, y el coro de madera es un espléndido trabajo de ebanistería. En el monasterio está el Museo de Arte Religioso, en el cual se exhiben muchos de los objetos que antes pertenecían a la catedral. Se entra por la calle Independencia y el complejo se halla situado enfrente de la catedral (abre en horario de misa: todos los días a las 8:00 h).

El complejo jesuítico

Este complejo se construyó en el lugar donde antes había una pequeña iglesia que data de 1589. Está situado en la calle Caseros, a dos calles de la catedral.

El conjunto de edificios se compone de la iglesia, la Capilla Doméstica y la vivienda. Al principio incluía también el Colegio Máximo y la universidad, que en la actualidad son instituciones nacionales.

La iglesia de **La Compañía de Jesús** ❺ es del siglo XVII. Uno de sus detalles más destacados es un arco de cedro paraguayo, que tiene la forma de un casco de barco invertido, sujeto con estacas de madera. El interior de la iglesia está cubierto de vigas de cedro y el techo está hecho de vigas y tejas. Las tejas se pegaban con un pegamento especial que, después de trescientos años, sigue siendo totalmente impermeable. Muchos de los altares barrocos, incluido el de cedro, son del siglo XVIII, y el trabajo de mármol de Carrara de las paredes es del XIX (abierto de lunes a sábado, de 8:00 a 19:00 h; los domingos, en horas de misa).

La Capilla Doméstica también es del siglo XVII. El techo tiene vigas de madera, entre las cuales se coloca-

Plano
página
216

El Cabildo, Córdoba.

ABAJO: el edificio más estrecho del mundo, en Córdoba.

NOTA

Una salida nocturna típica en Córdoba consiste en asistir a una peña, donde tanto los lugareños como los turistas beben vino, comen empanadas y escuchan música folclórica.

ABAJO: el paseo de las Flores, una de las calles comerciales peatonales que hay en Córdoba.

ban cañas atadas con tiras de cuero que después se revocaban y se cubrían con tela pintada. Dentro del complejo jesuítico se halla la Rectoría de la **Universidad Nacional de Córdoba ⑥** (abierta de lunes a viernes, de 8:00 a 21:00 h; los sábados, desde las 8:00 h hasta el mediodía), inaugurada en el año 1613, y que actualmente incluye diez facultades. En el edificio de la Rectoría se encuentra la Biblioteca, así como también los claustros, los jardines y un monumento al fundador de la universidad, el obispo Trejo y Sanabria.

Otra institución académica situada dentro del complejo jesuítico es el tradicional **Colegio Nacional de Montserrat ⑥**, una escuela secundaria donde, hasta 1998, sólo se admitían alumnos varones. El colegio fue fundado por Ignacio Duarte Quirós en 1687 y depende de la universidad desde 1907 (abierto de lunes a viernes, de 8:00 a 21:00 h, durante el período de clases). El edificio se reconstruyó en 1927 y destaca sobre todo por la torre del reloj, en un extremo, y también por un mural de Claudio Boggino en el salón central (abierto de lunes a viernes, sólo por la mañana).

En la acera de enfrente de Montserrat, en Duarte Quirós entre Vélez Sarsfield y Obispo Trejo, se encuentra el **Teatro del Libertador General San Martín ⑥**, antes conocido como Teatro Rivera Indarte, construido en 1887. Este teatro, que se considera que tiene una acústica excelente, sigue ofreciendo representaciones; además, alberga el **Museo del Teatro y de la Música**, con fotografías, partituras y programas que ilustran la historia del teatro (abierto de lunes a viernes, desde las 9:00 h hasta el mediodía).

El **convento** y la **iglesia de San Francisco ⑥** están situados en la esquina de las calles Buenos Aires y Entre Ríos, a dos manzanas de la catedral. El terreno para la iglesia fue concedido a la orden de los franciscanos por el fundador de la ciudad, Jerónimo Luis de Cabrera. La primera iglesia se construyó en 1575; ya no existen ni esta iglesia original ni la que la reemplazó. El edificio actual se inició en 1796 y

se concluyó pocos años después, en 1813. Dentro del complejo, se conserva un salón original: el Salón de Profundis.

Objetos étnicos

También merece la pena mencionar el **Museo Histórico Provincial ◗**, un notable ejemplo de arquitectura residencial colonial, situado en la mansión del marqués de Sobremonte, la última mansión colonial que queda en la ciudad, situada en Rosario de Santa Fe e Ituzaingó, a tres manzanas de la catedral. El edificio se construyó en el siglo XVIII, y allí vivió el gobernador de Córdoba. Contiene una amplia colección de objetos indígenas y gauchescos, instrumentos musicales antiguos, objetos de cerámica y muebles (abierto de martes a viernes, de 8:30 a 13:30 h y de 15:30 a 20:00 h; sábados y domingos, de 10:00 a 13:00 h).

En la esquina de 25 de Mayo y Rivadavia, a tan sólo tres manzanas de la catedral, se erige la **basílica de la Merced ◗**. El edificio actual se terminó de construir en 1826, sobre unos cimientos que datan del siglo XVII.

El altar mayor, realizado en 1890, y el púlpito de madera policromada del siglo XVIII, son dos de los elementos más notables del interior.

En la parte sur de la ciudad está el inmenso **parque Sarmiento**, próximo al Barrio Nueva Córdoba y a la **Ciudad Universitaria**, donde se encuentran todas las facultades distribuidas en edificios de épocas y diseños diversos. En el parque hay un lago que tiene dos islas, un teatro griego, un zoo y el Córdoba Lawn Tennis Club. Fue diseñado a fines del siglo XIX por el paisajista francés Carlos Thays.

Fuera del centro

El **Museo de Ciencias Naturales ◗**, situado en Yrigoyen 115, presenta exposiciones de geología, botánica, paleontología y zoología relacionadas con la historia, la flora y la fauna de la provincia; se hacen visitas guiadas a diario (abierto de lunes a viernes, desde las 9:00 h hasta el mediodía).

En la entrada principal del parque Sarmiento, en la plaza España, está el **Museo Provincial de Bellas Artes ◗**, inaugurado en 1916, que ofrece exposiciones especiales de arte, posee una biblioteca y organiza actividades culturales; abierto de lunes a viernes, de 9:00 a 13:00 h; sábados y domingos, de 14:00 a 20:00 h. En otro museo de este tipo, el **Museo de Bellas Artes Doctor Genaro Pérez**, situado en el palacio Garzón, en el paseo de la Ciudad, dos manzanas al norte de la catedral, se celebran exposiciones permanentes de arte tridimensional argentino; abierto de martes a viernes, de 9:30 a 13:30 h y de 16:30 a 20:30 h; sábados y domingos, de 10:00 a 20:00 h.

Al oeste del centro, cerca del canal, en San Luis y Belgrano, se halla el **Museo Nacional de Meteorología ◗**, fundado en 1871 por el presidente Sarmiento, el observatorio más importante que hay en Argentina (abierto de martes a viernes, de 9:00 a 13:00 h y de 15:00 a 19:00 h; los sábados, de 8:30 a 12:30 h).

Otro parque inmenso, situado en el extremo occidental de la ciudad, es el **parque San Martín**, junto al río Suquía, próximo al estadio de Córdoba y a la Universidad del Medio Ambiente. Este hermoso parque, diseñado también por Carlos Thays, incluye el **Centro de Arte Contemporáneo**, que ofrece exposiciones tanto permanentes como temporales de obras de arte moderno (abierto de martes a domingo, de 16:00 a 20:00 h), un

Plano
página
216

El famoso paisajista francés del siglo XIX Carlos Thays se encargó del trazado del parque Sarmiento, en Córdoba, aparte de diseñar parques en otras ciudades, como Mendoza, Tucumán y Buenos Aires.

ABAJO: mosaicos de la basílica de la Merced, en Córdoba.

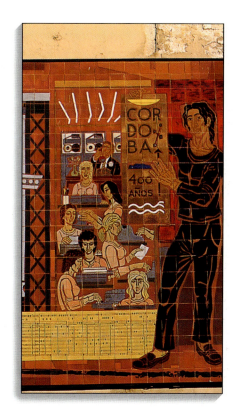

CÓRDOBA

centro de exposiciones y un cámping. Junto al río también se halla el **parque Las Heras**, que se extiende desde el puente Centenario hasta el puente Antártida, donde hay un monumento al famoso cantante de tangos Carlos Gardel.

Mapa
página
220

La ciudad moderna

Aunque es posible que Córdoba sea más conocida por su encanto colonial, la ciudad moderna también tiene mucho que ofrecer al visitante. A pocas manzanas del centro se encuentra **La Cañada**, el canal bordeado de árboles que atraviesa la ciudad, un lugar hermoso para caminar por la noche o en horas tranquilas del día. Los sábados y domingos hay una feria de arte y artesanía en la esquina de La Cañada con A. Rodríguez. El Rincón de los Pintores es una galería dedicada a la obra de artistas locales, situada dentro del Centro Municipal de Exposiciones Obispo Mercadillo, en Rosario de Santa Fe 39. Las calles peatonales del centro de la ciudad están llenas de cafeterías, librerías y tiendas, lugares frecuentados por los estudiantes universitarios. Es un buen lugar para sentarse a descansar, mirar escaparates y observar a la gente que pasea. En las cercanías también hay numerosas salas de cine que proyectan los últimos estrenos.

Los pueblos

Después de recorrer la ciudad de Córdoba, es muy aconsejable que el visitante conozca los alrededores, si dispone de tiempo. Las oficinas locales de turismo tienen preparadas una serie de rutas que conducen al viajero hacia las sierras, por carreteras alfaltadas o no, hasta pueblecitos, lagos, arroyos, cámpings y unos paisajes espectaculares. Aunque estas rutas se pueden visitar con medios de transporte públicos, es necesario (o al menos recomendable) disponer de un vehículo propio para poder explorar realmente la zona.

En Córdoba hay numerosos cafés con terraza.

ABAJO: un café de estilo alemán en Villa General Belgrano.

LOS JESUITAS EN CÓRDOBA

Durante los siglos XVII y XVIII, la ciudad de Córdoba fue el centro espiritual y administrativo del movimiento jesuítico en el continente americano, cuyas actividades afectaban a todo el norte y este de Argentina, así como a gran parte del centro de América del Sur.

La misión primordial de los jesuitas era de naturaleza espiritual: convertir el alma pagana de la población indígena y ampliar la educación religiosa de su hermandad. No obstante, a medida que fueron atrayendo cada vez a más indígenas conversos hacia sus misiones, desarrollaron su propio sistema económico, abolieron los trabajos forzados y los sustituyeron por una economía productiva comunitaria.

Con la llegada constante de nuevos misioneros procedentes de Europa, junto con cuantiosas donaciones en dinero y propiedades, el «imperio» de los jesuitas creció de forma espectacular. Estas comunidades tan cualificadas construyeron unas misiones fabulosas, que incluían iglesias, residencias y estancias llenas de muebles y objetos de hierro y plata muy elaborados. Cuando en 1767 fueron expulsados por el rey Carlos III de España, los jesuitas habían establecido una red de centros en Córdoba y sus alrededores, que incluían La Calera, Estancia Santa Catalina, Jesús María y Alta Gracia, cuyos restos, que resultan sumamente interesantes para conocer el pasado de esta región, se pueden visitar todavía.

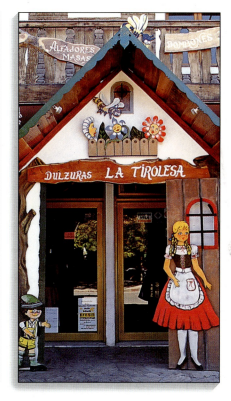

NOTA

Laguna Azul era una cantera abandonada y ahora es un lugar ideal para ir a bañarse, cerca de la presa Mal Paso, sobre el río Suquía, en las afueras de La Calera.

Otras excursiones

Entre las excursiones más cortas que se pueden hacer en el día partiendo de Córdoba está la visita a **La Calera**, unos 15 kilómetros al oeste de la ciudad, actualmente una de las ciudades-dormitorio para los que trabajan en la capital de la provincia. Situada al pie de las sierras, La Calera queda cerca de la presa Mal Paso, en el río Suquía, desde el cual hay unas hermosas vistas del embalse. En La Calera, rodeadas por unas antiguas canteras de calizas que se empezaron a explotar en el siglo XVII, están las ruinas de una iglesia jesuítica y de las antiguas fábricas y hornos de cal. La población cuenta también con una playa fluvial, muy concurrida en verano.

Unos 40 kilómetros al norte de Córdoba se encuentra **Río Ceballos** ❷, una hermosa ciudad de las sierras donde ahora también viven muchos de los que trabajan en la capital. El río Ceballos atraviesa el centro de la población, situada entre colinas verdes, y al otro lado de la ciudad están el embalse y el parque de La Quebrada. Un poco más arriba (a unas dos horas a pie) se hallan la cascada del Águila y la de los Hornillos. En Río Ceballos también existen un casino, y es un refugio estival bastante frecuentado por aquellos que prefieren huir de la ajetreada vida nocturna de Villa Carlos Paz. Entre La Calera y Río Ceballos hay varias poblaciones exclusivamente residenciales, como Villa Allende y Unquillo, por las que merece la pena pasar porque son bonitas y para ver los ríos que siempre las atraviesan.

Una de las zonas más populares es el **valle de Punilla**, al norte de la ciudad de Córdoba, en la Ruta 38 en dirección a **Cruz del Eje**. Esta ruta atraviesa o al menos pasa cerca de la mayoría de los centros turísticos de la región, entre los que se encuentra **Salsipuedes**, a unos 30 kilómetros al norte de Río Ceballos, un paraje de gran belleza natural con una zona de playa a orillas del río para los turistas. Después de Salsipuedes, a unos 20 kilómetros de distancia, está la pequeña aldea de **Candonga**, situada en un camino de tierra, en dirección al Cerro Azul. Allí se erige una

Abajo: uno de los apacibles ríos que fluyen entre las sierras.

iglesia del siglo XVIII, la **capilla de Candonga**, que antes formaba parte de la estancia jesuítica de Santa Gertrudis. Existe otro asentamiento jesuítico más grande en la localidad de **Ascochinga** ❸, al norte de Salsipuedes, por una carretera que ofrece al mismo tiempo una impresionante belleza natural y varias pastelerías alemanas. En Ascochinga se encuentra la antigua **estancia Santa Catalina**, perteneciente a los jesuitas, que incluye una iglesia, el cementerio y las ruinas del seminario. El complejo, que se puede ver desde el exterior (se puede pedir la llave de la iglesia al conserje), constituye un ejemplo excepcional de arquitectura colonial de principios del siglo XVIII.

Al oeste de Córdoba se encuentra **Villa Carlos Paz** ❹, famosa por su vida nocturna, sus casinos, restaurantes y clubs, y por las actividades deportivas que se practican alrededor y en el lago San Roque. La ciudad sorprende al visitante por sus hermosos chalés, sus cómodos hoteles y sus calles, llenas de turistas tanto de día como de noche (en temporada alta).

Los festivales de música

Al norte de Carlos Paz, justo a 18 kilómetros, se encuentra **Cosquín** ❺, una ciudad pintoresca, famosa porque allí se celebra, en la segunda quincena de enero, el Festival de Música y Danza Folclóricas Argentinas y Latinoamericanas. Quince kilómetros más al norte, por una carretera estrecha pero bien asfaltada, se llega a **La Falda** ❻, donde la primera semana de febrero tiene lugar el festival de música folclórica de los inmigrantes argentinos y de tango. En otras épocas del año, en éstas y otras poblaciones vecinas se puede disfrutar jugando al golf, nadando, caminando, dando paseos a caballo y navegando.

Unos 11 kilómetros al norte está **La Cumbre** ❼. En esta población, a orillas del río San Jerónimo, se pescan unas truchas excelentes de noviembre a abril (al igual

Mapa página 220

La Cumbre destaca por sus cuidados jardines y grandes construcciones de ladrillo, levantadas por los inmigrantes británicos.

ABAJO: el complejo jesuítico de Alta Gracia.

Los inmigrantes alemanes de Villa General Belgrano celebran todos los años con entusiasmo la Oktoberfest.

ABAJO: un puesto de objetos de artesanía en las sierras.

que en muchas otras poblaciones de la zona); además, dispone de instalaciones para practicar golf, tenis y natación. Al estar situada a 1 142 metros de altitud, tiene un clima muy agradable y, por esta razón, así como por el sosiego que se respira, es famosa como refugio para escritores.

Quince kilómetros más allá, por la misma carretera (ahora ya nos encontramos a 106 kilómetros de Córdoba), el visitante llega a la localidad de **Capilla del Monte**, donde en febrero se celebra el Festival Español. Allí se pueden dar paseos a pie, practicar escalada en roca y nadar, y así como disfrutar de la serenidad de esta población enclavada en el corazón de las sierras.

Atravesando el campo hacia el este, a unos 65 kilómetros por la Ruta 9, se llega a la ciudad de **Jesús María 8**, que también se asocia con los jesuitas e incluye la **Estancia Jesuítica de San Isidro Labrador**, en las afueras de la ciudad, que comprende una iglesia, una residencia y un museo (que abre todos los días). En Jesús María hay otra antigua escuela jesuítica, la **Casa de Caroya**. La ciudad cuenta con su propio festival nacional de folclore y rodeos, que se celebra durante la primera quincena de enero, en un anfiteatro próximo a San Isidro Labrador.

Juegos gauchescos, mate y repostería

Yendo hacia el sur de Córdoba por la Ruta 5 se llega a otro refugio turístico, el **valle de Calamuchita**, situado entre la Sierra Chica y la Sierra Grande.

Al llegar a **Alta Gracia 9**, encontramos una ciudad próspera, encantadora, que recibe muchos turistas pero no depende de ellos, de modo que uno no se ve abrumado por las multitudes o el tipo de establecimientos turísticos que se ven en Villa Carlos Paz. Allí la vida parece transcurrir con mucha lentitud; las tiendas cierran a las 12:30 h para la hora de la comida y no vuelven a abrir hasta las 16:00 h. Uno de los principales atractivos es el complejo jesuítico, una verdadera joya de la arquitectura colonial, que comprende la iglesia de la Merced (abierta en horario de misas) y la Residencia Jesuítica (abierta todos los días; entrada gratuita).

Se puede hacer una breve excursión a las sierras que quedan detrás de Alta Gracia, en dirección a La Isla, a orillas del río Anizacate, por un camino de tierra transitable, donde hay pequeños establecimientos agrícolas y unas vistas espectaculares del hermoso río. Con un poco de suerte, en algún lugar de la ruta o por la región de la sierra, a lo mejor uno encuentra un grupo de lugareños marcando el ganado, que le invitan a compartir su asado, a beber el fuerte vino tinto y a tirar la taba (un juego de azar de los gauchos que se jugaba con el astrágalo izquierdo del caballo). Es tradicional que, al acabar la comida, se llene de mate (el té verde argentino) una calabaza seca y se beba por una caña de plata con la misma seriedad y satisfacción con que los banqueros neoyorquinos beben su coñac después de comer.

Al salir de Alta Gracia y regresar a la carretera principal, se sigue hacia el sur y se entra en las sierras por una carretera asfaltada pero llena de curvas. Veinte pintorescos kilómetros después aparece el embalse Los Molinos, uno de los lugares favoritos de los habitantes de la región para practicar diversos deportes acuáticos o para comer junto al embalse, por encima del lago.

Veinte kilómetros después se llega a **Villa General Belgrano 10**, que dicen que fue fundada por los marineros del desafortunado *Graf Spee*, que decidieron no regresar a Alemania. La ciudad tiene un marcado carácter alemán, con sus encantadores chalés y sus cuidados

Mapa
página
220

jardines. Como es de suponer, allí se celebra la *Oktoberfest* durante la primera semana de octubre. Antes de partir, se recomienda al visitante que pruebe uno de los famosos pasteles caseros. Un poco más al sur se encuentra el embalse Río Tercero, que forma parte de una serie de siete lagos que comienza en Los Molinos; todos ofrecen hermosos paisajes de montaña, si bien el embalse Río Tercero es el más grande de la zona. La población de Embalse, en el extremo del lago, ofrece unas instalaciones turísticas bastante buenas.

El pequeño pueblo de **La Cumbrecita** ⓫ queda al pie de las Sierras Grandes, a 40 kilómetros por un camino sin asfaltar, al oeste de Villa General Belgrano. El visitante encontrará muchos caminos en medio de la naturaleza, justo a las afueras del pueblo, que atraviesan riachuelos y cascadas y serpentean entre la variada flora, incluido un pequeño bosque de cedros, pinos y cipreses. El pueblo es muy tranquilo, con casas y atractivos jardines en las calles laterales. Desde la carretera entre Villa General Belgrano y La Cumbrecita se ve el **cerro Champaquí**, de 2 884 metros, el pico más alto de las sierras de Córdoba, que se puede escalar a pie o a caballo (se tardan alrededor de dos horas, en este último caso).

Una parte más tranquila de las sierras es el valle de Traslasierra, al que se llega por el **Camino de las Altas Cumbres** hacia el oeste, al otro lado de las sierras con respecto a los valles de La Punilla y Calamuchita. En esta carretera disfrutará de una vista magnífica desde **El Cóndor** ⓬, un lugar panorámico situado donde antes se encontraba la hostería El Cóndor. Algunas de las poblaciones que vale la pena visitar en Traslasierra son Mina Clavero, San Javier y Cura Brochero.

Mina Clavero ⓭ está situado en la confluencia de los ríos Panaholma y Mina Clavero; allí se encuentra el **Museo Piedra Cruz del Sur**, un museo de minerales que también ofrece a la venta tallas en piedra y otras artesanías (abierto todos los días, sólo en verano). Más al sur se halla la antigua población tabaquera de **Villa Las Rosas**, a orillas del río Gusmara, que también tiene una zona de playa. Al sur de Villa Las Rosas está **Yacanto**, un centro turístico con magníficas residencias de verano y un complejo hotelero exclusivo, el Hotel Yacanto, que tiene su propio campo de golf. Yacanto está situado en las afueras de San Javier, un pueblo atravesado por canales, situado al pie del cerro Champaquí.

Para seguir explorando

Las sierras de Córdoba ofrecen un sinfín de posibilidades para explorar, saliendo de las principales rutas turísticas por caminos de tierra que conducen a tranquilas y bonitas aldeas de montaña.

Al sur de la provincia hay una ciudad bastante grande: **Río Cuarto** ⓮, a orillas del río homónimo, cerca de la zona de los lagos del sur, próxima a Río Tercero, a unos 220 kilómetros de la ciudad de Córdoba. En Río Cuarto hay una catedral del siglo XIX, en Julio Roca, además del **Museo de Bellas Artes**, que tiene una importante colección de obras de artistas locales y nacionales (abierto todos los días), y el **Museo Histórico Regional**, situado en una residencia que data de 1860, que abarca la historia de la zona desde la época precolombina hasta la actualidad (abre todos los días, menos los lunes).

Al norte de la provincia de Córdoba, a orillas de la **laguna Mar Chiquita**, está el centro turístico de **Miramar** ⓯, que ofrece tanto deportes acuáticos como baños termales, y la Reserva Provincial Laguna Mar Chiquita, que incluye un museo sobre la flora y la fauna de la zona (abierto de lunes a viernes, de 7:00 a 14:00 h).

ABAJO: el lecho rocoso de un río, cerca de La Cumbrecita.

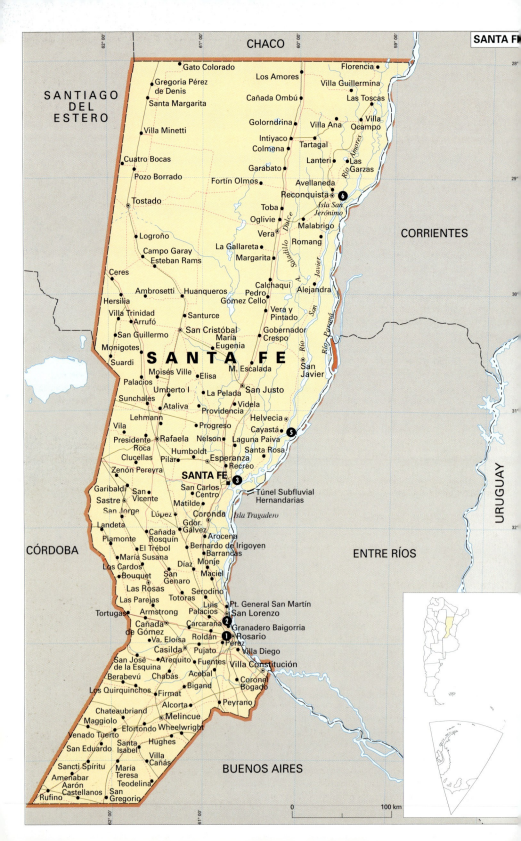

EL NORDESTE

*En esta estrecha franja, situada entre Uruguay, Brasil y Paraguay,
se encuentran las famosas cataratas del Iguazú, además de las ruinas de
las misiones jesuíticas y varias atracciones naturales menos conocidas*

Mapa
página
228

Al igual que en el resto de Argentina, en el nordeste las distancias son considerables. En esta zona escasean las atracciones turísticas y están muy alejadas; por eso, los visitantes que no disponen de mucho tiempo suelen volar hasta Iguazú y se saltan el resto. Al hacerlo, se pierden un viaje por tierra que realmente merece la pena. De hecho, lo mejor es ir en vehículo propio, así el viajero se puede quedar donde prefiera; de todos modos, hay mucho transporte público.

Se recomienda ir a los dos lugares más interesantes de Misiones: las 275 cataratas del Iguazú, impresionantes y atronadoras, y las ruinas jesuíticas de San Ignacio. No se pierda tampoco los saltos del Moconá, de 2 kilómetros de ancho, sobre el río Uruguay, en el límite con Brasil. De camino hacia Moconá hay 40 cascadas más pequeñas a las que se accede a través de caminos en la selva, en las tierras altas centrales, y el encantador pueblo de Oberá, el centro de operaciones para las expediciones a las cascadas.

A lo largo de la carretera hacia Misiones, en las tranquilas y acogedoras ciudades de Entre Ríos y Corrientes, podrá visitar iglesias, museos modestos e incluso pequeños zoos privados. Entre las ciudades, atravesando diversas clases de suelo, hay parques provinciales y nacionales, como el Parque Nacional El Palmar, próximo a Colón, en Entre Ríos, donde abundan las palmeras insólitas y una flora y fauna muy variadas. Pero el parque y la reserva natural más interesante es la de los Esteros del Iberá, en la provincia de Corrientes, donde el viajero intrépido podrá observar centenares de aves y otras especies animales, y ver de cerca caimanes y boas constrictoras desde pequeñas barcas tripuladas por ex cazadores furtivos convertidos en guardas forestales. (El cambio de bando de los ex furtivos se debe a motivos puramente materiales, pues ganan más por proteger a los animales que por cazarlos.)

Por el camino, puede acercarse a una plantación de cítricos, o una de yerba mate para probar una calabaza seca llena de la bebida nacional argentina.

PÁGINAS ANTERIORES:
atardecer
sobre el lago.
ABAJO: un gaucho
en Corrientes.

Un viaje imaginario

Desde 1550 hasta alrededor de 1920, navegar por los ríos del nordeste argentino era la forma más segura y económica de conocer la zona. Durante más de trescientos cincuenta años, los han surcado embarcaciones cargadas de productos, colonos, exploradores, funcionarios y, en los últimos años, turistas. Hoy día, sin embargo, la gran mayoría de las personas que llegan a la región viajan por tierra o aire. No obstante, todo lo que ofrece algún interés en el nordeste de Argentina está a orillas de los ríos o muy cerca de ellos; de modo que una posibilidad de conocer la región, al menos en teoría, sería explorarla a través del sistema fluvial. Para este viaje hipotético, el viajero tendrá que embarcar en Buenos Aires.

Poco después de emprender viaje, la embarcación deberá buscar la desembocadura navegable del Paraná, ya que el río se divide en numerosos canales al llegar al Río

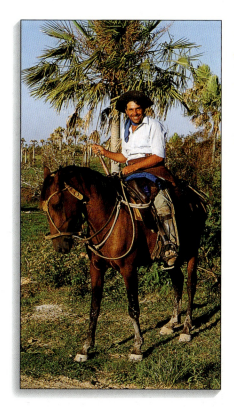

ARRIBA: un detalle de la moderna ciudad de Rosario, en Santa Fe, una de las provincias más pujantes del país. La economía de Santa Fe se basa en los sectores agropecuario e industrial.
ABAJO: panorámica de la presa hidroeléctrica de Yacyretá-Apipé, que incluye gran parte de las riberas correntinas del Paraná.

de la Plata, formando un inmenso delta. Los suburbios del **Tigre** son la entrada a este laberinto de vías fluviales bordeadas de casas de fin de semana, cada una con su pequeño embarcadero particular. Allí la gente se lo pasa bien pescando y navegando. El Delta tiene vida propia de lunes a viernes: hay residentes permanentes, pescadores, cultivadores de cítricos y productores de pulpa de papel; todos llevan la vida apacible y tranquila de los habitantes del río.

Río arriba, en **Zárate**, hay un complejo con un enorme puente ferroviario que cuando se completó en 1979 unió al fin la Mesopotamia con Buenos Aires, dejando así obsoleta la comunicación por transbordador, que se tenía que interrumpir cuando el nivel del agua subía demasiado, lo que causaba inundaciones, o cuando bajaba en exceso, en épocas de sequía y se producían grandes complicaciones.

A continuación sigue **Rosario** ❶, importante puerto cerealero que en una época fue la segunda ciudad del país, aunque los rosarinos no están de acuerdo en que haya dejado de serlo. Se trata de una ciudad grande, con una población de más de un millón de habitantes, aunque ha perdido muchos como consecuencia de la decadencia del puerto, que en otros tiempos fue el segundo del país, después del de Buenos Aires. Sin embargo, el puerto ha sido privatizado recientemente y otra vez se está convirtiendo en un centro de gran actividad.

Rosario no está demasiado preparada para el turismo, aunque la arquitectura modernista y de principios del siglo XX que se encuentra en el centro de la ciudad permite hacerse cierta idea de su historia. Una zona peatonal en el centro atraviesa algunas de las partes más antiguas y con arquitectura más mezclada de la población. También merece la pena visitar el **Monumento a la Bandera**, que consiste en unos escalones, un obelisco con unos cuantos arcos detrás y una llama que arde siempre.

Al norte hasta Santa Fe

Unos 32 kilómetros río arriba, sobre la margen izquierda, están **San Lorenzo** ❷ y el **convento de San Carlos**, construidos a finales del siglo XVIII y famosos porque allí se libró una de las batallas de la guerra de la independencia. El 3 de febrero de 1813, el prócer argentino San Martín quedó atrapado bajo su caballo, que se cayó durante el combate. Lo salvó el sargento Cabral, pero al hacerlo recibió una herida mortal. El árbol bajo el que murió se conserva todavía en el terreno del convento como símbolo de su sacrificio.

Rosario se encuentra en la provincia de **Santa Fe** y es, con gran diferencia, la ciudad más importante de la provincia, a pesar de no ser la capital. Este honor le corresponde a **Santa Fe** ❸, situada un poco más arriba, y la siguiente escala en este viaje. Fundada por primera vez a principios del siglo XVI, un poco más al norte de su ubicación actual, desapareció enseguida a causa de las enfermedades y el acoso de los indígenas. La ciudad nueva se fundó en 1573. Santa Fe es hoy una agradable ciudad de provincias, muy tradicional, pero con servicios modernos y escasas pretensiones. En la esquina de Amenábar y San Martín se halla la antigua pero hermosa iglesia de **San Francisco**, rodeada por los edificios monásticos que albergan el **Museo Histórico** de la provincia (abierto de lunes a viernes, de 8:00 a 12:00 h; domingos, de 9:00 a 12:00 h y de 16:00 a 19:00 h).

En el centro se alza así mismo la **Catedral Metropolitana**, construida en la década de 1750; en el número 1 480 de San Martín está el **Museo Provincial de Bellas Artes** (abierto de martes a domingo, de 10:00 a 12:00 h y de 16:00 a 20:00 h), que muestra una amplia colección de unas 2 000 obras de arte realizadas por artistas nacionales y extranjeros. La primera semana de febrero se celebra un festival folclórico de música y danza.

Desde Santa Fe, hay un túnel que cruza bajo el río Paraná hasta la ciudad de **Paraná** ❹, la capital de la provincia de Entre Ríos. En Paraná hay hermosos parques, edificios e iglesias, así como magníficas vistas del río. En el interior de la provincia, el paisaje ondulado está salpicado de bosques de acacias autóctonas y recortado por ríos y arroyos de menos caudal. Santa Fe, en la orilla de enfrente, se halla en medio de tierras muy llanas, rodeada de lagos, marismas y ríos.

Ruinas en la selva

Unos 80 kilómetros río arriba, cerca de **Cayastá** ❺, la vieja Santa Fe permaneció olvidada hasta que fue redescubierta en el siglo XX. Tras permanecer oculta por la vegetación durante varios siglos en la margen más baja de un pequeño ramal del río, ahora la están descubriendo poco a poco. Aunque era una ciudad pequeña y construida a base de adobe (resulta difícil hallar en la pampa cualquier clase de piedra), allí había representadas unas siete iglesias u órdenes religiosas. Hoy día, los restos están protegidos con construcciones metálicas, y hay tarimas que restringen el acceso al público. Cayastá ofrece también vistas panorámicas del río San Javier y las islas.

Al norte de la provincia de Santa Fe se halla el puerto de **Reconquista** ❻, una población de unos 55 000 habitantes cuyo puerto, de finales del siglo XIX, está siendo renovado y registra un incremento del número de embarcaciones debido al dragado de los ríos Paraguay y Paraná. En la gran **plaza 25 de Mayo** se alza un monumento al fundador de la ciudad, el general Manuel Obligado.

Pasando a la provincia de Corrientes, la segunda ciudad por su tamaño es el centro tabaquero de **Goya** ❼, situado sobre el río Paraná, un lugar muy atractivo para los aficionados a la pesca del surubí, aparte de ser la sede principal de la subsidiaria local de la fábrica de cigarrillos Philip Morris, Massalín Particulares. En Goya hay una catedral del siglo XIX en la plaza Mitre, paseos junto al río y la **capilla del Diablo** (sobre la Ruta 12, en

La celda de San Martín, en San Lorenzo.

ABAJO: el Monumento a la Bandera, en Rosario.

Gauchos a caballo en un camino secundario con poco tráfico, en Corrientes.

Colonia Carolina; para visitarla hay que pedir permiso a los propietarios); fue construida por los inmigrantes a principios del siglo XX, y en ella se conserva una talla de la Virgen hecha en un bloque de madera de algarrobo, así como otras tallas, por ejemplo de serpientes y varios motivos aparentemente diabólicos.

Todavía funciona un transbordador entre Reconquista y Goya; si cruza este tramo, podrá hacerse una idea de la anchura del río Paraná, ya que tarda entre 4 y 6 horas y recorre una red de vías fluviales, pasando entre islas de orillas arboladas.

Un puente comunica la ciudad de **Resistencia**, la capital de la provincia del Chaco (llamada en una época Eva Perón), con la ciudad de **Corrientes** ❽, capital de la provincia homónima. Esta última, en la orilla izquierda, se encuentra a bastante altura; en cambio, Resistencia está situada en una zona pantanosa. Si bien ninguna de las dos ocupa un lugar destacado en la agenda de la mayoría de los turistas, en Corrientes se celebra un carnaval muy popular a escala local los días anteriores a la Cuaresma, con carrozas, música, bailes y disfraces. A unos 25 kilómetros hacia el interior de Corrientes, merece la pena visitar la pequeña población de **San Luis del Palmar** ❾, que conserva el sabor de la época colonial.

Poco después de Corrientes, se llega a la confluencia con el río Paraguay. Más o menos por allí, en **Paso de la Patria** ❿, se reúnen pescadores de todo el mundo para intentar capturar el dorado, el «pez más agresivo del mundo». Entre julio y noviembre se consiguen alojamiento, barcas, guías y equipos.

De peregrinación

De forma inexplicable e inesperada, la enorme cúpula de la iglesia de **Itatí** ⓫ se ve en la planicie desde una distancia de 24 kilómetros. Se dice que es la cúpula «más impresionante» después de la de San Pedro, en Roma. Corona una basílica a la que acuden numerosos peregrinos para venerar la milagrosa Virgen de Itatí, alojada en

ABAJO: el convento de San Carlos, en San Lorenzo.

LAS RUINAS DE SAN IGNACIO MINÍ

De las aproximadamente 30 misiones jesuíticas cuyos restos se conservan en el nordeste de Argentina, San Ignacio Miní es la mayor y la mejor conservada. Por su importancia histórica y arquitectónica, la Unesco ha declarado este lugar Patrimonio Histórico Cultural de la Humanidad.

Fundado en 1610 en un lugar que hoy es territorio brasileño, al norte de la provincia de Misiones, San Ignacio sufría asaltos constantes de la colonia portuguesa que acudía en busca de esclavos; por este motivo, tuvo que trasladarse en dos ocasiones, hasta que en 1696 por fin se instaló en su ubicación actual, cerca de Posadas, junto al río Paraná.

Durante todo el siglo XVIII, la misión creció hasta convertirse en una de las más importantes de la región; de hecho, en ella vivían más de 3 000 guaraníes conversos. Sin embargo, tras la expulsión de los jesuitas en 1767, San Ignacio, al igual que las demás misiones, entró en decadencia hasta que, en el siglo XIX, fue destruida y sus ocupantes expulsados.

Milagrosamente, todavía se conserva gran parte del complejo original, que ha sido meticulosamente restaurado. Al entrar en San Ignacio el visitante se encuentra ante los imponentes muros de arenisca roja de la iglesia y los edificios contiguos. La vegetación envuelve algunas ruinas más alejadas, y por la noche un espectáculo de luz y sonido recrea el ambiente de la época de esplendor de los jesuitas.

el santuario contiguo, que tiene numerosos adeptos. En las santerías locales se venden imágenes de plástico de la Virgen, los santos y otros artículos religiosos.

La enorme presa hidroeléctrica de **Yacyretá** se ha convertido en la principal atracción turística de la otrora somnolienta ciudad correntina de **Ituzaingó** ⑫, situada unos 330 kilómetros al este de Resistencia, también recomendable por sus playas, el zoo y la pesca del dorado y el surubí.

Al sudoeste de Posadas cambia el carácter del río; las curvas anchas y poco profundas se convierten en una zona encajonada entre márgenes altas y escarpadas. Más arriba, el río corta una colada basáltica que nace a unos 1 300 kilómetros de distancia, en Brasil. Allí cambia hasta el suelo: la tierra roja laterítica de la provincia de Misiones engaña al viajero y la exuberancia de la vegetación hace pensar que el suelo es bastante fértil. Sin embargo, se trata de una ilusión, ya que la caída constante de hojas fabrica su propio abono vegetal en el suelo del bosque.

Las misiones jesuíticas

Unos 140 kilómetros más al norte se halla **Posadas** ⑬, la capital de la provincia de Misiones, que tiene alrededor de 250 000 habitantes. Cuenta con su propio mercado paraguayo, que abre todos los días en las calles San Martín y Roque Pérez; además, hay un puente que atraviesa el río hasta Encarnación, en Paraguay. En la ciudad está el aeropuerto importante más próximo a los cada vez más populares esteros del Iberá (*véase pág. 238*).

Los jesuitas fueron auténticos pioneros en Misiones; de hecho, la provincia le debe el nombre a su trabajo. Llegaron a principios del siglo XVII y procedieron a instalarse y convertir a los indígenas guaraníes. Enseguida empezaron a trasladarlos de aquí para allá: primero fueron los traficantes de esclavos de la región y después los gobiernos ibéricos, al principio Portugal y después España. Cuando en 1777 fue-

Mapas páginas 240 y 241

Dorados secándose al sol.

ABAJO: las ruinas jesuíticas de San Ignacio Miní.

NOTA

De mayo a septiembre,
el *Terra Australis*,
con capacidad para
90 pasajeros, ofrece
la posibilidad de hacer
un crucero río arriba,
desde Buenos Aires
hasta Asunción,
que incluye un día en
los esteros del Iberá.
(Organtur, Perón 725,
8.º piso, Buenos Aires;
tel.: 4326-1196).

ABAJO: vista de la
garganta del Diablo,
en las cataratas
del Iguazú.

ron expulsados, dejaron tras de sí los edificios de las misiones y muchas almas desprotegidas, cristianizadas en parte.

Unos 20 kilómetros al sudeste de Posadas se encuentra la población de **Candelaria**, que cuenta con una zona de playa sobre el río Paraná, y también con las ruinas jesuíticas de la misión de Nuestra Señora de la Candelaria o la Purificación, que se fundó en 1689 y fue la sede de los jesuitas hasta que la orden fue expulsada. Pocos kilómetros más al norte, sobre la Ruta 12, están las localidades de **Santa Ana** y, 30 kilómetros más allá, **Loreto**; en ambas hay así mismo ruinas jesuíticas que datan de la misma época. Aparte de las misiones en ruinas, en Candelaria abundan los bosques naturales y las plantaciones de eucaliptos y pinos, además del **Parque Provincial Cañadón de Profundidad**, con un río, una cascada, un cañón y un pequeño cámping.

De las doce misiones jesuíticas que se han restaurado en Misiones hasta la fecha, la más conocida es la de **San Ignacio Miní** ⓮, 55 kilómetros al este de Posadas, por la Ruta 12 (abierta todos los días, de 7:00 a 19:00 h; en invierno hay un espectáculo de luz y sonido a las 19:00 h y en verano a las 20:30 h). Las mejores horas para pasear por las ruinas son el amanecer y el atardecer, cuando el visitante puede vagar solo y la luz hace maravillas sobre la piedra roja. En ese momento se entra en comunión con el espíritu de una obra emprendida en nombre de la humanidad.

Los colonos del norte

Algunos de los pueblos de Misiones tienen características propias. Las casas e iglesias de madera están construidas con materiales locales, pero su fuente de inspiración procede del norte de Europa, al igual que la mayoría de los colonos. En la zona se instalaron inmigrantes procedentes de Alemania, Polonia, Suiza, Suecia y Francia, y por eso se ven tantas personas rubias por todas partes.

Poco antes de llegar a Puerto Iguazú, yendo hacia el norte desde Posadas, en una curva del río Paraná, se halla la pequeña población de **Wanda**, donde se extraen piedras semipreciosas. El pueblo es famoso por sus piedras, tanto en bruto como talladas, y por los objetos en este material; así mismo, hay un centro comercial donde se vende artesanía regional.

Por último, el viajero desembarcará en **Puerto Iguazú** ⓯, cabecera de la parte navegable del río, ahora que la presa de Itaipú ha cerrado el Paraná y que el río Iguazú tiene su propia barrera natural. Esta localidad está completamente dedicada al turismo, ya que cuenta con una serie de hoteles, restaurantes, taxis, casas de cambio, etc. De hecho, no pasa de la mediocridad, pero se trata de la población más próxima al **Parque Nacional Iguazú** ⓰ y a las famosas **cataratas**.

En lugar de parar en Puerto Iguazú, puede cruzar la frontera e ir a Brasil, donde la población hermana de **Foz do Iguaçu** ofrece mejor alojamiento y restaurantes a precios más razonables, además de un casino para aquellos a quienes les interese. Foz también se encuentra en la periferia del Parque Nacional Iguazú, aunque las vistas más espectaculares de las cataratas de cerca están del lado argentino, a corta distancia.

Las cataratas del Iguazú

En medio de un ambiente selvático espectacular, las **cataratas del Iguazú** ⓱ están situadas en el río Iguazú, que marca el límite entre Brasil y Argentina. Con respecto a este lugar extraordinario, se suele decir que Argentina pone las cataratas y Brasil disfruta del paisaje. No cabe duda de que los 550 metros de pasarelas del lado brasileño ofrecen al visitante unas vistas espectaculares de la mayor parte de los saltos, aunque desde cierta distancia. La solución más fácil, si no se acaba de decidir y dispone de tiempo suficiente, es visitar ambos lados; puede hacerlo todo en un solo día.

Mapa página 241

Torre panorámica sobre las cataratas del Iguazú, en el parque nacional.

ABAJO: panorámica de Posadas, la capital de la provincia de Misiones.

En la exuberante selva en torno a las cataratas abundan la fauna y la flora, como esta bromeliácea.

Del lado argentino, se experimentan las cataratas desde muchos ángulos diferentes. El circuito inferior constituye tal vez el paseo de 1 000 metros más hermoso del mundo; conviene recorrerlo en el sentido de las agujas del reloj. Así mismo, se recomienda viajar a la **isla San Martín**, que le introducirá en pleno espectáculo.

El mejor paseo, con diferencia, es el del circuito superior, desde Puerto Canoas a la **garganta del Diablo**, donde las aguas dan un salto de 70 metros desde la colada basáltica hasta el caldero situado debajo. Se aconseja ver la garganta a partir de las últimas horas de la tarde hasta el crepúsculo, tanto por la luz que hay a esa hora como por las bandadas de pájaros que descienden entre las nubes de niebla para regresar a sus nidos a pasar la noche.

En el parque abundan los caminos que se internan en la selva subtropical que circunda las cataratas. Si presta atención y es afortunado, quizás vea la fauna exótica que habita en la región. En el **Centro de Información** podrá obtener listas de los mamíferos, las aves y las plantas del lugar. En el año 2001 se concluyó un servicio de ferrocarril silencioso propulsado por gas, que parte cada 20 minutos del Centro de Información para visitantes, y conduce a los pasajeros hasta el inicio de dos rutas peatonales. Es un proyecto de 18 millones de dólares que contempló así mismo la mejora de las instalaciones y la construcción de un gran aparcamiento de automóviles.

El **Hotel Internacional** se encuentra dentro del mismo parque, y desde él se llega sin problema a todos los lugares de interés de la zona.

Iguazú y la represa de Itaipú

ABAJO: espátula rosada.

El río Iguazú tiene unos 900 kilómetros de largo antes de llegar a las cataratas y allí se han construido varias presas. El claro del bosque en la divisoria de aguas permite la rápida eliminación de la lluvia, de modo que el río crece, se seca, se ensucia, fluctúa (debido a las demandas energéticas de la industria los días laborables) y, en general, se comporta de un modo muy poco natural, según los expertos. No obstante, el increíble marco natural es impactante.

La **Represa Hidroeléctrica de Itaipú**, sobre el río Paraná, 20 kilómetros al norte de Puerto Iguazú, es una empresa conjunta de los gobiernos de Argentina, Brasil y Paraguay. Se organizan visitas guiadas gratuitas (de lunes a sábado a las 8:00, 9:00, 10:00, 14:00 y 15:30 h), de gran interés.

El río Mocará

Regresar a Buenos Aires por el río Uruguay resultaría imposible, ya que el río tiene rápidos. El primer obstáculo son los **saltos del Moconá**, unos 230 kilómetros al sur por carretera. Para verlos, el pueblo más próximo es **El Soberbio**, también conocido como la capital nacional de los aceites esenciales y su principal exportador. Este pueblo pequeño, fundado hace apenas 50 años por inmigrantes alemanes e italianos, se halla sobre el río Uruguay en un lugar donde confluyen tres cuencas fluviales y tres cadenas de sierras. En El Soberbio no sólo encontrará hoteles, sino también un cámping, y se organizan viajes en barca hasta los saltos del Moconá. Si cruza a Porto Soberbio, en Brasil, podrá hacer la excursión por tierra, cuando hace buen tiempo. Los propios saltos se encuentran dentro del Parque Provincial Moconá, una reserva ecológica; constan de una serie de cascadas de 3 kilómetros de largo, que en algunos tramos alcanzan hasta 12 metros de altura.

Las plantaciones de yerba mate

Hay dos poblaciones de interés en el sudoeste de Misiones. Una es **Oberá** ⑱, situada unos 90 kilómetros al este de Posadas, sobre la Ruta 5, donde viven colonos de muchos países europeos, que compiten entre ellos para mejorar este pueblo limpio y cuidado. Se trata de la segunda ciudad de Misiones, con una población que ronda los 40 000 habitantes y bastantes edificios de estilo europeo, sobre todo de influencia alemana; allí se celebra el Festival Nacional del Inmigrante en su parque de las Naciones. En la localidad también está el Museo de Ciencias Naturales Florentino Ameghino, en Gobernador Barreyro y José Ingenieros (abierto de martes a viernes, y los sábados sólo por la mañana), así como la reserva ornitológica de Wendlinger, en Haití y Díaz de Solís, que contiene especies nativas y foráneas.

Unos 100 kilómetros al sudoeste de Oberá se encuentra **Apóstoles** ⑲, la capital de la industria de la yerba mate, fundada unos 300 años antes que Oberá, en 1638. El árbol de la yerba mate pertenece al género *Ilex*, igual que el acebo, aunque aquí se acaban las coincidencias. En muchos países de América del Sur, las hojas se utilizan para preparar una infusión, que algunos consideran la bebida nacional argentina. En Apóstoles se halla el **Museo y Archivo Histórico Diego de Alfaro**, en Belgrano 845, que incluye exposiciones sobre la cultura prehistórica de la región, los jesuitas, el período colonial y también de arte de la región (abierto todos los días).

Cerca de Apóstoles están las reducciones jesuíticas de **Santa María la Mayor** y **San Javier**. Santa María era una de las misiones jesuíticas más importantes de Argentina, después de San Ignacio Miní (*véase recuadro, pág. 232*), y una de las más ricas, con una vasta producción agrícola y ganadera. En la actualidad, permanece abierta al público de forma permanente como yacimiento arqueológico, a pesar de que carece de una infraestructura turística y de que los planes de restauración no han avanzado mucho. San Javier, que se fundó por primera vez en 1629, fue un impor-

Mapa
página
241

La mayor parte de la bebida que más se consume en el país, el mate, se produce en las grandes plantaciones que hay en Misiones y Corrientes.

ABAJO: un caimán en los esteros del Iberá.

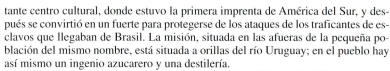

Plantas insectívoras en la laguna del Iberá, que al parecer contribuyen a que haya pocos mosquitos.

tante centro cultural, donde estuvo la primera imprenta de América del Sur, y después se convirtió en un fuerte para protegerse de los ataques de los traficantes de esclavos que llegaban de Brasil. La misión, situada en las afueras de la pequeña población del mismo nombre, está situada a orillas del río Uruguay; en el pueblo hay así mismo un ingenio azucarero y una destilería.

Volviendo a la provincia de Corrientes, la ciudad de **Gobernador Virasoro** se caracteriza por su tierra roja y los campos de yerba mate, además de por la cría de cebú. Fue fundada a finales del siglo XIX, en un principio como posta para el correo entre Santo Tomé y Posadas, y después como sede de la estación del Ferrocarril del Nordeste Argentino, llamada la Vuelta del Ombú, el nombre original del pueblo.

La vida natural en los esteros

En el extremo oriental de los **esteros del Iberá** se encuentra la pequeña población de **Colonia Carlos Pellegrini ㉔**, con un par de hoteles y un cámping sobre la laguna del Iberá; se la ha llamado aldea ecológica porque los edificios han sido construidos principalmente con madera y adobe. Se alquilan bungalós y casitas, que pueden servir de base para visitar la **Reserva Provincial del Iberá**. Esta enorme zona se extiende desde Ituzaingó, sobre el río Paraná, hasta Chavarría, en el sur, y abarca casi el 15 por ciento de la provincia de Corrientes. Ofrece un paisaje variado, que incluye una serie de lagunas, bosques y numerosas especies autóctonas de animales y plantas, como aves acuáticas, caimanes y capibaras (unos roedores de gran tamaño). El Iberá está considerado uno de los ecosistemas intactos más importantes de Argentina, con reservas de especies protegidas, como zorros y ciervos de los pantanos. Los animales se crían para conservar la especie y a veces están bastante domesticados dentro de las reservas. La mejor manera de ver la fauna silvestre es alojarse en uno de los hoteles que hay cerca de la laguna, donde se organizan excursiones en barca (*véase pág. 351*), o preguntar en el centro de información, a la entrada de Carlos Pellegrini.

A unos 50 kilómetros al sur de Iberá está la ciudad de **Mercedes ㉑**, un centro de cría de animales donde se celebra una exposición anual de ganado, además de ferias de artesanías regionales. Dentro de la población está la cooperativa de artesanos **Fundación Manos Correntinas** (en la esquina de San Martín y Salta); allí se venden artículos de piel, piedra, madera y lana, además de hermosos trabajos elaborados con plata o hueso. Así mismo, destaca el Museo de Ciencias Naturales (el mayor de la zona) y el de historia; la iglesia de Nuestra Señora de las Mercedes, en la plaza 25 de Mayo, incluye una colección de trajes, joyas y una corona de plata.

Unos 76 kilómetros al sudeste de Mercedes, sobre el río Uruguay y en la frontera con Brasil, se halla **Paso de los Libres ㉒**, un punto importante para el transporte hacia el puerto brasileño de Porto Alegre. En la ciudad también hay un casino y la laguna Mansa, con servicios de cámping y piscinas. Está situada en una de las principales áreas de cultivo de arroz de Argentina.

Yapeyú ㉓, a unos 60 kilómetros al nordeste de Paso de los Libres, era al principio una misión jesuítica y más tarde una guarnición española que los portugueses incendiaron por completo en 1817. Debe su fama a que allí nació el prócer y libertador argentino José de San Martín, pues su padre era un oficial español destinado en la guarnición. El Templete Histórico Sanmartiniano, sobre Alejandro Aguado, expone algunos de los efectos personales del Libertador (abre todos los días).

ABAJO: el palacio de San José, cerca de Colón, antigua residencia del presidente Urquiza.

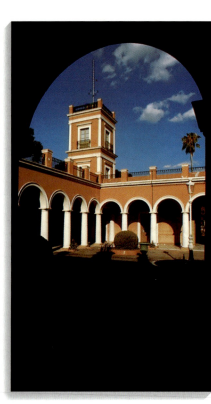

Mapas página 240

Concordia y Colón

Concordia 24 es una ciudad rural de gran tamaño, situada 450 kilómetros al sur de Yapeyú, sobre la Ruta 14, además de ser el centro de la industria cítrica. Cuando se proyectó el **embalse de Salto Grande**, justo al norte de la población, el río Uruguay tenía las aguas limpias; sin embargo, cuando se acabó de construir, se había vuelto lodoso a causa de la deforestación. La cuestión ahora es durante cuánto tiempo seguirá sirviendo para algo; de momento se utiliza como tanque de sedimentación.

Yendo hacia el sur, se encuentra el **Parque Nacional El Palmar 25**, más o menos a mitad de camino entre Concordia y Colón. Merece la pena visitarlo, aunque para pernoctar sólo hay cámpings en el parque y un motel en **Ubajay**, la aldea más cercana. En el parque puede hacer varios paseos interesantes a pie y observar animales raros. Las extensas praderas de la Pampa están salpicadas de unas palmas muy particulares llamadas yatay, a las que se debe el nombre del parque.

Colón es un antiguo centro de conserva de carne. Unos kilómetros más al oeste se erige el **palacio de San José** (abierto a diario) antigua residencia del general Justo José de Urquiza, famoso por haber expulsado a Juan Manuel de Rosas, el dictador que gobernó en el siglo XIX. La casa ha sido designada monumento histórico nacional y, aunque ha perdido su opulencia, continúa siendo impresionante.

Unos 30 kilómetros al sur de Colón está **Concepción del Uruguay 26**, situada a orillas del río Uruguay. Fundada en 1783, fue una de las primeras ciudades provinciales que se unió a los rebeldes tras la revolución de 1810 contra España, y también presenció el inicio del alzamiento encabezado por Justo José de Urquiza contra Juan Manuel de Rosas en1851. El pronunciamiento de Urquiza se hizo en la pirámide situada en el centro de la **plaza Francisco Ramírez**, donde se encuentran así mismo el casino y la **basílica de la Inmaculada Concepción**. Urquiza mandó construir la capilla en 1857 y fue sepultado allí; lo más destacado del edificio es el órgano.

Además, en la ciudad se halla el **Museo Histórico Delio Panizza**, en Galarza y Supremo Entrerriano. Situado en una residencia colonial, expone una serie de objetos de aquella época (abierto todos los días). Cerca de Concepción están la playa y el cámping de Banco Pelay, donde se practican deportes acuáticos y equitación.

Gualeguaychú 27, al sur de Concepción, es una de las mayores ciudades de la provincia de Entre Ríos y es famosa sobre todo por su carnaval, que se celebra durante la Cuaresma y es el más importante de Argentina. También se ofrece un desfile anual de carruajes que dura una semana, a partir del 12 de octubre. Además, durante todo el año se realizan exhibiciones folclóricas y de doma de potros. La ciudad colonial fue saqueada en 1845 por el nacionalista italiano Giuseppe Garibaldi, a la sazón residente en Uruguay y partidario de las fuerzas que lucharon contra Rosas; incluye varios edificios interesantes, como la catedral, en la plaza San Martín, el **Museo de la Ciudad** (abierto de martes a domingo), en San Luis y Jujuy, y el **Museo Arqueológico** (abierto de lunes a sábado), en el centro cultural de la ciudad, en 25 de Mayo 734.

Justo antes del puente ferroviario de **Brazo Largo**, que cruza hasta **Zárate**, 140 kilómetros al sur, hay una carretera secundaria que sale hacia el este, hasta **Paranacito**, un buen lugar para hacerse una idea del terreno pantanoso del delta.

Bajando un poco más por el río, aunque fuera del alcance de la vista, se extiende la ciudad de Buenos Aires, lugar donde el viajero desembarcaría al concluir este viaje imaginario.

La cantidad de hormigón que se empleó para construir la presa de Itaipú hubiera alcanzado para construir una autopista de dos carriles de Lisboa a Moscú, según la información que brinda la empresa.

ABAJO: un guarda forestal en el Parque Nacional El Palmar.

MISIONES

PARAGUAY

Puente Internacional
Tancredo Neves
Puerto
Iguazú 15
Cataratas
del Iguazú
Cataratas del
Iguazú
Río Iguazú
Grupo de la
Isla Grande
PARQUE NACIONAL
IGUAZÚ
16
17
Río San Antonio
SIERRA DE LA VICTORIA
Arroyo Uruguay
Puerto Libertad
SIERRA MORENA
Puerto Esperanza
San Antonio
Bernardo de Irigoyen

Arroyo Piray Mini
Puerto Victoria
Eldorado
Puerto Piray
Arroyo Piray Guazú
Montecarlo
Río Paraná
Salto Grande
o Gran Salto
Macorá
San Pedro
Arroyo Yaboti Mini

MISIONES

El Alcázar
Garuhapé
Puerto Rico
Capioví
Ruiz de Montoya
Puerto Gisela
Jardín América
Corpus
Gdor. Roca
14
San Ignacio Miní
Loreto
Santa Ana
Isla del Medio
13
POSADAS
Miguel Lanús
Garupá
Candelaria
Bonpland
Cerro Corá
Olegario
V. Andrade
Pda. Leis
Cerro Azul
San José
Apóstoles
Santa María
Concepción
de la Sierra
Azara
Puerto
Concepción

SIERRA DE MISIONES

Arroyo Soberbio o Guarambaca

Arroyo Pepiri Mini o
Yaboti Guazú

Río Pepiri Guazú

San Vicente
Dos de Mayo
Aristóbulo
del Valle
Campo Grande
Campo Viera
25 de Mayo
Puerto Londero
Obera
18
Campo Ramón
Guaraní
Santa Rita
Alba Posse
Leandro
N. Alem
Los Helechos
Panambí
Puerto Rosario
San Javier
Itacaruaré
19
Río Uruguay

Gran Salto
de Mocoá
Puerto Paraíso
Monteagudo
El Soberbio

COS. DEL CHAPA

SA. DEL IMAN

BRASIL

CORRIENTES

Isla San Lucas Grande

0   50 km

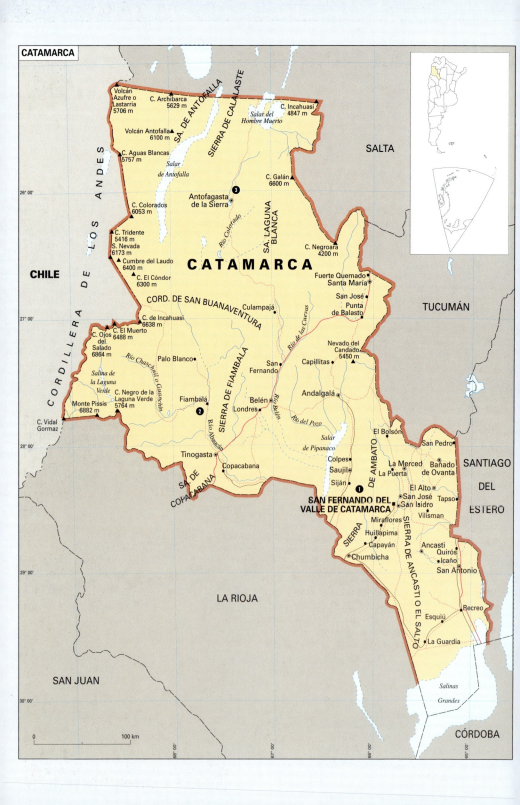

CATAMARCA

CHILE

SALTA

TUCUMÁN

SANTIAGO DEL ESTERO

LA RIOJA

SAN JUAN

CÓRDOBA

CORDILLERA DE LOS ANDES

SA. DE ANTOFALLA

SIERRA DE CALALASTE

Volcán Azufre o Lastarria 5706 m
C. Archibarca 5629 m
C. Incahuasi 4847 m
Salar del Hombre Muerto
Volcán Antofalla 6100 m
C. Aguas Blancas 5757 m
Salar de Antofalla
C. Galán 6600 m
3 Antofagasta de la Sierra
C. Colorados 6053 m
Río Colorado
SA. LAGUNA BLANCA
C. Negroara 4200 m
C. Tridente 5416 m
S. Nevada 6173 m
Cumbre del Laudo 6400 m
C. El Cóndor 6300 m

CATAMARCA

CORD. DE SAN BUANAVENTURA
Culampajá
Fuerte Quemado
Santa María
San José
Punta de Balasto
C. de Incahuasi 6638 m
C. Ojos del Salado 6864 m
C. El Muerto 6488 m
Palo Blanco
Río Chaschuil o Guanchín
SIERRA DE FIAMBALA
Río de las Chevas
Nevado del Candado 5450 m
Salina de la Laguna Verde
C. Negro de la Laguna Verde 5764 m
2 Fiambalá
San Fernando
Capillitas
Monte Pissis 6882 m
C. Vidal Gormaz
Belén
Londres
Río Belén
Andalgalá
Río del Pozo
El Bolsón
San Pedro
Salar de Pipanaco
Colpes
La Merced
Bañado de Ovanta
SANTIAGO DEL ESTERO
Tinogasta
Copacabana
SA. DE COPACABANA
Saujil
La Puerta
Siján
El Alto
San José
Tapso
San Isidro
1 SAN FERNANDO DEL VALLE DE CATAMARCA
Vilisman
Miraflores
SIERRA DE AMBATO
Huillapima
Capayán
Ancasti
Quirós
SIERRA DE ANCASTI O EL SALTO
SIERRA
Chumbicha
Icaño
San Antonio
Recreo
Esquiú
La Guardia
Salinas Grandes

0   100 km

26° 00'
27° 00'
28° 00'
29° 00'
30° 00'

68° 00'
67° 00'
66° 00'
65° 00'

EL NOROESTE

*Este extenso territorio albergó a los primeros habitantes
de Argentina y además presenta uno de los paisajes
montañosos más escarpados del país*

Mapa
página
242

El noroeste argentino es en gran parte un desierto elevado y multicolor, esculpido por el viento y atravesado por verdes valles fluviales. Bendecido con tantos minerales como colores tienen sus rocas, constituye el epicentro de la cultura colonial y precolombina del país; por su altura y su clima seco y soleado, ha sido una región agrícola ideal para los colonos durante los últimos 10 000 años. Los valles Calchaquíes, que reciben su nombre de una de las tribus preincaicas que habitaron la región, ocupan una zona de 17 500 kilómetros cuadrados en las provincias de Salta, Catamarca y Tucumán, poblada por pequeños agricultores y artesanos. Hay ruinas interesantes, aunque modestas, dispersas por todo el noroeste; museos y monumentos históricos; platos, músicas tradicionales, obras de arte y artesanía que se siguen haciendo con técnicas antiguas. Se trata de la región más tradicional de Argentina y en la que el tamaño y la influencia de la población indígena son todavía bastante considerables.

Esta vasta zona, conocida a veces como el NOA (noroeste argentino), comprende las provincias de Jujuy, Salta, Tucumán, Santiago del Estero y Catamarca, que se agrupan en tres regiones claramente diferenciadas. La más conocida es la de las quebradas, la precordillera árida (al pie de los Andes), que se caracteriza por las laderas desérticas pintadas, los cactus y arbustos secos, los profundos cañones y anchos valles. En intenso contraste, las yungas o selvas montañosas subtropicales se caracterizan por su espesa vegetación, las laderas neblinosas y los árboles cubiertos de enredaderas y musgos. Por último está la puna, una meseta muy alta y casi estéril, próxima a las fronteras con Chile y Bolivia.

Salinas y volcanes

La parte más meridional de esta región, **Catamarca**, ofrece elementos geográficos e históricos muy destacados. Esta provincia presenta las mayores diferencias de altitud que se pueden imaginar: hacia Córdoba y Santiago del Estero, en el este, las extensas **Salinas Grandes** apenas tienen 400 metros sobre el nivel del mar; en cambio, en el oeste, cerca de la frontera con Chile, el volcán **Ojos del Salado** alcanza la vertiginosa altura de 6 864 metros, lo que lo convierte en el volcán más alto del mundo.

En la capital, **San Fernando del Valle de Catamarca ❶**, puede visitar sus numerosos lugares de interés, entre otros la catedral basílica, que contiene la famosa imagen en madera de la Virgen del Valle, descubierta cuando la veneraban los indígenas, en el siglo XVII; el convento de San Francisco; museos arqueológicos e históricos, así como una feria de arte y artesanía permanente, más conocida por las alfombras y los tapices, situada a pocas manzanas del centro. Los alrededores de la plaza 25 de Mayo, que incluyen la Casa de Gobierno y la catedral, son de una belleza excepcional, con una atractiva plaza llena de árboles de cítricos y espléndidas vistas de las montañas circundantes.

ABAJO: una iglesia típica del noroeste.

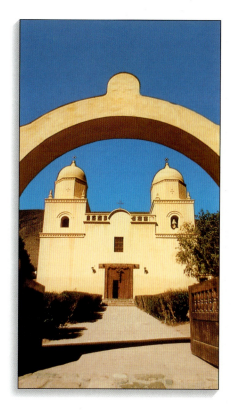

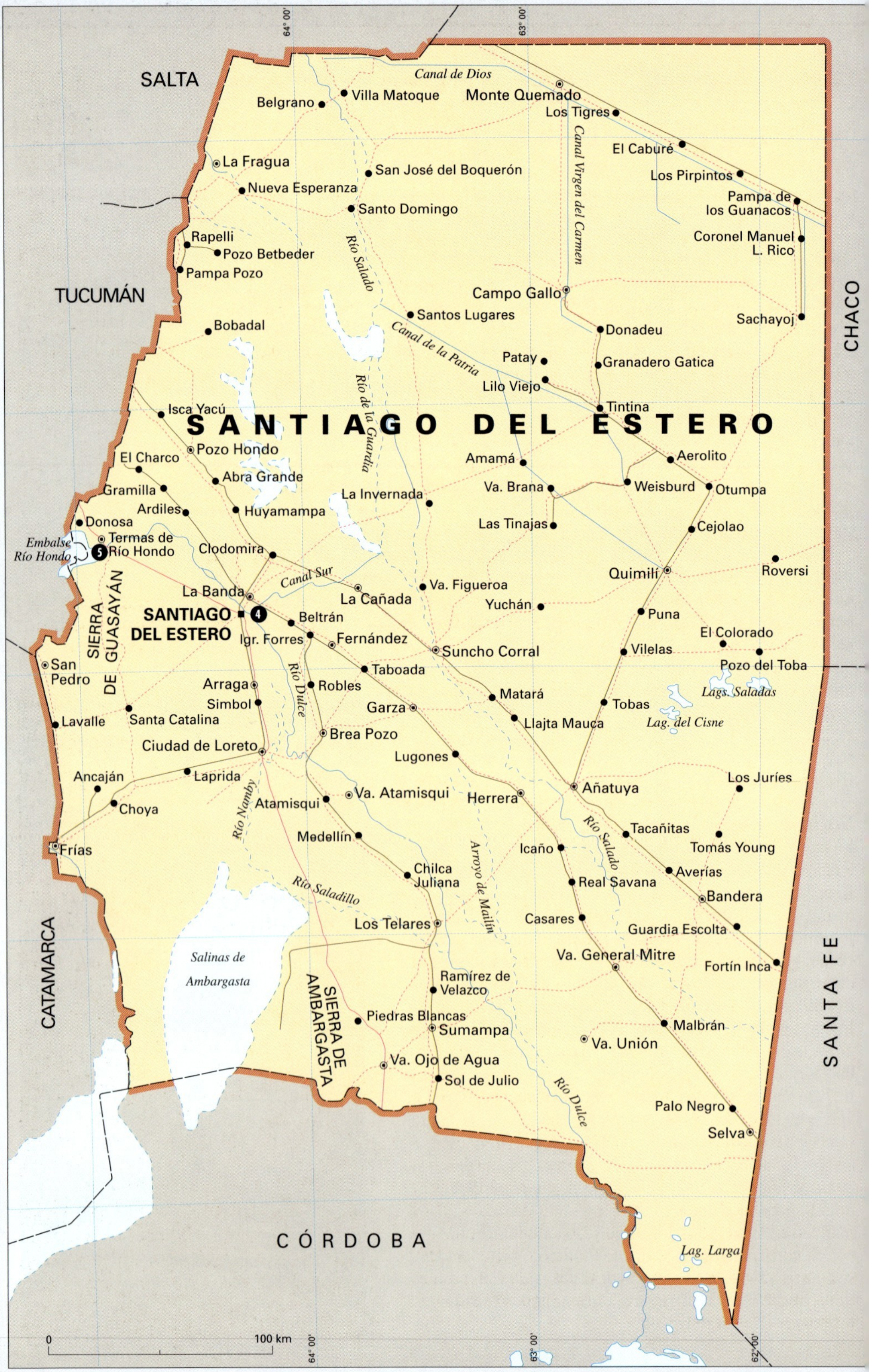

SANTIAGO DEL ESTERO
SALTA
TUCUMÁN
CHACO
CATAMARCA
SANTA FE
CÓRDOBA
64° 00'
63° 00'
62° 00'
Canal de Dios
Villa Matoque
Belgrano
Monte Quemado
Los Tigres
El Caburé
Los Pirpintos
Pampa de los Guanacos
Coronel Manuel L. Rico
Canal Virgen del Carmen
La Fragua
San José del Boquerón
Nueva Esperanza
Santo Domingo
Rapelli
Pozo Betbeder
Pampa Pozo
Río Salado
Campo Gallo
Santos Lugares
Sachayoj
Donadeu
Canal de la Patria
Bobadal
Patay
Granadero Gatica
Lilo Viejo
Río de la Guardia
Tintina
Isca Yacú
Pozo Hondo
El Charco
Abra Grande
Amamá
Aerolito
Gramilla
Va. Brana
Weisburd
Otumpa
La Invernada
Ardiles
Huyamampa
Las Tinajas
Cejolao
Donosa
Embalse Río Hondo
Termas de Río Hondo
5
Clodomira
Quimilí
Roversi
Canal Sur
La Banda
Va. Figueroa
SIERRA DE GUASAYÁN
La Cañada
Yuchán
SANTIAGO DEL ESTERO
4
Beltrán
Puna
Igr. Forres
Fernández
El Colorado
Suncho Corral
Vilelas
San Pedro
Río Dulce
Taboada
Pozo del Toba
Arraga
Robles
Matará
Lags. Saladas
Simbol
Garza
Tobas
Lavalle
Santa Catalina
Llajta Mauca
Lag. del Cisne
Brea Pozo
Ciudad de Loreto
Lugones
Ancaján
Laprida
Añatuya
Los Juríes
Va. Atamisqui
Atamisqui
Herrera
Choya
Río Namby
Río Salado
Tacañitas
Tomás Young
Medellín
Icaño
Frías
Averías
Chilca Juliana
Real Savana
Río Saladillo
Arroyo de Mailín
Bandera
Los Telares
Casares
Guardia Escolta
Salinas de Ambargasta
Va. General Mitre
Fortín Inca
Ramírez de Velazco
SIERRA DE AMBARGASTA
Piedras Blancas
Malbrán
Sumampa
Va. Unión
Va. Ojo de Agua
Sol de Julio
Río Dulce
Palo Negro
Selva
Lag. Larga
0
100 km

Los alrededores de San Fernando del Valle de Catamarca

El campo que rodea la capital es hermoso, y merece la pena mencionar varios paseos. La Ruta 4 serpentea hacia el norte; atraviesa sierras y cañones y pasa por dos pueblos: **El Rodeo** (a 37 kilómetros) y **Las Juntas** (15 kilómetros después); ambos ofrecen servicios a los visitantes y actividades de recreo, como playas y deportes acuáticos en un ambiente de verdes valles. Saliendo de la ciudad hacia el este por la Ruta 38 está la conocida **Cuesta del Portezuelo**, una carretera muy sinuosa que se eleva sobre el valle, trepando por la exuberante ladera de la montaña, con unas vistas espléndidas sobre el valle.

Unos 7 kilómetros al norte de la capital se halla la **gruta de la Virgen del Valle**, donde se descubrió esta Virgen, y siguiendo por la Ruta 32, el dique **El Jumeal**, en el que hay pesca y se contemplan vistas panorámicas de la ciudad. Sobre la Ruta 41, también al norte de la ciudad, se encuentran una serie de capillas del siglo XIX a lo largo del río Valle, hasta llegar al dique **Las Pirquitas**, que forma un enorme lago donde la gente acude a pescar y practicar deportes acuáticos.

Si dispone de tiempo, puede acercarse a los antiguos asentamientos indígenas dispersos a lo largo de la Ruta 40. La carretera recorre la provincia por una serie de valles y lechos fluviales, rodeada de montañas polvorientas. Si bien estos pueblos están ahora apenas un poco más desarrollados que hace unos siglos, merece la pena visitarlos por sus pequeños museos, sus iglesias tradicionales y el espectacular paisaje. Los más visitados son **Tinogasta**, **Belén** y **Santa María**. A lo largo del camino verá balnearios de aguas termales; uno de los mejores queda en **Fiambalá ❷**, 48 kilómetros al norte de Tinogasta. Famoso también por sus tejidos, es un oasis rodeado de viñedos. El balneario de aguas termales está 15 kilómetros al este de la población, en una quebrada con cascadas, y se utiliza desde la época precolombina por sus aguas curativas.

Para los más aventureros, se recomienda **Antofagasta de la Sierra ❸**, unos 250 kilómetros más al norte por la Ruta 40, situada en la región de tierras altas del norte de Catamarca. La remota Antofagasta, rodeada por lagunas, volcanes y salinas, queda a 3 500 metros sobre el nivel del mar. Allí se pueden comprar tejidos de excelente calidad, sobre todo en marzo, cuando se celebra en el pueblo una feria agrícola y artesanal.

Planicies polvorientas

Al este de Catamarca se hallan las planicies polvorientas de la provincia de Santiago del Estero. La capital de la provincia, del mismo nombre, fue fundada por Francisco de Aguirre en 1553, lo que la convierte en la ciudad de la región donde hace más tiempo que vive una población permanente. **Santiago del Estero ❹** también alberga la primera universidad que se creó en territorio argentino y conserva algunos edificios coloniales muy bonitos cerca de la Plaza Mayor.

Aunque no hay mucho que ver en esta región, aparte de los bosques de algarrobos y de los algodonales, se recomienda visitar las **termas de Río Hondo ❺**. Cerca de un lago artificial, que ofrece una gran variedad de actividades deportivas, la ciudad y el balneario de aguas termales de Río Hondo se han convertido en uno de los balnearios más distinguidos y lujosos de Argentina; dispone de restaurantes elegantes, hoteles de primera clase e incluso servicios para convenciones. Hay mucho movimiento durante el invierno, tanto como en verano en las playas de Mar del Plata.

Mapas páginas 242 y 244

Lechos helados de arroyos en la puna.

ABAJO: vicuñas cruzando una salina en el altiplano.

NOTA

Yendo hacia
el noroeste desde
San Fernando,
la Ruta Nacional 40
y la Ruta Provincial 43,
que va a Antofagasta
de la Sierra, atraviesan
algunas de las zonas
más remotas del
noroeste. Como los
servicios son muy
limitados y las
condiciones de la
carretera variables,
conviene pedir consejo
a los lugareños antes
de emprender el viaje.

ABAJO: el paisaje
calcinado de los
alrededores de Salta.

Un jardín tropical

No lejos de Río Hondo el desierto polvoriento da paso a un espectáculo subtropical que sorprende a quien visita Tucumán por primera vez. En este lugar exuberante, la casi infinita aridez y la monotonía del paisaje de las provincias de Santiago del Estero, Formosa y Chaco se transforma abruptamente en una cornucopia de vegetación tropical. Por este motivo, a la provincia de Tucumán (la más pequeña de las 23 que hay en Argentina) la llaman «el jardín de la República». Este contraste climático y visual es más marcado a lo largo de la cadena del Aconquija, que tiene varios picos de más de 5 500 metros. Allí se yuxtaponen la intensa vegetación con los picos blancos, coronados de nieve. La mejor época para visitar la zona es el invierno (de junio a agosto), cuando el clima suele ser cálido y seco; en verano, por lo general, hace un calor sofocante y llueve mucho.

Gracias a las abundantes precipitaciones, la provincia de Tucumán es una de las más bonitas de Argentina. En las llanuras, las principales actividades económicas son la agricultura y el cultivo del tabaco y la caña de azúcar. En los alrededores de Tucumán, la capital de la provincia, se encuentran los humeantes ingenios azucareros, que en la década de 1830 se convirtieron en la principal industria de la provincia y, de hecho, en la actualidad continúan siendo su principal fuente de ingresos.

Además de su notorio pasado colonial, **Tucumán ❻** (antes llamada San Miguel de Tucumán) es la única ciudad del noroeste argentino con una importante población de inmigrantes (ahora de segunda y tercera generación, en su mayor parte), descendientes sobre todo de colonos italianos, árabes y judíos. Por lo tanto, tradicionalmente siempre ha sido un próspero centro comercial con un ritmo de vida más similar al de Buenos Aires que al de las ciudades más pausadas del norte. También fue el primer núcleo industrial del noroeste que, sumado a su pasado

histórico como gran centro comercial entre la ciudad de Buenos Aires y Bolivia y Perú, lo convierten en un lugar muy animado y bastante cosmopolita.

El **parque 9 de Julio**, la barroca **Casa de Gobierno** y varios edificios patricios, junto con unas cuantas iglesias venerables, recuerdan su pasado colonial, que se aprecia sobre todo mediante una visita a la **Casa de la Independencia**. En uno de sus grandes salones se celebró la ceremonia de la independencia nacional argentina el 9 de julio de 1816 (abierta de lunes a viernes, de 9:00 a 13:00 h y de 16:00 a 18:00 h, sábado y domingo, de 9:00 a 13:00 h).

Entre los demás museos que merece la pena visitar en Tucumán (el nombre actual de la ciudad) destacan el **Museo Histórico de la Provincia**, situado en la casa de Nicolás Avellaneda, que fue presidente en el siglo XIX (abierta todos los días); el **Museo Folclórico**, que incluye así mismo una tienda de artesanía y un restaurante (abiertos todos los días); el **Museo Provincial de Bellas Artes** (abierto todos los días, excepto lunes), y la **Casa Padilla**, situada junto a la Casa de Gobierno, con una tienda de artesanía (abierta de lunes a viernes).

Las principales iglesias coloniales de Tucumán, situadas todas (al igual que los museos) cerca de la **plaza Independencia**, son la **catedral**, **San Francisco** (abierta todos los días), **Santo Domingo**, situada en la calle 9 de Julio, que también sirve como escuela (abierta de lunes a viernes) y **La Merced**, en la esquina de 24 de Septiembre y Las Heras, que alberga una célebre imagen de la patrona de Tucumán, la Virgen de la Merced.

Artesanía y cocina local

Entre la Plaza Mayor y La Merced, en la calle 24 de Septiembre, hay una feria permanente de artesanía que incluye así mismo varios restaurantes al aire libre, donde puede probar algunas exquisitas especialidades de la cocina regional. Entre las es-

NOTA

En la Casa de la Independencia, en Tucumán, se presenta por la noche un espectáculo de luz y sonido que recrea el papel fundamental de esta ciudad en la independencia argentina (de miércoles a lunes, a las 20:30 h).

ABAJO: horneando el pan en un horno tradicional de adobe.

pecialidades regionales figuran las empanadas rellenas de carne (las picantes pueden ser deliciosas, pero pican mucho) o pollo, así como varios platos a base de maíz, como la humita (un guiso elaborado con maíz, calabaza, cebolla, tomate y especias), el locro (un guiso más espeso, que también se prepara con maíz, al que se añaden pies y trozos de carne de cerdo y ternera con bastante grasa; es un plato delicioso, pero después conviene dormir la siesta) y los tamales (harina de maíz y trozos de cerdo, envueltos en hojas de maíz y cocidos). Por lo que respecta a la artesanía, los objetos más tradicionales de la región son las piezas de cerámica negras, que suelen llevar motivos preincaicos como el tatú (un animal similar al armadillo).

El parque 9 de Julio

En la feria artesanal de Tucumán puede adquirir artesanía local de excelente calidad.

ABAJO: la catedral de Tucumán.

Tucumán es el centro regional de una animada producción cultural; de hecho, allí encontrará una buena universidad (la mayoría de cuyos edificios están situados en el parque 9 de Julio), así como un centro cultural en 25 de Mayo, que ofrece a diario conferencias, debates, proyecciones cinematográficas y actividades teatrales, teatro y casino. Al este del centro se halla el elegante **parque 9 de Julio**, diseñado en 1916 por el paisajista francés Carlos Thays; en su interior hay una rosaleda, un lago, un campo de polo, un estadio (en el que se celebran concursos hípicos), un teatro, un club de tenis, un jardín italiano, diversos cafés y la casa del obispo Colombres, que vivió en Tucumán a principios del siglo XIX y fundó allí la industria azucarera. La casa alberga el **Museo de la Industria Azucarera**, que muestra el proceso de producción del azúcar (abierto todos los días). Este hermoso parque es un rincón para relajarse del ritmo bastante agitado de la ciudad. Sin embargo, debe tener cuidado, sobre todo cuando oscurece. Unas cuantas manzanas al sur, en la avenida Benjamín Aráoz, está la nueva terminal de autobuses (inaugurada en 1994), una de las más modernas de Argentina, desde la que salen servicios de autobuses de larga distancia y

locales hacia diversas ciudades del norte y el centro del país, e incluso hasta Buenos Aires. Alberga así mismo un enorme centro comercial, con tiendas, restaurantes y salas de cine. A 8 kilómetros en dirección este, está el aeropuerto internacional.

Los alrededores

Sin embargo, merece la pena pasar unos días en San Miguel de Tucumán para visitar sus alrededores, más que la ciudad. Se recomienda hacer excursiones cortas a **Villa Nogués** y **San Javier**, en lo alto de la cadena del Aconquija. Ambos son centros de veraneo con hoteles y restaurantes y unos paseos espléndidos; en San Javier, en lo alto de la montaña, se alzan una gran estatua de Cristo Redentor y una universidad. Desde los dos lugares hay vistas espléndidas de Tucumán, sus alrededores y las plantaciones de tabaco y caña de azúcar. De camino a Villa Nogués y San Javier, pasará por el encantador suburbio de Yerba Buena, una urbanización rural donde tiene propiedades gran parte de la elite tucumana.

Resulta bastante agradable la visita a **El Cadillal**, con la presa, el lago artificial, un museo arqueológico y los restaurantes (donde sirven pejerrey fresco). También puede unirse a una visita guiada a algunos de los ingenios azucareros.

Tras hacer las excursiones por los lugares de interés de San Miguel de Tucumán y sus alrededores, puede elegir entre dos caminos diferentes para seguir viaje hacia el norte. Una opción es la Ruta Nacional 9, que pasa por Metán y el balneario de Rosario de la Frontera y luego serpentea entre espesos matorrales hasta Salta y de allí a Jujuy. Pero quizás la mejor opción sea salir de Tucumán en dirección al sur. Después de atravesar plantaciones de caña de azúcar, varios ingenios y la ciudad de Monteros, llegará a **Simoca ❼**, la «capital argentina del *sulky*» (un carruaje ligero de dos ruedas, tirado por un caballo), adonde acuden los domingos los lugareños en sus *sulkies* para vender artesanía, especias y platos recién preparados en una feria semanal que no hay que perderse.

A partir de allí, la carretera continúa hacia el oeste en dirección a **Acheral**. Desde esta localidad, un estrecho camino asfaltado asciende la espesa vegetación tropical hasta llegar a un agradable valle verde, con frecuencia cubierto de nubes. El camino sinuoso (no recomendado para conductores inexpertos) es espectacular: exuberante vegetación subtropical, escarpados acantilados, cascadas y un río al fondo de un barranco. Casi a mitad de camino hacia Tafí del Valle hay un lugar de descanso que se llama **El Indio**, donde hay una enorme estatua de un indígena, unas vistas panorámicas espectaculares y numerosos artesanos, muchos de los cuales venden artículos de excelente calidad. El valle está salpicado de pequeñas aldeas; la principal es el antiguo asentamiento aborigen y jesuítico de Tafí del Valle.

Círculos de piedra

Tafí del Valle ❽, situado en plena cadena del Aconquija, a 2 000 metros de altitud, se considera el valle sagrado de los diaguitas, que habitaron en la zona bajo distintos nombres tribales. Dispersos por el valle se encuentran puñados de viviendas aborígenes y docenas de círculos de piedras sagradas. Sin duda, las atracciones más notables de Tafí son los menhires o piedras erguidas. Estos monumentos, que a veces alcanzan más de 2 metros de altura, se han reunido recientemente en el **Parque de los Menhires**, próximo a la entrada del valle.

También antes de entrar en Tafí está el embalse La Angostura con su lago, en un entorno montañoso idílico.

Mapa página 263

NOTA

A pesar del clima de montaña relativamente fresco, la mayoría de los negocios del noroeste conservan la costumbre de la siesta, heredada de España, y suelen cerrar desde el mediodía hasta las cinco de la tarde.

ABAJO: El Anfiteatro, la garganta erosionada de un río, cerca de Cafayate.

El general Manuel Belgrano nombró generala del ejército argentino a la patrona de Tucumán, la Virgen de la Merced, porque la batalla de Tucumán se ganó el día de su festividad, el 24 de septiembre de 1812. En consecuencia, la iglesia de la Merced, donde se conserva su imagen, recibe del ejército el sueldo de un general.

ABAJO: un balancín improvisado.

El propio pueblo de Tafí, con su clima de montaña seco y fresco, es uno de los refugios favoritos de los tucumanos; tiene hermosas vistas, cafeterías y artesanías famosas, productos alimenticios (sobre todo quesos) y dulces.

Desde Tafí, un polvoriento camino de grava serpentea hasta **El Infiernillo**, situado a 3 000 metros sobre el nivel del mar. Después de este punto, el paisaje vuelve a cambiar de forma radical: las montañas onduladas cubiertas de hierba dan paso a una altiplanicie desértica.

Según la tradición local, en **Amaichá del Valle** ❾, 56 kilómetros al norte de Tafí del Valle, el sol brilla 360 días al año. Se cuenta que algunos propietarios de hoteles están tan apegados a esta tradición que, si durante su estancia no han visto el sol, devuelven a sus huéspedes el importe del alojamiento. Pero dejando de lado el tiempo, sin duda vale la pena ver los tapices tejidos a mano y visitar los talleres. El pueblo es uno de los lugares donde pasan las vacaciones los tucumanos; de hecho, muchos de ellos disponen allí de una casa de fin de semana. Tiene una población permanente, de origen indígena en su mayoría. Se trata de la única comunidad indígena del país que ha recibido los documentos de propiedad de sus tierras tradicionales; esto ocurrió durante el gobierno de Perón, a principios de la década de 1970.

Si bien en Amaichá suele hacer calor durante el día en cualquier época del año, debido a la gran altitud y al aire tan límpido, por la noche refresca, incluso en verano; este brusco cambio de temperatura resulta muy refrescante, pero hace falta llevar siempre ropa de abrigo, también en pleno verano.

Todos los años, en febrero, se celebra allí un festival indígena tradicional, la **Fiesta de la Pachamama** (la Madre Tierra), para dar gracias por la fertilidad del suelo y la fecundidad del ganado, en la que se elige a una anciana del lugar para representar a la Pachamama, que se disfraza y ofrece vino a todos los participantes. El reciente aumento del interés turístico ha dado un carácter algo más comercial a este

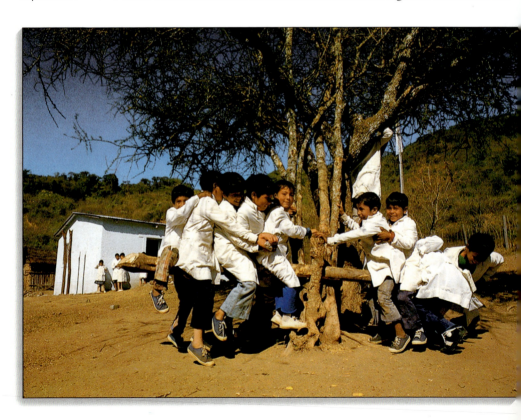

festival de una semana de duración, aunque se sigue ciñendo a la tradición y ofrece ceremonias, músicas y danzas rituales.

Valles bañados por el sol

Al salir de Amaichá, entrará en dos valles coloridos y llenos de sol: **Santa María** y **Calchaquí**, paisajes fértiles alimentados por los ríos del mismo nombre. En una época eran unas de las regiones más densamente pobladas de la Argentina prehispánica. Poco después de Amaichá, el camino se ramifica. A la izquierda (hacia el sur), enseguida se llega a **Santa María** (en la provincia de Catamarca), que ofrece una variedad de excelentes productos y vinos artesanales. Destaca además por la industria del pimiento rojo, y en los últimos años ha experimentado un gran auge como consecuencia de las minas de oro y cobre de Bajo La Alumbrera, situadas en las cercanías. No obstante, conviene seguir recto en dirección al norte. Poco después de llegar a la Ruta Nacional 40 (la misma Ruta 40 que se recomienda para explorar Catamarca, la carretera más larga de Argentina), un corto camino de acceso conduce hasta las ruinas arqueológicas de **Quilmes**, uno de los yacimientos indígenas más importantes del país (*véase recuadro de la pág. 252*).

El viaje prosigue hasta **Cafayate**, pasando por aldeas tristes como **Colalao del Valle y Tolombón**, y sale de la provincia de Tucumán para entrar en la de Salta. En Cafayate se producen los exquisitos vinos blancos que se elaboran con la uva de tipo Torrontés; la principal atracción turística son las visitas guiadas a sus viñedos.

Patios umbríos

A pesar de estar situado a apenas 260 kilómetros (unas tres horas y media en automóvil) de San Miguel de Tucumán, conviene elegir **Cafayate ❿** como destino donde pasar por lo menos una noche. Esta población no se reduce a su peculiar catedral,

Mapas páginas 263 y 264

El cardón es un cactus gigante muy ramificado que abunda en el noroeste.

ABAJO: el Parque de los Menhires, en Tafí del Valle.

con cinco naves, el excelente museo colonial, sus siete bodegas y los tapiceros y plateros artesanales. Lo que cautiva realmente al visitante son la frescura del aire, debido a la altitud (1 600 metros), y la sombra de sus patios, llenos de enredaderas. Los alrededores de esta pequeña ciudad colonial están salpicados de viñedos y numerosos restos arqueológicos.

Dos caminos hacia Salta

Hay dos rutas que van desde Cafayate hasta Salta. A la derecha, a lo largo de la Ruta 68, el camino serpentea a través del colorido **valle de Guachipas**, también llamado **La Quebrada de Cafayate**. En este valle, el agua y el viento han tallado la arenisca roja produciendo gran cantidad de formaciones curiosas que deleitan al viajero en cada curva. Se trata de un recorrido agradable para hacer en automóvil, pues tardará menos de 4 horas (unos 180 kilómetros en total), ideal sobre todo si tiene prisa. Los que dispongan de más tiempo y estén interesados en la belleza natural y la historia pueden elegir el camino más largo, que sigue la Ruta Nacional 40, serpenteando a lo largo del pintoresco **valle Calchaquí**, irrigado por el río homónimo, uno de los más largos de Argentina.

Cada una de las numerosas aldeas románticas situadas a lo largo del valle Calchaquí merece por lo menos un breve paseo para poder apreciar la hermosa arquitectura colonial y los ejemplos de arte hispánico que todavía se conservan en esta región. En concreto, vale la pena hacer una breve parada en la población de **San Carlos ⓫**, no muy lejos de Cafayate. Se cuenta que este lugar somnoliento fue fundado por lo menos cinco veces, primero por los conquistadores españoles (1551) y después por las oleadas de misioneros.

Poco después de San Carlos, el camino se vuelve todavía más sinuoso. Desde las chimeneas de las pequeñas casas que flanquean la carretera suele llegar el olor

NOTA

Algunas de las bodegas que merece la pena visitar cerca de Cafayate son Etchart y Michel Torino, las dos ofrecen visitas guiadas y degustación de vinos.

ABAJO: Humahuaca, en la provincia de Jujuy.

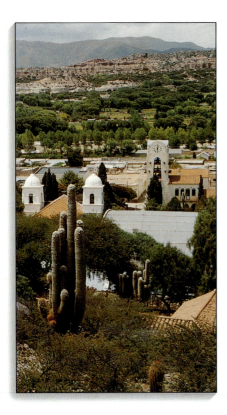

QUILMES

Este extenso bastión de los indios calchaquíes, situado en el valle de Calchaquí, cerca de Santa María, contó en una época con 202 500 habitantes y fue el último territorio indígena de Argentina que se rindió a los españoles (1665).

Los calchaquíes eran agricultores y cultivaban extensas tierras en torno a un asentamiento urbano; desarrollaron una estructura social y económica muy bien integrada que fue, sin duda, lo que les permitió resistir muchos años frente a los españoles, tanto a la invasión como a la conversión al cristianismo.

Quilmes es un paradigma de la hermosa arquitectura urbana prehispánica. Sus muros de piedras planas muy bien colocadas se conservan todavía perfectamente, si bien los techos de enormes vigas de cactus desaparecieron hace ya bastante tiempo. Los guías locales conducen al visitante a algunas de las partes más interesantes de este vasto complejo, entre ellas las fortificaciones (después de subir bastante), la zona residencial y el gran dique y embalse.

Al pie de las ruinas se encuentran un pequeño museo y una tienda de artesanía, donde venden una cerámica muy bonita. El complejo está abierto todos los días, de 9:00 a 17:00 h, y dentro hay un hotel muy interesante, que se edificó respetando el estilo arquitectónico y el discreto perfil de las ruinas, a pesar de las controversias que suscitó en su momento al ser construido sobre parte de éstas.

tentador de los platos tradicionales. El viajero observador puede oler a locro y pu-chero (guisos de carne y verduras), tamales o mazamorra (una bebida caliente que se prepara con maíz blanco hervido en leche con azúcar y canela), y captar tam-bién el olor fragante del pan que se cuece en los hornos de adobe que quedan ocul-tos detrás de las viviendas.

La ruta se aleja brevemente del lecho del río y atraviesa la impresionante **que-brada de la Flecha**, donde un bosque de puntas de arenisca erosionadas brinda un espectáculo magnífico, a medida que el juego de sol y sombras produce la impre-sión de que las figuras cambian de forma.

Continuando por la carretera, **Angastaco** ⓬, la siguiente aldea, era en una épo-ca un poblado aborigen, cuyas primitivas chozas de adobe se levantaban en las la-deras de unas dunas inmóviles. En el centro se encuentra una cómoda hostería. An-gastaco se halla en medio de amplios viñedos, aunque entre este punto y el norte se cultivan más pimientos rojos que uvas.

Molinos ⓭, unos kilómetros más adelante, con su impresionante iglesia de ado-be y sus calles coloniales, es otro lugar tranquilo que vale la pena visitar. Todavía se ve el viejo molino de agua del pueblo, en el que se sigue moliendo maíz y otros cereales a orillas del río Calchaquí.

Al otro lado del río, hay una cooperativa de artistas que se ha formado reciente-mente, situada en una casa colonial muy bien restaurada, en la que destaca un gran patio interior con sus correspondientes arcos. Los artesanos locales sólo venden artículos hechos a mano, como jerseys, alfombras y tapices.

Además, en la localidad de **Seclantás** y en la cercana aldea de **Solco**, los artesa-nos continúan elaborando los famosos y tradicionales ponchos de Güemes tejidos a mano, de color rojo y negro, y hechos con lana de excelente calidad, que los or-gullosos gauchos salteños llevan sobre los hombros.

Mapa página 264

ABAJO: comida en Bermejo, cerca de Salta.

La llama es un resistente animal de carga que vive en toda la zona andina.

ABAJO: uno de los caminos de tierra de la región.

Una iglesia de cactus

Sin duda, el lugar más encantador de esta pintoresca y sinuosa carretera que discurre a lo largo del río Calchaquí es **Cachi** ❹, situado 175 kilómetros al norte de Cafayate. Destaca su iglesia, muy antigua, en la que muchas de sus partes (altar, confesionarios, bancos e incluso techo y suelo) están hechas de madera de cactus, uno de los pocos materiales de construcción con que cuenta la zona. Cruzando la plaza se alza el Museo Arqueológico (abierto de lunes a sábado), quizás el mejor de su clase en Argentina; con la autorización de su director, podrá acceder al amplio complejo aborigen de **Las Pailas**, a unos 18 kilómetros de distancia y excavado en parte. Éste es uno de los numerosos yacimientos arqueológicos que hay en la región calchaquí, densamente poblada antes de la llegada de los españoles. Aquí, como en Cafayate, tal vez prefiera pasar más de una sola noche. Hay una hostería del Automóvil Club Argentino, situada en lo alto de una colina, sobre el Cachi viejo.

La atmósfera está aquí tan despejada que el imponente **monte Cachi** (6 300 metros) parece estar al alcance de la mano. Se dice que a los habitantes de esta región les sienta muy bien el aire frío y vigorizante de la montaña y que viven hasta una edad avanzada.

Si quiere ver de cerca el monte Cachi y las hermosas haciendas y casas rurales, le conviene visitar **Cachi Adentro**, un pequeño pueblo a 6 kilómetros del propio Cachi. En este punto, la Ruta Nacional 40 se vuelve casi intransitable; de todos modos, puede visitar la somnolienta aldea de **La Poma**, 50 kilómetros más al norte, destruida en parte por un terremoto en 1930. Pero la principal ruta turística continúa hacia el este sobre una meseta elevada llamada **Tin-Tin**, de donde es oriundo el enorme y elegante cardón, un cactus gigante muy ramificado. Los **Cardones**, declarado parque nacional en 1977, tiene por objetivo preservar estos característicos cactus, que actualmente están en vías de extinción.

Unos 90 kilómetros al norte de La Poma se halla **San Antonio de los Cobres** 🄭, aunque la carretera está en malas condiciones y a menudo resulta intransitable. El pueblo queda a 3 775 metros de altura y es el destino final del espectacular **Tren a las Nubes**, que realiza un viaje de todo el día desde Salta hasta San Antonio una vez a la semana. Muy cerca también, sobre la Ruta 51, queda la ciudad preincaica de Santa Rosa de Tastil, descubierta en 1903, que data del siglo xiv. Hay un pequeño museo, cuyo conserje ofrece visitas guiadas por las ruinas (abierto de martes a sábado, de 9:00 a 17:30 h).

Bajando el espectacular **paso de la Cuesta del Obispo**, por la multicolor **quebrada de Escoipe** y sobre las exuberantes planicies del valle de Lerma, la carretera llega hasta Salta. De Cafayate a Salta, pasando por Cachi, sin hacer parada alguna, tardará unas 8 agotadoras horas en automóvil.

Joyas coloniales

Salta 🄯, apodada «la linda», es quizás la ciudad más seductora del noroeste, tanto por su situación en el encantador valle de Lerma como por el cautivador contraste de sus edificios coloniales con una arquitectura urbana moderna. Salta está muy orgullosa de su pasado colonial; de hecho, muchos salteños consideran que son los únicos criollos auténticos (argentinos nativos de ascendencia española) que no se han mezclado con las siguientes generaciones de inmigrantes. La ciudad es la más formal de la región en cuanto a vestimenta y comportamiento, así como la mayor del norte de Argentina, lo que la convierte en una buena base para explorar la zona, teniendo en cuenta lo desarrollado de su infraestructura y lo variado de sus atractivos.

En Salta podrá contemplar algunas joyas coloniales, como el convento de San Bernardo (no está abierto al público); la iglesia de San Francisco y el Cabildo (ayuntamiento). En la **catedral** 🄐, finalizada en 1882 y situada en la plaza 9 de Julio, des-

Mapas páginas 256 y 264

NOTA

En todo el noroeste, muchas carreteras son intransitables durante la época de lluvias estivales (aproximadamente de Navidad a Pascua). El otoño y la primavera (abril y mayo, y de septiembre a noviembre) son las mejores épocas para visitar la región.

ABAJO: procesión religiosa en Jujuy.

NOTA

Una excelente
manera de disfrutar
de una noche en Salta
es asistir a una peña
salteña, donde se sirve
comida tradicional
y hay músicos locales
que interpretan
música folclórica
en vivo. Dos de los
lugares más conocidos
de la ciudad son
Balderrama y La
Casona del Molino.

cansan los restos de algunos héroes de la independencia, como el general Martín Miguel de Güemes. Al otro lado de la plaza se encuentra el **Cabildo y Museo Histórico del Norte B**, que originalmente fue construido en 1626 y que albergó el gobierno del Virreinato hasta 1825, para convertirse después en sede del gobierno provincial hasta el final del siglo XIX. Con su hilera de arcos, el Cabildo tiene fama sobre todo por las imágenes de la Virgen y el Cristo del Milagro del siglo XVI, que la corriente rescató del naufragio de un barco español en la costa de Perú y a las que se atribuyen milagros como haber detenido un terremoto en 1692. Así mismo, alberga un excelente Museo Histórico, con diez salas dedicadas a objetos coloniales (abierto todos los días, excepto lunes).

Museos de arte e historia

A dos manzanas del Cabildo, en la esquina de Florida y Alvarado, está el **Museo de la Ciudad C**, antigua residencia de la familia Hernández que data de 1870 y donde en la actualidad se halla el flamante Museo de la Ciudad de Salta (abierto de lunes a sábado). También en Florida, en el número 20, se ubica el **Museo de Bellas Artes D**, en la residencia Arias Rengel, el edificio más importante que se conserva del período virreinal y que data de finales del siglo XVIII. La casa ha sido restaurada, y el museo expone una hermosa colección de arte americano, que incluye obras a partir de la época de las misiones jesuíticas, sobre todo de artistas salteños y argentinos (abierto todos los días, excepto lunes).

Otra residencia de la época colonial, la **Museo Uriburu E**, situada en Caseros, a una manzana de San Francisco, ha sido restaurada y alberga un museo del período colonial (abierto todos los días, excepto lunes). Así mismo, en esta área verá unas cuantas tiendas de artesanía que venden adornos de plata y alpaca de excelente calidad (los mates de madera y los hechos con la plata local, la alpaca, son preciosos).

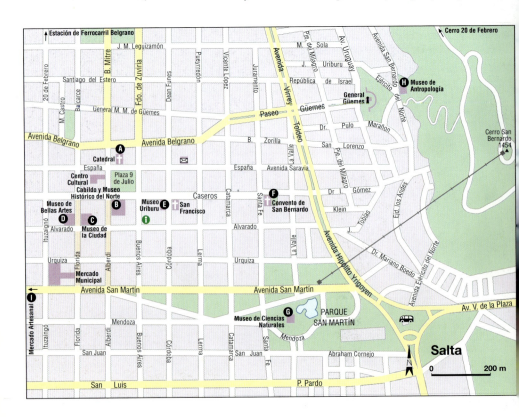

Unas cuantas manzanas al este del Museo Uriburu, en la esquina de Caseros y Santa Fe, se erige el hermoso **convento de San Bernardo** , cerrado al público; desde 1846 lo ocupa la orden de los carmelitas, y está construido en torno a cuatro claustros con galerías techadas. La iglesia propiamente dicha es un edificio menos elegante y más sólido; aún se conserva una parte de su construcción original (destruida por un terremoto en 1692), aunque se cree que la sobria torre data del siglo XVIII.

Pocas manzanas al sudeste de la plaza 9 de Julio está el enorme **parque San Martín**, que incluye una estatua de la famosa escultora tucumana Lola Mora; y en Mendoza 2, el **Museo de Ciencias Naturales** ⓖ presenta exposiciones de animales y plantas autóctonos de Salta y Jujuy, como por ejemplo el tatú, una clase de armadillo local, y fósiles de especies primitivas de peces y plantas (abierto todos los días).

El **Museo de Antropología** ⓗ, en Ejército del Norte y Polo Sur, expone la historia cultural del noroeste; destaca una colección de piezas procedentes de Santa Rosa de Tastil, que incluye tejidos y una piedra tallada donde aparece la «bailarina de Tastil» (abierto todos los días, excepto sábado). También merece la pena visitar el **Mercado Artesanal** ⓘ, situado tres manzanas al sudoeste de la plaza 9 de Julio, que contiene artesanías de algunos de los indígenas que viven en la vasta provincia de Salta (abierto todos los días, de 8:00 a 20:00 h).

Desde la cima del **cerro San Bernardo**, a la que se llega en teleférico desde el parque San Martín, se aprecia una vista magnífica de la ciudad (teleférico: funciona de lunes a viernes, de 14:00 a 20:00 h; sábados y domingos, de 11:00 a 13:00 h y de 15:00 a 19:00 h).

El Tren a las Nubes

Este viaje, que ahora está dedicado exclusivamente al turismo, es una de las atracciones más espectaculares de Argentina y uno de los últimos «grandes viajes en tren»

Plano página 256

El convento de San Bernardo, en Salta.

ABAJO: la iglesia de San Francisco, en Salta.

que todavía se pueden hacer en América del Sur. El tren, equipado con coche-res-taurante, bar, guía y azafatas, parte de la estación central de Salta, a 1 187 metros, a las 7:00 h y entra en la profunda **quebrada del Toro** una hora después. Empieza a ascender con lentitud. La línea es una auténtica obra de arte de la ingeniería, y no uti-liza ruedas dentadas, ni siquiera para las partes más empinadas de la subida, pues las vías se han dispuesto de tal manera que se puede circular por un sistema de zig-zags y espirales. Esto, sumado al hermoso paisaje, hace que el viaje resulte fascinante.

Después de pasar por **San Antonio de los Cobres**, la antigua capital del antes territorio nacional de los Andes, el tren se detiene en el **viaducto de La Polvorilla** (de 63 metros de altura desde el fondo de la quebrada y 224 de largo), un impre-sionante tramo de acero en mitad del magnífico paisaje andino. En este punto se alcanza una altitud de 4 197 metros sobre el nivel del mar. Desde allí el tren regre-sa a Salta, adonde llega por la noche, tras un recorrido de ida y vuelta de 272 kiló-metros, que dura alrededor de 14 horas. Lamentablemente, el Tren a las Nubes sólo circula de marzo a octubre y hace el viaje entre dos y seis veces al mes. Puede ad-quirir el billete en Salta (Caseros 431, tel.: 4310-4894) y en Buenos Aires (Esme-ralda 1 008, tel.: 4311-4282).

Un paseo por la selva

El **Parque Nacional El Rey** está situado en el corazón de las yungas, o región de selvas subtropicales, que queda a 80 kilómetros de Salta. Se trata de un invernade-ro natural con una vegetación tropical tan espesa y verde como la que se puede en-contrar en casi toda América del Sur. Los visitantes que lleguen para pescar, estu-diar la flora y fauna o bien descansar, encontrarán abundante alojamiento: hay una hostería muy limpia, algunos bungalós y un cámping. Al parque sólo se puede ac-ceder en automóvil o contratando previamente el transporte desde Salta, y los me-jores meses para visitarlo son entre mayo y octubre.

ABAJO: el carnaval en Purmamarca.

Otro parque nacional que merece la pena visitar es el **Parque Nacional Calilegua**, que abarca 76 000 hectá-reas de terreno en la provincia de Jujuy. Calilegua, inau-gurado en 1979, es un bosque de yunga tropical, igual que El Rey, aunque al ir aumentando la altitud la topo-grafía va cambiando a la selva de montaña, el bosque de montaña y, por último, la altiplanicie. Así mismo, lo recorren varios ríos y tiene una fauna muy variada, que incluye animales como jabalíes y jaguares, en un eco-sistema de una diversidad excepcional. A diferencia de El Rey, en Calilegua sólo hay un cámping. En 2001, un grupos ecologistas no logró impedir la construcción del oleoducto que atraviesa el parque.

Jujuy

Desde Salta, un camino de montaña sinuoso pero increí-ble, **La Cornisa**, lleva al viajero (en una hora y media) hasta **San Salvador de Jujuy** ⓱. Se recomienda ver el magnífico púlpito dorado de la **catedral Ⓐ**, tallado por los propios habitantes. Ésta data de 1611, aunque el edi-ficio actual fue finalizado en 1765, tras ser destruido por un terremoto a finales del siglo XVII. Aparte del famoso púlpito, la catedral tiene una hermosa capilla dedicada a la Virgen del Rosario, así como una pintura notable de la Virgen del siglo XVIII (abierta todos los días). La ofi-cina de turismo queda muy cerca, en Belgrano 690.

Entre los demás atractivos de esta ciudad colonial fi-guran la **Casa de Gobierno Ⓑ**, situada al otro lado de la **plaza General Belgrano** desde la catedral. En este edi-

ficio clásico, acabado en 1920, está la primera bandera argentina y el escudo, creados por el prócer de la independencia, el general Belgrano, y donados a la ciudad en 1813. El Salón de la Bandera, donde se expone ésta, permanece abierto de lunes a viernes, de 8:00 a 12:00 h y de 16:00 a 20:00 h. Frente a la Casa de Gobierno también hay cuatro estatuas que representan la Paz, la Libertad, la Justicia y el Progreso, realizadas por Lola Mora, la artista tucumana que en una época fue directora de plazas y parques en Jujuy. Ante la Casa de Gobierno se halla el **Cabildo y Museo Histórico Policial** ☉, un edificio del siglo XIX que fue reconstruido después de que un terremoto lo destruyera en 1863. En el Cabildo se encuentran en la actualidad el departamento de policía de la ciudad y un pequeño museo donde se muestra la campaña antidrogas que llevan a cabo (abierto todos los días).

A dos manzanas del Cabildo, en Belgrano y Lavalle, se erige la hermosa iglesia de **San Francisco** ☉, que ocupa el mismo lugar desde principios del siglo XVII, si bien el edificio actual, que se construyó siguiendo el estilo tradicional de las iglesias franciscanas, data de la década de 1920. En el interior hay un púlpito tallado a partir de los diseños tradicionales de Cusco, en Perú, y una notable imagen de madera de San Francisco, que allí se conoce como San Roque (abierta todos los días, de 6:30 a 12:00 h y de 17:30 a 21:00 h). Dentro de la iglesia está el **Museo de San Francisco**, que expone una serie de las estaciones del Vía Crucis, pintadas en Bolivia en 1780 (abierto todos los días, de 8:00 a 12:00 h y de 17:00 a 20:30 h).

La imaginería religiosa local destaca sobre todo por su carácter sangriento, fundamentalmente porque la vida de las comunidades indígenas, que fueron los primeros habitantes de la zona, era tan difícil que los primeros misioneros tuvieron que representar el sufrimiento de Cristo y otras figuras religiosas en términos muy duros para impresionar a los habitantes. Las estatuas religiosas, por ejemplo, tienden a representar heridas abiertas y sangrantes con más entusiasmo de lo habitual.

Mapas páginas 260 y 265

Campanario de la iglesia de Casabindo.

ABAJO: procesión de Semana Santa en Tilcara en honor de la Virgen de Copacabana.

NOTA

Puede dar un agradable paseo a pie por los suburbios del norte de Jujuy hasta la carretera (Fascio) que hay junto al río Grande, donde se encuentran algunas de las casas más antiguas y espléndidas de la ciudad.

ABAJO: productos frescos en el mercado municipal de Jujuy.

Otro de los sitios interesantes de Jujuy es el **Museo Histórico Provincial** ❺, situado en una residencia del siglo XIX donde en 1841 murió el prócer unitario argentino, el general Lavalle, tras ser derrotado por los federales en la batalla de Famaillá. Expone prendas de vestir del siglo XIX, así como obras de arte religioso y una sala dedicada al proceso de la independencia argentina, que incluye armas capturadas en la batalla de Suipacha (abierto de lunes a viernes). A dos manzanas, también sobre la calle Lavalle, se halla el **Museo Arqueológico Provincial** ❻, donde se muestran objetos de piedra, cerámica y metal de la región (abierto de lunes a viernes, de 8:00 a 12:00 h y de 16:00 a 20:00, los fines de semana, de 9:00 a 13:00 y de 16:00 a 20:00 h).

La **capilla de Santa Bárbara** ❼, que data de 1777, incluye una colección de pintura religiosa del siglo XVIII. A dos manzanas de allí, en la calle Lamadrid, se erige el **Teatro Mitre** ❽, construido en 1901. De estilo italiano, fue restaurado en 1979. Dos manzanas al este está el mercado municipal. La estación de ferrocarril se encuentra a dos manzanas de la plaza General Belgrano, en Gorriti y Urquiza, mientras que la terminal de buses queda unas cuantas manzanas al sur del río Chico Xibi Xibi, entre las calles Iguazú y Dorrego.

El parque de la ciudad

Varias manzanas hacia el oeste de la plaza está el **parque San Martín** ❿, que incluye una piscina, además de un complejo de viviendas y un restaurante, La Mirage. Cerca del parque, en la calle Bolivia 2 365, se halla el **Museo de Mineralogía** (abierto de lunes a viernes, de 9:00 a 13:00 h), que depende de la Facultad de Geología y Minería de la universidad provincial. Muestra la riqueza mineral de la provincia, que incluye la historia de la tradicional explotación de las minas de estaño y hierro, así como de los depósitos de oro.

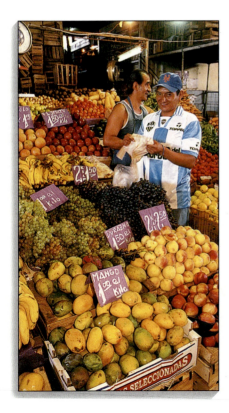

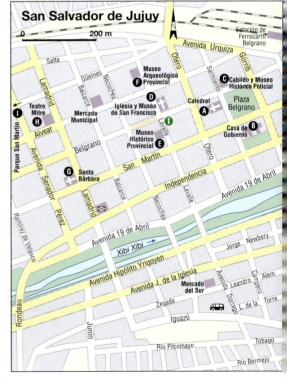

San Salvador de Jujuy

A pocos kilómetros de la ciudad puede visitar las **Termas de Reyes**, un balneario situado en un angosto valle. Desde allí, contemplará hermosas vistas tanto de la ciudad como de las montañas y los lagos de la zona; así mismo, tendrá la oportunidad de disfrutar de unos baños termales.

Mapas
páginas
260 y 265

La colorida quebrada

La Ruta 9 asciende rápidamente y enseguida la atraviesa el sol. Si va hacia el norte, se adentrará en una quebrada ancha y muy característica, dominada por el lecho del río Grande; éste recibe precipitaciones torrenciales y a menudo devastadoras en verano. A medida que el camino va subiendo, los colores de la pared del valle se vuelven cada vez más intensos y definidos. La vestimenta de los coyas, los habitantes de la región del altiplano, es de vivos colores. La Quebrada del valle de Humahuaca fue durante 10 000 años un lugar de tránsito fundamental entre las culturas de las tierras altas de los Andes y las llanuras inferiores. En 2003 fue designado Patrimonio de la Humanidad.

Purmamarca ⓲ es una pequeña aldea detrás de cuya vieja iglesia de adobe se alza el imponente **cerro de los Siete Colores**. Detrás de la plaza umbría, los vendedores locales ofrecen tallas de madera, alfombras hechas a mano y una gran variedad de plantas medicinales.

Tilcara ⓳, famosa por su enorme pucará (fortaleza) precolombina, se alza en una sierra en medio del valle. El **Museo Arqueológico** (abierto todos los días), situado en la plaza principal, muestra una momia preincaica y otros objetos procedentes de Bolivia, Chile y Perú. También hay un interesante jardín botánico, con especímenes de la puna (la tierra alta).

En **El Angosto de Perchel**, unos kilómetros al norte de Tilcara, la quebrada se estrecha hasta menos de 200 metros de ancho, para abrirse después en un valle gran-

*Pintura floral
para las celebraciones
de la Semana Santa
en Tilcara.*

ABAJO: un
cementerio
en la quebrada
de Humahuaca.

**Mapa
página
265**

N O T A

Al sur de Humahuaca, en Huacalera, un monumento marca el punto exacto por donde pasa el Trópico de Capricornio, 23 grados y 27 minutos al sur del Ecuador.

ABAJO: la iglesia de la Candelaria, en Humahuaca.

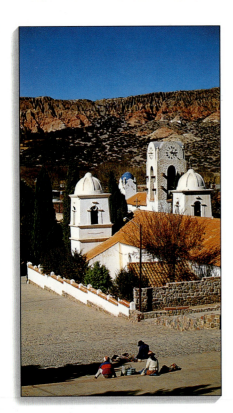

de. Cuando el agua disponible se destina al riego, aparecen campos y huertos que dan un aspecto verde y fresco a los tonos rojos y amarillos de las márgenes de los ríos.

Las capillas del desierto

Finalmente, llegará al pueblo de Humahuaca, que toma su nombre de una tribu de aborígenes y lo da, a su vez, al valle que la rodea. **Humahuaca** ⓴ queda a casi 3 000 metros de altura, de modo que tendrá que moverse muy lentamente para no quedarse sin aire. Tampoco conviene comer mucho; de hecho, a esta altura es preferible beber una taza de té dulce. Allí encontrará calles de piedra muy estrechas, vendedores de plantas medicinales y otros productos cerca de la estación de ferrocarril y un monumento imponente en honor de la guerra de la independencia argentina. Merece la pena visitar el Museo de Costumbres y Tradiciones Locales. La mayoría de los visitantes sólo hacen una breve visita a este lugar fascinante, y regresan a San Salvador de Jujuy la misma tarde; pero sin duda vale la pena quedarse varios días porque desde allí pueden hacerse varias excursiones.

Unos 9 kilómetros fuera de la población están las amplias ruinas arqueológicas de **Coctaca**. Todavía se desconoce en gran medida la verdadera importancia de este yacimiento, pero lo están estudiando y quizás pronto se revelen sus secretos. Otras opciones son viajar a **Iruya**, un caserío en medio de imponentes montañas, a 75 kilómetros de Humahuaca. Un viaje todavía más aventurado le conduciría a **Abra Pampa** y desde allí al **Monumento Natural y Reserva de la Biosfera Laguna de los Pozuelos**, donde verá enormes bandadas del espectacular flamenco andino y rebaños de vicuñas paciendo cerca de la carretera.

Aquí, en plena Puna o altiplano (a una media de 3 500 metros de altitud) se hallan algunas de las aldeas más interesantes del noroeste, en una región que estuvo habitada durante miles de años antes de la llegada de los españoles, y que fue ocupada por los incas cuando su imperio se expandió hacia el sur desde Bolivia. Muchas de estas aldeas aisladas poseen grandes iglesias coloniales, con una decoración muy rica, como las de Casabindo, Cochinoca, Pozuelos, Tafna y Rinconada. Ninguna de ellas queda sobre la Ruta 9, aunque podrá llegar por carreteras más estrechas que serpentean entre el apacible campo. La Ruta 9 sigue hasta **La Quiaca**, en la frontera argentina, frente a la población boliviana de Villazón.

Un dorado resplandeciente

Por último, como si se reservara para poner un broche de oro a esta excursión, queda una de las joyas más rutilantes de Argentina: la antigua **iglesia de Nuestra Señora del Rosario y San Francisco**, en Yaví. La pequeña aldea de **Yaví** ㉑, en el altiplano árido y ventoso próximo a la frontera con Bolivia, se halla protegida en una pequeña depresión, a unos 15 kilómetros de La Quiaca, saliendo hacia el este por un camino asfaltado. Entre los siglos XVII y XIX, Yaví fue la sede del marqués de Campero, una de las posesiones feudales españolas más ricas de esta parte del continente. Aunque la capilla se construyó allí por primera vez en 1690, uno de los últimos marqueses ordenó que doraran el altar y el púlpito. Las delgadas placas de alabastro que cubren las ventanas producen una iluminación suave que hace brillar el dorado (abierta de martes a domingo, de 9:00 a 12:00 h y de 15:30 a 18:00 h). Y con este precioso monumento histórico concluye un apasionante viaje a través de las planicies, los valles y las montañas del noroeste.

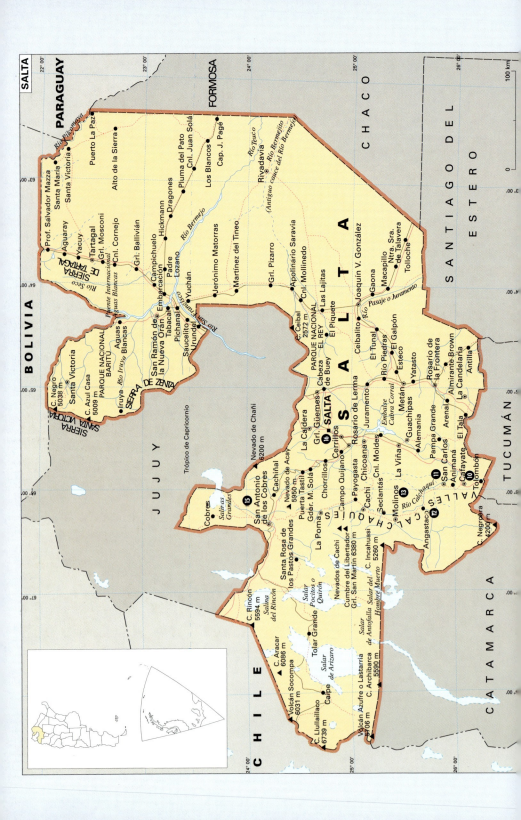

LA REGIÓN DE CUYO

El centro-oeste de Argentina es la principal zona vitivinícola del país. Allí se encuentran también el pico más alto de América del Sur, el Aconcagua, y elegantes centros de esquí, y se puede descender en balsa por los rápidos

Mapa página 268

Argentina es el quinto productor de vinos del mundo, y la región de Cuyo es el corazón de la industria vitivinícola. Las nieves de los Andes, al fundirse, nutren las vides y las propias montañas añaden a la escena color y dramatismo. En marzo se celebra la cosecha de la uva con la Fiesta de la Vendimia, en Mendoza, pero en cualquier época del año se pueden visitar las bodegas y probar los excelentes vinos. Las ciudades de la zona se encuentran entre las más antiguas de Argentina, y aunque la mayoría han sido reconstruidas recientemente para reparar los daños producidos por los terremotos, en los numerosos museos regionales se puede aprender mucho sobre la historia argentina. Aunque haya diferentes opiniones sobre la zona que abarca la región de Cuyo, en este capítulo se incluyen las provincias de Mendoza, al sur, pasando por San Luis, hasta San Juan y La Rioja, al norte.

En lo alto de los Andes se encuentra el Aconcagua, la montaña más alta del mundo después de las de Asia. En la zona abundan también los centros de esquí, entre los que destaca Las Leñas, cada vez más popular como lugar de vacaciones, incluso fuera de temporada, para los esquiadores del hemisferio norte. Las montañas y los rápidos de los ríos mendocinos han convertido esta provincia en un enclave que atrae por igual a escaladores, aficionados al *rafting*, excursionistas y senderistas procedentes de todo el mundo.

Los excelentes vinos sanjuaninos compiten con los de la vecina Mendoza. Otros puntos de interés son el santuario de la Difunta Correa y la Reserva de la Biosfera Laguna de San Guillermo, donde hay guanacos, vicuñas, ñandúes y cóndores. La reserva natural más grande de la región es el Parque Provincial Ischigualasto, que comprende el Valle de la Luna y el Parque Provincial Talampaya, en la provincia de La Rioja. Estos paisajes maravillosos y muchos más se encuentran a lo largo de los sinuosos pasos de montaña y los caminos arbolados de Cuyo.

La historia colonial

A mediados del siglo XVI, las colonias españolas situadas a lo largo de la costa occidental de Latinoamérica trataron de expandir su territorio al otro lado de los Andes, hacia el este, la actual Argentina. Les sirvieron de estímulo unos informes según los cuales estas tierras contenían mucho oro, como el que se había encontrado más al norte. Varios de los primeros intentos de colonización desde Chile se vieron frustrados por los reiterados ataques de los indígenas. Los conquistadores procedentes de Perú tuvieron más suerte y se instalaron en el norte. En 1553, Francisco de Aguirre fundó Santiago del Estero en nombre del Virreinato de Perú. Es la población más antigua de toda Argentina que existe todavía (*véase pág. 38*).

Los exploradores que llegaron de Perú fundaron las ciudades de San Miguel de Tucumán (en un lugar donde ya se habían establecido los exploradores que llegaron de Chile), Salta y Xiu Xiu (Jujuy). Finalmente, los chilenos consiguieron establecerse más al sur, en la región de Cuyo,

IZQUIERDA: paisaje de Cuyo.
ABAJO: un vitivinicultor.

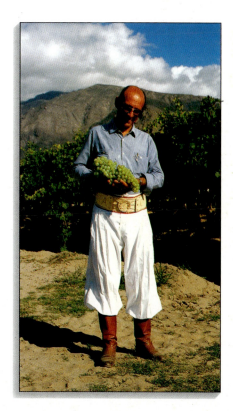

Map of Mendoza province, Argentina, showing SAN JUAN to the north, CHILE to the west, SAN LUIS to the east, and LA PAMPA and NEUQUÉN to the south.

Labels on the map:

C. Chiquero 5283 m
C. Grande 5110 m
CORD. DEL TIGRE
S.A. DE USPALLATA
7 Villavicencio
San José
Jocolí
San Miguel
El Retamo
Lagunas de Huanacache
Uspallata
4
C. Aconcagua 6959 m
Cristo Redentor
6 Las Cuevas
Punta de Vacas
General Lavalle
Capdeville
1 Las Heras
MENDOZA
Ingeniero
Gustavo André
Costa de Araujo
Río Mendoza
Arroyito
C. Juncal 6180 m
CORDILLERA DEL PLATA
Potrerillos
3
Villa Nueva
2 Godoy Cruz
Maipú
San Martín
P. N. Volcán
Cacheuta
Luján de Cuyo
Agrelo
Río Desaguadero
Tupungato
Ugarteche
Junín
Rivadavia
Medrano
5
Anchoris
Tupungato
Santa Rosa
Las Catitas
La Dormida
Desaguadero
La Paz
C. Tupungato 6800 m
Río de las Tunas
Zapata
Tunuyán
Cadetes de Chile
Maquinista Levet
Los Sauces
Campo Los Andes
San Carlos
Eugenio Bustos
TRAVESÍA DEL TUNUYÁN
Arroyo de los Papagayos
Pareditas
Volcán Maipo 5323 m
Ñacunán
CORDILLERA DE LOS ANDES
CHILE
CUCH. DE LA TRISTEZA
Refugio La Faja
M E N D O Z A
Río Diamante
SAN LUIS
C. Sosneado 5189 m
25 de Mayo
8 San Rafael
Monte Común
Gaspar Campos
CUCHILLA DEL INFIERNO
Pedro Vargas
Goudge
Corral de Lorca
Rincón del Atuel
Salto de las Rosas
Las Leñas
9
Volcán Peteroa 4135 m
El Sosneado
Las Malvinas
Va. Atuel
General Alvear
Soitué
Bowen
10
Malargüe
Embalse del Nihuil
Carmensa
Canalejas
Laguna Llancanelo
Río Atuel
PAMPA DE LA VARITA
Minacar
C. Campanario 4049 m
C. Nevado 3810 m
SIERRA DEL NEVADO
Río Grande
ESCORIAL DE LA MEDIA LUNA
Agua Escondida
Río Barrancas
C. Payún 3680 m
ALTIPLANICIE DEL PAYÚN
LA PAMPA
C. de Ureta 2051 m
Río Colorado
NEUQUÉN

0   100 km

paralela al valle central de su país. Aunque la ladera oriental de los Andes era muy árida (Cuyo quiere decir «país de arena» en lengua araucana), la surcaban los ríos formados por las aguas del deshielo que descendían de las altas cumbres andinas.

Las primeras ciudades

El primer asentamiento permanente de Cuyo se estableció en Mendoza, en un lugar que se eligió por estar enfrente de Santiago, al otro lado de la cordillera, en el extremo oriental del paso de Uspallata, el principal acceso a la región a través de los Andes. Fundó la ciudad Pedro del Castillo en 1561 y le dio este nombre por Hurtado de Mendoza, el gobernador de Chile. Poco después, se cambió el emplazamiento de la ciudad varios kilómetros más al norte.

En 1562 Juan Jufré y Montesa fundó San Juan, al norte de Mendoza, y se estableció una tercera ciudad hacia el oeste, en Chile, en 1594, llamada San Luis.

En 1776, la Corona española creó en el este el Virreinato del Río de la Plata para dar cabida a la creciente importancia del puerto de Buenos Aires. En ese momento, Cuyo y Perú pasaron a depender de este nuevo territorio. No obstante, Cuyo se mantuvo aislado del este durante muchos años, en los cuales mantuvo vínculos económicos y culturales más fuertes con el centro de Chile.

Este aislamiento finalizó en 1885, cuando se concluyó el ferrocarril transcontinental; actualmente, la región se encuentra bien integrada en la economía argentina y es el centro de la importante industria vitivinícola del país y de una amplia variedad de frutas y hortalizas que se cultivan para los mercados del este. En la zona también se han encontrado muchos minerales, aunque no el oro que esperaban hallar los primeros exploradores.

Esta región es el principal proveedor de la vital industria petrolera del país; además, hay minas de uranio, cobre y plomo esparcidas por las montañas. Una de las principales fuentes de ingresos de la provincia de Mendoza proviene de la energía hidroeléctrica; existen varios proyectos hidroeléctricos y los embalses y pantanos la han convertido en un importante centro de recreo. También llegan muchos turistas a esquiar (la mejor época es entre junio y octubre) y para disfrutar de placeres como los balnearios de aguas termales y las bodegas.

Mendoza

En la actualidad, Cuyo comprende las provincias de Mendoza, San Juan, San Luis y La Rioja. La ciudad más grande es **Mendoza ❶**, con una población de casi 700 000 habitantes, situada 1 060 kilómetros al oeste de Buenos Aires. Aunque se fundó en 1561, es poco lo que se conserva de la arquitectura colonial original.

La región se ve sacudida periódicamente por terremotos, algunos bastante intensos. Uno de ellos, en 1861, provocó 10 000 muertos y arrasó la ciudad, que se reconstruyó con la intención de evitar desastres futuros. En 1985, otro terremoto causó menos víctimas, pero dejó sin hogar a 40 000 personas, el último ocurrió en 1997.

A pesar de su aspecto relativamente moderno, la ciudad de Mendoza tiene una larga historia, de la cual sus habitantes se sienten muy orgullosos. En 1817 partió de allí el general San Martín con 40 000 hombres para cruzar los Andes y liberar a Chile y Perú.

La industria vitivinícola comenzó a mediados del siglo XIX, con la llegada de numerosos inmigrantes italianos y franceses debida, en gran parte, a una serie de gobernadores mendocinos que adoptaron medidas para

Mapa
página
268

Una momia inca, hallada en Panquegua, cerca de Mendoza; se conserva en el Museo de Historia Natural y Antropología de la ciudad.

ABAJO: Mendoza a mediados del siglo XIX.

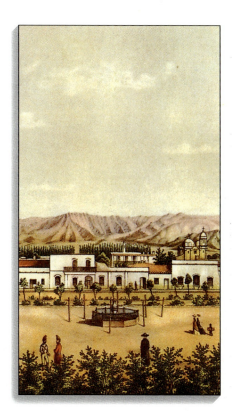

*Un puesto de comida
rápida en Mendoza.*

atraer a los inmigrantes. Entre otras cosas, tenían agentes en el puerto de Buenos Aires que recibían dinero por cada inmigrante que trasladaban a la provincia, sobre todo ingenieros y viñadores cualificados, que fueron los que diseñaron el sistema de riego que hizo posible el cultivo en esta provincia desértica, y que plantaron los viñedos y construyeron las bodegas. La importancia de la industria vitivinícola, que ha alcanzado un nivel mundial, se refleja en la **Fiesta de la Vendimia** que se celebra todos los años, a finales de febrero-principios de marzo, durante la cual se realizan concursos de belleza, fuegos artificiales, espectáculos de danza y de luz y sonido en un paisaje andino. Aunque el vino constituye todavía una parte sustancial de la economía, fue el crecimiento de la industria petrolera, en la década de 1950, lo que trajo realmente la prosperidad a la ciudad.

Entre las líneas aéreas que llegan a Mendoza están Aerolíneas Argentinas y LAPA, desde Buenos Aires y Córdoba; LanChile, desde Santiago; Dinar y Andesmar, desde el norte argentino, y TAN y Kaikén, desde el sur. El aeropuerto de El Plumerillo está situado a 5 kilómetros al norte de la ciudad. Bastantes líneas de autocares de larga distancia comunican Mendoza con prácticamente toda Argentina, y también con Chile; todos los autocares salen y llegan a la terminal de autobuses que se encuentra al este del centro de la ciudad, Avenida Gobernador Videla y 25 de Mayo.

Una ciudad limpia y con una intensa vida cultural

A pesar de que Mendoza no es una metrópoli al estilo vertiginoso de Buenos Aires, tiene sus propios encantos y mucha actividad cultural. Los habitantes que se trasladan desde la capital disfrutan adaptándose al ritmo más pausado de Mendoza, y los mendocinos, por su parte, suelen decir que la suya es la provincia más civilizada del país, con una insólita tradición modernista y democrática que parte del concepto de que el eficaz desarrollo de la provincia es fruto de los esfuerzos de sus habitantes, más que de la generosidad de la naturaleza. Probablemente la ciudad es la más limpia y sin duda una de las más modernas del país, está situada al pie de las montañas y ofrece una amplia variedad de espectáculos cinematográficos, teatrales y musicales, además de otras actividades culturales.

ABAJO: varios
altramuces en
un parque urbano.

Sin duda la atmósfera de la ciudad propicia la relajación. Se ha aprovechado muy bien la abundancia de agua de la región, y el paisaje árido se ha transformado en un oasis. Todavía se utilizan algunos de los canales de riego que excavaron los indígenas, sus primeros habitantes, y después se construyeron muchos más. La ciudad tiene edificios bajos a lo largo de calles anchas, arboladas, con canales de agua corriente que mantienen una agradable temperatura, inferior a la del desierto circundante, si bien en verano impera en la ciudad un clima desértico, demasiado caluroso. Incluso en invierno, cuando las tormentas originadas por el viento zonda azotan Mendoza, la temperatura llega a alcanzar niveles muy altos.

La mayoría de las casas tienen jardines bien cuidados, y hay parques por toda la ciudad que sirven a la vez como lugar de recreo y como refugio seguro en caso de terremotos. En medio de una sombra tan abundante, llama la atención el hecho de que los millones de árboles hayan sido plantados por los habitantes y los promotores de la ciudad, ya que ni uno solo de estos álamos, olmos y sicomoros es autóctono de la región. Por encima y por detrás de todo este verdor, hacia el oeste, los Andes proporcionan a la ciudad un telón de fondo espectacular, con tonos que van cambiando a lo largo del día.

Teatros y museos

En el centro de la ciudad de Mendoza está la **plaza Independencia**. Flanquean la plaza varios edificios importantes: el más antiguo es la **Legislatura Provincial**, que data de 1889; enfrente, en la esquina noroeste, se erige el **Teatro Independencia**, de 1925, donde se representan espectáculos teatrales y musicales, y a mitad de camino hacia el lado oeste se halla el **Hotel Plaza**, que actualmente está siendo remodelado. En el centro de la plaza, bajo tierra, están el **Museo Municipal de Arte Moderno Ⓐ**, una galería pequeña donde se exponen obras modernas de artistas locales, con exposiciones temporales de vez en cuando (abierto todos los días), y el Teatro Municipal Julio Quintanilla, que presenta espectáculos teatrales los fines de semana. Dando la vuelta a la esquina, en Sarmiento y 25 de Mayo, está el **Casino** provincial, que forma parte del mismo complejo que el Teatro Independencia y el Hotel Plaza. También hay un mercado artesanal en el lado este de la plaza, que da a la calle Patricias Mendocinas, donde se venden artesanías (sólo de viernes a domingo).

Saliendo de la plaza hacia el este, después de la Legislatura Provincial y la Bolsa de Comercio, se encuentra el paseo peatonal Sarmiento, muy animado por la noche, que cuenta con numerosas tiendas y cafés con terraza muy bonitos, donde a veces actúan los músicos callejeros. Por allí se llega a la avenida General José de San Martín, la calle principal de Mendoza.

Mendoza cuenta con una buena selección de museos y otros lugares de interés. El **Museo del Pasado Cuyano Ⓑ** (abierto de lunes a viernes, sólo en verano, de 9:00 a 12:30 h), situado en Montevideo 544, al sur de la plaza Independencia, en una residencia de 1873, incluye la Junta de Estudios Históricos, además de una exposición sobre el general José de San Martín, una colección de objetos relacionados con la historia de Mendoza, una serie de obras de arte religiosas y una colección de armas. Los aficionados a la arqueología, la antropología y la paleontología disfru-

Las uvas de Mendoza no sólo se utilizan para elaborar vino, sino también para preparar algunas exquisiteces locales, como los dientes de ajo conservados en vinagre de uva dulce.

Plano página 271

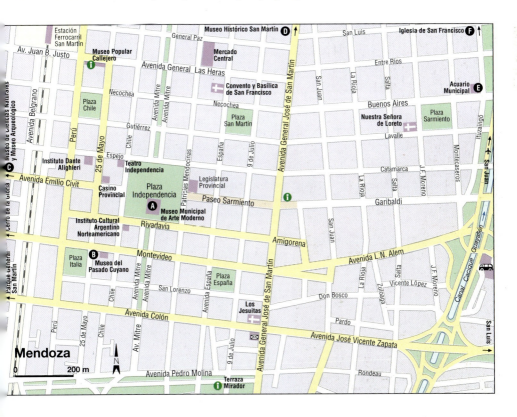

NOTA

Cuando el viajero
se canse de visitar
los monumentos
y museos, puede ir de
compras a Las Heras.
O sentarse en la
terraza de alguno de
los cafés que pueblan
el centro de la ciudad;
en la mayoría de ellos
se puede consumir
comida rápida
de buena calidad
y también ofrecen
jarras de clericó,
la versión argentina
de la sangría,
que se prepara
con vino blanco.

ABAJO: el parque
San Martín.

tarán en el **Museo de Ciencias Naturales y Museo Arqueológico G**, situado fuera del centro de la ciudad, en el parque San Martín. El museo contiene cerámica precolombina, junto con una serie de piezas folclóricas, y también incluye colecciones arqueológicas y zoológicas (abierto todos los días, menos los lunes). El **Museo Histórico San Martín D**, en la avenida General José de San Martín 1 843, alberga una colección dedicada al general y sus hazañas (abierto de lunes a viernes).

Bajo tierra, en la esquina de Ituzaingó y Buenos Aires está el **Acuario Municipal E**, que contiene una de las principales colecciones de peces de agua dulce y salada de toda Latinoamérica, con especies tanto del Atlántico como del Pacífico, y animales acuáticos tales como tortugas de mar gigantes. Además, el acuario cría algunas especies exóticas que no se suelen reproducir en cautiverio, por lo que la visita resulta muy interesante, sobre todo para los niños (abierto todos los días).

Plazas umbrías

En Mendoza hay muchas plazas, de la cuales es probable que la más atractiva sea la **plaza España**. Donada por el gobierno español en la década de 1940, esta plaza reproduce una plaza andaluza, con fuentes y azulejos importados de España, que representan escenas de la fundación de Mendoza en 1561. Es una de las cuatro plazas que forman un amplio cuadrado, aproximadamente a tres manzanas de la plaza Independencia; las otras tres son la plaza Italia, la plaza Chile y la plaza San Martín. Esta última está situada en pleno distrito bancario y tiene árboles altos, que dan mucha sombra, y una estatua del Libertador. Al este del centro de la ciudad, cerca del acuario y el serpentario, y dos manzanas al sur del parque Bernardo O'Higgins y del Teatro Municipal Gabriela Mistral, hay otra plaza, la **plaza Sarmiento**, flanqueada al sudoeste por la iglesia de Nuestra Señora de Loreto, reconstruida después de que fuera destruida por el terremoto de 1861, y restaurada en 1957.

Al norte de la plaza Sarmiento, la **plaza Pedro del Castillo**, antiguamente la Plaza Mayor, marca el lugar que en el siglo XVI ocupaba el centro de la ciudad y que ahora se conserva como Área Fundacional. En el lado noroeste de la plaza se alzan las ruinas de la **iglesia de San Francisco **. Fundada por los jesuitas en el siglo XVIII como iglesia de Loreto, fue destruida en 1861 por un devastador terremoto que arrasó toda la ciudad. En esta misma plaza está el **Museo Histórico del Área Fundacional**, un pequeño museo moderno que alberga exposiciones y maquetas de la ciudad original y otros objetos arqueológicos (abierto de lunes a sábado, de 8:00 a 20:00 h, domingos de 15:00 a 22:00 h). Detrás de la poco atractiva **Casa de Gobierno**, situada dentro del centro cívico, al sur del centro de la ciudad, está el **Museo del Vino Giol**, una prolongación de la vecina bodega estatal. Es pequeño pero hay cata de vinos y presenta algunas fotografías antiguas interesantes. En el **Mercado Artesanal**, Lavalle 97, se pueden comprar innumerables recuerdos.

En este clima desértico, los calurosos días de verano van seguidos de noches frescas y agradables, y hay muchos restaurantes donde se puede cenar al aire libre. **La Bodega del 900**, en las afueras de la ciudad, ofrece una cena con espectáculo en su patio, y un pequeño museo del vino en el sótano. Hay varios cafés y clubs nocturnos en las laderas, al oeste. Uno de los más agradables es **Le Per**, que abre hasta bastante tarde, con un patio desde el cual se ve toda Mendoza.

El parque San Martín

En el extremo occidental de la ciudad se halla el **parque San Martín**, coronado por el Cerro de la Gloria. Situado al pie de los Andes, este parque de 420 hectáreas ofrece centros para practicar diversos deportes, desde un estadio de fútbol construido para el Mundial hasta un club náutico con un lago artificial. Fue diseñado por el paisajista francés Carlos Thays a fines del siglo XIX, y contiene hermosas estatuas (la mayoría de ellas son copias de conocidas esculturas francesas); también alberga la Universidad Nacional de Cuyo. Subiendo la ladera está el Jardín Zoológico, con caminos sombreados entre las jaulas abiertas, al aire libre, dispuestas entre estanques, cuevas y jardines rocosos. En el zoo viven alrededor de 700 animales, pertenecientes a especies tanto autóctonas como foráneas, tales como orangutanes y leones (abierto de martes a domingo, de 9:00 a 18:00 h).

En la cima del **Cerro de la Gloria** hay una estatua muy elaborada, el **monumento al Ejército Libertador**, que incluye hasta caballos desbocados y la Libertad rompiendo sus cadenas. Los bajorrelieves que adornan la base de la estatua representan diversas escenas de las campañas libertadoras. Desde allí, además, podrá completar una vista excelente de Mendoza.

Detrás de la montaña, en el extremo sudoccidental del parque, se encuentra el **Teatro Griego Frank Romero Day**, un anfiteatro construido en 1940 donde se celebran numerosas actividades, incluido el espléndido espectáculo de la Fiesta de la Vendimia. Este gran festival, que se celebró por primera vez en el año 1963, tiene lugar todos los años en febrero o marzo, y dura tres o cuatro días. Los primeros días hay espectáculos y desfiles por la calle, y se elige a la reina de la vendimia. Culmina con una gran apoteosis final, algo exagerada, con bailes, fuegos artificiales y espectáculos con luces que se mueven. Es la oportunidad que la ciudad de Mendoza aprovecha todos los años para hacer alarde de la riqueza que ha adquirido con tanto esfuerzo.

Plano página 271

NOTA

En Mendoza hay varias oficinas de información turística. La principal es el Centro Municipal de Información Turística, situado en un quiosco que se halla en la esquina de San Martín y Garibaldi (abierto de lunes a viernes, de 9:00 a 12:30 h y de 16:00 a 20:00 h).

ABAJO: Maipú, en las afueras de Mendoza.

Friso de la vendimia, en Luján de Cuyo.

Al sur de Mendoza, en **Luján de Cuyo ❷**, está el Museo Provincial de Bellas Artes Emiliano Guiñazú, en la avenida San Martín 3 651. Este museo se conoce como la Casa de Fader, porque se inauguró el día del aniversario del pintor español Fernando Fader, que vivió en Mendoza durante algunos años, a comienzos del siglo XX. Sus murales adornan algunas de las paredes del museo, que antes era la residencia estival de Emiliano Guiñazú. El museo incluye colecciones de artistas extranjeros y argentinos, paisajistas locales y una muestra de la obra de Fader.

Las bodegas de Mendoza

Dispersas por esta tierra fértil hay casi dos mil bodegas distintas, algunas de las cuales son pequeños negocios familiares y otras, inmensas empresas estatales. Para hacer posible este cultivo hubo que crear una amplia red de canales de riego, que se comenzó en la época precolombina y se amplió durante el período colonial. Así pues, la región tiene la suerte de contar con una perfecta combinación de agua abundante, suelo arenoso, clima seco y sol durante todo el año, lo cual es perfecto para el cultivo de la uva.

Las primeras vides fueron plantadas en Cuyo por los misioneros jesuitas en el siglo XVI, aunque la producción despegó realmente a mediados del siglo XIX, con la llegada de inmigrantes italianos y franceses. Muchos de ellos simplemente se pusieron a trabajar como obreros en el campo, pero algunos, más entendidos, aportaron su experiencia europea en el cultivo de las vides y en la posterior elaboración del vino, lo que perfeccionó considerablemente la industria. Hacia finales del siglo XIX, la ciudad de Mendoza finalmente quedó comunicada por ferrocarril con Buenos Aires, y en la década de 1920, al plantarse muchos más viñedos, la región se convirtió en una de las principales zonas productoras de vinos de exportación de todo el mundo.

ABAJO: el paso de Villavicencio.

Hay unas cuantas bodegas en los alrededores mismos de Mendoza. Se pueden organizar visitas por medio de alguna agencia de viajes, aunque la forma más agradable de recorrerlas es conseguir un mapa, alquilar un vehículo y buscarlas uno mismo (*véase pág. 284*). De este modo, uno tiene oportunidad de vagar por los encantadores caminos de montaña, entre álamos y flores silvestres, y hacerse una idea del estilo de vida cuyano. Los aficionados a la bicicleta salen en grupos y, con suerte, a veces se ven ancianos jugando a las bochas, un juego similar a la petanca.

Una excursión de un día hasta Chile

Uno de los viajes más espectaculares que se pueden hacer desde Mendoza es subir por el **paso de Uspallata** hasta la frontera con **Chile**. Es una excursión de un día entero, de unos 210 kilómetros, que atraviesa los oasis planos y bien irrigados y asciende hasta más de 3 000 metros, después del Puente del Inca, a la sombra del cerro Aconcagua. Desde Mendoza se organizan excursiones en autocar, pero si se alquila un coche, uno evita que lo lleven de un lado a otro. De todos modos, hay que salir por la mañana temprano para tener tiempo de disfrutar del paisaje.

No obstante, a menos que uno pretenda cruzar a Chile, no le conviene conducir por su propia cuenta durante los meses de invierno (de julio a septiembre). Aunque las carreteras están totalmente pavimentadas, en las alturas máximas suelen estar heladas en estos meses, pueden resultar traicioneras y son frecuentes los deslizamientos de nieve y de rocas.

En cualquier época del año, hay que llevar ropa más abrigada para estas altitudes. También hay que tener en cuenta que uno puede sufrir el mal de montaña, a medida que asciende desde los 750 hasta los 2 500 metros. Los que necesiten visado para entrar en Chile tienen que conseguirlo en Mendoza, ya que no se expiden visados en la frontera.

Mapa página 268

La Virgen de la Carrodilla, patrona de la vendimia.

ABAJO: el Puente del Inca, de roca natural.

En el Hotel Potrerillos se alojó el equipo de fútbol de Holanda durante los Mundiales de 1978, que Argentina organizó y ganó.

ABAJO: el río Mendoza, cerca de Potrerillos.

El viaje comienza en dirección al sur, saliendo de Mendoza por la Ruta 7 hasta **Luján**. Después de girar a la derecha en la plaza del pueblo, se entra en la autopista 7, que conduce hacia el paso. Este tramo de la carretera, el Camino de los Andes, forma parte de la extensa autopista Panamericana. Durante siglos, incluso antes de la época de los incas, se utilizaba este paso para atravesar las montañas.

El paisaje enseguida se vuelve más árido a medida que uno se aleja de la vegetación irrigada de las tierras bajas para subir por el valle siguiendo el curso del río Mendoza. Los árboles ceden paso a la maleza y, de vez en cuando, a alguna flor de color intenso.

El primer punto del valle por el cual se pasa son las **termas de Cacheuta**, situadas en una encantadora curva del río, en el terreno del Centro Climático Termal Cacheuta (para hacer reservas, para lo cual hace falta una receta médica, hay que llamar al teléfono de Mendoza 061 431-6085).

A 13 kilómetros está **Potrerillos** ❸, un oasis panorámico donde muchos mendocinos tienen una casa de veraneo, para huir del calor. El **Hotel Potrerillos** tiene jardines escalonados sobre el valle, así como una piscina y lugares donde jugar al tenis y montar a caballo. Cerca también hay un cámping. Subiendo desde Potrerillos, al final de un camino secundario, se encuentra el modesto centro de esquí de **Vallecitos**, que abre de julio a septiembre.

Subiendo por el valle 105 kilómetros más, se llega a **Uspallata** ❹, situada en un prado vasto. Más arriba, el valle se vuelve a ensanchar en Punta de Vacas, donde hace tiempo se reunía el ganado para cruzar a Chile. Si uno quiere atravesar la frontera, tiene que presentar la documentación en Punta de Vacas.

Unos 10 kilómetros después de Punta de Vacas está el centro de esquí de **Villa Los Penitentes**, en el que hay una escuela de esquí y varios hoteles y restaurantes. De julio a septiembre hay autobuses que suben a los esquiadores para pasar el día.

Al otro lado del valle se encuentra la extraña formación que da nombre al centro: altos afloramientos rocosos que parecen monjes encapuchados (los penitentes) que ascienden hacia la cima de la montaña como si fuese una catedral. En invierno, el hielo que el viento deposita sobre las rocas aumenta esta impresión.

Mapa página 268

El Aconcagua

A la izquierda de la carretera, pocos kilómetros después se ofrece a la vista un panorama desolador y melancólico: el cementerio de los andinistas, donde se entierra a los que pierden la vida tratando de escalar el cercano cerro Aconcagua. Un par de kilómetros más allá se halla el **Puente del Inca**, un puente de piedra natural, coloreado por los depósitos de azufre de las fuentes termales que hay debajo. En las inmediaciones existe un hostal que usan, sobre todo, las expediciones que van al Aconcagua, además de puestos de regalos que venden un tipo de recuerdos bastante peculiares: objetos solidificados por las aguas minerales.

Pocos kilómetros más adelante, siguiendo la carretera, uno se encuentra con la vista más impresionante de toda la excursión. La pared de roca se interrumpe y, al alzar la vista del valle, a la derecha, se ve la masa imponente del **Aconcagua**, con sus 6 959 metros, el pico más alto del continente americano. En verano se organizan excursiones al Aconcagua, a pie y a caballo, desde el Puente del Inca, que duran entre tres y diez días. Otro punto importante para practicar senderismo es el **Parque Provincial Volcán Tupungato ❺**, situado al sur del Puente del Inca y dominado por el cerro Tupungato, de 6 800 metros de altura, rodeado de glaciares, y al cual también se organizan excursiones de tres a quince días de duración.

En dialecto huarpe, Aconcagua quiere decir «atalaya de piedra». Está cubierto de nieves perpetuas, y la cara sur, la visible, es un impresionante muro de hielo y piedra de 3 000 metros de altura. El aire límpido de la montaña produce la sensación de que el Aconcagua se encuentra junto al camino, cuando en realidad el pico se encuentra a 45 kilómetros. Se puede ir andando hasta la **laguna de los Horcones**, un lago verde en la base de la montaña. La mayoría de las expediciones atacan la cara norte. La mejor época para intentar la escalada es de mediados de enero a mediados de febrero. Se puede obtener más información en el Club Andinista de Mendoza (F. L. Beltrán 357, tel.: 061 431-9870) o en la página web del cerro Aconcagua (www.aconcagua.com).

El Cristo Redentor

Lo último que se ve antes de emprender el regreso es la estatua de Cristo que marca la frontera con Chile. De camino, la carretera atraviesa **Las Cuevas**, donde se ramifica: a la derecha está el nuevo túnel para el tráfico ferroviario a Chile (el servicio de trenes de pasajeros se ha interrumpido, por falta de clientes), y a la izquierda se halla el nuevo camino hacia Chile, que sube por una carretera escarpada de rocas y grava hasta el **paso de La Cumbre**, que tiene una altitud de 4 200 metros. En la cima está la estatua de **Cristo Redentor ❻**, de ocho metros de altura, erigida en 1904, en conmemoración de un pacto limítrofe que se firmó con Chile. Lo más interesante son los trocitos de trapos de colores que le atan los visitantes con la esperanza de que se cumpla lo que piden en sus oraciones.

La mejor recompensa después de haber llegado hasta este punto es la vista de las montañas. Por todas partes se alzan los picos escarpados de los Andes, en los cuales

La estatua del Cristo Redentor, en la frontera entre Argentina y Chile, se transportó en piezas desde Buenos Aires en tren, y realizó la última parte de su recorrido a lomos de varias mulas.

ABAJO: la cima sur del cerro Aconcagua.

A cualquier edad se puede hacer rafting *por los rápidos del río Mendoza, y no hace falta tener experiencia. Varias agencias de Mendoza organizan excursiones de un día completo.*

Abajo: Campeonato Mundial de esquí en Las Leñas.

se siguen reflejando los últimos rayos del sol. Si esto no nos corta el resuello, sin duda lo hará el helado viento del paso. Para culminar el viaje, sería perfecto llegar a ver un cóndor volando solitario a estas alturas, de modo que conviene mantener los ojos bien abiertos.

Pistas de esquí y centros de vacaciones

Se puede hacer otro viaje de un día desde Mendoza a **Villavicencio** ❼, el balneario de aguas termales situado 45 kilómetros al noroeste, en la Ruta 52. La carretera prosigue hasta llegar al paso de montaña de Uspallata, pero este tramo todavía no está asfaltado.

Si uno se dirige al sur, hacia la Patagonia, vale la pena detenerse en el oasis agrícola de **San Rafael** ❽, unos 240 kilómetros al sur de Mendoza. Los proyectos hidroeléctricos de la zona han dado lugar a varios embalses, que se han convertido en concurridos centros de vacaciones. Dicen que la pesca fluvial es excelente. San Rafael es la segunda ciudad de Mendoza por su tamaño y una de las más modernas. Al igual que en la capital de la provincia, los habitantes han frenado el desierto plantando cientos de árboles y creando parques. La ciudad está situada sobre el río Diamante; hay un parque y un cámping con un pequeño zoo en una isla en medio del río, y también se halla el **Museo de Historia y Ciencias Naturales**, un museo pequeño pero ecléctico, que contiene cinco salas de botánica y zoología, geología, antropología, historia y folclore local (abierto todos los días). En el centro de la ciudad, en Bernardo de Irigoyen 148, se encuentra el **Museo de Bellas Artes**, con una pequeña exposición de arte (abierto de lunes a viernes, en horario de oficina). Unos 92 kilómetros más al sur de San Rafael, está la planta hidroeléctrica más grande de Mendoza, El Nihuil, que tiene un dique y un embalse en el cual se practican deportes acuáticos, como el *windsurf* y la pesca.

Esquí en Las Leñas

Al sudoeste de San Rafael, en el **Valle Hermoso**, se encuentra el centro de esquí **Las Leñas** ❾, que se está transformando en el lugar de reunión de moda para la gente adinerada de ambos hemisferios, entre junio y octubre. Cuenta con 45 kilómetros de laderas de polvo seco y alojamiento para dos mil personas. Los esquiadores llegan en vuelos chárter desde Mendoza hasta la población cercana de **Malargüe** ❿, donde hay autobuses que los trasladan el resto del camino. La ciudad de Malargüe, situada en el lugar donde a mediados del siglo XIX se alzaba un fuerte, es una localidad petrolera bastante pequeña, famosa por su artesanía gauchesca. En la antigua estancia La Orteguita, a la entrada de la ciudad, está el **Museo Regional**, un museo pequeño con tres salas donde se exponen elementos históricos, arqueológicos y mineralógicos (abierto todos los días, de 8:00 a 20:00 h).

San Luis y los deportes acuáticos

Quizás no valga la pena viajar especialmente hasta **San Luis**, pues queda en la ruta que une Buenos Aires con Mendoza, pero los que viajen por carretera tal vez decidan descansar allí uno o dos días. La ciudad queda en la esquina noroeste de la pampa, y fue un solitario puesto fronterizo; conserva cierto ambiente colonial, con algunos edificios interesantes, como el convento de Santo Domingo, del siglo XVIII pero restaurado, en la plaza Independencia. Sin embargo, los planes recientes de promoción industrial que ofrecen importantes recortes fiscales a las empresas que invierten en la provincia han creado una base industrial significativa en la zona que rodea la ciudad.

Los aficionados a la pesca y al *windsurf* frecuentan varios centros situados en torno a los embalses que hay en la provincia de San Luis. En la Ruta 1, que va hasta las sierras de Córdoba, se halla el balneario de **Merlo**. Con su particular microclima soleado, seco y templado, varios hoteles, chalés de vacaciones y casinos, un río y un campo atractivo alrededor, Merlo es el destino turístico más popular de la región. Se llena sobre todo en Semana Santa y en las vacaciones de invierno. Aunque cuenta con pocos edificios que presenten interés arquitectónico o histórico, la ciudad ofrece una infraestructura turística bien desarrollada, con actividades tales como equitación, excursionismo, escalada y vuelo con ala delta.

San Juan

La ciudad de **San Juan** ⓫ queda 177 kilómetros al norte de Mendoza, por la Ruta 40. El 15 de enero de 1944 un terremoto arrasó la ciudad, que ha sido totalmente reconstruida desde entonces. Los denodados y exitosos esfuerzos de Juan Perón por recoger fondos para la ciudad devastada le hicieron destacar a nivel nacional al principio de su carrera y, finalmente, lo pusieron en contacto con la actriz Eva Duarte, que se convertiría en su segunda esposa. Lamentablemente, la arquitectura de la ciudad es muy moderna y no tiene un atractivo especial.

San Juan es otro centro importante de producción vinícola, aunque el grueso de su producción corresponde al vino de mesa, en lugar de al vino de calidad; en general, sus vinos son de inferior calidad que los de Mendoza o Salta. No obstante, la ciudad es famosa porque allí nació Domingo Faustino Sarmiento (1811-1888), el célebre historiador y educador que fue presidente de la República de 1868 a 1874. En su antigua casa, en la esquina de la avenida San Martín y Sarmiento, se encuentra la

Mapas páginas 268 y 286

NOTA

En los alrededores de Merlo hay varias canteras de ónice, mármol y cuarzo rosa; La Toma, una ciudad situada al nordeste de San Luis, está especializada en el ónice verde. Allí se pueden comprar estas piedras a precios razonables.

ABAJO: una muela precolombina, en el Parque Nacional Talampaya.

sede del **Museo Histórico Sarmiento**, con nueve salas y dos patios, que contiene diversos muebles y efectos personales (abierto todos los días, menos miércoles y jueves). También está el **Museo de Ciencias Naturales**, cerca del parque de Mayo, próximo a la intersección de las calles 25 de Mayo y España. Aparte de las exposiciones habituales de historia natural, este museo contiene además una importante colección de fósiles procedentes del Parque Natural Provincial Ischigualasto, que comprende el Valle de la Luna (*véase pág. 281*), que datan de hace 200 millones de años aproximadamente (abierto de lunes a viernes; también los sábados, pero sólo por la mañana).

Al otro lado del centro de la ciudad, al este, en la esquina de la avenida General Rawson y General Paz, se halla el **Museo Histórico Provincial**, que alberga una amplia colección de obras de arte y artesanías, armas, objetos de plata, muebles y prendas de vestir, fundamentalmente de los siglos XVIII y XIX (abierto de martes a domingo, de 9:00 a 13:00 h). En los antiguos depósitos del Ferrocarril General Belgrano hay un mercado artesanal tradicional que está especializado en tejidos y otras artesanías rurales (abierto de lunes a viernes, de 8:00 a 21:00 h).

Escalada y *rafting*

Al oeste de San Juan se erige la sierra de Tontal, con picos que rondan los 4 000 metros y, por lo tanto, no son tan difíciles de escalar como los mendocinos. En la oficina de turismo se puede solicitar información sobre la posibilidad de practicar *rafting* en los rápidos de los ríos que surcan la zona (*consúltese también el apartado Guía práctica*). Unos 30 kilómetros hacia el oeste se encuentra el embalse de Ullum (presa y embalse), sobre el río San Juan, en un entorno verde que ofrece un contraste agradable. La presa tiene una planta hidroeléctrica y el embalse se utiliza para diversos deportes acuáticos.

ABAJO: el santuario de la Difunta Correa, a la vera del camino.

EL SANTUARIO DE LOS CAMIONEROS

En 1841, durante la guerra civil entre unitarios y federales, la joven Deolinda Correa, de excepcional belleza, tuvo que irse de San Juan al morir su padre y su esposo y emprendió el viaje hacia el norte, a pie, atravesando el desierto en dirección a La Rioja con su hijo pequeño. Más tarde, fue hallada muerta en el desierto, pero el bebé estaba vivo y seguía mamando del pecho de su madre.

Muchos años después, a finales del siglo XIX, unos vaqueros tropezaron con la tumba de Deolinda, sepultada muy cerca de Vallecito en la cuesta de la sierra Pie de Palo, mientras buscaban el ganado que se les había dispersado en una tormenta. Imploraron su ayuda para recuperar los animales y a la mañana siguiente se sorprendieron al encontrarlos en una sierra cercana. Los vaqueros levantaron una tosca capilla junto a la tumba, en señal de gratitud; la historia se difundió enseguida y atrajo a muchos peregrinos esperanzados.

Así nació el santuario de la Difunta Correa, a la que popularmente se atribuyen milagros, aunque no ha sido canonizada por la Iglesia Católica. Se construyó una capilla en este lugar, al este de la localidad de San Juan. La Difunta Correa se ha convertido en la patrona de los que viajan por carretera y los camioneros; quienes visitan su tumba suelen dejar como ofrenda una botella de agua en su tumba. En Semana Santa y Navidades, puede llegar a recibir la visita de hasta 200 000 peregrinos.

Unos 60 kilómetros al este de San Juan, sobre la Ruta 20, están la pequeña aldea de **Vallecito** ⓬ y el santuario de la Difunta Correa, uno de los lugares religiosos que más visitantes atrae de toda América del Sur (*véase el recuadro de la pág. 280*).

Unos 250 kilómetros al nordeste de Vallecito, por la Ruta 141 y la Ruta 510, se halla el Valle Fértil, con la población de **San Agustín del Valle Fértil** ⓭ en medio de un oasis del desierto, rodeado de viñedos y plantaciones de cítricos, que se riegan con el agua del cercano embalse de San Agustín.

El Valle de la Luna

San Agustín del Valle Fértil es la entrada al **Parque Provincial Ischigualasto** ⓮ (que comprende el Valle de la Luna, declarado Patrimonio de la Humanidad), unos 75 kilómetros hacia el sudeste. Este inmenso parque abarca una superficie de 62 000 hectáreas, que incluye el Parque Provincial Talampaya, en La Rioja, situado en una amplia depresión natural donde la erosión constante del viento y del agua, a lo largo de milenios, ha ido esculpiendo una serie de formaciones de arenisca de formas extrañas y gran variedad de colores. Aparte de su belleza, el Valle de la Luna tiene una gran significación geológica y paleontológica. En épocas prehistóricas (incluso antes de que se formaran los Andes), la zona estuvo cubierta por un lago inmenso, rodeado, durante el Triásico, por una flora y una fauna muy ricas. Algunos de los habitantes típicos de la zona eran unos reptiles de dos metros de largo, los dicinodontos. Hasta ahora los paleontólogos han encontrado y descrito un total de 63 especies diferentes de animales fosilizados.

El pueblo de **Barreal** ⓯ queda a 94 kilómetros al oeste de San Juan, en medio de un paisaje espectacular. Se tarda unas tres horas en llegar en coche, por la Ruta 12, siguiendo un tortuoso camino de montaña. Barreal está a 1 650 metros sobre el nivel del mar, a orillas del río Los Patos, y flanqueado de abedules. Es el principal cen-

Mapa página 286

Una formación rocosa en precario equilibrio, en el Valle de la Luna.

ABAJO: el Valle de la Luna.

NOTA

Si el viajero visita
La Unión, podrá probar
el vino patero, el vino
blanco local elaborado
según el método
tradicional, es decir,
pisando la uva.

ABAJO: el cerro
Aconcagua
(6 959 metros),
el pico más alto
del continente
americano.

tro turístico de la región, desde el cual se organizan excursiones a pie y otras actividades al aire libre. Al norte de Barreal, sobre la Ruta 412, se extiende el valle de Calingasta, al cual se llega después de pasar por los Cerros Pintados, que presentan una coloración espectacular en blanco, verde y rojo. El pueblo de **Calingasta** ⑯, situado en medio del valle, en la confluencia de cuatro ríos, es un importante centro regional para el cultivo de frutales, sobre todo manzanas y tomates, aunque en el pasado se extraían y fundían en la zona oro, plata y cobre.

La Reserva de la Biosfera Laguna de San Guillermo

Unos 200 kilómetros al norte de Calingasta se halla la pequeña población de **Angualasto** ⑰, situada en un oasis donde se cultivan uvas y trigo, entre dos cadenas montañosas. El **Museo Arqueológico Municipal Luis Benedetti** contiene una momia de 400 años de antigüedad, y varios objetos arqueológicos más (abierto de martes a domingo, de 8:00 a 13:00 h y de 15:00 a 19:00 h). También queda cerca la **Reserva Provincial y de la Biosfera Laguna de San Guillermo**, que se dedica a la conservación de las especies regionales, fundamentalmente vicuñas y guanacos. El parque está situado a 3 000 metros sobre el nivel del mar, y sólo se puede acceder a él mediante vehículos todoterreno. Durante la mayor parte del año en la zona hace mucho frío y hay mucha humedad, por lo que conviene visitarla en verano. En la oficina de turismo de Angualasto se puede obtener información sobre la forma de acceder al parque y de conseguir guías.

Unos 150 kilómetros más al norte, pasando por San José de Jachal, en la Ruta 40, se llega a la árida provincia de La Rioja, donde también se produce vino, aunque en menor escala que en Mendoza y San Juan. La Rioja es famosa sobre todo porque allí nacieron el caudillo federal Facundo Quiroga, en el siglo XIX y, en el siglo XX, el presidente Carlos Menem. La capital de la provincia, **La Rioja** ⑱, es

una pequeña ciudad situada en pleno desierto, en la que la principal casa de interés arquitectónico es el **convento de Santo Domingo**, el edificio más antiguo de Argentina; fue construido por los dominicos en el año 1623 y además es la única construcción colonial que queda en toda la ciudad. En una mansión de estilo italiano del siglo XIX, a dos manzanas de la plaza principal, hay un importante mercado artesanal donde podrá encontrar objetos de cuero, madera, plata y cerámica, además de tejidos (abierto de martes a domingo). En la ciudad también hay un **Museo Folclórico**, a una manzana del mercado artesanal, por Pelagio Luna, con exposiciones fascinantes sobre la vida antes y después de la llegada de los españoles a la provincia, además de una sala dedicada a la mitología provincial (abierto de martes a domingo).

Unos 130 kilómetros al noroeste de La Rioja, en un valle situado entre las cadenas montañosas de Los Colorados y Sañogasta, está **Chilecito** ⓳, la segunda ciudad de la provincia por su tamaño, y el centro de la industria vitivinícola. Hay un teleférico que va desde una estación en el sur de la ciudad hasta la antigua mina de cobre La Mejicana. Entre 1904 y 1929, el teleférico comunicaba la refinería de cobre con el ferrocarril, pero tanto la mina como el ferrocarril no funcionan desde hace tiempo.

Cañones y cóndores

La moderna ciudad de **Villa Unión** ⓴ está situada a la entrada del valle de Vinchina, paralelo al de Chilecito, del cual lo separa la cadena de Sañogasta. Se llega por carretera, por la impresionante cuesta de Miranda, y es una base habitual para visitar algunos lugares interesantes de los alrededores.

Alrededor de 65 kilómetros al norte de la población de Villa Unión se encuentra la pequeña población de **Villa San José de Vinchina**, habitada desde la época precolombina. Hay un viejo molino de agua y, dispersos por la zona, seis insólitos montículos aplanados, en los que aparecen pintadas estrellas multicolores de diez puntas. Se creía que las estrellas se usaban como lugares rituales; una de ellas se encuentra justo fuera del pueblo, al otro lado del río Vinchina.

También merece la pena visitar **Jagüe**, un caserío situado 37 kilómetros al norte de Vinchina, al pie del gigantesco **volcán Bonete** (5 943 metros), en el viejo camino de mulas que comunica los verdes prados del lado argentino con las poblaciones mineras de Chile, al sur del desierto de Atacama.

Sin embargo, el destino principal desde Villa Unión y a la vez una conclusión impresionante para esta excursión por Cuyo, es el **Parque Nacional Talampaya** ㉑, con una superficie de 270 000 hectáreas, situado 65 kilómetros más al sudeste, que ofrece algunos de los paisajes más espectaculares y austeros de Argentina. El parque queda en una garganta impresionante, con acantilados que se elevan por encima de los 145 metros, y está lleno de formas rocosas increíbles, que el viento ha ido tallando durante siglos. La zona estuvo ocupada por los diaguitas, que dejaron innumerables pinturas y grabados en las rocas (pictogramas y petroglifos), que se observan todavía sobre la superficie rocosa y ofrecen un contraste arqueológico fascinante frente a las impresionantes formaciones geológicas del cañón. También viven en el parque una amplia variedad de animales, como zorros, liebres, pumas y guanacos; los cóndores vuelan por encima de la garganta y anidan en los acantilados.

Aunque no se puede entrar al parque en vehículos particulares, hay guías que tienen sus propios vehículos y organizan excursiones.

**Mapas
páginas
286 y 287**

A menudo se ven cóndores planeando, con ayuda de las corrientes ascendentes de aire caliente, en torno a los valles montañosos más altos de la región.

ABAJO: una carretera de Cuyo.

LAS BODEGAS DE CUYO

Mendoza cuenta con numerosas bodegas donde se pueden degustar vinos de varias clases

En la región de Mendoza hay 1 290 bodegas; en muchas de ellas se ofrecen visitas guiadas, además de la oportunidad de probar sus productos. Las agencias locales organizan excursiones a varias, algunas de las cuales aparecen a continuación:

Bodega López,
Carril Ozamis 375, Maipú, tel.: 97-42406.
Visitas guiadas de lunes a viernes,
de 8:00 a 11:30 h y de 13:00 a 16:00 h.

Museo del Vino Bodega La Rural,
Montecaseros s/n, Coquimbito, tel.: 97-43590.
Abierto de lunes a viernes, de 9:00 a 18:00 h.

Bodega Trapiche,
Mitre y Nueva Mayorga, Coquimbito, tel.: 97-42388.
Visitas guiadas de lunes a viernes, de 10:00 a 16:30 h.

Museo Nacional del Vino y Antigua Bodega La Giol,
Carril Ozamis 914, Maipú, tel.: 97-42090.
Visitas guiadas todos los días, sábados
sólo por la mañana, domingos sólo por la tarde.

Bodega Chandón,
Kilómetro 29, Agrelo, tel.: 90-40040.
Visitas guiadas todos los días; los sábados
sólo por la mañana.

Bodega Fabre Montmayou,
Roque Sáenz Peña s/n, Luján de Cuyo, tel.: 98-42330.
Visitas guiadas de lunes
a viernes, concertadas
previamente.

▷ **ORÍGENES DIVINOS**
Los primeros productores de vino de Argentina fueron los misioneros jesuitas en el siglo XVI, que plantaron las vides para obtener el vino para la misa.

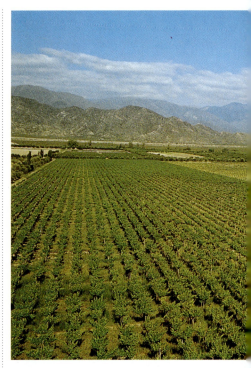

△ **FABRE MONTMAYOU**
Esta bodega familiar, donde se elaboran vinos de calidad, fue fundada a principios del siglo XX por un francés, Hervé Joyaux Fabre.

▷ **LA COSTUMBRE DE BEBER**
Argentina es el quinto productor mundial de vino. Si bien el mercado externo está creciendo, la mayor parte de la producción se destina al consumo interno.

◁ **UN TELÓN DE FONDO IMPRESIONANTE**
Los Andes dominan los viñedos mendocinos, a los que ofrecen no sólo un entorno espectacular, sino también un aporte vital de agua dulce de la montaña.

△ **CONTROL DE PLAGAS**
Los rosales que se plantan cerca de las viñas son propensos a las plagas, por lo que sirven de advertencia para saber cuándo hay que proteger la preciosa cosecha.

▽ **OBJETOS ANTIGUOS**
Varias bodegas mendocinas tienen su propio museo, en el que exponen aparatos accionados a mano y herramientas que se utilizaban en otras épocas.

LO MEJOR DE LO MEJOR

Las bodegas más visitadas son las de Peñaflor (los productores de Trapiche) y Chandón. El mejor momento para verlas es durante la vendimia, en marzo, cuando las carreteras están llenas de camiones cargados de uvas. Los visitantes recorren los lugares donde se llevan a cabo las diversas etapas de la producción. Los enormes barriles de roble se colocan sobre rodillos, como medida de precaución antisísmica.
　　Una de las menos visitadas pero más interesantes es La Rural, que tiene un museo pequeño pero fascinante. Esta bodega produce la marca San Felipe, y tiene mucho encanto debido a su original arquitectura de adobe rosado.

▷ **VARIEDADES DE UVA**
Los mejores vinos argentinos son tintos, y las uvas que más se plantan son la Bonarda italiana, así como las variedades Malbec, Cabernet Sauvignon y Pinot Noir.

Los viñedos de Cuyo

0　　2 km

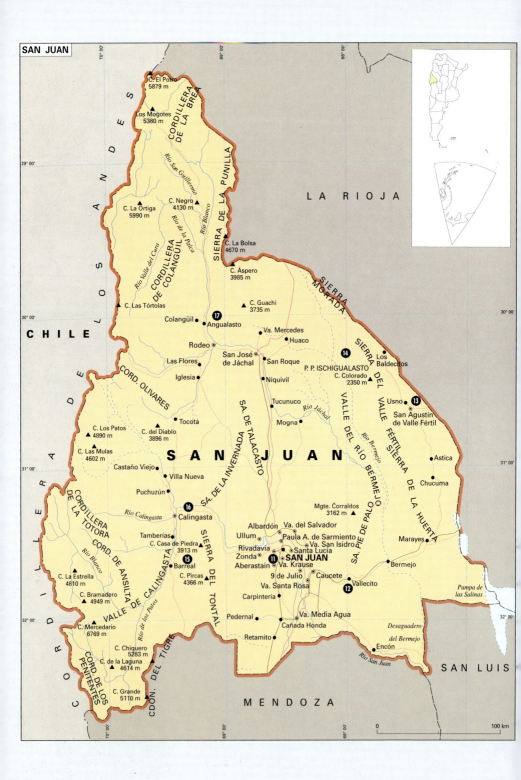

SAN JUAN

SAN JUAN

CHILE

LA RIOJA

MENDOZA

SAN LUIS

Cordillera de la Brea
C. El Potro 5879 m
Los Mogotes 5380 m

Cordillera de Colangüil
C. La Ortiga 5990 m
C. Negro 4130 m

Sierra de la Punilla
C. La Bolsa 4670 m
C. Áspero 3985 m

Sierra Morada

C. Guachi 3735 m

Río San Guillermo
Río de la Palca
Río Blanco
Río Valle del Cura

Cord. Olivares

Colangüil
Angualasto 17
Rodeo
Las Flores
Iglesia
San José de Jáchal
San Roque
Niquivil
Va. Mercedes
Huaco
Tocotá
Tucunuco
Mogna
Río Jáchal

Sierra del Valle Fértil
14
Los Baldecitos
P. P. ISCHIGUALASTO
C. Colorado 2350 m
Usno 13
San Agustín de Valle Fértil
Astica
Chucuma

Sa. de Talacasto

C. Los Patos 4890 m
C. del Diablo 3896 m
C. Las Mulas 4602 m
Castaño Viejo
Villa Nueva
Puchuzún

Sa. de la Invernada

S A N   J U A N

Río Bermejo

Sa. Pie de Palo

Sierra de la Huerta

Marayes

Cordillera de la Totora
Cord. de Ansilta

Río Calingasta
Calingasta 16
Tamberías
C. Casa de Piedra 3913 m
Barreal 15
C. Pircas 4366 m
C. La Estrella 4810 m
C. Bramadero 4949 m
C. Mercedario 6769 m

Valle de Calingasta
Sierra del Tontal

Mgte. Corralitos 3162 m
Albardón
Va. del Salvador
Ullum
Paula A. de Sarmiento
Va. San Isidro
Rivadavia
Zonda
Santa Lucía
Aberastain
11 **SAN JUAN**
Va. Krause
9 de Julio
Caucete
Va. Santa Rosa
Carpintería
Pedernal
Va. Media Agua
Cañada Honda
Retamito
Bermejo
Vallecito 12

Río Blanco
Río de los Patos

Cord. de los Penitentes
C. Chiquero 5283 m
C. de la Laguna 4614 m
C. Grande 5110 m

Cdón. del Tigre

Pampa de las Salinas

Desaguadero del Bermejo
Encón
Río San Juan

0   100 km

CHILE

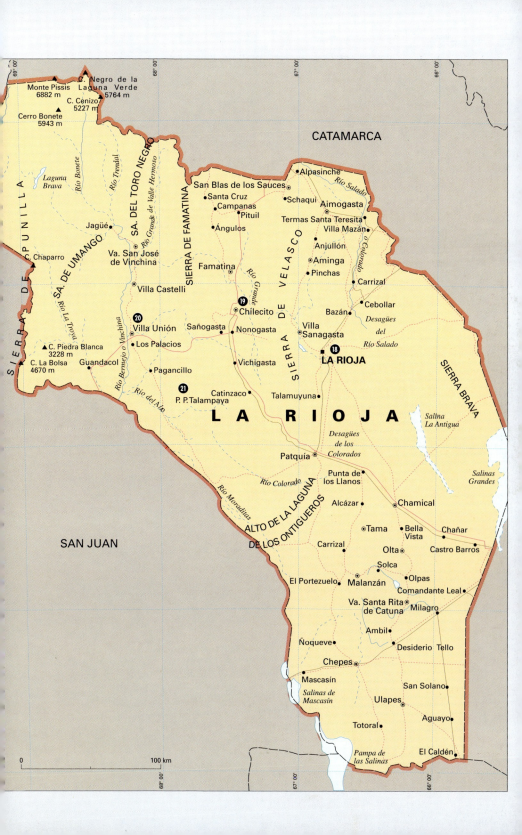

LA PATAGONIA

En el extremo de América del Sur se encuentra la tierra
que Magallanes y su cronista, Pigafetta, denominaron Patagonia
cuando encallaron en una costa desolada, durante el invierno de 1520

Mapa
página
292

Córdoba

Buenos
Aires

E ste territorio aislado y virgen ha conformado algunas de las fantasías eróticas de muchos aventureros de salón durante siglos. Desde el espectáculo de las ballenas y las lejanas estancias, hasta los verdes lagos profundos y las crujientes aguas heladas de Tierra del Fuego, Patagonia es un lugar de inspiración.

Aunque este ancho triángulo de tierra comprende aproximadamente un tercio de Argentina, sorprende la amplia gama de espectáculos que ofrece, entre los que se cuentan tres muestras de Patrimonio de la Humanidad de la región. Alberga algunas de las cumbres más elevadas del hemisferio, bosques de extraños árboles primigenios, varios de los glaciares más impresionantes del mundo, aunque por desgracia se están perdiendo a causa del recalentamiento del planeta, y acantilados costeros donde se conservan numerosos fósiles que fueron explorados por Charles Darwin. Además, es increíble la abundancia de fauna exótica y, para el viajero amante de los deportes, la Patagonia ofrece algunos de los mayores desafíos para esquiadores y escaladores.

En la parte superior de un territorio en forma de cuña se encuentran las provincias de Neuquén y Río Negro, famosa la primera por sus antiguos bosques de araucarias y sus reservas mapuches, y la segunda por la ciudad de Bariloche, de estilo alpino, situada en el Parque Nacional Nahuel Huapi. Las dos provincias limitan con el lago Nahuel Huapi, donde abundan las truchas, cuentan con sus propios centros de esquí, y en verano brindan la posibilidad de hacer excursiones, practicar equitación, escalar y hacer deportes acuáticos.

Más al sur, Chubut se enorgullece de la fauna marina de la península Valdés y de una exótica combinación cultural que mezcla a los mapuches con las comunidades de galeses que viven en la costa y en la zona montañosa del interior. El golfo Nuevo, en Puerto Madryn, es la capital argentina del submarinismo; además, durante los meses de otoño e invierno, allí viven las ballenas australes. Santa Cruz, en la punta de la cuña patagónica, es la segunda provincia del país por su tamaño, y la menos poblada, aparte de contar con algunos de los glaciares más imponentes del mundo, un inmenso bosque petrificado y numerosas pinturas rupestres de más de 10 000 años.

Audaces exploradores

Fernando de Magallanes, Pedro Sarmiento de Gamboa, Francis Drake y Thomas Cavendish son sólo algunos de los numerosos exploradores que pisaron estas tierras. En estas orillas desoladas, las leyes y las costumbres europeas cedieron paso a las pasiones más violentas, y así fue como se produjeron numerosas revueltas, motines, destierros y ejecuciones. En 1578, en el puerto de San Julián (el actual Puerto San Julián, en la provincia de Santa Cruz), sir Francis Drake empleó el mismo patíbulo que había utilizado Magallanes para ahorcar a los hombres que se le amotinaron medio siglo antes.

En 1584, Sarmiento de Gamboa fundó los primeros asentamientos en el estrecho de las Desgracias, y los llamó Nombre de Jesús y Rey Felipe. Su primer encuen-

PÁGINAS ANTERIORES: el cerro Norte y el río Onelli. **IZQUIERDA:** el glaciar Perito Moreno. **ABAJO:** una mujer mapuche argentina.

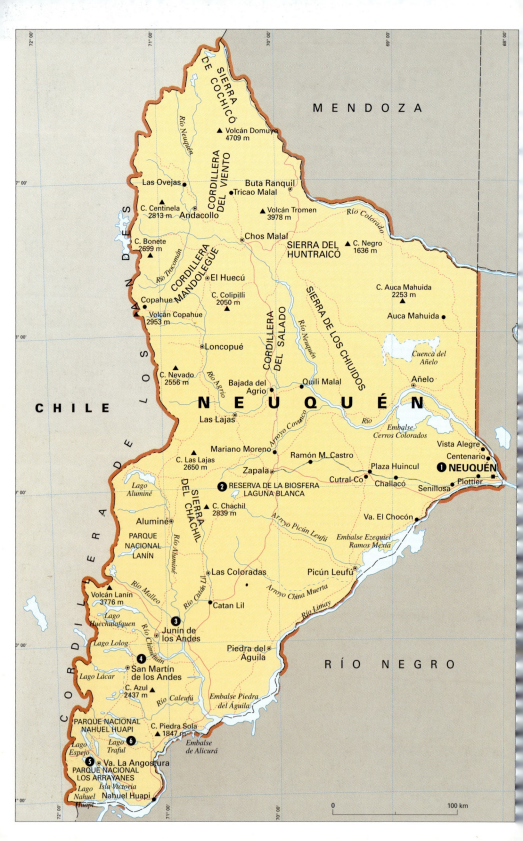

Mapa página 292

tro con los habitantes aborígenes debió de servirle como advertencia: «Se nos acercaron diez indígenas desnudos que pronunciaron unas palabras de bienvenida en un idioma desconocido. El jefe, para demostrar su amistad, tomó una flecha larga y se la introdujo en la boca hasta hacerla desaparecer casi por completo en su garganta; cuando la extrajo, estaba cubierta de sangre». Dos años después, Thomas Cavendish, el corsario inglés, encontró a los supervivientes de esta expedición vagando por la costa desierta y tras pasar allí cuatro días, le dio el nombre de Puerto Hambre.

Desde los blancos acantilados de la costa en dirección al oeste, se extienden las vastas planicies y mesetas que permanecieron sin explorar durante siglos. Los jesuitas fueron los únicos que, atraídos por el encanto de la «ciudad perdida de los césares», se atrevieron a contemplar la meseta infinita. Llegaron de Chile, después de cruzar los Andes, y jamás se aventuraron lejos de las montañas. En 1670 fundaron una misión en un lugar remoto, a orillas del lago Nahuel Huapi, que no duró mucho tiempo. Los indígenas tuvieron la premonición de que estarían perdidos si los españoles encontraban sus pasos secretos para atravesar la cordillera, de modo que mataron a la mayoría de los misioneros.

Según algunos historiadores, el nombre de la Patagonia procede del que se daba a los aborígenes debido a sus grandes pies: pata (pie) y gón (afijo aumentativo).

La Conquista del Desierto

Desde el primer momento, los primitivos habitantes de estas tierras formaron parte del embrujo exótico que atrajo a los primeros pobladores, a pesar de que enseguida se transformaron en un obstáculo para sus fines. Estaban allí desde mucho antes de la llegada del hombre blanco y defendieron su territorio. Los más valientes eran los mapuches, una tribu nómada que vivía a ambos lados de la frontera, en el norte de la Patagonia. Durante 300 años, llevaron una vida violenta en las planicies: robaban y saqueaban las estancias más grandes de la pampa fértil, conducían el ganado al otro lado de los Andes y lo vendían a los españoles que vivían del lado chileno.

ABAJO: una hermosa fucsia magallánica.

LA CONMOVEDORA PROSA PATAGÓNICA

Nadie como el naturalista británico Charles Darwin ha expresado con tanta precisión las emociones que despierta en un visitante la remota Patagonia. De regreso en Inglaterra, tras pasar cinco años a bordo del *Beagle*, escribió: «Cuando recuerdo imágenes del pasado, las planicies patagónicas se presentan ante mis ojos con frecuencia, aunque muchos las consideren espantosas e inútiles [...] ¿Cómo es posible que esta inmensidad se haya apoderado con tanta fuerza de mi memoria?»

Desde la época de Darwin, la Patagonia ha atraído a numerosos escritores extranjeros. En el siglo XIX, William Henry Hudson, de origen argentino, escribió *Idle Days in Patagonia*, una narrativa poética de su juventud, que dedicó a descubrir la flora y fauna de la región.

Aunque quizás el relato moderno más conocido de esta zona y sus habitantes sea *En la Patagonia*, de Bruce Chatwin, que capta la esencia de la región mediante las conversaciones con las personas que fue encontrando durante sus viajes. «Al día siguiente, mientras conducíamos a través del desierto, observé con somnolencia los jirones de nubes plateadas que giraban en el cielo, el mar gris verdoso de los matorrales espinosos que se extendían y escalonaban, el polvo blanco que se desprendía de las salinas y, en el horizonte, la tierra y el cielo disolviéndose por la falta de color.»

Joyas mapuches, que ahora se reproducen para vender a los turistas.

En 1879, el ejército argentino, a las órdenes del general Roca, emprendió la conquista de estas tierras. La campaña se conoce con el nombre de Conquista del Desierto y duró hasta 1883. Puso fin a los años de dominación indígena en la Patagonia y preparó un nuevo territorio para su colonización. La tierra quedó, pero los nativos desaparecieron: algunos murieron en batallas épicas, otros sucumbieron a las nuevas enfermedades y otros simplemente se convirtieron en peones agrícolas de las estancias. Todavía se encuentran en el territorio los fragmentos de su mundo, en los rasgos de algunos habitantes, en sus costumbres y en los rituales religiosos que se siguen realizando en las reservas indígenas.

La colonización europea

Cuando acabaron las luchas contra los indígenas, comenzó la colonización. Poco a poco, fueron ocupando la inmensa meseta interior personas de orígenes muy diversos: españoles, italianos, escoceses e ingleses en el remoto sur, galeses en el valle de Chubut, italianos en el valle de Río Negro, suizos y alemanes en la zona de los lagos, al norte, y algunos estadounidenses dispersos por toda la zona.

Estos pobladores heredaron la tierra y reprodujeron en el lejano sur una situación similar a la del oeste estadounidense. Se fundaron puertos y ciudades en la costa para transportar por barco la lana y para importar los productos que necesitaban los colonos. En estas planicies se establecieron grandes estancias productoras de lana. Al oeste se diseñaron varios parques nacionales para proteger la rica herencia natural, para desarrollar el turismo y para garantizar los límites nacionales.

Las ciudades patagónicas crecieron aprisa. La explotación de las minas de carbón, los yacimientos petrolíferos, la agricultura, la industria, los grandes proyectos hidroeléctricos y el turismo atrajeron a personas de todo el país y de Chile, que transformaron la Patagonia en una moderna tierra fronteriza industrial. Algunos comenza-

ABAJO: Carmen de Patagones a principios del siglo XIX.

ron allí una vida totalmente nueva, en medio de las montañas, los bosques y los lagos. En el interior de la Patagonia, los descendientes de aquellos primeros colonos que se dedicaban a la cría de ovejas y de los primeros peones agrícolas siguen recorriendo a caballo sus enormes estancias.

Mapa página 292

Unos cuantos datos geográficos

La Patagonia tiene unos límites geográficos y políticos bien definidos: se extiende desde el río Colorado, al norte, hasta el cabo de Hornos, en el extremo meridional del continente, a lo largo de 2 000 kilómetros. Abarca más de un millón de kilómetros cuadrados y pertenece a dos países vecinos: Chile y Argentina. Costó llegar a un acuerdo final con respecto a esta frontera internacional tan larga e irregular, y no fue nada fácil resolverla. A pesar de ser un territorio inexplorado, hubo momentos en los cuales los dos países estuvieron a punto de entrar en guerra. Afortunadamente, nunca se llegó hasta ese extremo, gracias al sentido común de ambos gobiernos. En 1978 se produjo un encuentro diplomático en Puerto Montt, Chile, en el cual los dos países se pusieron de acuerdo sobre el último tramo de este límite indefinido, que afectaba a algunas islas pequeñas del canal de Beagle. La parte de la Patagonia que corresponde a Argentina incluye unos 860 000 kilómetros cuadrados y se puede dividir fácilmente en tres zonas bien definidas: la costa, la meseta y los Andes.

La densidad de población en la Patagonia es de menos de tres habitantes por kilómetro cuadrado, frente a los más de 2 500 habitantes por kilómetro cuadrado de la capital, Buenos Aires.

El cambio de estaciones

También las estaciones están bien definidas en la Patagonia. Teniendo en cuenta la latitud, la temperatura media es suave; los inviernos nunca son tan fríos, ni los veranos tan calurosos como en latitudes similares del hemisferio norte. La temperatura media en Ushuaia es de 6 ºC, y en Bariloche, de 8 ºC. De todos modos, el clima puede llegar a ser bastante crudo en la meseta desértica, donde es más continental

ABAJO: una excursión a caballo, más arriba del lago Nahuel Huapi, próximo a Bariloche.

NOTA

En la Patagonia sólo hay dos carreteras principales: la Ruta 40, que corre a lo largo de los Andes, y la Ruta 3, paralela a la costa. Hay otras más pequeñas que unen la costa con las montañas, aunque no son muchas las que están asfaltadas, por lo que a veces el viajero tiene que elegir entre un trayecto llano pero más largo u otro más corto por un camino de tierra lleno de baches.

ABAJO: el colorido otoñal de las planicies.

que en el resto de la región. El viento es un compañero prácticamente omnipresente, intenso casi todo el año, que sopla desde las montañas en dirección al mar, debido a lo cual muchos no pueden soportar la vida en esta región.

En primavera empieza a fundirse la nieve de las montañas, florecen por todas partes las flores alpinas y los ganaderos se preparan para la dura tarea de atender a sus ovejas y esquilarlas. Aunque el turismo comienza a finales de la primavera, la mayoría de los visitantes llegan en verano (de diciembre a marzo). En esta época, todas las carreteras son transitables, están abiertos los aeropuertos y, por lo general, los hoteles tienen todas las plazas reservadas.

Con el otoño llegan los cambios a la meseta. Los álamos que rodean las solitarias estancias adquieren maravillosas tonalidades amarillas. Las montañas, cubiertas de hayas de hoja caduca, ofrecen un panorama de rojos y amarillos, y el aire se va enfriando poco a poco. En esta época del año disminuye el turismo. El Parque Nacional Los Glaciares, en el lejano sur, cierra en invierno. Mientras las extensas planicies descansan, prosperan los centros invernales de las montañas. San Martín de los Andes, Bariloche, Esquel y hasta Ushuaia, atraen a miles de esquiadores, incluso muchos que llegan del hemisferio norte para aprovechar las estaciones opuestas.

El norte de la Patagonia

El límite septentrional de la Patagonia es el **río Colorado**. La estepa comienza más al norte y se extiende por el interior de la Patagonia y la costa, hasta el estrecho de Magallanes. Cerca de la desembocadura del río Negro, paralelo al Colorado, un poco más al sur, se hallan las ciudades gemelas de **Carmen de Patagones** y **Viedma**, cada una sobre una orilla del río. Carmen de Patagones es uno de los asentamientos españoles más antiguos de la Patagonia, ya que se fundó en 1779. Los primeros colonos vivían bajo el temor constante de una invasión extranjera que pretendiera con-

quistar la Patagonia. A mediados de la década de 1980, el presidente Raúl Alfonsín propuso la idea de trasladar la capital de la República Argentina a Viedma (una especie de Brasilia argentina), en el sur del continente, como símbolo del cambio gradual de los intereses económicos y políticos. Pero cuando se hizo patente el coste que significaba el traslado de la capital desde Buenos Aires, el plan cayó en el olvido.

Fértiles plantaciones de árboles frutales

En las cercanías se ven las cuevas donde vivieron los primeros colonos. Donde el río desemboca en el mar, hay una colonia de leones marinos similar a muchas otras de la costa. El **puerto de San Antonio Oeste**, desde el cual se exporta la producción frutal del valle, queda 180 kilómetros hacia el oeste, y muy cerca está **Las Grutas**, un famoso lugar de veraneo costero, con amplias playas de arena; por sus aguas tibias y transparentes es un destino muy popular entre los aficionados al submarinismo; también son populares la pesca deportiva y la observación de las ballenas.

El **río Negro** fluye a lo largo de un vergel de agricultura intensiva, que abarca más de 400 kilómetros. El valle propiamente dicho es una estrecha franja de tierra fértil, que contrasta con el desierto que lo rodea y amenaza absorberlo. Los que tengan interés en visitar zonas agrícolas especializadas en el cultivo de frutas deberían visitar este lugar. Las plantaciones de frutales, las fábricas de zumos y los establecimientos de envasado proporcionan a este vergel una intensa vida económica.

Viajando hacia el interior a lo largo del río Negro, pasamos por franjas de tierra cultivada que alternan con la estepa hasta llegar a una serie de localidades: **Neuquén ❶**, Cipoletti, General Roca y Villa Regina, a unos 540 kilómetros de la costa. Éstas son las ciudades más importantes de la región y constituyen un cordón urbano, salpicado de plantaciones de árboles frutales. Este tramo de la carretera principal tiene mucho tráfico, aunque después de Villa Regina se reduce notablemente.

Mapa página 292

El cisne de cuello negro, muy común en los lagos de la Patagonia.

ABAJO: la llegada del invierno a las montañas.

El norte de la zona de los lagos

George Muster,
un explorador inglés
del siglo XIX, escribió
At Home with the
Patagonians *en 1871,*
un relato sobre su viaje
de seis meses por esta
región, acompañado
por un grupo de
indígenas. Este libro
se sigue considerando
la descripción más
completa del interior
de la Patagonia
y de sus habitantes.

Yendo hacia el oeste, desde Neuquén en dirección a los Andes, se llega al límite septentrional de la zona de los lagos patagónicos, una extensa región de hermosos lagos y espectaculares picos montañosos, que abarca 1 500 kilómetros a lo largo de los Andes, desde el lago Aluminé, al norte, hasta el Parque Nacional Los Glaciares, al sur. Esta región se puede dividir en dos partes: una norte y otra sur. La zona intermedia está poco poblada y recorrerla reviste una gran dificultad, por lo que conviene reservarla sólo a los más aventureros.

Enero y julio son los meses en los cuales hay más turistas, porque corresponden a las vacaciones de Buenos Aires. Sin embargo, aparte de mayo y junio, que suelen ser los meses de lluvia, la zona tiene atractivos para todas las estaciones del año. Se pueden hacer excursiones a muchos monumentos locales, y abundan las oportunidades de salir a pasear, escalar, pescar y montar a caballo en verano, o de practicar esquí o *snowboard* en invierno.

La parte norte de la zona lacustre abarca desde el lago Aluminé hacia el sur, hasta el embalse Amutui Quimei. Comprende 500 kilómetros de lagos, bosques y montañas, distribuidos en cuatro parques nacionales. De norte a sur tenemos el Parque Nacional Lanín y las poblaciones vecinas de San Martín de los Andes y Junín de los Andes; el Parque Nacional Nahuel Huapi y Bariloche, un centro turístico de estilo alpino; el Parque Nacional Lago Puelo y la aldea de El Bolsón y, más al sur, el Parque Nacional Los Alerces, con la población de Esquel. Esta región se comunica también con la zona de los lagos del lado chileno.

Cuando se entra en la zona de los lagos desde el norte, el primer lugar de interés que uno encuentra es la **Reserva de la Biosfera Laguna Blanca ❷**. Este parque queda justo al sudoeste de Zapala, que está 185 kilómetros al oeste de Neuquén, en la Ruta 22. Comprende un lago enorme y alberga cientos de aves interesantes: la

ABAJO: la carretera
hacia Bariloche.

atracción principal son los cisnes de cuello negro que se reúnen en bandadas de hasta 2 000 ejemplares. Los flamencos forman parte del paisaje, y las sierras de los alrededores cobijan a grandes grupos de águilas, halcones peregrinos y otras aves de presa. En el parque hay un centro de información, así como también un pequeño restaurante y una zona para acampar gratuita. Los autobuses son escasos, pero en la población más cercana, Zapala, a 35 kilómetros de distancia, hay una oficina de información.

Saliendo de Neuquén hacia el sudoeste por la Ruta 237, al cabo de unos 76 kilómetros se llega al inmenso embalse Ezequiel Ramos Mejía, realmente impresionante, que se creó al construir una presa sobre el río Limay y que en la actualidad es una de las plantas hidroeléctricas más grandes del país.

Araucarias y truchas

La zona que rodea el lago Aluminé es famosa por sus reservas indígenas, donde se encuentran artesanías como ponchos y alfombras. Esta zona alberga también uno de los árboles de aspecto más peculiar del mundo, la araucaria, un árbol prehistórico que alcanza una altura considerable y conserva todavía su aspecto primigenio. Su fruto, llamado piñón, que se come hervido, servía de festín a los pueblos indígenas cuando cruzaban los pasos andinos.

El **Parque Nacional Lanín**, cerca de San Martín de los Andes, abarca 3 920 kilómetros cuadrados y debe su nombre al imponente volcán situado en la frontera con Chile. El volcán Lanín alcanza los 3 776 metros de altura, muy por encima de las cumbres que lo rodean.

El parque nacional destaca por la calidad de su pesca. La temporada de pesca abarca desde mediados de noviembre hasta mediados de abril. Los ríos y arroyos que rodean la pequeña población de **Junín de los Andes** ❸ son famosos por la abundancia y la variedad de sus truchas. Los que pescan con mosca llegan de todo el mundo para pescar las distintas variedades (la marrón y la «fontinalis», entre otras). La mejor pesca de la que se tiene noticia es una trucha marrón de 12 kilos; hay que tener en cuenta que estas truchas pesan una media de 4 a 5 kilos. A pesar de que en Junín hay varios buenos restaurantes y hoteles, la mayoría de los pescadores prefiere alojarse en los diversos albergues para pescadores que existen dentro del parque.

El Parque Nacional Lanín también es famoso por la caza. Las presas principales durante la época de celo, en otoño, son el jabalí y el gamo. El parque nacional recibe solicitudes de permisos de caza para la mayoría de los cazaderos, aunque los propietarios de los campos establecen sus propios acuerdos con los cazadores. Para mayor información hay que ponerse en contacto con la oficina de turismo de San Martín de los Andes.

Desde **San Martín de los Andes** ❹, una población pequeña y muy bien cuidada, a orillas del lago Lácar, salen visitas guiadas, en autobús o en barco. Se pueden contratar guías para salir a pescar, cazar y escalar, además de disponer de alquiler de coches, una buena gama de hoteles, cámpings y restaurantes. También se recomienda viajar a los lagos Huechulaufquen y Paimún, y al impresionante volcán Lanín, bordeado por un bosque de araucarias. El **cerro Chapelcó** (2 441 metros), a unos 20 minutos desde San Martín, es un centro invernal pequeño y tranquilo, pero con mucha afluencia de esquiadores.

Hay tres carreteras que comunican San Martín de los Andes con Bariloche: una completamente asfaltada, que

**Mapa
página
292**

NOTA

El Pase Verde le permitirá entrar en cuatro parques nacionales a un módico precio. Podrá adquirirlo en cualquiera de los centros de información, en los parques.

Abajo: una buena presa.

El astuto zorro patagónico.

atraviesa la estepa árida, paralela al río Collón Curá, y dos asfaltadas en parte. La del medio (la más corta) cruza el Paso del Córdoba por angostos y hermosos valles, sobre todo en otoño, cuando las laderas adquieren tonalidades de rojos intensos y dorados. Este camino enlaza con la autopista asfaltada a la altura de Confluencia.

Desde aquí, regresando al interior, se llega a la **estancia La Primavera**, que cuenta con un criadero de truchas. Los lugareños, que antes solían pescar allí, están muy contrariados porque ahora es propiedad privada y pertenece a algunas celebridades estadounidenses, como Ted Turner y Jane Fonda.

Volviendo al camino asfaltado hacia Bariloche, se sigue el río Limay a través del Valle Encantado, que contiene extrañas formaciones rocosas; también se bordea el Rincón Grande, un círculo de escarpaduras formadas por la erosión fluvial que crean un notable anfiteatro natural.

La tercera carretera desde San Martín es la famosa **Ruta de los Siete Lagos**, asfaltada a medias, que pasa junto a hermosos lagos y bosques y llega a Bariloche por la orilla septentrional del lago Nahuel Huapi. En verano se hacen excursiones de todo el día desde Bariloche hasta San Martín, combinando el Paso del Córdoba y la Ruta de los Siete Lagos.

La Suiza argentina

San Carlos de Bariloche Ⓐ, situada en medio del **Parque Nacional Nahuel Huapi Ⓑ**, es el auténtico centro de la región lacustre del norte. Todos los días llegan autobuses, trenes y aviones desde todo el país y desde Chile, por el paso Puyehue.

ABAJO: gauchos en la meseta patagónica.

En Bariloche hay una fuerte influencia centroeuropea; la mayoría de los primeros colonos procedían de Suiza, Alemania o el norte de Italia. Entre todos confirieron a la ciudad un ambiente alpino, con chalés de estilo suizo, restaurantes donde sirven *fondue* y fábricas de chocolate. Sin embargo, algo nos anuncia que no nos encon-

tramos en Europa: rara vez se ven barcos en el inmenso **lago Nahuel Huapi ⓒ**, las carreteras se pierden en la espesura en cuanto salen de la ciudad y por la noche no se ven luces en la otra orilla del lago.

La ciudad ha crecido rápidamente durante las últimas décadas, expandiéndose a los pies del **cerro Otto**. Esta larga cadena nos brinda la oportunidad de dar un buen paseo introductorio, aunque también se puede llegar en teleférico hasta la cima, desde la cual se aprecian magníficas vistas de la ciudad, del lago y del parque circundante. También se pueden dar agradables paseos por los bosques y descender al otro lado de la cadena, en Arelauquen y el tranquilo lago Gutiérrez.

La mejor manera de iniciar el recorrido por Bariloche es visitando el **Museo de la Patagonia** (abierto todos los días) en el Centro Cívico. Tanto este edificio como el Hotel Llao Llao fueron diseñados por el arquitecto Ezequiel Bustillo, según su propia interpretación del estilo alpino tradicional, y confieren a Bariloche una personalidad arquitectónica característica. En el museo se realizan exposiciones sobre el origen geológico de la región y de su vida natural. También contiene una colección increíble de objetos indígenas, que constituyen una crónica de la desaparición de las tribus locales. Justo debajo del Centro Cívico se encuentra el puerto, donde hay una pequeña pista de patinaje sobre hielo.

Productos regionales

Los principales productos regionales son el chocolate, las mermeladas, la cerámica y los jerseys. La importante industria chocolatera siempre se ha mantenido en manos de familias italianas y merece la pena visitar alguna de estas fábricas, que están situadas en el centro. También conviene visitar la fábrica de cerámica, donde se puede ver a los artesanos trabajando. Hay muchas tiendas donde se venden jerseys, y también joyas y artesanías fabricadas allí mismo.

Mapa página 303

ABAJO: el volcán Lanín.

CRUZAR LOS ANDES

Desde el norte de la región de los lagos hay varias opciones para cruzar a Chile. Si el viajero quiere llegar a Puerto Montt, en la costa del Pacífico, saliendo de Bariloche, le conviene tomar la antigua ruta, la que utilizaban los jesuitas para cruzar los lagos. Este viaje de un día de duración combina breves trayectos en autobús con tranquilos viajes en barco cruzando los lagos Nahuel Huapi, Frías, Todos los Santos y Llanquihue, a través de unos maravillosos paisajes de bosques y volcanes con las cimas cubiertas de nieve.

Cruzando los lagos, tendrá la ventaja de librarse del tráfico, mientras que desde el recorrido por el paso Puyehue, al noroeste de Bariloche, verá los lagos Correntoso y Espejo. Al otro lado de la frontera, el Parque Nacional Puyehue ofrece la oportunidad de probar las fuentes de aguas termales y los baños de lodo, o bien explorar la selva tropical templada.

Más al norte, pasando por San Martín de los Andes, se encuentra el paso del Hua-Hum, menos frecuentado. Primero se atraviesa en transbordador el lago Pirehueico, de orillas arboladas y con vistas al volcán Choshuenco, y del otro lado la carretera sigue hasta la aldea de Choshuenco.

Al norte, más allá de Junín de los Andes, se encuentra el paso Tromen, mucho más alto y en ocasiones cerrado en invierno, que ofrece espectaculares vistas del volcán Lanín y de los bosques de araucarias autóctonas.

En Bariloche hay muchos lugares donde alojarse, desde pequeños y acogedores hostales hasta lujosos hoteles. La cocina local refleja la gran población de colonos de origen alemán e italiano que existe en la zona, con especialidades como *fondue* y truchas, venados y jabalíes.

Lagos, bosques y montañas

Por la zona de Bariloche se pueden hacer varias excursiones excelentes: 17 kilómetros al sudoeste se halla la **Villa Cerro Catedral**, uno de los centros de esquí más grandes e importantes de Argentina, que también cuenta con hermosos caminos para recorrer la montaña a pie y las orillas del lago Gutiérrez. La base del telesquí se encuentra a 1 050 metros sobre el nivel del mar, y hay un teleférico y telesillas que nos suben hasta los 2 010 metros. La vista desde las laderas es magnífica. Las pistas de esquí varían en dificultad y abarcan más de 25 kilómetros. La temporada de esquí comienza a finales de junio y prosigue durante todo septiembre. Se alquilan equipos y hay escuelas de esquí, *snowboard*, restaurantes, hoteles y tiendas.

Diez kilómetros más al sur está **Villa Mascardi**, un pequeño centro turístico a orillas del lago Mascardi. Desde allí se pueden hacer unos pintorescos cruceros por las aguas turquesas del lago hacia el cerro Tronador, el pico más alto del Parque Nacional, de 3 478 metros. La montaña también se puede visitar dando un largo y sinuoso paseo en coche. Entre el lago Gutiérrez y el Mascardi se halla la divisoria de aguas de los ríos que desembocan en el Atlántico y en el Pacífico. Después de Pampa Linda, donde hay un hostal, de camino hacia la montaña se pasa por el Glaciar Negro, así llamado por todos los restos lodosos que se amontonan sobre su superficie. Desde el lago Mascardi hay otra ruta que va al lago Fonck y al Hess, donde existen varios lugares famosos para pescar, además de cámpings. Por el camino se pasa por la encantadora cascada de Los Alerces, que cae desde unos 20 metros sobre

«No es nuestra imaginación, pero en estos paisajes desolados, por algún motivo muy fácil de suponer, la naturaleza nos conmueve más que en otros.»

W. H. HUDSON
(naturalista angloargentino, 1841-1922)

ABAJO: San Martín de los Andes.

unas piedras cubiertas de musgo. Varias de estas rutas se organizan en forma de circuitos en un solo sentido, que permiten sólo el ascenso o el descenso, según las horas, a fin de regular el tráfico de turistas en horas punta, de modo que conviene pasar por la oficina de turismo de Bariloche antes de emprender el viaje por estas carreteras de forma independiente.

Mapa
página
303

La península de Llao Llao

Una de las excursiones de medio día más populares para hacer desde Bariloche es el llamado «circuito chico». Se sale hacia el oeste, bordeando el lago hasta el Punto Panorámico, desde donde se contemplan vistas espectaculares sobre el agua, en dirección a Chile. Son escasos los edificios que consiguen realzar un paisaje tan maravilloso como éste, pero el **Hotel Llao Llao**, en la base de la península de Llao Llao, está a la altura de las circunstancias. Este enorme hotel de estilo alpino se construyó en 1939; en 1995 se celebró allí una cumbre de presidentes americanos, incluido el presidente de Cuba, Fidel Castro.

*Una de las tentadoras
chocolaterías
de Bariloche.*

Siguiendo el circuito alrededor del lago está la **bahía López**, una pequeña ensenada donde a menudo se ven cóndores volando alrededor de la inmensa mole del cerro López, que da sombra a la bahía. Hay un camino bien definido para escalar la montaña hasta llegar a un refugio, que después se vuelve más escarpado a medida que se acerca a la cima. En el camino de regreso a Bariloche se pasa por el telesilla del cerro Campanario, en el kilómetro 17. A pesar de ser mucho más bajo que el del cerro Otto o el del Catedral, ofrece unas vistas incomparables que merecen la pena.

En la orilla opuesta del lago Nahuel Huapi, en la carretera hacia Chile, **Puerto Blest** es un lugar por el cual pasan muchas personas todos los días, pero pocas se quedan, de modo que, aparte de estas oleadas de tráfico, es un lugar de una paz y una belleza excepcionales. Hay un pequeño hotel, un paseo agradable a la cascada Los

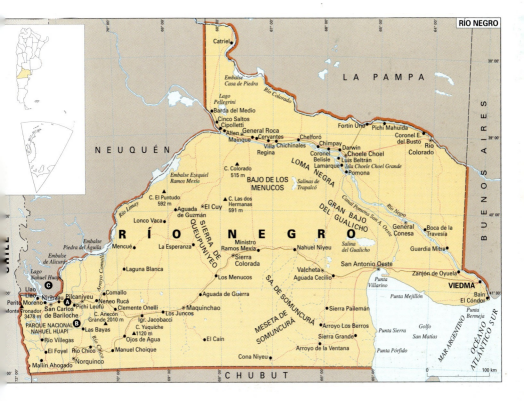

Cantares y un encargado que informa sobre otros paseos más complicados. Puerto Blest y la isla Victoria se pueden visitar en una excursión en catamarán que sale de Puerto Pañuelo, al otro lado del lago Nahuel Huapi.

El bosque de Bambi

La **isla Victoria**, sobre el lago Nahuel Huapi, es famosa por sus arrayanes, unos árboles exóticos relacionados con el mirto que sólo se encuentran en esta zona. Cuentan que un grupo de asesores de Walt Disney que llegó de visita quedó tan impresionado por estos árboles de color blanco y canela que los tomó como modelo para la escenografía de la película *Bambi*, en 1942. La mayoría de los visitantes llegan a la isla en grupos, en los catamaranes, pero basta un poco de sensibilidad para descubrir la belleza de la isla lejos de las multitudes.

De la orilla septentrional del lago sale la península de Quetrihué, que contiene el **Parque Nacional Los Arrayanes ❺**, dedicado a la protección del exótico arrayán –algunos tienen más de 300 años y miden 28 metros–. Las excursiones en barco a la isla Victoria suelen hacer escala en Quetrihué y dan tiempo a pasear por el parque. También se puede llegar a la península de Quetrihué desde **Villa La Angostura**, un pequeño y elegante centro turístico situado en la punta del lago. En las cercanías hay hoteles, cámpings y demás entretenimientos que han aparecido en los últimos años para satisfacer las necesidades del cercano centro de esquí de Cerro Bayo.

Otra excursión famosa sale de Bariloche hacia el este y después se dirige al norte, pasando por el Valle Encantado, hasta desviarse en Confluencia hacia **Villa Traful**. Este pueblo es famoso por la excelente pesca del salmón en el **lago Traful ❻**, y también por los maravillosos paseos a pie o a caballo que se pueden dar.

La carretera atraviesa el pueblo, sube hasta un punto desde el cual se domina el lago Traful y regresa a Villa La Angostura por una carretera panorámica. Esta ruta,

ABAJO: esquiando en el cerro Catedral.

que se podría describir como el «circuito grande», abarca alrededor de 240 kilómetros y se ofrece como una excursión de todo el día, saliendo de Bariloche.

La mayoría de las agencias de viajes de Bariloche ofrecen varias excursiones en autobús y en barco para visitar los lugares mencionados, pero si alguien busca actividades más dinámicas para aprovechar el amplio potencial de actividades al aire libre que ofrece la zona, puede visitar el Club Andino, la organización especializada en montañismo.

Mapas páginas 292 y 307

Un refugio *hippy*

El Bolsón es un pequeño pueblo situado 130 kilómetros al sur de Bariloche, en un angosto valle que tiene su propio microclima. Hay pequeñas granjas donde se cultiva lúpulo y todo tipo de bayas. En la década de 1960 se instalaron allí numerosos *hippies*. En la actualidad, sólo quedan unos cuantos idealistas, que llevan una vida pacífica en las granjas de las montañas. Unos 20 kilómetros al sur, en la frontera con Chile, se halla el **Parque Nacional Lago Puelo** ❼, una serena extensión de 237 kilómetros cuadrados, creado en 1937. Posee más de 100 especies de aves. Es también el paraíso de pescadores, y tiene montañas cubiertas de hayas y cipreses. A orillas del lago se puede acampar, y hay algunos caminos marcados.

Mercado de artesanía en El Bolsón.

Los bandidos gringos

Más al sur, en la carretera hacia Esquel, se llega al hermoso **valle de Cholila**, una zona poco conocida donde a principios del verano los campos se llenan del azul de los altramuces silvestres. Éste es el lugar que eligieron Butch Cassidy y Sundance Kid, los bandidos estadounidenses que hizo famosos George Hill en 1969 en una película protagonizada por Paul Newman y Robert Redford. Butch y Sundance se refugiaron un tiempo en Cholila, huyendo de los agentes de Pinkerton. Desde Cho-

ABAJO: el Hotel Llao Llao, a orillas del lago Nahuel Huapi.

lila echaron al correo una carta para Matilda Davis, en Utah, fechada el 10 de agosto de 1902. Después de su famoso atraco al banco de Río Gallegos, en 1905, tuvieron que volver a huir hasta que finalmente los mató la policía boliviana. Otros miembros de la banda permanecieron en la región y, años después, la policía argentina les tendió una emboscada y acabó con sus vidas.

Desde Cholila, la carretera que se dirige hacia el sur se divide en dos. La Ruta 40 gira hacia el este y atraviesa la inmensa estancia Leleque hasta llegar a Esquel. La otra ruta hacia Esquel conduce directamente hasta el **Parque Nacional Los Alerces** ❽. Este parque abarca 2 630 kilómetros cuadrados y está menos deteriorado por las poblaciones y por los turistas que otros parques de la región. Los visitantes que llegan al parque en verano paran en los cámpings y los alojamientos para pescadores que hay alrededor del **lago Futalaufquen** ❾. Una excursión que no conviene perderse es el paseo de un día en barco que sale en verano desde Puerto Chucao hasta el lago Menéndez. Hay muy buenas vistas del **cerro Torrecillas** (2 200 metros) y de sus glaciares; también hay que ver los inmensos árboles del orden de la *Fitzroya* (parientes de la secuoya estadounidense), que tienen más de 2 000 años.

El viejo Expreso Patagónico

Al acercarse a Trevelín y a Esquel, se empieza a salir de la parte norte de la región de los lagos. En esta zona hay una fuerte influencia de la cultura galesa, porque allí se estableció en 1888 una comunidad galesa bastante numerosa, tras una larga travesía desde la costa atlántica, siguiendo el valle del Chubut (*véase pág. 310*).

Ciento sesenta y siete kilómetros al sur de El Bolsón, en la Ruta 40 y la Ruta 258, se llega a **Esquel** ❿, una rama de la colonia galesa de Chubut. Esta ciudad de 25 000 habitantes queda al este de los Andes, en el límite del desierto patagónico. En este lugar remoto, al borde del desierto, Esquel parece un pueblo del Lejano Oeste estadounidense, donde se ve tanto gente montada a caballo como en coche. A veces el jinete es un gaucho con sombrero de ala ancha, pañuelo y bombachas. Varias veces al año, sobre todo en enero, se celebra allí una feria rural. Llega gente de muchos kilómetros a la redonda para comprar y vender ganado y productos agrícolas. Hay varias talabarterías que venden el equipo para montar y para el campo. Se encuentran estribos muy trabajados y sillas hechas a mano, además de cuerdas trenzadas de cuero crudo y utensilios de cocina de hierro fundido. En esta zona antes se cazaban gansos, pero como quedan pocas especies locales, ahora están protegidas.

La estación de ferrocarril de Esquel es el punto más septentrional hasta el cual llega la red ferroviaria argentina. El ferrocarril de vía estrecha (75 centímetros de ancho) solía ofrecer un servicio regular entre Esquel e Ingeniero Jacobacci, al norte. El escritor estadounidense Paul Theroux dio fama internacional a este tren, llamado «La Trochita», con su obra titulada *The Old Patagonian Express*. En la actualidad, sólo hace un recorrido parcial e intermitente, fundamentalmente destinado a los turistas. De todos modos, si uno llega a la hora adecuada, no hay mejor manera de conocer la Patagonia y a su gente que emprender un viaje en este pintoresco trenecito, arrastrado por una antigua locomotora de vapor. Los más aficionados al ferrocarril pueden visitar los talleres de El Maitén, para ampliar su visión de este pasado romántico.

En invierno Esquel se transforma en un centro de esquí, ya que el **Centro de Esquí de La Hoya** queda a apenas 17 kilómetros. En comparación con Bariloche y

ABAJO: la cascada Los Césares, en la parte norte de la zona de los lagos.

Villa Cerro Catedral, esta zona de esquí es mucho más pequeña y acogedora, a pesar de lo cual brinda muchas posibilidades.

Trevelín ⓫, situada 23 kilómetros al sudoeste de Esquel, es una aldea pequeña, también de origen galés. En galés, su nombre quiere decir «el pueblo del molino». El viejo molino se ha convertido en un museo, el Museo Galés, que alberga todo tipo de utensilios pertenecientes a los primeros colonos galeses, junto a viejas fotografías y una Biblia galesa (abierto todos los días en verano; cerrado los lunes y los martes, en invierno). Como en todas las comunidades galesas de la Patagonia, en varios cafés de Esquel se puede tomar un té típico con galletas y pasteles galeses.

El «Valle Hermoso» de Chubut

Entre la costa atlántica y Esquel se extiende el **valle del Chubut**. Sólo tiene riego la parte inferior, que abarca una superficie de 50 kilómetros cuadrados, mientras que el resto está reseco. Los galeses utilizaban este valle, al que llamaban **Cwm Hyfrwd** (Valle Hermoso), para llegar a la zona de Esquel y Trevelín; Eluned Morgan ha descrito esta ruta de forma muy romántica en su libro *Dringo'r Andes* (Escalar los Andes). En la mitad del valle, el río atraviesa la meseta formando un cañón impresionante, con barrancos rojos y blancos, llamados el valle de los Altares y el valle de los Mártires. Este último hace referencia a una emboscada que tendieron los indígenas en 1884, en la que eliminaron a un grupo de jóvenes galeses. El único superviviente, John Evans, consiguió escapar gracias a su caballo, *Malacara*, que dio un salto sobre el profundo barranco. Todavía se pueden ver junto al camino las tumbas de estos desdichados, que se describen vívidamente en el libro de Morgan. Antes de llegar al valle inferior se llega a la **presa y embalse Florentino Ameghino** con su lago artificial. La presa y el lago están en una estrecha garganta rocosa y constituyen un espectáculo impresionante.

Mapa página 307

La Trochita, *el viejo Expreso Patagónico, uno de los trenes de vapor más antiguos que continúan en funcionamiento en América del Sur.*

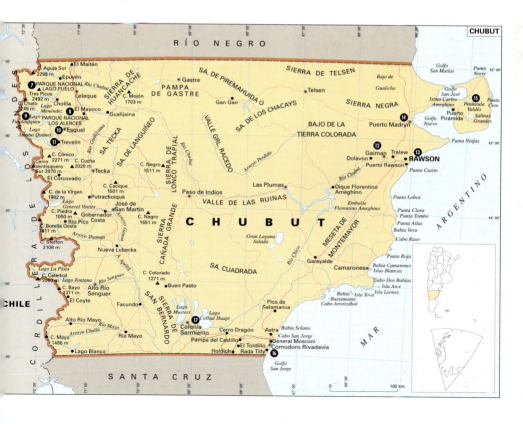

NOTA

En la oficina de turismo de Puerto Madryn podrá adquirir el Pase Azul, que le permitirá entrar por un módico precio a la península Valdés, al EcoCentro, entre otros sitios de interés

ABAJO: un esquilador itinerante en plena faena.

Los leones marinos de Punta Tombo

Los galeses establecieron sus primeras colonias en el bajo valle del Chubut. Allí crecieron las ciudades de Dolavon, Gaimán, Trelew y Rawson, actualmente rodeadas de tierras dedicadas al cultivo intensivo.

En **Gaimán** ⑫ hay un museo interesante, similar al de Trevelín, el Museo Histórico Regional, situado en la vieja estación de ferrocarril. En el museo hay también una tienda de regalos donde se venden libros, comida rápida y recuerdos tan insólitos como cubreteteras de punto hechas a mano (abierto de lunes a viernes, de 16:00 a 20:00 h). La ciudad es famosa por sus tés galeses, que ofrecen las cuatro casas de té principales en salones umbríos, llenos de recuerdos que evocan a los primeros colonos. Allí se celebra cada agosto el *Eisteddfod*, el Festival Artístico Galés, con canciones y recitales de poesía. El río llega al mar cerca de **Rawson** ⑬, la capital de la provincia. De regreso de una excursión a Punta Tombo, por la tarde, se puede llegar en coche hasta el pequeño puerto de pescadores de Rawson para observar cómo descargan los hombres la pesca del día y cómo aprovechan los leones marinos todo lo que cae al mar.

Trelew es la ciudad más importante de la parte inferior del valle y su aeropuerto es la puerta de acceso para los visitantes que quieren ver la rica flora y fauna de la zona de la península Valdés. Gracias a un programa industrial por reactivar la zona en 1980, la población aumentó hasta los 100 000 habitantes. Un destacable punto de interés turístico es un museo paleontológico, que contiene restos importantes de los dinosaurios que se han encontrado en la Patagonia. El **Museo Paleontológico Egidio Feruglio** (abierto todos los días), en el n.º 655 de la calle 9 de Julio, contiene restos fósiles de dinosaurios como los *Carnotosaurus*, los únicos dinosaurios carnívoros con cuernos que se conocen, y huevos de *Titanosaurus* de 65 millones de años de antigüedad.

EL GRAN AUGE DE LAS OVEJAS

El primer gobernador de Santa Cruz, Carlos Moyano, no encontraba a nadie que quisiera instalarse en el desolado sur de la Patagonia. Desesperado, invitó a parejas jóvenes residentes en las Malvinas para que probaran fortuna «en la costa»; así fue como llegaron los primeros ganaderos, pastores ingleses y escoceses, seguidos poco después por gente de muchos otros países, sobre todo de Europa central, que permanecieron allí después de la fiebre del oro de la década de 1890. La cría de ovejas tuvo un gran éxito y, en la década de 1920, la lana argentina alcanzaba precios récord en el mercado mundial.

Las ovejas del sur de la Patagonia son en su mayoría de la raza corriedale escocesa, aunque también se llevaron algunas merino de Australia; además, en la región se han desarrollado dos razas nuevas muy resistentes. El trabajo se intensifica de octubre a abril, cuando los animales tienen que ser marcados, esquilados y desinfectados, antes de que los trasladen a los campos de verano. En otoño regresan a los campos de invierno y se les esquila la lana alrededor de los ojos.

Por lo general, una «comparsa» se encarga de la esquila; se trata de un grupo de profesionales que va de una estancia a otra, trasladándose hacia el sur a medida que avanza la estación. Sin embargo, cada estancia cuenta con sus propios pastores y peones que trabajan todo el año, ocupándose de las vallas y los animales.

La península Valdés

Puerto Madryn ⑭ es un centro de atracción para los visitantes que llegan a la península Valdés y a Punta Tombo. Es una ciudad costera de aspecto muy cuidado. Merece la pena visitar el **Museo Oceanográfico y de Ciencias Naturales**, en la esquina de Domecq y García Menéndez, por sus colecciones de flora y fauna costeras y marinas (abre todos los días). También cabe destacar el impresionante **Eco-Centro**, Julio Verne 3 784, abierto de martes a domingo. Numerosas exposiciones interactivas permiten conocer la vida marina de la zona.

En **Punta Tombo**, 165 kilómetros al sur de Puerto Madryn (de los cuales 108 son por camino de tierra), se encuentra la mayor colonia de pájaros bobos de Magallanes del mundo. Estas aves llegan en septiembre y se quedan hasta marzo. En esta colonia, uno se mueve literalmente entre miles de estas aves tan cómicas que vienen y van por «autopistas» perfectamente definidas que comunican sus nidos con el mar, atravesando el camino para los turistas; también se las puede ver pescando su comida cerca de la costa.

La **península Valdés** ⑮, declarada Patrimonio de la Humanidad en 1999, es una de las reservas naturales más importantes del país. Allí crían las ballenas australes, los elefantes marinos y los leones marinos, y hacen su nido miles de aves acuáticas, como pelícanos, cormoranes y ostreros. Si uno tiene buena vista, puede ver guanacos, ñandúes y marás. Hay un centro interpretativo a la entrada de la propia península, que es un inmenso páramo e incluye el punto más bajo de América del Sur, situado a 40 metros por debajo del nivel del mar. A lo largo de 200 kilómetros de costa, en el borde de la península Valdés, se encuentran alrededor de 40 000 elefantes marinos que constituyen la única colonia de este tipo a la que se puede acceder por tierra, aparte de las antárticas. Aunque la mayor parte de la playa está protegida, los turistas tienen oportunidad de observar la vida natural desde observatorios ocultos

Mapa página 307

Una de las sólidas casas de ladrillos construidas en Gaimán por los galeses a finales del siglo XIX.

ABAJO: vista del cerro Guanaco.

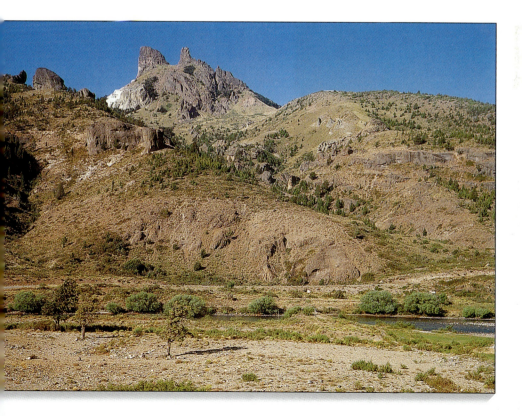

Los galeses en la Patagonia

La Patagonia se parece un poco a la pampa, por lo general desierta y barrida por un viento implacable, pero sólo tiene pequeñas zonas de suelo fértil y algunas riquezas minerales poco explotadas. ¿Cómo es posible que alguien quisiera dejar atrás los valles exuberantes y las verdes colinas de Gales para establecerse en un lugar así? Los galeses llegaron entre 1865 y 1914 en parte para huir de las condiciones que reinaban en Gales, que para ellos resultaban culturalmente opresivas, en parte por la promesa (que después resultó exagerada) de magníficas oportunidades económicas, y en gran medida para poder mantener las tradiciones religiosas en su propia lengua. Los cambios que produjo en el siglo XIX la Revolución Industrial condujeron al desarraigo a muchos trabajadores agrícolas galeses: el establecimiento de aranceles incrementó de forma exorbitante los costes del transporte de productos hasta los mercados; se vallaron las tierras

de pastoreo y se empezó a explotar a los trabajadores que no eran propietarios de tierras. Los arrogantes funcionarios ingleses comenzaron a dominar cada vez más la vida pública, para gran disgusto de los galeses que, alienados en su propia tierra, decidieron emigrar.

También tuvo importantes consecuencias para los galeses el renacimiento religioso que se produjo en esa época. Muchos creían que el carácter mundano de la vida moderna impedía la serena espiritualidad del pasado, y encontraron su salvación en las zonas alejadas y poco pobladas del mundo que se abrían en aquel momento. Algunos ya lo habían intentado en Canadá y Estados Unidos, pero se vieron frustrados por las oleadas de otras nacionalidades europeas que ponían en peligro la pureza de sus comunidades. Por eso reaccionaron cuando Argentina ofreció tierra barata a los inmigrantes que quisieran establecerse en esas vastas extensiones y cultivarlas. Llegaron a Puerto Madryn en pequeñas embarcaciones, procedentes de Estados Unidos y Gales, tras un viaje muy arriesgado, y se instalaron en el valle del Chubut.

Aunque ya han pasado más de cien años desde las penurias de aquellos valerosos pioneros, sus descendientes los recuerdan con orgullo. Algunos se dedican todavía a la agricultura y la ganadería, otros al comercio. Cada vez son menos los que hablan galés, pero sus descendientes se enorgullecen de sus capillas y cementerios (muy similares a los que hay en Gales), invitan al viajero a tomar un té galés en alguna de las numerosas confiterías de la zona, y recuerdan a sus antepasados y las dificultades que tuvieron que superar. Comentan las devastadoras inundaciones del Chubut, que estuvieron a punto de acabar con la comunidad a principios del siglo XX; hablan de los exploradores que siguieron los caminos de los indígenas hasta el pie de los Andes para instalarse en Cwm Hyfrwd (el Valle Hermoso), de la soledad de la pradera durante los largos inviernos, del viento incesante y de la falta de capital.

Lamentablemente, en nuestra moderna era tecnológica se están dejando de lado las viejas costumbres. No se seguirá hablando galés durante mucho tiempo. Pero todavía se mantienen las tradiciones, y los descendientes de los galeses continuarán celebrando *Eisteddfods* y compitiendo con canciones y poesías. Respetan la tradición de las capillas, aunque no asistan a los servicios, y están muy orgullosos de mantener sus vínculos con Gales.

IZQUIERDA: un agricultor galés.

construidos especialmente en **Punta Norte** y **Caleta Valdés**, donde se han establecido dos reservas. Todos los años nacen alrededor de 10 000 crías.

Observar las ballenas

En otros tiempos, **Puerto Pirámide**, a casi 100 kilómetros de Puerto Madryn, fue un importante centro ballenero y de comercio de pieles de foca. En el siglo XIX operaban en estas aguas más de 700 balleneros, pero en 1935 se firmó un tratado internacional de protección y desde entonces la población de ballenas se ha ido recuperando poco a poco, y ahora incluye unas 2 000. Las ballenas vienen a reproducirse cerca de estas costas más o menos en julio, y allí se quedan hasta mediados de diciembre. La observación de las ballenas se concentra en las parejas de madres y crías, y de su organización se encargan unos cuantos propietarios de embarcaciones, autorizados y experimentados, desde Puerto Pirámides. En tierra se pueden contemplar las colonias de leones marinos y cormoranes desde una plataforma de observación situada al pie del acantilado en forma de pirámide que da nombre a esta localidad.

En Puerto Pirámide, los servicios son más limitados que en Puerto Madryn, pero tiene la ventaja de estar situado en el lugar por donde pasan los que visitan la península. Hay un par de hoteles y un cámping en la orilla. Además, es un centro ideal para explorar los demás lugares de observación de la flora y la fauna de la península; sin embargo, al alquilar un vehículo, conviene tener en cuenta que conducir por allí no es fácil. Los caminos sin asfaltar son traicioneros cuando ha llovido, y al intentar atravesar un charco de aspecto inocente puede quedar una rueda atrapada en el barro. Sobre un pequeño camino secundario, fuera de la península, hay un monumento dedicado a la primera colonia española que hubo allí, que sólo duró de 1774 a 1810, cuando los guerreros nativos obligaron a huir a los colonos. Delante de este monumento hay una reserva de aves marinas, la **Reserva Natural Isla de los Pájaros**.

Mapa
página
307

Hace años se extraían grandes cantidades de sal de las salinas de la península Valdés, que se enviaban por barco desde Puerto Madryn.

ABAJO IZQUIERDA: típica capilla galesa.
ABAJO DERECHA: una lápida en galés.

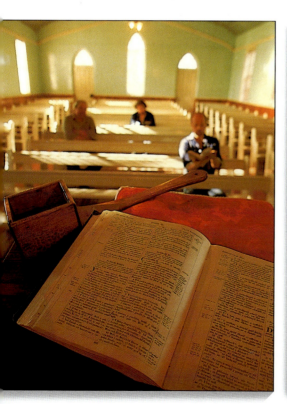

Un tronco de árbol en el Bosque Petrificado José Ormaechea.

Zona petrolífera

Siguiendo la costa, unos 440 kilómetros al sur de Trelew, se encuentra la ciudad más importante de la Patagonia, **Comodoro Rivadavia** ⓰, que tiene más de 160 000 habitantes. De su aeropuerto salen todos los días los vuelos que comunican entre sí las ciudades patagónicas y Buenos Aires.

En 1907, mientras se buscaba agua potable desesperadamente, encontraron petróleo. Desde entonces, ésta ha sido una de las regiones petrolíferas más importantes del país, y el vasto paisaje aparece salpicado de torres de extracción. La ciudad fue testigo de la inmigración de bóers procedentes del Transvaal y del estado de Orange, en Sudáfrica, que abandonaron su tierra natal en busca de un nuevo hogar después de la guerra de los bóers. Los primeros llegaron en 1903, liderados por Conrad Visser y Martin Venter. Si bien algunos regresaron a Sudáfrica, muchos de sus descendientes siguen viviendo en la región. En la actualidad, Comodoro Rivadavia es una típica ciudad de la Patagonia, con techos planos, edificios altos, industria pesquera, fábricas de tejidos y el omnipresente viento patagónico.

Colonia Sarmiento ⓱, 190 kilómetros al oeste de Comodoro Rivadavia, queda en un valle fértil entre dos lagos inmensos, el Musters y el Colhué Huapi, adonde acuden los cisnes de cuello negro. Saliendo del valle hacia el sur, al cabo de 30 kilómetros se llega al **Bosque Petrificado José Ormaechea**, con restos de más de un millón de años de antigüedad. Este bosque, como muchos otros de la Patagonia, brinda mucha información sobre el pasado geológico de esta tierra, que hace mucho tiempo estaba cubierta de árboles.

Santa Cruz

La provincia de **Santa Cruz** es la segunda de Argentina por su tamaño, aunque es la que menos población tiene por kilómetro cuadrado. En su mayor parte es una pradera árida o semidesértica, con altas mesetas interrumpidas por valles protegidos, y cubierta de grandes estancias de ovejas.

La Ruta 3, asfaltada en casi toda su extensión, es el principal camino costero de la provincia. Sigue la línea de la costa del golfo de San Jorge hacia el sur, hasta la población petrolera de **Caleta Olivia** ⓲, en el centro de la cual se erige una inmensa estatua de un obrero de la industria petrolífera, y después se aleja de la costa. Al cabo de 86 kilómetros, la Ruta 281 se separa de la Ruta 3 y, tras 126 kilómetros, llega al pueblo costero de **Puerto Deseado** ⓳, así llamado por el *Desire*, el buque insignia del navegante inglés del siglo XVI Thomas Cavendish.

Puerto Deseado, que permaneció prácticamente desconocido durante muchos años, sirve de base a numerosos barcos que pescan en el Atlántico Sur. Está comenzando a desarrollarse como centro turístico, sobre todo por la riqueza de su fauna costera. Hay colonias de leones marinos en Cabo Blanco, al norte, y en isla Pingüino, al sur de la bahía, donde se ve el pájaro bobo de cresta amarilla y el insólito cormorán guanay, y donde los espectaculares delfines de Commerson blanquinegros juegan con las barcas en el estuario, a las afueras de la ciudad.

Volviendo a la Ruta 3, la siguiente parada importante es una auténtica maravilla natural: el **Monumento Natural Bosques Petrificados** ⓴, situado a apenas 80 kilómetros al oeste de la autopista. Este inmenso bosque ocupa más de 10 000 hectáreas. Al borde de cañones y mesetas, sobresalen del suelo los troncos, duros como piedras, de unas araucarias que tienen 150 millones de

ABAJO: fauna marina en la península Valdés.

años de antigüedad. Algunos troncos, de 35 metros de longitud y hasta 3 metros de diámetro, se encuentran entre los más grandes del mundo. Para visitar este monumento natural basta con hacer una excursión en el día, porque cierra al atardecer y, sólo hay un cámping y un comercio en La Paloma.

Los restos de los exploradores

Unos 250 kilómetros al sur, en la Ruta 3, se encuentra el pintoresco **Puerto San Julián** ㉑, que también empieza a despertar al turismo y cuenta con varios hoteles y un pequeño museo. Tanto Magallanes (en 1520) como Drake (en 1578) pasaron allí el invierno, y colgaron a los amotinados sobre la orilla oriental, aunque lo único que queda es una pequeña placa. No muy lejos, al sur de San Julián, está la pequeña población de **Comandante Luis Piedra Buena** ㉒, a orillas del río Santa Cruz, cuyas aguas siguieron, río arriba, algunos de los primeros exploradores, como Fitzroy y Moreno, entre otros. El principal atractivo es la cabaña de isla Pavón que en 1859 ocupó Piedra Buena, un prócer de la Armada argentina. La isla, que está en medio del río, se comunica con la población mediante un puente vial.

Veintinueve kilómetros río abajo se encuentra la somnolienta población de **Puerto Santa Cruz**, desde cuyo puerto, Punta Quilla, salen las embarcaciones que se dirigen a las plataformas petrolíferas que quedan lejos de la costa.

La entrada a los parques nacionales

La capital de la provincia es **Río Gallegos** ㉓, situada unos 180 kilómetros al sur de Puerto Santa Cruz. Es una ciudad en expansión, de 65 000 habitantes, sobre la margen meridional del río homónimo, que tiene las terceras mareas más altas del mundo, que alcanzan los 16 metros. Cuando la marea está baja, los barcos quedan varados sobre las marismas secas. Puede que sea uno de los lugares más austeros de Argen-

> **Mapas páginas 307 y 319**

ABAJO: torres de extracción de petróleo, en el sur de la Patagonia.

tina, aunque tiene cierto atractivo histórico para aquellos que se interesan por el patrimonio industrial. Hay dos museos y algunos carteles indicadores de lugares históricos. La enorme planta de productos cárnicos de Swift está abandonada, pero los depósitos ferroviarios, que contienen varias locomotoras antiguas, siguen recibiendo carbón de Río Turbio, al otro lado de la provincia. Sin embargo, la función principal de esta ciudad con respecto al turismo es como lugar donde hacen escala tanto los aviones que van de Buenos Aires a Tierra del Fuego, como los visitantes que se dirigen al interior, en busca de los espléndidos paisajes de El Calafate, sobre el lago Argentino, el Parque Nacional Los Glaciares, y Punta Arenas y el Parque Nacional Torres del Paine, en Chile.

Hacia el sudoeste de Río Gallegos, la Ruta 3 entra en Chile cerca de una serie de volcanes que se han apagado hace tiempo, en uno de los cuales está la laguna Azul, una reserva geológica situada a 3 kilómetros aproximadamente de la carretera principal, cerca del puesto fronterizo.

Unos 11 kilómetros al sur de Río Gallegos, la Ruta 1 se aleja de la Ruta 3 en dirección al sudeste, entre planicies abiertas, hasta llegar a **Cabo Vírgenes** (a 129 kilómetros de Río Gallegos) y Punta Dungeness (en la frontera con Chile), en la desembocadura nordeste del estrecho de Magallanes. Allí se encuentra la segunda colonia de pájaros bobos más grande de Argentina, donde viven unas 300 000 aves; además se puede visitar el faro y quizás ver los delfines desde la orilla. Cerca de los acantilados quedan los escasos restos de la ciudad Nombre de Jesús, fundada por el explorador español Pedro Sarmiento de Gamboa en 1584. La carretera hacia Cabo Vírgenes pasa por un par de estancias que se dedican a la cría de ganado lanar: la estancia Cóndor, una de las más grandes de la zona y, más adelante, la estancia Monte Dinero, con un parador especial para turistas, que también organiza viajes a Cabo Vírgenes para ver la fauna silvestre (teléfono: 0966 426 900).

ABAJO: la línea despejada de la costa de Santa Cruz.

Hacia el oeste por la Ruta 40

El oeste de Santa Cruz es espectacular pero muy desolado. La principal carretera para recorrerlo es la **Ruta 40**, la más larga del país, que serpentea hasta el noroeste, hasta llegar al límite con Bolivia, una carretera que no se puede tomar a la ligera. Los que la han recorrido de cabo a rabo quedan totalmente admirados ante la belleza accidentada del paisaje. No está señalizada con precisión en la mayoría de los mapas, ni siquiera en los del prestigioso Instituto Geográfico Militar. El mejor mapa de la provincia de Santa Cruz es el del ACA (el Automóvil Club Argentino).

La parte sur de la Ruta 40 es un camino de grava, rocoso y polvoriento cuando está seco, lleno de barro cuando llueve. Los lugares que aparecen marcados en el mapa a veces no son más que una choza, o a veces ni siquiera existen. Deberá llevar combustible de reserva o tendrá que apartarse del camino en distintos lugares para repostar. No se vende gasolina en la propia carretera. En ocasiones un pueblo pequeño, o incluso alguno un poco más grande, se queda sin gasolina y hay que esperar varios días hasta que pase el camión cisterna. En el sudoeste de la Patagonia, sólo hay gasolineras en Perito Moreno, Bajo Caracoles, Tres Lagos, El Calafate y Río Turbio.

Al tomar carreteras secundarias, no hay que olvidar que no hay gasolineras. También conviene llevar ruedas de recambio, algo para comer y probablemente incluso algo para dormir. Fuera de las grandes ciudades, hay pocos lugares donde se pueden comprar alimentos, y en algunos ni siquiera bebidas. El Calafate es la ciudad más importante de la parte sur de la zona lacustre, a 313 kilómetros de Río Gallegos. A mitad de camino queda Esperanza, una parada de camiones con una gasolinera y un bar de carretera; cerca está la estancia Chali-Aike, donde ofrecen hospedaje. La mayoría del camino uno va pasando por las estancias de la meseta central hasta llegar a un mirador elevado en Cuesta de Mínguez, desde el cual se ven todo el lago Argentino, las montañas y los glaciares que hay detrás, e incluso el cerro Fitz Roy.

Mapa página 319

ABAJO: la reserva forestal del Bosque Petrificado José Ormaechea.

El Calafate ㉔, un pueblo de unos 3 200 habitantes, está situado en la base de los acantilados, en la orilla meridional del hermoso **lago Argentino**, uno de los más grandes del país. Allí comienza el recorrido por la zona circundante, sobre todo el Parque Nacional Los Glaciares. En la orilla oriental del lago Argentino, al borde del pueblo, se encuentra la laguna Nimes, una pequeña reserva ornitológica donde viven muchas variedades de patos, gansos, flamencos y elegantes cisnes de cuello negro. No es fácil dar la vuelta al lago a pie desde aquí, ya que el terreno es cenagoso y está atravesado por anchos arroyos, así como alojamientos de distintos tipos, desde cámpings y albergues juveniles hasta elegantes hoteles. Hay varias agencias de turismo y muchos restaurantes buenos. En 2000 fue construido un aeropuerto con vuelos directos desde Buenos Aires.

El Parque Nacional Los Glaciares

A 51 kilómetros hacia el oeste de El Calafate, por la orilla sur de la península de Magallanes, se llega al **Parque Nacional Los Glaciares** ㉕, uno de los parques más espectaculares de Argentina. El casquete glaciar del sur de la Patagonia, de unos 400 kilómetros de largo, forma innumerables ventisqueros que acaban en forma de acantilados o fiordos. Después de la península de Magallanes, se puede cruzar en barca el Brazo Rico para hacer una escalada guiada al glaciar **Ventisquero Perito Moreno**, declarado Patrimonio de la Humanidad. Al cabo de varios kilómetros, la carretera acaba en unas terrazas, en la parte inferior de un acantilado escarpado, justo delante del glaciar. Es un espectáculo magnífico. Los visitantes se apiñan a lo largo de las pasarelas, cámara en mano, como los *paparazzi* en la ceremonia de entrega de los *Oscar*, esperando que un trozo de glaciar se desplome en el agua con gran estruendo. El glaciar va atravesando la estrecha franja de agua que tiene delante, hasta separar el Brazo Rico y el Brazo Sur del resto del lago Argentino. Poco a poco

El Hotel Los Álamos, uno de los mejores de El Calafate, constituye un ejemplo típico de la arquitectura local, de estilo alpino.

ABAJO: El Calafate, a orillas del lago Argentino.

se va acumulando presión detrás de la pared del glaciar hasta que, cada tres o cuatro años, se produce un derrumbe impresionante y vuelve a comenzar el ciclo otra vez. Sin embargo, el glaciar no avanza desde 1988, por lo cual algunos científicos están poniendo en duda la teoría de los ciclos, mientras que otros le echan la culpa al calentamiento global de la Tierra. En torno a estos lagos se puede ver el nivel que alcanzaban las aguas antiguamente. Está prohibido pasear cerca del frente del glaciar debido al peligro que significan las olas provocadas por la caída de los hielos.

Mapa
página
319

El glaciar Upsala

El segundo viaje importante que se puede hacer desde El Calafate es una visita al **glaciar Upsala**, en el extremo noroeste del lago Argentino. Las embarcaciones zarpan todas las mañanas desde Punta Bandera, 40 kilómetros al oeste de El Calafate. A comienzos de la primavera no es posible acercarse al Upsala porque hay muchos icebergs, de modo que en su lugar se pueden visitar el Spegazzini y otros glaciares. Algunas excursiones hacen una escala para dar un paseo a pie a través del bosque hasta el glaciar Onelli. Al regresar, se puede parar en la estancia Alice, sobre la carretera hacia El Calafate, donde se pueden tomar asado o té y, en plena temporada, se hacen demostraciones de esquila. También se pueden ver cisnes de cuello negro y otras aves.

Una tienda de El Calafate que vende chocolate casero, una especialidad del lugar.

ABAJO: el glaciar Perito Moreno.

Atravesando la sierra Los Baguales, quedan bastante cerca el Parque Nacional Los Glaciares en Argentina y el Parque Nacional Torres del Paine en Chile. Desde algunos puntos próximos a El Calafate se pueden ver las montañas del Paine. Sin embargo, no hay ningún camino que comunique ambos parques, sino que hay que retroceder hasta el puerto El Cerrito (por lo menos esa parte está asfaltada) y retomar después la Ruta 40 hacia el oeste y el sur para entrar en Chile, ya sea por Cancha Carrera, o más al sur, en Río Turbio. También se puede regresar en avión a Río Gallegos y de allí volar a Punta Arenas, en Chile; desde allí es un trayecto de siete horas en coche, hacia el norte, hasta llegar al Parque Nacional Torres del Paine.

Unos 230 kilómetros al sur de El Calafate, **Río Turbio** es una población con minas de carbón, poco visitada por los turistas, a pesar de que tiene un aeropuerto y un pequeño centro de esquí en las cercanías. Desde allí, la Ruta 40 da una vuelta sinuosa por la parte inferior de la provincia y después se dirige hacia el este, para unirse a la Ruta 3, al oeste de Río Gallegos.

El cerro Fitz Roy

Volviendo al norte, subiendo por la Ruta 40 desde El Calafate, en el extremo septentrional del Parque Nacional Los Glaciares, se encuentran algunos de los picos más impresionantes de los Andes, como el cerro Torre (3 128 metros) y el cerro Fitz Roy (3 406 metros). Cuando hace buen tiempo, el Fitz Roy se ve desde El Calafate. Los picos de granito atraen escaladores de todo el mundo, que describen sus experiencias en el registro que hay en la entrada norte del parque.

El mejor punto de partida para visitar esta parte del parque nacional es la pequeña aldea de **El Chaltén** ㉖, unos 90 kilómetros al oeste, saliendo de la Ruta 40, sobre el lado occidental del **lago Viedma**. Esta aldea, cuyo nombre significa «montaña azul», que es el nombre indígena del Fitz Roy, queda en una concavidad oculta al pie de la montaña, y el glaciar que hay allí se desprende del campo de hielo de la Patagonia sur. Vale la pena visitar este lugar tan encantador, cada vez más popular entre los

**Mapa
página
319**

senderistas y los escaladores. Cuenta con una oficina de información sobre el parque nacional, y también con diversos tipos de alojamiento, como bungalós y cámpings rudimentarios. Hay dos o tres tiendas muy pequeñas, no se vende combustible y no dispone de teléfono. El Chaltén se cierra de abril a octubre. En verano, hay dos autobuses diarios a El Calafate, 219 kilómetros más al sur.

Siguiendo hacia el norte por la Ruta 40, en Tres Lagos, la Ruta 31 se desvía hacia el noroeste hasta el **lago San Martín** (que en Chile recibe el nombre de lago O'Higgins). En la orilla sur se encuentra la estancia La Maipú, que ofrece alojamiento y actividades de equitación y senderismo.

La cueva de las manos

Unos 560 kilómetros al norte de El Chaltén, el pueblo situado más al noroeste de la provincia de Santa Cruz es **Perito Moreno**. Fue declarado Patrimonio de la Humanidad. Desde allí sale una carretera asfaltada que recorre 57 kilómetros hacia el oeste hasta la pequeña población de **Los Antiguos** ㉗, a orillas del lago Buenos Aires. Allí hay pequeñas granjas que producen leche, miel, frutas y hortalizas; la población cuenta también con un hotel, bungalós y un cámping. Tres kilómetros más al oeste se puede cruzar la frontera con Chile hasta la población de Chile Chico y otras zonas con vistas panorámicas, próximas al río Baker.

Al sur de Perito Moreno está la **cueva de las Manos Pintadas**, un monumento histórico nacional, situado en un hermoso cañón, a 56 kilómetros de la Ruta 40, justo al norte de Bajo Caracoles. Hay pinturas rupestres en toda la provincia de Santa Cruz, pero las mejores se encuentran en esta cueva, cuyas paredes están cubiertas de pinturas milenarias de manos y animales, fundamentalmente guanacos.

En esta región existen numerosos lagos a ambos lados de la frontera argentino-chilena. La Ruta 40 discurre bastante al este de las montañas. Si se quiere llegar hasta los lagos del oeste, como los lagos Ghio, Pueyrredón, Belgrano y San Martín, hay que recurrir a caminos secundarios; no hay circuitos, de modo que tendrá que ir y volver por la misma carretera. El camino que se dirige hacia el lago Pueyrredón sale de Bajo Caracoles.

El **Parque Nacional Perito Moreno** ㉘ (que no se debe confundir con la población del mismo nombre) es la siguiente parada importante, 72 kilómetros al oeste de la Ruta 40. A lo lejos se eleva el monte San Lorenzo, el pico más alto de Santa Cruz, de 3 706 metros. Dentro del parque están los lagos Belgrano y Burmeister. Cerca de éste se halla la Casa de Piedra, una extraña formación rocosa que contiene más pinturas rupestres.

Autobuses y aviones

Para la mayoría de los turistas que visitan el sur de la Patagonia y siguen más allá, la mejor manera de llegar es en avión. Las líneas aéreas principales sólo hacen escala en Río Gallegos, pero hay otras más pequeñas que vuelan a distintas poblaciones, sobre todo El Calafate. En algunas ciudades hay aeroclubs que transportan pasajeros para hacer reportajes fotográficos. Existen varias compañías de autobuses que circulan por la Ruta 3 desde Buenos Aires hasta Río Gallegos, y desde Río Gallegos hay autobuses todos los días a El Calafate y Punta Arenas, en Chile. No hay servicio de autobuses a Tierra del Fuego; por lo general, se viaja en avión o en un vehículo privado, utilizando el transbordador de Punta Delgada a Puerto Espora, en la Primera Angostura, un trayecto de unas dos horas desde Río Gallegos, por territorio chileno.

ABAJO: el lago Espejo, en el norte de la zona de los lagos.

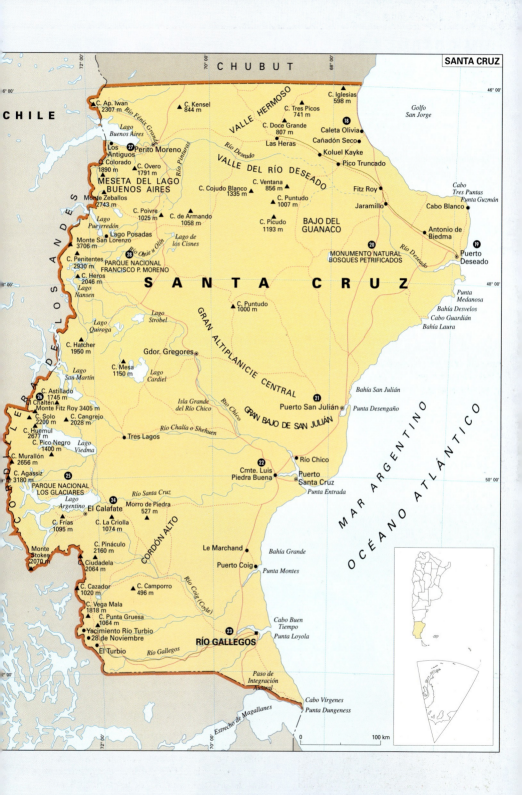

SANTA CRUZ

CHUBUT

CHILE

C. Ap. Iwan 2307 m
C. Kensel 844 m
C. Iglesias 598 m
Golfo San Jorge
Río Fénix Grande
Lago Buenos Aires
C. Tres Picos 741 m
C. Doce Grande 807 m
Caleta Olivia
18
Los Antiguos
27 Perito Moreno
Las Heras
Cañadón Seco
Koluel Kayke
VALLE HERMOSO
C. Colorado 1890 m
C. Overo 1791 m
Río Deseado
Pico Truncado
MESETA DEL LAGO BUENOS AIRES
VALLE DEL RÍO DESEADO
Monte Zeballos 2743 m
C. Cojudo Blanco 1335 m
C. Ventana 856 m
Fitz Roy
Cabo Tres Puntas
Punta Guzmán
C. Poivre 1025 m
C. de Armando 1058 m
C. Puntudo 1007 m
Jaramillo
Cabo Blanco
Lago Puerrredón
Lago Posadas
Monte San Lorenzo 3706 m
C. Pícudo 1193 m
BAJO DEL GUANACO
Antonio de Biedma
C. Penitentes 2930 m
Lago de los Cisnes
20
MONUMENTO NATURAL BOSQUES PETRIFICADOS
Río Deseado
19 Puerto Deseado
PARQUE NACIONAL FRANCISCO P. MORENO
C. Heros 2046 m
Lago Nansen
S A N T A   C R U Z
Punta Medanosa
Bahía Desvelos
Cabo Guardián
Bahía Laura
C. Puntudo 1000 m
Lago Strobel
C. Hatcher 1950 m
GRAN ALTIPLANICIE CENTRAL
Lago Quiroga
Gdor. Gregores
Lago San Martín
C. Mesa 1150 m
Lago Cardiel
Bahía San Julián
21 Puerto San Julián
Punta Desengaño
C. Astillado 1745 m
26 El Chaltén
Monte Fitz Roy 3405 m
Isla Grande del Río Chico
Río Chico
GRAN BAJO DE SAN JULIÁN
C. Solo 2200 m
C. Cangrejo 2028 m
C. Huemul 2677 m
Río Chalía o Shehuen
Tres Lagos
C. Pico Negro 1400 m
Lago Viedma
MAR ARGENTINO
OCÉANO ATLÁNTICO
C. Murallón 2656 m
Río Chico
22 Cmte. Luis Piedra Buena
Puerto Santa Cruz
C. Agassiz 3180 m
25
PARQUE NACIONAL LOS GLACIARES
Lago Argentino
24
El Calafate
Morro de Piedra 527 m
Río Santa Cruz
Punta Entrada
C. Frías 1095 m
C. La Criolla 1074 m
CORDÓN ALTO
Le Marchand
Bahía Grande
C. Pináculo 2160 m
Puerto Coig
Punta Montes
Monte Stokes 2070 m
C. Ciudadela 2064 m
Río Coig (Coyle)
C. Cazador 1020 m
C. Camporro 496 m
Cabo Buen Tiempo
C. Vega Mala 1818 m
Punta Loyola
C. Punta Gruesa 1064 m
Yacimiento Río Turbio
28 de Noviembre
23 **RÍO GALLEGOS**
El Turbio
Río Gallegos
Paso de Integración Austral
Estrecho de Magallanes
Cabo Vírgenes
Punta Dungeness

CORDILLERA DE LOS ANDES

100 km

UN SAFARI A LA ESTEPA MERIDIONAL

En las amplias y solitarias extensiones de la Patagonia, hay muchos menos seres humanos que animales, desde cóndores hasta pumas

Desde el rudo interior hasta la increíble belleza de sus costas, la Patagonia es ideal para observar la flora y la fauna. Se ven zorros grises por todas partes, y en la estepa abierta viven la liebre patagónica o mará, el ñandú (pariente del avestruz) y el esquivo puma. Las marismas son ideales para contemplar las avefrías, quizás las aves más ruidosas de la Patagonia, mientras que al oeste las laderas de los Andes ofrecen una buena oportunidad para ver a los cóndores aprovechando las corrientes cálidas para planear en las alturas en busca de alimento. Sin embargo, para la mayoría de los visitantes, el principal atractivo de la Patagonia es la fauna costera; se recomienda ir durante la primavera y el verano del hemisferio sur, cuando los pingüinos, las focas y ballenas se acercan a la costa para reproducirse.

OBSERVAR LAS BALLENAS

Al igual que las focas y los pingüinos, las ballenas patagónicas tienen hábitos fijos y se reproducen en los mismos lugares un año tras otro. Uno de los más famosos es la península Valdés, que alberga a más del diez por ciento de la población mundial de ballenas australes durante tres o cuatro meses cada año. Con tantos animales tan enormes y dóciles apiñados en las bahías de la península, el resultado es un espectáculo que no hay que perderse; allí mismo se organizan excursiones en barco para observarlas de cerca.

▷ UN BÚHO SUBTERRÁNEO
En este paisaje inhóspito y sin árboles, los búhos cavan madrigueras y cuidan de sus crías bajo tierra; se alimentan de día y de noche, a menudo de insectos.

▷ LA PENÍNSULA VALDÉS
A pesar de la aridez del paisaje, esta península del norte de la Patagonia es uno de los mejores lugares del país para ver aves acuáticas y mamíferos marinos.

△ UNA RÁPIDA HUIDA
Con su extraña forma de correr dando saltos, la liebre patagónica o mará alcanza los 45 kilómetros por hora. También abundan las liebres comunes, de origen europeo.

△ AVES SOCIABLES
En la península Valdés se ven grandes colonias de pingüinos de Magallanes.

▷ EL PUMA
Pocos felinos tienen una zona de distribución más extensa: desde la Patagonia hasta el oeste de Canadá.

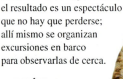

DÓNDE OBSERVAR LA FAUNA

La industria turística destinada a la observación de la fauna en la Patagonia todavía está muy poco desarrollada, aunque la situación está cambiando. En poblaciones como Trelew suelen organizarse excursiones por la costa, aunque por lo general no son baratas. No obstante, el viajero debe tener en cuenta que las distancias son enormes; de hecho, si hace una excursión de un día, pasará la mayor parte del tiempo viajando.

La temporada de cría de los pingüinos se extiende de octubre a marzo, y los pequeños pollos cubiertos de plumón salen del cascarón a partir de finales de noviembre. La colonia de mayor tamaño y la más visitada es la de Punta Tombo. La colonia del cabo Dos Bahías, más al sur y algo más inaccesible, ofrece la ventaja de que además se pueden ver otros animales, como ñandúes y numerosos guanacos.

En la península Valdés, la temporada para observar las ballenas es de junio a diciembre, aproximadamente desde principios del invierno hasta principios del verano. Para aprovechar al máximo esta espectacular zona, vale la pena quedarse varios días.

◁ **ALERTA**
Los zorros patagónicos se cazan sobre todo por la piel, aunque continúan siendo hábiles para sobrevivir en gran número.

△ **LA HORA DE COMER**
Un cóndor picotea el cuerpo de un animal muerto en lo alto de los Andes. Estas aves carroñeras se ven a lo largo de toda la cordillera, hasta el extremo meridional de la Patagonia.

◁ **CISNES DE CUELLO NEGRO**
Estas aves tan características viven sobre todo en lagos y marismas de agua dulce, aunque a veces se alimentan en la costa.

EL EXTREMO MÁS AUSTRAL

La agreste Tierra del Fuego, barrida por el viento, ha sido el máximo desafío para los viajeros y exploradores desde los primeros tiempos de la navegación mundial y los descubrimientos

Mapa
página
328

Tierra del Fuego se encuentra en el extremo más austral de América del Sur. Más allá sólo se extiende la masa helada de la Antártida. Allí el viajero siente realmente que ha llegado al fin del mundo, a una tierra árida y misteriosa. Su propio nombre evoca sensaciones de distancia, miedo a los elementos, aislamiento y soledad. El aullido del viento, las impresionantes olas y la sobrecogedora desolación son algunas imágenes que se asocian con lo que se considera el fin del mundo. Pero la sensación de aislamiento debería ser vigorizante, en conjunción con el espíritu aventurero.

En la época de la navegación a vela muchos (los primeros comerciantes, exploradores y científicos) afirmaron haber doblado el cabo de Hornos. Algunos naufragaron allí, pero unos pocos se quedaron. Al abrirse el canal de Panamá en 1914, pocos barcos elegían la ruta más austral. Para entonces ya había asentamientos europeos en algunas partes de Tierra del Fuego, pero a los turistas todavía les costaba llegar hasta allí.

No obstante, esto ha cambiado en los últimos 30 años, ya que Tierra del Fuego se ha puesto de moda entre los turistas exigentes. Y por más que todas estas imágenes sean reales, la mayoría de los visitantes quedan agradablemente sorprendidos por el extremo austral. La mejor época para viajar hasta allí es de octubre a abril.

PÁGINAS ANTERIORES:
un centollo fueguino.
IZQUIERDA: la isla
de los Estados.
ABAJO: mascarón
de proa en el Museo
del Fin del Mundo,
en Ushuaia.

La geografía y el clima

Hace millones de años, Tierra del Fuego estaba cubierta por el mar. Después la tierra fue subiendo poco a poco y se formaron las montañas al comprimirse las grandes placas tectónicas (el archipiélago fueguino es uno de los lugares del mundo donde mejor se aprecia este fenómeno geológico). Después se sucedieron las glaciaciones; en su momento culminante, la mayor parte de la actual plataforma continental patagónica era tierra firme. Las aguas del estrecho de Magallanes atravesaron el extremo del continente hace unos 9 000 años, separando la Tierra del Fuego de la Patagonia.

Técnicamente hablando, Tierra del Fuego incluye todas las tierras situadas al sur del estrecho de Magallanes y al norte del Pasaje de Drake, aunque en realidad sólo se llama así a la isla Grande. En el ámbito local, a la isla Grande la llaman sencillamente la Isla. Al sur y al oeste está rodeada por un laberinto de islas, islotes, canales y fiordos montañosos, la mayoría deshabitados; muchos de ellos no han sido explorados todavía.

El archipiélago fueguino pertenece a la zona subantártica. El clima es frío y predominan los vientos del sudoeste, que barren el Pacífico Sur y las aguas situadas más al sur; suelen ser de mucha intensidad y soplan durante todo el año, aunque son más fuertes desde finales de agosto a marzo (en primavera y verano). Se puede dar la vuelta al mundo desde este punto sin tocar tierra firme. Los primeros navegantes describen esta zona como «los 40 rugientes, los 50 furiosos, los 60 vociferantes».

Los Andes, que forman una curva de noroeste a este a través del archipiélago, aseguran abundantes precipitaciones en las islas del oeste y del sur, y menos humedad en las planicies del nordeste. A lo largo del canal de Beagle, las temperaturas oscilan entre los 30 °C de máxima en verano y los −14 ºC en invierno. En la región de las planicies las temperaturas son más extremas, aunque en toda Tierra del Fuego reina una permanente «primavera fría».

La exploración y el asentamiento

Los seres humanos llegaron al archipiélago por dos vías. La primera noticia que se tiene corresponde a un asentamiento de hace 11 800 años en el norte de Tierra del Fuego ocupado por cazadores nómadas, un pueblo que cerca del final de la última glaciación atravesó la lengua de tierra del estrecho de Magallanes antes de que lo invadieran las aguas. En el sur de Tierra del Fuego, la adaptación más antigua a un ambiente marino es un asentamiento de hace 6 000 años en Túnel, sobre el canal de Beagle, donde vivieron pueblos que se desplazaban en canoa. Cuando llegaron los europeos, había en la zona cuatro grupos culturales: los onas (shelknam) y haush, cazadores de guanacos que habitaban en las planicies, mientras que los yahganes (yámanas) y alacaluf vivían en canoas y cazaban con lanzas por islas y canales. Fueron eliminados en su mayor parte por las enfermedades de los hombres blancos y ahora quedan menos de cinco miembros puros de los tres primeros grupos, aunque hay mucho mestizaje.

La exploración europea de Tierra del Fuego (en primer lugar por Magallanes en 1520 y después por piratas, exploradores, coleccionistas, científicos, cazadores de focas y ballenas, misioneros, buscadores de oro y comerciantes, hasta llegar a la población actual) es una de las más fascinantes del mundo. Muchos turistas visitan actualmente esta región porque tienen recuerdos de su infancia de las historias de

Mapa de Tierra del Fuego, que marca el límite austral de la Ruta 3.

ABAJO: ovejas después de haber sido esquiladas.

Drake, Cook y Darwin, o de los cuidadosos estudios de Fitzroy y King. La obra de
E. Lucas Bridges *El último confín de la Tierra* (1946) destaca por encima de las
demás como una de las grandes historias de aventuras del mundo (*véase recuadro
de la pág. 330*). Bridges, el tercer niño blanco que nació en Tierra del Fuego, cuenta que su padre, Thomas Bridges, fundó la misión anglicana de Ushuaia en 1869,
exploró zonas desconocidas, trabajó con los yámanas y los educó, y por último estableció la primera granja. Después de los misioneros se creó una estación de guar-
dacostas y llegaron buscadores de oro, gente que se dedicaba a la cría de ovejas,
pequeños comerciantes, trabajadores del petróleo y todos los que hicieron falta para
constituir una ciudad moderna. En apenas un siglo, Tierra del Fuego ha pasado de
ser una tierra habitada por indígenas a convertirse en un importante destino turístico para cruceros e incluso, de vez en cuando, para un vuelo chárter del Concorde.

Mapa
página
328

Al otro lado del estrecho

Desde el punto de vista político, Tierra del Fuego está repartida entre Chile (al oeste y el sur) y Argentina (al norte y el este). La parte argentina pertenece a la nueva
provincia de Tierra del Fuego, Antártida e Islas del Atlántico Sur, cuya capital es la
ciudad de Ushuaia. La forma aproximadamente triangular que corresponde a la parte argentina de la isla Grande abarca unos 21 340 kilómetros cuadrados.

Hay varias formas de llegar. Aerolíneas Argentinas, Austral y otras líneas aéreas
más pequeñas ofrecen vuelos diarios desde Buenos Aires y otras zonas. También llegan barcos de pasajeros que hacen una breve visita a Ushuaia como parte de cruceros más largos. Desde Ushuaia, igual que de Punta Arenas, en Chile, parten muchos barcos con destino a la Antártida.

Los viajeros que llegan por tierra tienen que cruzar el estrecho de Magallanes en
transbordador, ya sea en la Primera Angostura (el cruce en barca lleva de 20 a

ABAJO: una granja
dedicada a la cría
de ganado ovino,
cerca de Río Grande.

30 minutos) o entre Punta Arenas y Porvenir (se tarda unas 2 o 3 horas). No existe una línea regular de autobuses entre Río Gallegos y Río Grande (a veces hay servicios chárter), pero sí dos rutas entre Río Grande y Ushuaia.

La flora y la fauna

En este clima subantártico, la vida vegetal y animal es menos variada en cuanto a especies que en las regiones más cálidas. Sólo se encuentran seis clases de árboles, y los tres que predominan pertenecen a una especie de *Nothofagus*, las fagáceas del hemisferio sur. Hay varios tipos de arbustos que producen hermosas flores o bayas comestibles. El más famoso es el calafate (*Berberis buxifolia*); según la leyenda, el que se atreve con las largas espinas para comer sus deliciosas bayas volverá a Tierra del Fuego. La mayoría de las flores silvestres son pequeñas, pero vale la pena buscarlas. Entre plantas con flor y helechos suman en total unas 500 especies, aunque de éstas alrededor de 150 son introducidas o se han aclimatado.

Los animales terrestres autóctonos son pocos: guanaco, zorro fueguino (o lobo andino), murciélagos, tucutucus y ratones. Allí prosperan numerosos animales introducidos, como castores, ratas almizcleras, conejos y zorros patagónicos. Hay alrededor de 200 especies de aves residentes o migratorias. Aunque parezca increíble, en este clima frío también viven loros (el perico austral), flamencos y colibríes. El mar produce muchas algas; por ello, visitan el archipiélago 27 especies de ballenas.

Oro, fósiles y ovejas

Si se entra por carretera desde Chile, se llega a la **bahía San Sebastián ❶**, donde se encuentra un control fronterizo, una pequeña hostería (las reservas se hacen en el Automóvil Club Argentino, ACA), un restaurante y una gasolinera. Al oeste de la bahía hay extensas zonas bajas que periódicamente quedan cubiertas por mareas

Un ona, tomado del libro de E. Lucas Bridges El último confín de la Tierra *(1946), el retrato clásico de los indígenas de Tierra del Fuego.*

de 11 metros. Esta área es importante para la alimentación de miles de aves peque-ñas que se refugian allí del invierno del hemisferio norte.

En esta región se crían ovejas y se extrae petróleo; de hecho, los pastizales y las montañas onduladas están salpicados de pozos petrolíferos. En la parte este del es-trecho de Magallanes, en Chile, también abundan las plataformas petrolíferas. En todas direcciones hay carreteras por las que se transporta el petróleo, mientras que a su alrededor pacen ovejas, vacas, guanacos y gansos salvajes. En invierno se ven gua-nacos a lo largo de cualquiera de las carreteras secundarias. Para observarlos en ve-rano, puede seguir la carretera paralela a la bahía, desde el puesto fronterizo de San Sebastián. Tras 45 minutos de carretera, llegará a la base de la **península El Pára-mo**, pétrea y muy árida, aunque mucho antes verá grupos familiares de guanacos en las salinas. En una época, la base de El Páramo era el destino principal para todos los que llegaban atraídos por la fiebre del oro (1887-1898).

En los acantilados que hay a lo largo de la costa, cerca del Cabo Espíritu Santo y en las carreteras próximas a San Sebastián, se encuentran fósiles tanto marinos como de bosques, que dan testimonio del pasado. Las montañas de arenisca que se hallan más al sur están llenas de crustáceos, moluscos y cangrejos fósiles. Aunque las pla-nicies sean amarillas o pardas y en apariencia no contengan mucha vida, se trata de la mejor zona de Tierra del Fuego para la cría de ovejas. Si se detiene a ver y escu-char, descubrirá muchas aves. Y en un breve paseo a pie hallará numerosas flores silvestres escondidas.

Si va hacia el sudeste en dirección a Río Grande, verá la **estancia Sara**; se trata de la segunda más grande de Tierra del Fuego dedicada a la cría de ovejas y parece un pueblo en pequeño. De hecho, antiguamente las estancias eran como pueblos: to-das tenían talleres, jardines, panadería, club y biblioteca para los peones agrícolas. Antes de la época del petróleo, la cría de ovejas era la principal industria del norte de esta región. Las planicies estaban cubiertas por mi-les de ovejas, sobre todo Corriedale. Las cabañas de las granjas más grandes producían (y lo siguen haciendo) ovejas con pedigrí, de fama mundial. Algunas estancias, como la Sara, llegaron a contar con 75 trabajadores; pero el bajo precio de la lana, la subida de los salarios y la dificultad para conseguir buenos empleados han reduci-do la plantilla a 15.

Más al sur, por la Ruta 3 se encuentra la **Escuela Agro-técnica Salesiana**, que funciona donde antes estaba la misión salesiana de los onas, creada en 1897, y que en la actualidad es un monumento nacional. La iglesia ori-ginal y varios edificios más han sido restaurados; un pe-queño museo expone diversos objetos y aves disecadas.

Río Grande

La ciudad de **Río Grande ❷**, que tiene unos 56 000 ha-bitantes, es el centro regional de la cría de ganadería ovi-na y la explotación petrolífera, además de la sede de nu-merosas empresas que fabrican aparatos de televisión, radio y artículos sintéticos y electrónicos; ello es conse-cuencia de una ley especial de 1972, cuyo fin era atraer un mayor desarrollo y más población a este lugar remo-to de la República. De este modo, la ciudad alcanzó su auge en la década de 1980.

Río Grande se extiende sobre la llana orilla norte del río. Las calles anchas y barridas por el viento dan a las aguas del Atlántico Sur. El río Grande se ha encenagado, por lo que casi no hay navegación. Un puente ancho cru-za hasta el Frigorífico, una moderna planta conservado-

Mapa
página
328

Un lugar que atrae a los buscadores de fósiles es el cabo Domingo, siguiendo la costa, justo al norte de Río Grande, cerca del Museo de la Misión Salesiana.

ABAJO: un valle nevado junto al canal del Beagle.

En Tierra del Fuego, las viviendas están muy dispersas; los vecinos son escasos y están bastante alejados unos de otros.

ABAJO: una oveja a punto de ser esquilada.

ra de carne situada en la orilla sudeste. En una época, el cordero procedente de esta planta se consideraba de primera en Europa; sin embargo, por diversas circunstancias la producción ha disminuido recientemente.

En Río Grande hay un nuevo centro cultural y varios clubs de vídeos, pero no cines. Merece la pena visitar el nuevo **Museo de Ciencias Naturales e Historia**, situado en la calle Elcano, cerca del mar y que pertenece al Ayuntamiento (abierto todos los días; los fines de semana sólo por la tarde).

Éste es el centro pesquero de Tierra del Fuego. En la década de 1930 se introdujeron la trucha (la irisada, la marrón y otras variedades) y el salmón, que alcanza un gran tamaño. Hasta hace poco, se podía pescar en todas partes, y sólo hacía falta autorización para pasar por las estancias. En cambio, ahora únicamente se puede acceder a ellas en compañía de un guía y hay que pagar una tarifa. La pesca continúa siendo gratuita si el visitante se acerca a la orilla del río desde la carretera principal. El río Grande es ideal para pescar truchas marrones; la mejor temporada suele ser entre enero y marzo.

La Ruta 3 sale al otro lado de Río Grande, atravesando el puente, y gira hacia el sudoeste para cruzar otro puente y dirigirse a Ushuaia. Cerca del aeropuerto, al oeste de la ciudad, la Ruta C va hacia el oeste, hasta la **estancia María Behety**, una aldea pintoresca con un enorme cobertizo para esquilar, donde caben 40 esquiladores; al parecer, es el mayor del mundo. Esta carretera local gira al noroeste y el oeste cerca de la frontera con Chile. Algunas partes están llenas de fósiles, y varios tramos se convierten en un lodazal cuando llueve. Volviendo a la Ruta 3, a lo lejos se divisa la **estancia José Menéndez**, al sur de Río Grande; antigua y pintoresca, se halla entre montañas onduladas y cubiertas de hierba. Fue la primera que hubo en el norte de Tierra del Fuego. No obstante, como ha ocurrido con otras propiedades grandes, la original se ha dividido en cinco estancias más pequeñas.

EL SIGNIFICADO DE UN NOMBRE

Según se cuenta, el nombre de Tierra del Fuego se debe a los primeros exploradores europeos que, al pasar con sus naves frente a las orillas de esta remota región rumbo a las tierras más ricas del oeste, veían las fogatas que salpicaban las orillas de este agreste paisaje y que encendían los habitantes autóctonos de estas islas.

Lucas Bridges (1874-1949), hijo de un misionero británico que vivió toda su vida en Tierra del Fuego, amplió esta teoría, y también escribió una versión de la vida entre los indígenas, titulada *El último confín de la Tierra*: «Si aparecía alguna vela a lo lejos, o alguna otra cosa que asustara a los que se habían quedado en casa, ellos [los indios yahganes] enviaban señales a los que estaban pescando, echando ramas o arbustos verdes al fuego que tenían delante de la tienda. Al ver la señal del humo negro, los pescadores regresaban enseguida a sus casas. Los primeros exploradores del archipiélago veían infinidad de columnas de humo, surgiendo a intervalos regulares de la costa, a lo largo de muchos kilómetros».

Tal vez la última palabra sobre esta cuestión la tenga el escritor y viajero libre Bruce Chatwin en su *En la Patagonia*: «Los fuegos procedían de las fogatas de los indios fueguinos. Según una versión, Magallanes sólo vio el humo y la llamó Tierra del Humo, pero Carlos V decidió que no había humo sin fuego y le cambió el nombre».

Bosques y montañas

Cerca de la estancia José Menéndez se ramifican hacia el oeste o el sudoeste las Rutas B, D, E y F, que se internan en las montañas y ofrecen laderas escarpadas, planicies, bosques, vegas y estancias, fascinantes para explorar si dispone de tiempo.

La **Ruta B**, de grava, sigue hacia el oeste, más o menos paralela al río Grande, y pasa por las estancias de Cauchicol, Despedida, Aurelia, San José y San Justo, cerca de la frontera con Chile. Las vegas están llenas de ovejas y vacas, y en los ríos abundan las truchas. Las *Kau-tapen* (en ona, «casas para pescar»), en la estancia La Retranca y San José, son alojamientos exclusivos para pescadores.

Las **Rutas D** y **E** son paralelas entre ellas y salen hacia el sudoeste desde la Ruta B y la estancia en dirección a las montañas. Aunque son muy pintorescas, no ofrecen nada de particular para los turistas.

La **Ruta F** serpentea casi hasta el sur, al centro mismo de Tierra del Fuego, subiendo y bajando por las morrenas glaciares hasta llegar a los lagos Yehuin y Chepelmesh. Allí se une con la **Ruta H**, que va hacia el este desde Yehuin, pasando por las montañas hasta llegar a la Ruta 3, cerca de la estancia Indiana. En la zona hay varios aserraderos; entre las montañas hacia el sur se hallan el **lago Yehuin**, muy bueno para acampar, y el río Claro, al oeste, ambos excelentes zonas para pescar y que se están desarrollando para el turismo.

Al sur de Río Grande

El camino hacia Ushuaia por la Ruta 3 es como una clase práctica de ecología, pues el visitante viaja desde la llana costa marina hasta las planicies onduladas cubiertas de hierba y las vegas; desde las tierras bajas llenas de arbustos hasta los bosques achaparrados de ñires de hoja caduca; después, hacia el interior, la carretera asciende hasta los bosques más sanos de lengas, también de hoja caduca; sigue subiendo por las laderas de las montañas para llegar casi a la línea de los árboles, y vuelve a bajar por la ladera sur hacia espesos bosques con coihues o guindos intercalados, y valles llenos de esfagnos. La Ruta 3 está asfaltada desde San Sebastián hasta cerca de Tolhuin. Todas las demás carreteras son de grava.

Poco después de entrar en los bosques del norte, la **Ruta A** gira al este sobre montañas altas y valles cubiertos de hierba hasta el Cabo San Pablo, otro lugar ideal para comer al aire libre. Esta carretera sigue un poco más allá de San Pablo, hasta la estancia María Luisa, aunque no siempre se encuentra en buenas condiciones. El extremo oriental de Tierra del Fuego es una zona desaprovechada de bosques, marismas y montañas a la que sólo se puede acceder a pie, a caballo o en helicóptero. Serpenteando hacia el sur, la Ruta 3 continúa paralela al valle del río Ewan, que va subiendo poco a poco hasta la divisoria entre las aguas que desembocan en el Atlántico Sur y las del lago Fagnano o Kami, que fluyen hacia el oeste y entran en Chile para volcarse a través del río Azopardo en el seno Almirantazgo.

La pequeña población de **Tolhuin ❸** queda justo al norte del lago Fagnano, de 100 kilómetros de largo, situado en el centro de la isla. La palabra Tolhuin es el nombre que daban los onas a una montaña cercana que tiene forma de corazón. Por la carretera secundaria que sale del pueblo llegará a la playa del lago Fagnano, un lugar muy frecuentado, donde hay un servicio de atención para los pescadores, un sitio para hacer asados y los restos de una antigua comisaría. Se dice que visto desde allí el

Mapa página 328

Abajo: el notro aporta a las laderas un toque de color intenso.

lago adopta una variedad fascinante de colores que van transformándose a medida que cambia la luz. La Ruta 3 sigue después la orilla sur del lago Fagnano. Sobre ésta hay varias bahías pequeñas que se formaron cuando la tierra se sumergió durante un terremoto que sacudió la región en 1949. La carretera se dirige hacia el interior, pasa por bosques incendiados y aserraderos, y sube serpenteando el **paso Garibaldi**. Aunque los aserraderos de la zona tuvieron una época de prosperidad, el pino importado de Chile es más barato y se suele utilizar para la construcción. En el valle situado al norte del paso se encuentra la tranquila laguna Escondida. Puede detenerse en el mirador del paso Garibaldi para dirigir la vista hacia el norte y contemplar la laguna Escondida y el lago Fagnano. Este punto ventoso atrae a muchas aves locales; así mismo, puede pasear un poco por la orilla rocosa para ver las presas que construyen los castores y algunas construcciones pequeñas.

El canal de Beagle

Al sur del paso, la carretera gira hacia el Rancho Hambre y el valle del río Tierra Mayor. La Ruta 3 circula hacia el oeste por este valle y después al sur por el del río Olivia hasta el canal de Beagle y Ushuaia.

Una carretera secundaria, la **Ruta J**, gira de manera brusca hacia la izquierda al pie de la montaña para serpentear durante 50 kilómetros a través del valle del río Lasifashaj hasta llegar al canal de Beagle en la bahía Brown. Al otro lado del canal, en Chile, se alcanza a ver Puerto Williams. En la playa hay muchos montículos circulares de valvas de mejillones que los yahganes utilizaban para rodear sus refugios.

La carretera serpentea por las montañas sobre el canal de Beagle hasta **Puerto Harberton** ❹, donde se halla la estancia homónima, la más antigua de la parte argentina de Tierra del Fuego, fundada en 1886 por el reverendo Thomas Bridges. Permanece abierta al público de octubre a abril, y puede recorrer a pie la propiedad en una

ABAJO: testimonio de la fuerza del viento en Tierra del Fuego.

visita guiada, que incluye la reserva natural más antigua de Tierra del Fuego: un bosquecillo de árboles autóctonos. Así mismo, hay algunos montículos de los yahganes y un ejemplo de sus tiendas. Es posible tomar el té en la casa original que se conserva junto a la bahía. También puede llegar a Harberton en catamarán desde Ushuaia (en verano salen a diario).

La Ruta J, o Ruta del Atlántico, serpentea hacia el este bordeando el canal a lo largo de 30 kilómetros de paisajes espectaculares y unos virajes espeluznantes para llegar a la **estancia Moat**. Los alrededores de Harberton y Moat son ideales para observar aves como el patovapor, cormoranes, ostreros y tal vez algún águila o cóndor.

Desde bahía Brown sale hacia el oeste, bordeando la costa, una carretera bastante precaria que pasa por varias granjas y un criadero de peces; finaliza en la estancia Remolino, construida en la década de 1890 por la familia Lawrence y que en la actualidad está prácticamente abandonada.

Volviendo a la Ruta 3, el **valle del río Tierra Mayor** es un centro invernal situado en un paisaje pintoresco, entre las cadenas montañosas de Sorondo y Alvear.

Al oeste del valle del río Tierra Mayor se encuentra el valle Carbajal, entre montañas altas y con vistas hacia el oeste en dirección a Chile. Al norte está el paso Beban, una antigua senda para excursionistas que hace tiempo que no se utiliza. La carretera prosigue hasta el río Olivia, que rodea la cara oeste del hermoso **monte Olivia**, donde se recoge la turba de los pantanos del valle que se vende en Buenos Aires. Al final, aparece a lo lejos el **canal de Beagle**.

En la desembocadura del río Olivia hay una senda rústica que sigue la costa hacia el este, hasta la estancia Túnel y, finalmente, todo el camino a Harberton y el este. En la orilla occidental del río se encuentra un criadero de peces que pertenece al gobierno local. La Ruta 3 gira hacia el oeste por una carretera nueva y asfaltada, desde la que se divisa Ushuaia; también puede seguir la vieja carretera de grava, paralela a la costa.

Las luces brillantes

La ciudad de **Ushuaia** ❺ (con alrededor de 50 000 habitantes) se halla emplazada en una pintoresca concavidad situada en el sur de las montañas, frente a la bahía de Ushuaia, el canal de Beagle y las islas de Navarino y Hoste (ambas en Chile), más al sur. Hacia el este se alzan los picos de dos montañas espectaculares, el monte Olivia y el Cinco Hermanos. En Ushuaia se encuentra una importante base naval, oficinas públicas y tiendas de productos importados. Sirve de base a una o dos estancias, aserraderos, un criadero de centollos y una industria pesquera en expansión. Así mismo, hay varias plantas de montaje de televisores y radios, aunque van desapareciendo poco a poco.

Un sencillo monumento triangular cerca del aeródromo indica el lugar donde estaba situada la misión anglicana (1869-1907). Thomas y Mary Bridges (1870) y John y Clara Lawrence (1873) fueron los primeros residentes permanentes no indígenas que hubo en el archipiélago. La fundación oficial de la ciudad se produjo en 1884, fecha en que se estableció la subprefectura.

El **ex presidio de Ushuaia** (1902-1947) se halla en la actualidad dentro de la base naval. Este edificio con forma de pulpo permanece abierto al público y alberga un pequeño **Museo Marítimo**, que muestra fascinantes escenas en miniatura de las primeras épocas del descubrimiento, la exploración y el asentamiento de Tierra del Fuego (abierto todos los días, sólo en verano).

Mapa página 328

NOTA

Todos los años se celebra en Ushuaia una fiesta que dura toda la noche del 21 de junio, la noche más larga del año; además, en agosto se hace un concurso de esculturas de hielo.

ABAJO: redes para pescar centollos y embarcaciones de pesca a orillas del canal de Beagle.

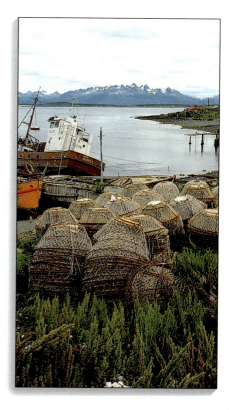

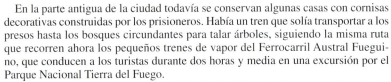

Una placa en Ushuaia que conmemora la guerra de las Malvinas, que se libró en 1982.

En la parte antigua de la ciudad todavía se conservan algunas casas con cornisas decorativas construidas por los prisioneros. Había un tren que solía transportar a los presos hasta los bosques circundantes para talar árboles, siguiendo la misma ruta que recorren ahora los pequeños trenes de vapor del Ferrocarril Austral Fueguino, que conducen a los turistas durante dos horas y media en una excursión por el Parque Nacional Tierra del Fuego.

Un paseo a pie por las empinadas calles de la ciudad revela una extraña variedad de estilos arquitectónicos. Las primitivas casas de madera cubiertas de chapas de cinc (para evitar incendios), con los adornos que hacían los presos, tienen un cierto aire ruso. Alternan con estructuras modernas de hormigón, casas suecas prefabricadas y centenares de chabolas de madera. Hay poca tierra disponible en el reducido espacio que queda entre el mar y la montaña; por eso las viviendas nuevas suben por las laderas.

Ushuaia está mucho más orientada hacia el turismo que Río Grande. Abundan los hoteles y hostales de precio reducido, incluidos dos enormes construcciones situadas en la montaña que se alza detrás de la población. La oficina de turismo, en la avenida San Martín 674, proporciona información y folletos (abierta todos los días).

Los restaurantes de Ushuaia sirven róbalo y centollo del canal de Beagle. Si prefiere la carne, otra especialidad es el asado a la brasa, tanto de cordero como de añojo o ternera.

En Ushuaia las tiendas sólo pagan la mitad de impuestos que en el resto del país, por eso se dedican a vender artículos importados (jerseys, chaquetas y porcelana de origen europeo; tabaco, whisky y radios) en lugar de artículos autóctonos de Tierra del Fuego. Hay varias librerías donde venden libros sobre la zona fueguina, aunque también se pueden comprar en el museo.

ABAJO: los intensos colores otoñales.

No hay que perderse el **Museo del Fin del Mundo**, en la esquina de Maipú y Rivadavia, que muestra reliquias de los indígenas, mascarones de proa, objetos utilizados por exploradores y misioneros, así como una atractiva colección de aves locales (disecadas). Desde allí se lleva a cabo una intensa investigación histórica, sobre todo acerca del extremo oriental de la isla, la península Mitre (abierto de lunes a sábados, sólo por las tardes en invierno, y a diario en verano).

El CADIC (Centro Austral de Investigaciones Científicas) se halla en unos edificios modernos en el extremo sudoccidental de la bahía. No está abierto al público, aunque los científicos que llegan a Ushuaia pueden concertar una visita.

Recomendamos una visita al **Museo de Maquetes Mundo Yamana**, inaugurado en 2002, Gobernador 267, donde podrá conocer mejor las gentes de Yamana, su cultura y su pasado.

El Parque Nacional Tierra del Fuego

Detrás de la ciudad, un camino sinuoso asciende por las laderas de los **montes Marciales**, pasa frente a dos grandes hoteles y llega a un telesilla que conduce al valle que se halla al pie del glaciar Marcial. En invierno se llega con el telesilla hasta las pistas de esquí; en verano, la depresión del glaciar, en lo alto del telesilla, constituye un lugar espléndido para pasear y ver las maravillosas flores andinas o incluso aves exóticas como la agachona patagónica. Después de bajar un poco por la carretera, una pista de esquí de fondo conduce hasta la primera ladera de esquí de Ushuaia, una bajada abrupta sobre la falda arbolada, al noroeste de la ciudad.

Tras un trayecto de 20 minutos en automóvil hacia el oeste de Ushuaia, llegará al **Parque Nacional Tierra del Fuego ❻**. Las montañas son más escarpadas y se encuentran más cerca de la costa que en Ushuaia y otros puntos más al este. Cerca de la entrada al parque, la carretera desciende hasta el canal en Ensenada, donde hay árboles autóctonos y los montículos de valvas característicos de los yámanas. Al norte, el río Pipo, con sus pequeñas cascadas, se pierde entre las montañas. Más al oeste, podrá ver las angosturas de Murray, y al sur, el estrecho canal entre la isla Navarino y la de Hoste que atravesó el capitán Murray en el *Beagle*. Más adelante se halla el lago Roca, rodeado de montañas, que comparten Argentina y Chile. El parque es ideal para observar las aves y pasear, y en él existen seis zonas para acampar. Un pequeño tren de vía estrecha sale cerca de Ushuaia y llega hasta el parque; además, varias empresas tienen servicios diarios de autobús. La carretera sigue cerca de la frontera con Chile y finaliza en la bahía de Lapataia, a la que también puede llegar desde Ushuaia en excursiones en barco.

Mapa
página
328

Un crucero por el océano

Todos los días zarpan de Ushuaia excursiones de tres horas por el canal de Beagle, a bordo de grandes catamaranes que visitan las islas situadas frente a la bahía de Ushuaia para observar las colonias de leones marinos, focas, cormoranes, gaviotas, golondrinas de mar y otras aves. Hay excursiones más largas que van hacia el oeste, hasta Lapataia, o hacia el este, por el canal, para ver los pájaros bobos de Magallanes en la isla Yecapasela (Martillo) y visitar la estancia Harberton.

Varios veleros que tienen su base en el puerto de Ushuaia ofrecen servicios de alquiler a los canales fueguinos, el cabo de Hornos, la isla de los Estados y la Antártida. Un velero pequeño, el *Tres Marías*, hace viajes diarios a las islas Bridges, frente a Ushuaia. El velero chileno *Terra Australis* organiza cruceros por el canal de Beagle todas las semanas, de septiembre a abril; salen de Punta Arenas los domingos por la mañana, realizan escalas en diversos puntos y regresan el sábado.

El brazo noroccidental del canal de Beagle, con sus espectaculares glaciares, sólo queda a algunas horas en barco al oeste de Ushuaia. La única manera de llegar hasta allí desde esta ciudad es a bordo del *Terra Australis* o de alguno de los cruceros más grandes.

En verano, grandes embarcaciones turísticas realizan el circuito meridional de América del Sur (por lo general de noviembre a marzo). Zarpan de Río de Janeiro o Buenos Aires, visitan Ushuaia, Punta Arenas y suben por los canales chilenos hasta Puerto Montt o Valparaíso.

También se organizan cruceros a la Antártida. Hay salidas regulares desde Ushuaia o Punta Arenas (en Chile) durante la época turística, desde finales de noviembre hasta finales de febrero. Algunos cruceros incluyen una visita a las islas Malvinas, o a las Georgias del Sur.

Los cruceros por la Antártida duran de siete a quince días, ya que por lo menos se tardan dos en cruzar el Pasaje de Drake. La mayoría consisten en intensas experiencias de aprendizaje, con naturalistas y conferenciantes que ofrecen charlas a bordo y visitas guiadas en tierra, en las que se presta especial atención a la historia, la geología, la flora y la fauna. Tanto en tierra como a bordo, todas las actividades se rigen por el Protocolo del Tratado de la Antártida para la protección del medio ambiente. Estos cruceros no ofrecen dificultad alguna y suelen ofrecer un menú para *gourmets* y el alojamiento es bastante lujoso (*véase Guía práctica, pág. 368*).

ABAJO: desafiando los elementos.
PÁGINA SIGUIENTE: gauchos de regreso a casa.

Guía Práctica

 GUIAS OCEANO

SUMARIO

Familiarizarse

Datos locales

Nombre oficial: República Argentina
Superficie: 2 780 400 km^2
Población: 37 000 000 habitantes (aprox.)
Provincias: Buenos Aires (ciudad autónoma), Catamarca, Chaco, Chubut, Córdoba, Corrientes, Entre Ríos, Formosa, Jujuy, La Pampa, La Rioja, Mendoza, Misiones, Neuquén, Río Negro, Salta, San Juan, San Luis, Santa Cruz, Santa Fe, Santiago del Estero, Tucumán, Tierra del Fuego, Antártida Argentina e Islas del Atlántico Sur
Capital: Buenos Aires
Idioma oficial: español
Religión oficial: católica romana
Huso horario: 3 horas menos del GMT en invierno y 5 horas menos en verano
Moneda: peso argentino
Pesos y medidas: sistema métrico decimal
Electricidad: 220 voltios y 50 Hz
Prefijo para llamadas internacionales: 54

Clima

Argentina, el séptimo país del mundo en superficie, se extiende desde los desiertos de Salta, al norte, hasta los glaciares de la Patagonia, al sur. La mayor parte del país está comprendida dentro de la zona templada del hemisferio sur.

En el nordeste, el clima es húmedo y subtropical; en el noroeste, tropical pero con inviernos templados. En la pampa el clima es templado. En el sur las temperaturas son más bajas y llueve la mayor parte del año. En la pampa húmeda (que comprende la provincia de Buenos Aires y parte de las provincias de Córdoba y La Pampa), las precipitaciones oscilan entre los 99 centímetros de la parte este y los alrededor de 51 centímetros en las zonas próximas a los Andes.

Los meses de verano en Buenos Aires son muy calurosos, y la mayoría de los habitantes salen de la ciudad poco después de Navidad para dirigirse a las playas o a zonas de montaña. La ciudad queda casi vacía durante los meses de enero y febrero, cuando el calor y la humedad llegan a ser un tanto agobiantes.

El invierno por lo general es agradable, pero en julio y agosto suele haber rachas de mucho frío. También son frecuentes las lluvias torrenciales en esta época, aunque suelen durar poco.

Gobierno

La República Argentina tiene un sistema de gobierno federal, formado por un distrito federal y 24 provincias autónomas y un gobierno central fuerte, encabezado por un presidente. El presidente de la nación, elegido por seis años ejerce el poder ejecutivo. El presidente y el vicepresidente son elegidos por los compromisarios escogidos por voto directo. Asesora al presidente, un gabinete compuesto por 8 ministerios. Existen además varias secretarías.

El poder legislativo corresponde al Congreso de la Nación, compuesto por la Cámara de Senadores, que tiene 72 miembros, y la Cámara de Diputados, que cuenta con 257 miembros, elegidos por un período de cuatro años.

El poder judicial es ejecutado por la Corte Suprema, las Cámaras y los Jueces Federales. Cada provincia tiene un gobernador.

Los principales partidos políticos son el Partido Justicialista o Peronista (PJ), con una gran cantidad de tendencias en su interior, pero con dominio de la tendencia liberal; la Unión Cívica Radical (UCR), de tendencia socialdemócrata; Frente para un País Solidario (FREPASO), escisión del Justicialista; Movimiento por la Dignidad y la Independencia (MODIN), nacionalista; y Unión de Centro Democrático (UCD), liberal progresista. Existen, además, una gran cantidad de partidos que cubren todas las tendencias desde la extrema derecha a la extrema izquierda. Por otra parte, hay también partidos de alcance provincial, en general de extracción justicialista, radical o conservadora.

En 2003 llegó a la presidencia el candidato de centro izquierda Néstor Kirchner, ex gobernador de Santa Cruz. Un 75 por ciento de los argentinos aprobaba su programa de reformas radicales, que le merecieron el nombre de «Huracán Kirchner».

En Mientras miles de argentinos emprendían el éxodo hacia Europa y Estados Unidos, Kirchner recibió en herencia una deuda externa de 178 000 millones de dólares y unos índices de desempleo, pobreza y marginación social escandalosos. Ante los graves problemas sociales, políticos y económicos, el presidente centró sus energías en restablecer el tejido productivo abandonando las políticas neoliberales y sanear las instituciones públicas. En este sentido descabezó la cúpula de las Fuerzas Armadas, de la Policía Federal y de los servicios secretos, purgando los elementos comprometidos con los excesos de la dictadura, y renovó la Corte Suprema de Justicia, que en junio de 2005 declaró inconstitucionales las leyes de Obediencia Debida y Punto Final, abriendo la vía para el enjuiciamiento y condena de los responsables de atrocidades cometidas durante la dictadura militar.

En el plano internacional, Kirchner estableció una «alianza estratégica» con Brasil reactivando el MERCOSUR y renegoció con el FMI y otros organismos financieros internacionales el pago de la deuda externa. En este capítulo logró que la XII Cumbre del G-15 reconociera la tesis argentina según la cual dicho pago era imposible sin desarrollo. También denunció en la V Conferencia de la Organización Mundial del Comercio (OMC) el proteccionismo mercantil de Estados Unidos y se opuso a las pretensiones estadounidenses de imponer el ALCA (Área de Libre Comercio de las Américas) en la IV Cumbre de las Américas celebrada en Mar del Plata en noviembre de 2005.

La estabilización de la economía, la recuperación de los índices de productividad y el clima de confianza social creado por Kirchner le significaron el rotundo triunfo en las elecciones legislativas celebradas en octubre de 2005. Su partido, el Frente para la Victoria, obtuvo en torno al 40 por ciento de los votos, lo que supone abrir el camino para su reelección en las elecciones presidenciales de 2007.

Economía

La economía argentina se basa tradicionalmente en la producción agrícola y ganadera, aunque los sectores industrial, minero, pesquero y de servicios han registrado un marcado crecimiento en las últimas décadas. Las exportaciones se basan principalmente en los productos agropecuarios.

Argentina es una de las principales naciones productoras de carne, cereales y aceite del mundo. La actividad empresarial muestra una potente industria siderometalúrgica, mecánica, química, textil y alimentaria, sobre todo en Buenos Aires, Rosario, Córdoba, Tucumán y Mendoza.

Argentina cosecha suficientes productos agrícolas no sólo para satisfacer la demanda interna, sino también para exportar los excedentes. Del total de la superficie del país poco más del 50 por ciento se utiliza para el pastoreo y el 12,8 por ciento está cultivado; los bosques ocupan un 12,7 por ciento del territorio nacional.

La Pampa es la principal zona agrícola del país, con una importante producción de trigo y otros cereales. Regiones como Río Negro, Neuquén, Mendoza, San Juan y las provincias del Noroeste son ricas en explotaciones frutícolas y vitivinícolas.

En la producción de caña de azúcar destacan Tucumán, Salta y Jujuy.

Planificar el viaje

Bancos y cambio

Desde que el peso fue devaluado en 2003 el precio en dólares de todos los bienes y servicios bajó. A comienzos del 2004 se pagaban unos tres pesos por cada dólar, aunque la inestabilidad económica hace que no se sepa qué tendencia pueda tener la tasa de cambio. El retorno de la inflación significa que los precios aumentan a la par del dólar, aunque debido a la rápida devaluación del peso los precios han ido bajando para los visitantes extranjeros, que tienen más ventajas que en los últimos años.

Los taxis y los restaurantes suelen aceptar dólares, pero no en billetes grandes. En el centro de Buenos Aires, alrededor de San Martín y Lavalle, hay bastantes casas de cambio. Los cheques de

Feriados (días festivos)

Las vacaciones de verano se prolongan de enero a marzo; en esta época suele haber muchas reservas para el transporte interno y los hoteles. Las dos semanas intermedias de julio son las vacaciones escolares de invierno, otro período en que se viaja mucho.

Las dependencias oficiales, al igual que los bancos, cierran los días festivos que se enumeran a continuación. Con la excepción de Navidad, Año Nuevo, el 25 de mayo, el 9 de julio y el 8 de diciembre, las fiestas se trasladan al lunes más próximo, para aprovechar los fines de semana largos.

Feriados fijos

Enero Año nuevo (1)
Marzo/abril Viernes Santo
Mayo Día del Trabajador (1);
  Primer Gobierno Patrio (25)
Julio Día de la Independencia (9)

Diciembre Inmaculada Concepción de María (8);
  Navidad (25)

Feriados variables

Abril Día del veterano y de los Caídos
  en la Guerra de las Malvinas (2)
Junio Paso a la Inmortalidad
  del General Manuel Belgrano (20)
Agosto Paso a la Inmortalidad
  del general San Martín (17)
Octubre Día de la Raza (12)

Además de estos feriados hay distintas fiestas provinciales en todo el país, que se celebran según la tradición folclórica local, con música, bailes y otras manifestaciones culturales.

En la sección *Lugares* de la guía se da más información sobre algunas de las principales festividades locales.

viaje pueden ser canjeados en las oficinas de American Express.

American Express
Edificio Amex
Calle Arenales 707

Equipaje

Por lo general, la vestimenta es bastante formal, sobre todo en invierno. Como Buenos Aires es una ciudad muy cosmopolita, dan mucha importancia a la moda, y la mayoría se viste de acuerdo con las últimas tendencias de Europa y Estados Unidos.

Vestirse de etiqueta para cenar en Buenos Aires es habitual en los restaurantes más caros. En cambio, una vestimenta más informal es la habitual fuera del lugar de trabajo, o en ambientes amistosos y más distendidos.

Información turística

En España
**Oficina de Turismo
de la República Argentina**
Gran Vía 86, planta 14, oficina A
Madrid
☎ 915 594 167
▤ 915 595 659
infoturargentina_mad@arrakis.es

En Buenos Aires
Secretaría de Turismo
Santa Fe 883, planta baja
Buenos Aires
☎ 4312 2232/5550
▤ 4313 6834
Hay varios centros de información turística por toda la ciudad:
☞ Avda. Presidente Quintana y J. M. Ortiz
☞ Florida y Diagonal Norte
☞ Cartlos Pellegrini
☞ Dique 4 de Puerto Madero
☞ Teatro de la Ribera (La Boca)
☞ Terminal de Ómnibus de Retiro y Shopping del Abasto

Para más información:
☎ (800) 555 0016 (tel. gratuito)

En el interior del país
Catamarca
Avda. Córdoba 2080
☎ 4374 6891

Requisitos de entrada en Argentina

☞ Un pasaporte actualizado.
☞ Una Visa de Turismo.*
☞ Formulario de solicitud (provisto por el Consulado).
☞ Una fotografía tamaño carné.
☞ El pasaje de ida y vuelta.
☞ Pago del Arancel Consular ($200 en efectivo). Están exentos del pago los menores de 16 años que viajen junto con sus padres.
☞ Poder probar medios económicos para la estadía.

* No necesitan Visa los turistas procedentes de: Bolivia, Brasil, Chile, Colombia, Costa Rica, Ecuador, El Salvador, Guatemala, Honduras, México, Nicaragua, Panamá, Paraguay, Perú, República Dominicana, Uruguay y Venezuela, para estancias de un máximo de 90 días. Los ciudadanos de la UE y los EE UU no necesitan Visa para estancias inferiores a 90 días.

Chaco
Avda. Callao 322, planta 1
☎ 4476 0961
Chubut
Sarmiento 1172
☎ 4382 8126
Córdoba
Avda. Callao 332
☎ 4373 2596/2538
Corrientes
San Martín 333
☎ 4394 7432

Entre Ríos
Suipacha 844
☎ 4328 2284/5985
Formosa
Hipólito Yrigoyen 1429
☎ 4381 7048/2037
Jujuy
Avda. Santa Fe 967
☎ 4393 1295
La Pampa
Suipacha 346
☎ 4326 1769/0511

Agencias de viajes

Agencia de viajes Sooner
Avda. Santa Fe 780
Buenos Aires
☎/▤ 4312 4954
ASATEJ
Florida 835, planta 3,
Of. 315
Buenos Aires
☎ 4311 6953
▤ 4311 6840
Destinada fundamentalmente a estudiantes, aunque no tiene límite de edad. Una oficina alegre y agradable, con un tablero de anuncios repleto de artículos para vender, información sobre viajes y viajeros que buscan acompañantes.
Cosmopolitan Travel
Leandro N. Alem 986,
planta 7
Buenos Aires
☎ 4311 6684/6695/2081
Abierto las 24 horas
Eurotur
Viamonte 486

Buenos Aires
☎ 4312 6077/8
www.eurotur.com
Excursiones, transporte y alojamiento para individuos y grupos en toda Argentina. Muy profesionales.
Eves Turismo
Tucumán 702
Buenos Aires
☎ 4393 6151
▤ 4393 6411
Agencia muy eficiente tanto para la organización de viajes por Argentina como de estancias en el extranjero.
Kallpa Tours
Roque Sáenz Peña 811,
planta 2, suite B
Buenos Aires
☎ 4394 1830/1860
▤ 4326 2500
www.kallpatour.com
Senderismo, enología, excursiones a caballo y otras actividades al aire libre.

La Rioja
Avda. Callao 745
☎ 4815 1929
Mendoza
Avda. Callao 445
☎ 4371 7301/0835
Misiones
Avda. Santa Fe 989
☎ 4393 1211/1812
Neuquén
General J. D. Perón 687
☎ 4326 1188/0560
Río Negro
Tucumán 1916
☎ 4371 5599
Salta
Avda. Roque S. Peña 933
☎ 4326 0321
San Juan
Sarmiento 1251
☎ 4382 5580/9241
San Luis
Azcuénaga 1087
☎ 4822 3641/0426
Santa Cruz
25 de Mayo 277
☎ 4343 8478
Santa Fe
Montevideo 373
☎ 4375 4570
Santiago del Estero
Florida 274
☎ 4326 9418/7739
Tierra del Fuego
Avda. Santa Fe 919
☎ 4322 8855
Tucumán
Suipacha 140
☎ 4322 0564/0010

Cómo llegar

En avión
Todos los vuelos internacionales llegan al **Aeropuerto Internacional Ministro de Pistarini** en Ezeiza, a 35 km del centro de Buenos Aires. Desde allí podrá disponer de taxis, remises (autos particulares contratados por una empresa de para el traslado de pasajeros) o buses privadosque le llevarán a Buenos Aires (Capital Federal). Recomendamos no aceptar servicios de transporte ofrecidos a viva voz.
Oficinas del autobús del aeropuerto
Carlos Pellegrini 509
☎ 4314 3636

Omnibuses (buses de largo recorrido)

Ablo
☎ (011) 4313 2835
DESTINO: provincia de Córdoba.
Anton
☎ (011) 4313 3078
DESTINO: principales ciudades de la costa.
Chevallier Paraguaya
☎ (011) 4313 2349
DESTINO: Paraguay.
Costera Criolla
☎ (011) 4313 3616
DESTINO: ciudades de la costa.
Expreso Silva
☎ (011) 4315 1652
DESTINO: provincias del norte.
Fénix
☎ (011) 4313 0134
DESTINO: zona oeste hasta Chile.

Gral. Urquiza y Sierras de Córdoba
☎ (011) 4313 2798
DESTINO: Córdoba.
La Internacional
☎ (011) 4313 3164
DESTINO: Paraguay y Brasil.
Micro Mar
☎ (011) 4313 3128
DESTINO: costa Atlántica.
Onda
☎ (011) 4313 3195
DESTINO: Uruguay.
Pluma
☎ (011) 4313 3901
DESTINO: Brasil.
Tata
☎ (011) 4313 3836
DESTINO: provincias del norte y frontera con Bolivia.

Líneas aéreas

Aerol. Argentinas/Austral
☎ (011) 4320 2000
Aeroflot
☎ (011) 4312 5573
Aeroperú
☎ (011) 4311 4115
Air France
☎ (011) 4317 4747
Alitalia
☎ (011) 4310 9910
American Airlines
☎ (011) 4318 1111
Avianca
☎ (011) 4322 2731
British Airways
☎ (011) 4320 6600
Canadian Airlines
☎ (011) 4322 3632
Cubana de aviación
☎ (011) 4326 5291/92
Ecuatoriana
☎ (011) 4312 8520
Iberia
☎ (011) 4326 5082
KLM
☎ (011) 4312 1200/2660; 4314 9564

LAN Chile
☎ (011) 4311 5334
Lloyd Aéreo Boliviano
☎ (011) 4326 4657
Lufthansa
☎ (011) 4319 0600
Malasya Airlines
☎ (011) 4312 6971
Mexicana de Aviación
☎ (011) 4312 6152
Pluna
☎ (011) 4342 7000
South Africa Airways
☎ (011) 4311 8184
Swissair
☎ (011) 4319 0000
TAM
☎ (011) 4816 1000
Transbrasil
☎ (011) 4394 8424
United Airlines
☎ (011) 4316 0777
Varig
☎ (011) 4329 9211
VASP
☎ (011) 4312 8520

La ciudad dispone de otro aeropuerto, **Jorge Newbery**, con servicios tanto a nivel nacional como extranjero (salidas y llegadas de los países vecinos).

En un crucero
Hay muy pocos cruceros que lleguen a Buenos Aires. La mayoría zarpan de Brasil o Europa. Los más conocidos son los de la Línea C,

con sus barcos *Eugenio* y *Enrico*, que viajan de diciembre a marzo.

Otro crucero, el *Pegasus*, perteneciente a Epirotiki Line, también viaja de diciembre a abril. Antartur tiene cruceros desde Ushuaia hasta la Antártida y Tierra del Fuego, pero sólo en enero.

Asimismo, la empresa estadounidense Kapitan Dranitsyn ofrece cruceros por la región antártica y las islas del Atlántico Sur, y diversos paquetes de noviembre a marzo. Hay que ponerse en contacto con Quark Expeditions Inc.

Quark Expeditions Inc.
980 Post Road
Darien
CT 06820, EE UU
☎ 203 656 0499
☎ (800) 356 5699 (tel. gratuito)
🖷 (203) 655 6623
www.quark-expeditions.com

Para más información, conviene ponerse en contacto con alguna agencia de viajes local, o llamar a la Oficina de Turismo de Argentina: ☎ (5411) 4313 6834

En autobús

Los más aventureros pueden hacer el viaje en autobús o automóvil. Hay servicios de autobuses desde Chile, Bolivia, Paraguay, Uruguay y Brasil. Para los viajes de larga distancia se utilizan grandes autocares con aire acondicionado. Pero el viajero no debe olvidar dónde se encuentra y ser siempre precavido. En los billetes de autocar no siempre se indica el número de asiento, de modo que se recomienda subir con tiempo para no quedarse de pie. También debe tener en cuenta que el aire acondicionado suele ser muy potente, de modo que conviene llevar un jersey, incluso en verano.

En automóvil

La mayoría de las carreteras están asfaltadas, pero es imprescindible conducir con precaución. Hay carteles que indican la velocidad máxima. El Automóvil Club Argentino (ACA) es muy útil y brinda al viajero mapas e información de utilidad. Ofrece la posibilidad de pagar una cuota mensual de 20 dólares, que da derecho a descuentos en una

amplia variedad de servicios: excelentes mapas, y una amplia red de hoteles, hostales, cámpings y restaurantes por todo el país.

**Automóvil Club
Argentino (ACA)**
Avda. del Libertador 1850
Buenos Aires
☎ 4802 6061/7061

Embajadas

Embajadas extranjeras en Buenos Aires

Bolivia
Avda. Corrientes 545, planta 2
1403 Buenos Aires
☎ +54 (11) 4814 6640
🖷 +54 (11) 4217 1070
www.embajadadebolivia.com.ar

Chile
Tagle 2762
1425 Buenos Aires
☎ +54 (11) 4802 7020
🖷 +54 (11) 4804 5927
www.embajadadechile.com.ar

Colombia
Carlos Pellegrini 1363, planta 3
1011 Buenos Aires
☎ +54 (11) 4325 0258/0494
🖷 +54 (11) 4322 9370

Colombia
www.embajadacolombia.int.ar

Costa Rica
Avenida Santa Fe 1460,
planta 3
1023 Buenos Aires
☎ +54 (11) 4815 0072
🖷 +54 (11) 4814 1660
www.rree.go.cr

Ecuador
Avda. Pte. Quintana 585,
planta 9
1129 Buenos Aires
☎ +54 (11) 4804 0073
🖷 +54 (11) 4804 0074
www.embecuador.com.ar

España
Mariscal Ramón Castilla 2720
1425 Buenos Aires
☎ +54 (11) 4802 6031/6032
embespar@correo.mae.es

México
Barrio de Belgrano
Arcos 1650
1426 Buenos Aires
☎ +54 (11) 4789 8800
🖷 +54 (11) 4789 8837
www.embamex.int.ar

Panamá
Avda. Santa Fe 1461, planta 5
1060 Buenos Aires
☎ +54 (11) 4811 1254;
4254 3655
🖷 +54 (11) 4814 0450
epar@ba.net

Paraguay
Las Heras 2545
1425 Buenos Aires
☎ +54 (11) 4802 4948
🖷 +54 (11) 4804 0437
administracionpar@fibertel.com.ar

Perú
Avda. del Libertador 1720
1425 Buenos Aires
☎ +54 (11) 4802 2000/2438
🖷 +54 (11) 4802 5887
www.consuladoperubaires.org

Uruguay
Avda. Las Heras 1907
1128 Buenos Aires
☎ +54 (11) 4807 3040
🖷 +54 (11) 4807 3050
www.embajadadeluruguay.com.ar

Venezuela
Virrey Loreto 2035
1126 Buenos Aires
☎ +54 (11) 4788 4944
🖷 +54 (11) 4784 4311
www.la-embajada.com.ar

Embajadas argentinas en el extranjero

Bolivia
Aspiazu 497
64 La Paz
☎ +591 (2) 35 4404/3233/4
🖷 +591 (2) 39 1083
embarbol@caoba.entelnet.bo

Chile
Miraflores 285
Santiago
☎ +56 (2) 582 2500/1300
🖷 +56 (2) 639 3321
www.embargentina.cl

Colombia
Avda. 40-A, 13-09, planta 16
53013 Bogotá
☎ +57 (1) 288 0900; 287 2678
🖷 +57 (1) 288 8868;
285 5794

Costa Rica
Cerca del MacDonald's
Curridabat, 400 metros al sur
Residencial El Prado
1000 San José
☎ +506 295 6875
🖷 +506 295 6874; 283 9983

Ecuador
Avda. Amazonas N21-147 y Roca,
planta 8, edificio Río Amazonas
Quito
☎ +593 (2) 501 106; 562 292;
563 662; 550 819
▤ +593 (2) 568 177
embarge2@embargenti.int.ec
España
Calle Pedro de Valdivia 21
28006 Madrid
☎ +34 (91) 771 0519
▤ +34 (91) 771 0526;
563 5185
www.portalargentino.net
México
Blvd. Manuel Ávila Camacho 1,
planta 7
Edificio Plaza Inverlat
Colonia Lomas de Chapultepec
11009 México DF
☎ +525 (55) 520 9430/2
▤ +525 (55) 540 5011
Panamá
Calle 50 y 53,
Ed. Banco Atlántico, planta 7
Panamá
☎ +507 264 7403/9569/6561
▤ +507 269 5331
embargen@panama.c-com.net
Paraguay
Avda. España y Avda. Perú
Asunción
☎ +595 (21) 212 320
▤ +595 (21) 211 029
www.embajada-argentina.org.py
Perú
Av. Arequipa 121
Lima
☎ +51 (1) 433 3381
▤ +51 (1) 433 0769
Uruguay
Cuareim 1470
11100 Montevideo
☎ +598 (2) 902 8166/7
▤ +598 (2) 902 8172
www.emb-uruguay.mrecic.gov.ar
Venezuela
El Empalme
Ed. Fedecamaras, planta 3
Urb. El Bosque
569 Caracas
☎ + 58 (212) 731 3311/3159
▤ +58 (212) 731 2659/3255
embargen@impsat.com.ve

Consejos prácticos

Horarios comerciales

⏱ De lunes a viernes, el horario comercial es de 9:00 a 19:00 h. Los bancos abren entre 10:00 y 15:00 h.

Excepto en Buenos Aires, en la mayor parte del país las tiendas abren de 9:00 a 13:00 h y de 16:00 a 19:00 h, y casi siempre cierran a la hora de comer, aunque los horarios varían según la ciudad y conviene preguntar.

Servicios sanitarios

Los servicios sanitarios son buenos. En los hospitales hay personal cualificado, que ha estudiado tanto en Argentina como en el extranjero. Cuenta con excelentes especialistas que suelen asistir a congresos médicos internacionales a fin de aplicar los últimos avances médicos en el país.

El equipo médico es muy caro, pero se coordinan todos los esfuerzos para obtener el máximo de beneficios. Quizás en algunas regiones del país los hospitales no cuenten con equipo actualizado, pero lo que tienen basta para resolver una urgencia.

Cuesta establecer los costes de la atención médica, debido a la fluctuación económica. Una consulta médica puede costar desde 20 hasta 150 dólares.

Farmacias

La mayoría de los medicamentos se venden sin receta. Suele haber siempre alguna farmacia de guardia. Si hay que poner una inyección, los farmacéuticos realizan este servicio. En todo el país, el servicio de guardia durante las 24 horas es rotativo. La lista de las farmacias abiertas más próximas se publica en el periódico, con el título de «Farmacias de turno». Además, el farmacéutico puede recomendar remedios para la afecciones más comunes, como gripe, trastornos gástricos, dolor de cabeza, etc.

Hospitales

Hospital Alemán
Pueyrredón 1640
☎ 4821 1700
Hospital Británico
Perdriel 74
☎ 4304 1081
**Hospital de Niños
Ricardo Gutiérrez**
Sánchez de Bustamante 1399
☎ 4962 9280
**Hospital Nacional
de Odontología**
Pueyrredón 940
☎ 4805 5521
**Hospital Oftalmológico
Santa Lucía**
San Juan 2021
☎ 4941 5555

En las provincias, todos los hospitales son muy conocidos, por lo que, para recibir atención médica o en caso de urgencia, el recepcionista del hotel o cualquier taxista le dirán cómo llegar o le llevarán.

Seguridad ciudadana

Como en cualquier parte del mundo, el viajero debe ser siempre precavido y utilizar el sentido común. Al registrarse en el hotel, debe vigilar su equipaje y tener siempre cerca sus pertenencias. Si lleva objetos de valor, se recomienda guardarlos en una caja fuerte. Es preferible distribuir el dinero en distintas partes, en lugar de ponerlo todo en la billetera o en el monedero. No conviene enseñar mucho dinero al hacer una compra, y siempre hay que saber cuánto se paga, porque así se tiene constancia de que ha habido cambios de billetes. Debe tener cuidado con los carteristas en las calles peatonales donde hay mucha gente, como Flori-

Prefijos telefónicos

PREFIJO DEL PAÍS
Para telefonear a Argentina desde el exterior: +54.

PREFIJOS REGIONALES
No hace falta marcar el prefijo regional para telefonear dentro de la misma zona. Para hacer llamadas desde el extranjero no se marca el primer 0.

☎ **Bahía Blanca** (0291)
☎ **Bariloche** (02944)
☎ **Buenos Aires** (011)
☎ **Catamarca** (03833)
☎ **Comodoro Rivadavia** (0297)
☎ **Córdoba** (0351)
☎ **Corrientes** (03783)
☎ **El Bolsón** (02944)
☎ **El Calafate** (02902)
☎ **El Chaltén** (02962)
☎ **Esquel** (02945)
☎ **Jujuy** 0388v
☎ **La Cumbre** (03548)
☎ **La Plata** (0221)
☎ **La Rioja** (03822)
☎ **Mar del Plata** (0223)
☎ **Mendoza** (0261)
☎ **Merlo** (02656)
☎ **Neuquén** (0299)
☎ **Posadas** (03752)
☎ **Puerto Iguazú** (03757)
☎ **Resistencia** (03722)
☎ **Río Ceballos** (03541)
☎ **Río Gallegos** (02966)
☎ **Río Grande** (02964)
☎ **Rosario** (0341)

☎ **Salta** (0387)
☎ **San Fernando** (03833)
☎ **San Juan** (0264)
☎ **San Luis** (02652)
☎ **S. Martín de los Andes** (02972)
☎ **Santa Fe** (0342)
☎ **Santiago del Estero** (0385)
☎ **Tilcara** (0288)
☎ **Trevelín** (02945)
☎ **Tucumán** (0381)
☎ **Ushuaia** (02901)
☎ **Viedma** (02920)
☎ **Villa Carlos Paz** (03547)
☎ **Villa Gesell** (02255)

PREFIJOS INTERNACIONALES
Primero se marca 00, después el prefijo del país y el número.

☎ **Bolivia** (591)
☎ **Chile** (56)
☎ **Colombia** (57)
☎ **Costa Rica** (506)
☎ **Cuba** (53)
☎ **Ecuador** (593)
☎ **El Salvador** (503)
☎ **España** (34)
☎ **Guatemala** (502)
☎ **Honduras** (504)
☎ **México** (52)
☎ **Nicaragua** (505)
☎ **Panamá** (507)
☎ **Paraguay** (595)
☎ **Perú** (51)
☎ **Rep. Dominicana** (1809)
☎ **Uruguay** (598)
☎ **Venezuela** (58)

Páginas web

Aerolíneas Argentinas
www.aerolineas.com.ar
Horarios de vuelos, precios, rutas y servicios de reservas, además de información turística en general.
Asociación Argentina de Albergues Juveniles
www.hostelling-aaaj.org.ar
Listas de hostales y paquetes turísticos en todo el país, con precios y servicio de reservas.
Información turística
www.argenpress.info
Información de la actualidad argentina para todo el mundo.
www.liveargentina.com
Un sitio con amplia información en varias lenguas.
www.turismo.gov.ar
La web de la oficina de información turística estatal. Muchísimas fotos buenas, pero por eso mismo el sitio es lento y hay poco texto.
Tango
www.buenosairestango.com
Dónde encontrar espectáculos de tango en Buenos Aires y en cualquier otro lugar; fragmentos de temas y documentales en vivo por televisión, libros, revistas, entrevistas y listas de alojamiento.

Medios de comunicación

Entre los numerosos periódicos nacionales destacan *La Nación, La Prensa, Clarín, Ámbito Financiero, La Razón* y *Página 12* (todos en español). El viajero encontrará puestos de periódicos y revistas en casi todas las esquinas del centro de las ciudades, donde también se vende todo tipo de prensa extranjera.

Hay cinco cadenas de televisión, y la televisión por cable tiene amplia difusión. Muchos de los programas llegan de Estados Unidos y de Europa y se doblan a un español no siempre muy afortunado. Algunos se emiten en inglés, con subtítulos en español.

da, aunque allí también suele haber mucha vigilancia policial.

En Buenos Aires y la mayoría de las ciudades grandes hay mucha vida nocturna. Se puede salir a cenar, bailar hasta altas horas de la madrugada y hasta comer un bisté a las cuatro de la mañana. Pero conviene tener cuidado para no llevarse una sorpresa desagradable. Se aconseja no ir a pie por calles solitarias. En el automóvil, cierre todas las puertas y no deje objetos valiosos en el interior.

Los delitos van en aumento, sobre todo en las grandes ciudades. Afortunadamente, el índice de delitos no es comparable con otras

ciudades similares. Conviene ir con un poco de cuidado y, en caso de asalto, no resistirse.

El servicio postal

☞ La oficina central de correos en Buenos Aires está en la calle Sarmiento 189.
☞ ⏱ De lunes a viernes, de 9:00 a 19:30 h.
☞ Hay otras oficinas postales más pequeñas en distintos puntos.
☞ En el hotel puede comprar sellos y solicitar la información necesaria.

Abundan las emisoras de radio, que emiten desde rock hasta tango. Radio Horizonte, 93.5 FM, ofrece una buena selección de la música internacional más actual.

Telecomunicaciones

Llamadas telefónicas

Desde que se privatizó el servicio en 1989, está dividido entre Telecom y Telefónica Argentina. Los precios han fluctuado y, aunque cada vez son más competitivos, las llamadas telefónicas desde Argentina continúan siendo de las más caras del mundo. De todos modos, el servicio ha mejorado mucho y la calidad de la línea es elevada.

El viajero puede hacer llamadas internacionales y nacionales desde los locutorios que hay por todo el país. Puede hacer llamadas locales desde las cabinas azules que se encuentran por toda la ciudad. Los teléfonos aceptan monedas o tarjetas, que se compran en los quioscos.

Internet

La red se puede usar a lo largo y ancho del país. Los cibercafés aparecen y desaparecen, pero hay algunas cadenas grandes donde se puede tomar café y escuchar música mientras se navega. También hay salas de internet en los aeropuertos y en las principales estaciones de ferrocarril.

Desplazarse

Transporte urbano

Colectivos

Los autobuses (colectivos) son una forma rápida y eficaz de moverse por Buenos Aires. Como las calles están dispuestas en forma de cuadrícula, planear el viaje es bastante sencillo. Suelen ser baratos; el valor de billete (boleto) es de unos 0,80 centavos. Conviene tener el importe exacto al subir.

Las paradas son fácilmente identificables; suele haber pequeños resguardos junto a un poste indicador con la red de líneas.

Taxis

Los porteños viajan mucho en taxi y a menudo éste es el medio de desplazamiento más económico, sobre todo fuera de las horas punta y si se comparte el precio con otros viajeros. Los taxis son fáciles de reconocer (negros con el techo amarillo) y en Buenos Aires circulan las 24 horas del día. Se suele dejar una pequeña propina.

Subterráneo

El metro de Buenos Aires, más conocido como el subte, suele ser la manera más rápida y sin duda la más económica de desplazarse por esta enorme ciudad. Los trayectos son rápidos; el más largo no tarda más de 25 minutos; el tiempo de espera es de 3 a 5 minutos. Existen 5 líneas y un premetro. El valor del pasaje (denominado subtepass) cuesta unos 0,70 centavos. ◐ El servicio funciona lunes a sábado de 6:00 a 23:00 h y los domingos de 8:00 a 22.00 h.

Tren

Los ferrocarriles argentinos tienen mayor desarrollo en la Ciudad de Buenos Aires y el conurbano bonaerense (municipios alrededor de la Ciudad de Buenos Aires) y algunos servicios al interior del país.Las principales terminales son la de Retiro, Constitución, Once de Septiembre y Federico Lacroze.

TERMINAL RETIRO
☎ 4311 8074
Los principales servicios son:
☞ Ferrocarril San Martín:
  José C. Paz–Pilar–Junín
☞ Tren Buenos Aires–Rosario
  –Santa Fe
☞ Línea Belgrano, que conecta la terminal de Retiro con varios municipios del conurbano bonaerense terminando su recorrido en Villa Rosa.

TERMINAL CONSTITUCIÓN
☎ 4304 0028
Los principales destinos de la línea General Roca son:
☞ Constitución–Avellaneda
  –La Plata
☞ Constitución–Avellaneda
  –Temperley–Cañuelas
☞ Constitución–Avellaneda
  –Temperley–Alejandro Korn
☞ Constitución–Avellaneda
  –Berazategui–Bosques
  –Temperley
☞ Constitución–Pinamar
  – Mar del Plata–Miramar

TERMINAL ONCE DE SEPTIEMBRE
☎ 4861 0043
La línea Sarmiento tiene un total de 41 estaciones y su área de influencia abarca el sector Oeste de la Capital Federal y 10 municipios del Gran Buenos Aires.
Los principales destinos son:
☞ Once–Moreno
☞ Merlo–Lobos; Moreno
  –Mercedes
☞ Castelar–Puerto Madero

TERMINAL FEDERICO LACROZE
La línea Urquiza une la terminal Federico Lacroze con la estación General Lemos en San Miguel, provincia de Buenos Aires, recorrien-

Trenes turísticos

El tren a las Nubes

Recorre 136 km desde Salta hasta San Antonio de los Cobres, a 3 775 m de altitud sobre el nivel del mar, atravesando una zona árida y montañosa espectacular, La Puna, para acabar en el viaducto de La Polvorilla. Salidas: sábados.

☎ (0387) 431 4984; (011) 4311 2019

Tren Ecológico de la Selva

Es el medio de transporte para los visitantes dentro del área Cataratas del Parque Nacional Iguazú, cerca de Puerto Iguazú. Desde el Centro de Visitantes hasta la Estación Cataratas y la Estación Garganta (en plena Garganta del Diablo).

☎ (03757) 491 466/67/69/70

Tren de la Costa

Es el ferrocarril más moderno de la Argentina, recorre las elegantes zonas residenciales de la zona norte de Buenos Aires. A través de las distintas estaciones, muchas de ellas de estilo inglés, se puede acceder a pintorescos cafés, variada gastronomía, shoppings y paseos. El recorrido culmina en la estación Delta. Salidas: todos los días, de 7:00 a 23 :00 h (cada 20 min.).

☎ (011) 4002 6000

Tren de las Sierras

Parte del barrio de Alto Verde, a 12 km de la ciudad de Córdoba, se adentra por el Valle de la Punilla, hasta llegar al embalse San Roque; y a través de un puente de 26 m de altura y 150 m de largo que cruza el Cosquín; trepa hasta la estación de La Cumbre; y finaliza en la localidad de Capilla del Monte. Salidas: todos los sábados.

☎ (0351) 482 2252

Tren Turístico a Vapor

Ofrece clase turista y coche presidencial. Parte desde San Carlos de Bariloche hasta Perito Moreno (25 km), en plena meseta rionegrina. Salidas: lunes, miércoles, viernes y sábados a las 14:00 h.

☎ (02944) 423 858

Viejo Expreso Patagónico/La Trochita

Este pintoresco tren, impulsado por una máquina a vapor, recorre paisajes de gran belleza en un sinuoso paseo entre montañas. El tren parte de la estación Esquel, y cruza los valles y mesetas patagónicas. El trayecto final se realiza a más de 700 m de altura, por las laderas del valle del arroyo Esquel. Salidas: todos los sábados.

☎ (02945) 495 190

Tren del Fin del Mundo/Austral Fueguino

El tren parte desde la Estación del Fin del Mundo ubicada a 8 km, al oeste de la ciudad de Ushuaia, internándose en el Parque Nacional Tierra del Fuego. Atraviesa los extraordinarios paisajes típicos de Tierra del Fuego. Salidas: todos los días.

☎ (02901) 431 600; (011) 4314 8555

do varios municipios del conurbano bonaerense. Desde allí también se inicia el recorrido al interior del servicio denominado «El gran capitán» que une la provincia de Buenos Aires con las provincias mesopotámicas de Entre Ríos, Corrientes y Misiones, terminando su recorrido en la bonita ciudad de Posadas.

Ómnibus (autobuses de largo recorrido)

Existen numerosas empresas de transporte de larga distancia por ómnibus. Parten de la estación terminal ubicada cerca de la estación de tren del Retiro:

Avda. Ramos Mejía 1680
☎ 4310 0700

La red argentina de autobuses de larga distancia es eficaz, económica y cómoda.

Transporte privado

Los remises

Los remises son automóviles particulares con conductor que se contratan por horas, por un trayecto, por día o por otro período.

El viajero encontrará una lista en la guía telefónica o en la recepción de su hotel.

AAA Limousine
Viamonte 1620, planta 4
☎ 4371 9107

Plaza de Mayo
Azopardo 523
☎ 4331 4705

Alquiler de automóviles

El viajero puede alquilar un automóvil en el aeropuerto en cuanto llegue, aunque conviene hacerlo antes de salir, sobre todo en temporada alta.

Argentina dispone de una importante red caminera pavimentada y correctamente señalizada (si es extranjero debe contar con re-

Alquiler de autos

Al Rent a Car International
M. T. de Alvear 678
☎ (011) 4311 1000

Avis
Cerrito 1527
☎ (011) 4300 8201

Budget
Avda. Santa Fe 869
☎ (011) 4311 9870

Dollar Rent a Car
M. T. de Alvear 523
☎ (011) 4315 8800

Hertz Annie Millet
Paraguay 1122
☎ (011) 4816 8001

gistro internacional). En muchas rutas se debe abonar peaje para transitar por ellas.

En avión

En un país tan grande como Argentina, viajar en avión puede ser una buena forma de ir de una región a otra sin perder tiempo en viajes interminables por carretera. Las principales líneas aéreas nacionales están indicadas en el recuadro de la página 343.

El **Aeropuerto Jorge Newbery**, también conocido como **Aeroparque**, es el aeropuerto de Buenos Aires para todos los vuelos en el interior del país.

Aerolíneas Argentinas ofrece un paquete especial para los visitantes extranjeros, llamado «Visite Argentina». Se trata de un cuadernillo que incluye 4, 6 u 8 cupones, cada uno de ellos válido para un trayecto dentro de Argentina. Por ejemplo, un trayecto podría ser la ida de Buenos Aires a Río Gallegos; otro la ida de Buenos Aires a Mendoza; a excepción de Buenos Aires, todas las demás ciudades sólo se pueden visitar una vez.

Este tipo de paquetes turísticos únicamente se pueden comprar en combinación con un billete internacional, y el viajero los puede devolver en caso de no utilizarlos. No hay límite de tiempo para su validez, aunque sólo son válidos mientras lo sea el billete internacional con el cual han sido comprados.

El precio es de unos 400 dólares por 3 cupones, y 100 dólares por cada cupón adicional; resulta barato, porque cada billete adquirido de forma unitaria es bastante más caro.

En transbordador

Viajar a Uruguay en transbordador es una buena excursión para alejarse del ajetreo y el bullicio de Buenos Aires. Los destinos más habituales son el puerto histórico de Colonia, Montevideo, o las playas de Punta del Este.

Las dos compañías principales de transbordadores son Ferrylines y Buquebús.

Ferrylines
Avda. Córdoba y Maipú
☎ (011) 4315 6800

Buquebús
Avda. Córdoba 867
☎ (011) 4311 1159

La travesía por las turbias aguas del Río de la Plata cuesta 64 dólares en el caso del veloz viaje de 45 minutos en catamarán, o 46 dólares por el viaje de tres horas con el transbordador tradicional. (Para los que deseen pasar la noche en Colonia, un buen hotel es el Hotel Beltrán en Uruguay, ☎ 22 955. Tiene bonitas y frondosas terrazas, y hay habitaciones a partir de 40 dólares por noche.)

Alojamiento

Argentina cuenta con una amplia y variopinta oferta hotelera, para todas las economías y todos los gustos. En general todos los establecimientos incluidos en esta guía están ubicados en puntos estratégicos.

A continuación le ofrecemos una detallada selección de establecimientos organizada por zonas geográficas y precios, y alfabetizada para facilitar la búsqueda del hotel deseado.

Selección de hoteles

BUENOS AIRES

Buenos Aires Sheraton
San Martín 1225
☎ (011) 4318 9000
🖹 (011) 4312 9353
www.sheraton.com
Situada en Retiro, esta torre de 24 plantas tiene una vista espléndida sobre el río y la zona del puerto. Bar en la última planta, restaurantes internacionales, pistas de tenis y piscina. Frecuentado por hombres de negocios. **$$$$**

Caesar Park
Posadas 1232
☎ (011) 4819 1296
🖹 (011) 4819 1290
www.caesarpark.com
Hotel moderno, grande y lujoso en la Recoleta. Piano-bar en el vestíbulo, tres restaurantes con un selecto menú; gimnasio con piscina. Frecuentado por hombres de negocios. **$$$$**

Crowne Plaza Panamericano
Carlos Pellegrini 525
☎ (011) 4348 5000
🖹 (011) 4348 5250
www.crowneplaza.com
Situado en la Avda. 9 de Julio, a la sombra del Obelisco. Una torre mo-

derna de 18 plantas, gimnasio con piscina; se usa mucho para congresos, conferencias; excelente restaurante. **$$$$**

Faena Hotel + Universe
Martha Salotti 445, dique 2
Puerto Madero Este
☎ (011) 4010 9000
🖥 (011) 4010 9001
www.faenahotelanduniverse.com
Hotel de gran lujo, situado en el famoso Porteño Building, un edificio de 1902, declarado Patrimonio Histórico de la ciudad. Su reciente remodelación incluye diseños de Philippe Starck. Dispone de numerosas suites, tiendas, salones, espacios multifuncionales *(El Academy)*, restaurante selecto *(El Bistro)*, refinado salón con actuaciones en directo *(El Cabaret)*, centro de negocios, etc. **$$$$**

Four Seasons
Posadas 1086/1088
☎ (011) 4321 1200
🖥 (011) 4321 1201
Situado cerca de la embajada de Francia y la Recoleta; hotel de estilo francés, con restaurante en el jardín, salón, gimnasio y piscina al aire libre. Frecuentado por ejecutivos y estrellas del rock. **$$$$**

Gran Hotel Colón
Carlos Pellegrini 507
☎ (011) 4320 3500
🖥 (011) 4320 3507
www.colon-hotel.com.ar
Frente al Teatro Colón, en la Avda. 9 de Julio. Moderno pero acogedor, dispone de suites de lujo con patio. Piscina al aire libre en la última planta, restaurante. **$$$$**

Hotel Alvear Palace
Avda. Alvear 1891
☎ (011) 4808 2100
🖥 (011) 4804 9246
www.alvearpalace.com
Situado uno de los barrios más distinguidos de la ciudad. Decoración francesa, excelentes el restaurante y la sala de té, boutiques, gimnasio, centro de negocios. **$$$$**

Hotel Claridge
Tucumán 535
☎ (011) 4314 7700
🖥 (011) 4314 8022
www.claridge-hotel.com
Muy británico, de estilo antiguo, situado en el centro. Gimnasio con

---

Aparthoteles y suites

Para una visita más larga, una buena alternativa es alojarse en un aparthotel o en una suite. Ambas instalaciones ofrecen los servicios de un hotel con la comodidad de un apartamento amueblado, cocina americana incluida.

El precio por noche varía de 150 dólares por un estudio a 450 dólares por un apartamento de tres habitaciones.

Hotel Feir's Park
(suites)
Esmeralda 1366
☎ (011) 4327 1900
🖥 (011) 4327 1935
A una manzana de Libertador, en un barrio elegante; servicio de habitaciones, piscina, gimnasio, centro para negocios.

Plaza San Martín
(suites)
Suipacha 1092
☎ (011) 4328 4740
🖥 (011) 4328 9385
Entre la plaza San Martín y la 9 de Julio. De reciente construcción y moderno, con gimnasio y servicio de habitaciones.

Suipacha y Arroyo
(aparthotel)
Suipacha 1359
☎ (011) 4325 8200
🖥 (011) 4325 1886
En un barrio caro, cerca de las avenidas Libertador y 9 de Julio; buen servicio, gimnasio y piscina al aire libre, patio, jardín y garaje.

Torre Cristóforo Colombo
(suites)
Oro 2747
☎ (011) 4777 9622
🖥 (011) 4775 9911
En Palermo, a dos manzanas de la embajada de Estados Unidos. Una torre moderna, con un bar en la última planta, restaurante, gimnasio, piscina al aire libre. Excelente servicio.

Ulises Recoleta (aparthotel)
Ayacucho 2016
☎ (011) 4804 4571
🖥 (011) 4806 0838
Está situado frente al Alvear Palace, en la Recoleta; edificio clásico, de estilo europeo, con sólo 25 apartamentos; mobiliario antiguo y ambiente acogedor.

---

piscina, suites con jardines en el ático, un bar agradable. **$$$$**

Hotel Inter-Continental
Moreno 809
☎ (011) 4340 7100
🖥 (011) 4340 7199
www.intercontinental.com
Cerca de la plaza de Mayo, hotel moderno de 19 plantas, con restaurante-bar, gimnasio con piscina cubierta. **$$$$**

Hotel Marriott Plaza
Florida 1005
☎ (011) 4318 3000
🖥 (011) 4318 3008
www.marriotplaza.com.ar
Hotel elegante, recién restaurado, en la plaza San Martín, donde se alojan los jefes de Estado y la realeza. Decoración inglesa/francesa. Es famoso el restaurante Plaza Grill; hay gimnasio y piscina al aire libre. Céntrico pero tranquilo, es muy cómodo y cuenta con un servicio excelente. **$$$$**

Libertador
Avda. Córdoba 690
☎ (011) 4322 8800
🖥 (011) 4322 9703
En pleno microcentro, con bar y piscina en la última planta, restaurante. Frecuentado por ejecutivos y turistas europeos. **$$$$**

Hotel Carsson
Viamonte 650
☎/🖥 (011) 4322 3551
A una manzana de Florida, combina una elegancia desvaída con un bar encantador, muy tranquilo y de estilo inglés. **$$$**

Hotel Crillón
Santa Fe 796
☎ (011) 4310 2000
🖥 (011) 4310 2020
Hotel instalado en un edificio antiguo de estilo francés, totalmente renovado; el interior es muy moderno y ofrece muchos servicios para las personas que viajan por negocios, como servicio de habi-

Balnearios en la playa

Los tradicionales balnearios del litoral atlántico no corresponden a la idea que se tiene en Europa de un apacible sitio de playa. **Pinamar**, **Villa Gesell** y **Mar del Plata** sufren el asedio de miles de porteños durante los meses de verano y los gigantescos complejos hoteleros suelen estar llenos. Es tiempo de vacaciones y las discotecas y bares de la zona suelen estar atestados hasta el amanecer.

No obstante, en invierno estos balnearios de vacaciones se convierten en ciudades fantasma. Playas tranquilas y casi vírgenes sólo se encuentran más al sur, cerca de **Bahía Blanca**. **Mar de Sur**, más allá de Miramar, es un remanso de paz con 40 km de playa.

taciones las 24 horas. Situado en la plaza San Martín. **$$$**

Hotel Lafayette
Reconquista 546
☎/🖹 (011) 4313 9182
Muy bien situado, en el microcentro; restaurado recientemente con decoración de estilo inglés, restaurante y servicio de habitaciones. **$$$**

Hotel Lancaster
Córdoba 405
☎ (011) 4312 4061
🖹 (011) 4311 3021
Estilo muy europeo, con un vestíbulo lujoso; habitaciones bonitas y soleadas, bar-cafetería agradable. Ambiente acogedor. **$$$**

Hotel Park Plaza
Kempinkski
Parera 183
☎ (011) 6777 0200
🖹 (011) 6777 0290
www.parkplazahotels.com
Situado en una calle lateral y tranquila de la Recoleta. Edificio clásico y elegante, de estilo europeo; tiene 8 plantas, cada una dedicada a un pintor famoso. **$$$**

Hotel Plaza Francia
E. Schiaffino 2189
☎/🖹 (011) 4804 9631
Edificio clásico, color ladrillo, situa-

do en la Recoleta, cerca del Museo de Bellas Artes. Ambiente tranquilo. Sirven un buen desayuno en las habitaciones; muy recomendable. **$$$**

Hotel Phoenix
San Martín 780
☎ (011) 4312 4845
🖹 (011) 4311 2846
Encanto del viejo mundo en un edificio hermoso de principios de siglo; dispone de un ascensor de hierro y cúpulas de cristal. Servicio muy amable y emplazamiento céntrico. **$$$**

Hotel Recoleta Plaza
Posadas 1557
☎ (011) 4804 3471
🖹 (011) 4311 7441
Pequeño hotel de estilo francés, situado en la Recoleta. Restaurante. **$$$**

Marcelo T. de Alvear 902
☎ (011) 4328 4751
🖹 (011) 4328 6476
Dos hoteles muy recomendables. Ambiente agradable, moderno, con varias salas para conferencias y un bar. **$$$**

Gran Hotel Hispano
Avda. de Mayo 861
☎ (011) 4345 2020
www.hispano.com
A una manzana de la plaza de Mayo y muy cerca de San Telmo. Edificio antiguo restaurado, frecuentado por viajeros europeos que cuidan sus gastos. **$$**

Hotel Arenales
Arenales 2984
☎ (011) 4821 0815
Hotel muy confortable, habitaciones sencillas, buen servicio, situado en Palermo. **$$**

Hotel Embajador
Carlos Pellegrini 1185
☎/🖹 (011) 4326 5302
Bien ubicado en 9 de Julio y Santa Fe; habitaciones modernas y grandes. Cafetería. **$$**

Hotel Impala
Libertad 1215
☎/🖹 (011) 4816 0430
www.hotelimpala.com.ar
A dos manzanas de la zona de tiendas de la Avda. Santa Fe y muy cerca de la Recoleta, es un hotel moderno con servicios mínimos; dispone de cafetería. **$$**

Guía de precios

Todos los precios se refieren a habitaciones dobles:
$$$$ 100 dólares o más
$$$ entre 50 y 100 dólares
$$ entre 30 y 50 dólares
$ menos de 30 dólares

Hotel San Antonio
Paraguay 372
☎ (011) 4312 5381
Encantador pequeño hotel. Tiene el aire de una pensión europea anticuada. **$$**

Recoleta Guest House
Laprida 1821
☎/🖹 (011) 4803 5474
www.recoletaguesthouse.com
Petit hotel, con *glamour* de la Belle Epoque. Un lugar exquisito. Buena ubicación. **$$**

Hotel Waldorf
Paraguay 450
☎ (011) 4312 2071
🖹 (011) 4312 2079
Cerca de las tiendas de la calle Florida y Santa Fe. Muy cómodo. **$$**

Uruguay
Tacuarí 83
☎ (011) 4334 2788
Hotel sencillo. Buenos precios. **$$**

MAR Y SIERRAS

Mar del Plata
Hotel Sheraton
Alem 4221
☎ (011) 4318 9390
☎ (0223) 499 9000
Al sur del centro de la ciudad, frente al campo de golf. Excelente servicio. **$$$$**

Gran Hotel Continental
Córdoba 1929
☎ (0223) 492 1300
Hotel de categoría intermedia. **$$$**
www.granhotelcontinental.com.ar
Gran Hotel Provincial
Bulevar Marítimo 2500
☎ (0223) 491 5949
🖹 (0223) 491 5894
El hotel más antiguo y tradicional; se sigue considerando un *grand hotel*. Muchas habitaciones y un excelente restaurante. **$$$$**

Hotel Bisonte
Belgrano 2609
☎ (0223) 495 6028

Una manzana al sur de la catedral; recomendable. **$$$**

Compostela
Belgrano 2561
☎ (0223) 495 2796
Hotel barato, de categoría intermedia. **$$**

Gran Hotel Dora
Buenos Aires 1841
☎ (0223) 491 0033
Cerca del casino, a dos manzanas de la playa. **$$**

San Jorge
Alsina 2353
☎ (0223) 451 3895
Hotel barato. **$**

Tandil
Estancia Acelain
54 km al norte de Tandil
☎ (011) 4322 2784
Habitaciones lujosas en una gran mansión; puede practicar equitación y también polo, dar paseos en barca y salir a pescar. Sólo pensión completa. **$$$$**

Estancia La Montaña
50 km al sur de Tandil
Cerca del río Quequén Chico
☎ (011) 4342 8417
Un rancho de estilo californiano que ofrece una amplia variedad de actividades al aire libre: equitación, polo, safaris fotográficos. Sólo pensión completa. **$$$$**

Villa Gesell
Hotel Bahía
Club de Playa
Avda. 1, entre el paseo
108 y 109
☎ (02255) 460 838
Situado en la playa. **$$$**
www.hotelbahia-gesell.com.ar
Moderno edificio, situado frente a la playa. Gimnasio. **$$$**

Hotel Gran Internacional
Avda. 1 y paseo 103
☎/🖥 (02255) 468 747
Situado en la playa. **$$$**
www.hotelgraninternacional.com.ar
Situado frente a la playa. **$$$**

Hostería Mar Azul
Avda. 4, entre el paseo 106 y 107
☎ (02255) 462 457
Una casa de huéspedes atendida por sus propios dueños, muy agradable. Está situada en una zona residencial tranquila. **$$**

LAS SIERRAS CENTRALES

Gran Hotel La Cumbre
La Cumbre
Córdoba
☎ (03548) 451 550
Hotel familiar tradicional en el campo, 80 km al norte de Córdoba, con vistas panorámicas.**$$$**

El Ciervo de Oro
Hipólito Yrigoyen 995
Villa Carlos Paz
☎/🖥 (03547) 422 498
www.ciervodeoro.com.ar
Un hotel encantador, justo sobre el lago San Roque. La comida es muy buena. **$$**

Residencial del Molino
Perú 281
Río Ceballos
☎ (03541) 452 197
Agradable, limpio; hotel situado a la orilla del río. Excelente comida casera y económica. **$**

ZONA NORDESTE

Posada de la Laguna
Colonia Carlos Pellegrini
Corrientes
☎ (03773) 41562 9532
Habitaciones muy cómodas, decoradas con mucho gusto. Ambiente tranquilo, piscina y excelente comida casera. Bien situado para visitar los esteros del Iberá, ya que la laguna está a pocos metros de distancia. Se organizan excursiones en barca con guías expertos. Sólo se acepta pensión completa. **$$$$**

Estancia San Gará
A 25 km de Ituzaingó
Buenos Aires
☎ (03786) 420 550
☎ (011) 4783 6980
🖥 (011) 4476 2848
Ofrece visitas guiadas por los esteros del Iberá, además de paseos a caballo y paseos para ver la flora y fauna. Instalaciones muy confortables. Sólo se acepta pensión completa. **$$$**

Internacional Iguazú
Puerto Iguazú
☎ (011) 491 800
🖥 (011) 491 848
Complejo de cinco estrellas, con casino, piscina y campo de golf, entre otros servicios. **$$$**

Hostería Nandereta
Colonia Carlos Pellegrini
Corrientes
☎ (0783) 420 155
www.nandereta.com
Alojamiento muy cómodo, situado en plena región de los esteros del Iberá. Todas las habitaciones tienen aire acondicionado y baño. La hostería dispone de bar, restaurante, sala de vídeo y de juegos. Safaris en barca y muchas otras actividades organizadas. Sólo se acepta pensión completa. **$$**

Las Orquídeas
Ruta 12, km 5
☎ (02757) 420 472
Cómodo y económico, en un lugar espléndido, fuera de Iguazú. **$**

ZONA NOROESTE

Catamarca
Hotel Leo III
Sarmiento 727
☎ (03833) 432 080
www.leo3.com.ar
Uno de los mejores de la ciudad, con restaurante. **$$$**

Hotel Ancasti
Sarmiento 520
☎ (03833) 431 464
Muy tradicional, cómodo, agradable y sencillo. Recomendable. **$$**

Hotel Suma Huasi
Sarmiento 541
☎ (03833) 432 595
Económico. Ojo, las habitaciones cerca del vestíbulo son ruidosas.**$**

Tilcara
Villar del Ala
☎ (0288) 4794 8964
Hotel muy agradable, con un buen restaurante. Se organizan excursiones por la zona. **$$$**

Tucumán
Grand Hotel
Avda. Soldat 380
☎ (0381) 450 2250
El único hotel de 5 estrellas que hay en Tucumán. Cómodo y céntrico, con todos los servicios. **$$$**

Gran Premier
Crisóstomo Álvarez 510
☎ (0381) 431 0385
Cómodo, habitaciones con aire acondicionado, recomendable. **$**

Hotel Garden
Crisóstomo Álvarez 627
☎ (0381) 431 1246
Limpio, cómodo y con un precio razonable. **$**

Fuera de Tucumán
Hotel Termas de Reyes
Termas de Reyes
☎ (03892) 235 500
▤ (03892) 233 117
Situado a unos 19 km del centro de la ciudad, este hotel ofrece baños termales en todas las habitaciones, buenos servicios y una piscina climatizada. **$$$**
Hotel Ruinas de Quilmes
Amaichá del Valle
☎ (03892) 421 075
Hotel precioso y muy cómodo, emplazado en las ruinas de la antigua civilización de Quilmes; construido y decorado en un estilo similar. Muy recomendable; merece la pena desviarse hasta allí. **$$$**

Cuyo

Las Heras
Hostería Puente del Inca
Ruta 7
Las Heras
☎ (0361) 438 0480
▤ (0361) 438 0477
Una posada aislada, a 2 720 metros sobre el nivel del mar, con vistas al macizo del Aconcagua. Muy recomendable. **$$**

Luján de Cuyo
Hotel Termas de Cacheuta
Ruta 7, km 37
Cacheuta
☎ (0361) 482 082
▤ (0361) 316 085
Excelente lugar para descansar. El restaurante es de buena calidad. Hay aguas termales. **$$$**

Mendoza
Reina Victoria
San Juan 1127
☎/▤ (0261) 425 9800
Lujoso apartahotel en el centro de la ciudad, con piscina, solárium, gimnasio y cafetería. Habitaciones cómodas con aire acondicionado y televisor, reproductor de CD y cocina-comedor. **$$$**

Hotel Aconcagua
San Lorenzo 545
☎ (0261) 420 4455
A pocas manzanas de la principal zona comercial; arquitectura muy moderna, piscina y habitaciones con aire acondicionado. **$$**
Hotel Internacional
Sarmiento 720
☎ (0261) 425 5606
Habitaciones espaciosas. **$$**
Hotel San Martín
Espejo 435
☎ (0261) 438 0677
Recomendable. **$$**
Hotel Imperial
Las Heras 88
☎ (0261) 423 4671 **$**
Modesto pero muy económico. **$**

Potrerillos
Gran Hotel Potrerillos
Ruta 7, km 50
☎ (02624) 482 130

Albergues juveniles

La Asociación Argentina de Albergues Juveniles cuenta con unos 16 albergues juveniles en todo el país, desde Salta hasta Ushuaia en el remoto sur:
Bariloche
Alaska, Avda. Bustillo, km 7,5
☎ (03944) 461 564
El Bolsón
El Pueblito, Barrio Luján
A 1 km de la Ruta 258
☎ (03944) 493 560
El Calafate
Los Pioneros
A 450 m del centro
☎ (03902) 491 243
El Chaltén
Patagonia
Avda. San Martín 820
☎/▤ (03962) 493 019
Rancho Grande
Avda. San Martín
☎/▤ (03962) 493 005
Esquel
Lago Verde,
Volta 1081
☎ (03945) 452 251
Hostal Internacional Mendoza
España 343
☎/▤ (0361) 424 0018

Iguazú
La Cabaña
Avda. 2 fronteras 434
☎ (02757) 420 564
Mendoza
Campo Base, Lavalle 2028
☎ (0361) 445 7661
Puerto Madryn
Madryn HI
25 de Mayo 1136
☎ (03945) 474 426
Salta
Backpackers
Buenos Aires 930
☎/▤ (0287) 423 5910
San Rafael
Puesta del Sol, Deán Funes 998
☎ (03627) 434 881
Tilcara
Malka, San Martín
A 400 m de la plaza
☎ (0288) 495 5197
▤ (0288) 495 5200
Ushuaia
Gobernador Paz 1437
Torre al Sur
☎ (03901) 430 745
Villa Paranacito
Top Malo
Ruta 46, km 18,2
☎ (02446) 495 255

Guía de precios
Todos los precios se refieren a habitaciones dobles:
$$$$ 100 dólares o más
$$$ entre 50 y 100 dólares
$$ entre 30 y 50 dólares
$ menos de 30 dólares

Hotel grande, en un amplio terreno sobre las laderas que dan a la ciudad. Habitaciones y apartamentos. Dispone de restaurante, bar, piscina al aire libre, pista de tenis, entre otros. **$$$$**
Cabañas de Montaña
Complejo turístico
☎ (02624) 483 100
Cómodas cabañas familiares en medio del campo, a una hora de Mendoza; bien situadas para dar paseos, montar a caballo y practicar *rafting*. **$$$**

Salta

Hotel Salta
Buenos Aires 1
☎ (0387) 421 1011
🖷 (0387) 431 0740
Hotel tradicional con balcones de madera y todas las comodidades, situado en la plaza principal. **$$$**

Portezuelo
Avda. del Turista 1
☎ (0387) 431 0104
www.portezuelo.com
Hotel situado en las colinas y dotado con todas las comodidades. Muy recomendable. **$$$**

Provincial
Caseros 786
☎ (0387) 421 8400
🖷 (0387) 421 8993
Dispone de habitaciones amplias y de una piscina. **$$$**

Hotel Regidor
Buenos Aires 8
☎ (0387) 431 1305
Hotel muy confortable. **$**

Las Lajitas
Calixto Gauna 336
☎ (0387) 423 3796
Hotel de instalaciones modernas pero a buen precio. **$**

LA PATAGONIA

Hotel y Balneario Llao Llao
☎/🖷 (011) 4311 3432/3433
www.llaollao.com
Uno de los hoteles mejor situados de Argentina, a unos 29 km de Bariloche, a orillas del lago Nahuel Huapi. **$$$$**

Edelweiss Hotel
Avda. San Martín 202
Bariloche
☎/🖷 (02944) 426 165
www.edelweiss.com.ar
Este hotel combina tradición y modernidad y cuenta con 100 habitaciones, sauna, gimnasios y un buen restaurante. **$$$**

Hostería La Posada
Villa La Angostura
☎ (02944) 494 450
🖷 (02944) 494 368
www.hosterialaposada.com
En su propia bahía aislada, en la otra orilla del lago, frente a Bariloche. **$$$**

Los Notros
Parque Nacional Los Glaciares
☎ (02902) 491 437

Frente al glaciar Perito Moreno, en pleno parque nacional. Muy cómodo. Sólo se acepta media pensión. **$$$**

Hostería del Viejo Molino
Avda. Bustillo 6400
☎/🖷 (02944) 441 011
A orillas del lago Nahuel Huapi, a 6,4 km de Bariloche. **$$**

Hostería El Retorno
Ruta 258
☎ (02944) 467 377
Sobre el lago Gutiérrez, a unos 10 km de Bariloche. Apacible y atractivo. **$$**

Hotel-Bungalows Rupu Pehuen
Avda. Los Pioneros 4500
☎ (02944) 441 456
En los alrededores de Melipal, situado a unos 4,5 km de Bariloche. Dispone de piscina y pista de tenis. **$$**

Hotel Tronador
Ruta 237, km 19
☎ (02944) 468 127
www.hoteltronador.com
Hotel situado en un maravilloso lugar apartado a orillas del lago Mascardi. **$$**

Posada Los Álamos
Moyano y Bustillo
El Calafate
☎ (02902) 491 144
🖷 (02902) 491 186
www.posadalosalamos.com
Alojamiento de estilo alpino, muy cómodo; instalaciones deportivas, tienda, bar y restaurante. **$$**

Hostería El Trébol
Cholila (Chubut)
☎ (02945) 498 055
Hostal atendido por sus propietarios; sirven productos y especialidades caseras. Con el dueño se pueden organizar excursiones para salir a cazar y a pescar. **$**

La Loma
B. Roca y 15 de Febrero
El Calafate
☎ (02902) 491 016
www.lalomahotel.com
Económico y acogedor. **$**

TIERRA DEL FUEGO

Lago Escondido

Hostería Petrel
A 60 km de Ushuaia
Ruta 3
☎ (02901) 433 569

Un hotel muy agradable, situado a orillas del lago. Buen servicio y ambiente muy acogedor. Desayuno incluido. También dispone de un cámping. **$$**

Río Grande

Atlántida
Avda. Belgrano 582
☎ (02964) 431 914; 431 917
🖷 (02964) 431 915
Moderno, funcional pero popular, el mejor de la ciudad. **$$$**

Posada de los Sauces
Elcano 839
☎ (02964) 432 895
🖷 (02964) 430 672
Hotel cómodo, con restaurante y bar. Recomendable. **$$$**

Los Yaganes
Avda. Belgrano 319
☎ (02964) 430 822
Forma parte de la red del ACA (Automóvil Club Argentino). Habitaciones cómodas, con un restaurante bueno pero caro. **$$**.

Hospedaje Noal
Rafael Obligado 557
☎ (02964) 427 516
Un acogedor hostal. **$**

Hospedaje Villa
San Martín 277
☎ (02964) 422 312
Otro hostal económico. **$**

Tolhuin

Albergue Libertad
Metet 321
☎ (02901) 492 177
Hostal para mochileros, con restaurante. El único alojamiento que hay en este pueblo pequeño. **$$**

Hostería Kaikén
Ruta 2940, km 3
☎/🖷 (02901) 492 208
Hostal cómodo, pocos kilómetros al sur de Tolhuin, con vistas hermosas sobre la orilla del lago Fagnano. Habitaciones y cabañas para un máximo de cinco personas, restaurante (se dice que demasiado caro) y confitería. **$$**

Ushuaia

Hotel Balneario Las Hayas
Camino Glaciar Martial, km 3
☎ (02901) 430 710
🖷 (02901) 430 719
www.lashayas.com

Situado en la montaña, a las afueras de Ushuaia, con unas vistas impresionantes. Gimnasio y piscina. Tiene un servicio de microbús a la ciudad. **$$$$**
Hotel del Glaciar
Camino Glaciar Martial, km 3,5
☎ (02901) 430 640
▤ (02901) 430 636
eventos@infovia.com.ar
Hermosas vistas y buen servicio. Queda fuera de Ushuaia, pero es muy recomendable. **$$$**
Cabo de Hornos
San Martín 899
☎ (02901) 422 187
Muy popular. Tiene restaurante. **$$**
Hotel César
San Martín 753
☎ (02901) 421 460
Céntrico, con buen servicio, desayuno incluido. **$$**
Hotel Malvinas
Deloqui 615
☎ (02901) 422 626
Limpio, cómodo y tranquilo. Bufet-desayuno. **$$**
Hostal del Bosque Apart Hotel
Magallanes 709
☎ (02901) 421 723
Hotel agradable y céntrico. Habitaciones con cocina. Muy recomendable. **$$**
Hostería Mustapic
Piedrabuena 230
☎ (02901) 421 718
Uno de los pocos hoteles económicos de la ciudad. **$**
Hotel Tolkeyén
Del Tolkeyén 2145
☎ (02901) 445 315/6/7
www.hoteltolkeyen.com.ar
Un hotel excelente con hermosas vistas. Destaca por su eficiente servicio. **$$**
Hotel Ushuaia
Laserre 933
☎/▤ (02901) 430 671/
423 051/431 134/424 217
Hotel grande, moderno y agradable, aunque el barrio deja mucho que desear. Buen servicio. Bastante céntrico. **$$**
Torre al Sur
Gobernador Paz 1437
☎ (02901) 430 745
www.torrealsur.com.ar
Hostal muy popular entre los mochileros, con habitaciones com-

Guía de precios

Todos los precios se refieren a habitaciones dobles:
$$$$ 100 dólares o más
$$$ entre 50 y 100 dólares
$$ entre 30 y 50 dólares
$ menos de 30 dólares

partidas. Buenas vistas y un ambiente agradable. Los huéspedes tienen derecho a usar la cocina. Muy recomendable. **$$**
Refugio del Mochilero
25 de Mayo 241
☎ (02901) 436 129
▤ (02901) 431 190
Otro hostal popular entre los mochileros. Cuenta con lavandería y servicio de Internet. **$**
Residencial Fernández
Onachaga 72
☎ (02901) 421 192
Pequeño hostal, muy recomendable. **$**

Restaurantes

Gastronomía

Argentina es famosa por su carne de vaca, y la mayoría de los turistas prefieren este plato a cualquier otro *(véase pág. 91)*. La comida típica sería: empanadas (empanadillas de carne, aunque el relleno suele variar según la región), chorizos o morcillas (salchichas de cerdo o de sangre), y una gran variedad de asaduras, pero esto no es más que el aperitivo.

El plato principal podría consistir en un buen bife de chorizo (chuleta), o una tira de asado, o lomo; éstas son las opciones más habituales, acompañadas por distintas clases de ensaladas.

Para acabar, puede pedir un flan con dulce de leche y un poco de nata montada. Mejor no preocuparse por las calorías y disfrutarlo.

En toda Argentina hay cafeterías típicas (las confiterías), donde puede tomar un excelente *espresso*, té, bebidas sin alcohol o bebidas alcohólicas.

Algunos establecimientos, sobre todo los más famosos y tradicionales de Buenos Aires, son muy recomendables.

Selección de restaurantes

BUENOS AIRES

Cenar fuera es uno de los pasatiempos favoritos de los porteños, aunque el menú no es el único atractivo. El restaurante es un lugar para hacer vida social, donde ir a ver y ser visto, y compartir una botella de vino hasta altas horas de la madrugada. Sin embargo, los porteños se toman la comida con mucha seriedad. Aunque el viajero fuera a comer a los restaurantes todos los días del año, no probaría la comida de todos los establecimientos de Buenos Aires. Comer fuera en esta ciudad es una experiencia maravillosa. La comida, el vino y el servicio son excelentes en general. Sería imposible incluir una lista completa de todos los restaurantes de la ciudad.

A continuación se ofrece una lista de restaurantes recomendados, aunque hay centenares de buenos restaurantes en la ciudad, donde la comida casi siempre es fresca y está bien preparada.

⏱ Los restaurantes de Buenos Aires abren al mediodía, y para la cena hacia las 20:00 h; pero nadie sale a cenar antes de las 21:00 h, aunque, por lo general, se llenan entre las 22:00 y las 23:00 h. Los fines de semana permanecen abiertos hasta mucho después de medianoche.

Cocina argentina

El Ceibal
Güemes 3402
☎ (011) 4823 5807
Cabildo 1421
☎ (011) 4784 2444
Un lugar estupendo para probar las especialidades del norte de Argentina, como el locro (un guiso que se prepara con pies de cerdo y otros trozos de carne), la humita (un plato de maíz que se guisa en hojas de chala), los tamales y las empanadas. **$$**

La Payanca
Suipacha 1015
☎ (011) 4312 5209
Comida del norte de Argentina. Muy céntrico. Un interior característico. Sirve locro y tamales. **$**

Cocina española

Pedemonte
Avda. de Mayo 676
☎ (011) 4331 7179
Uno de los restaurantes favoritos de los políticos porteños, con una decoración de principios de siglo; sirve cocina española, pasta y carne a la parrilla. Espectáculo de tango. Conviene reservar. **$$$**

El Globo
H. Yrigoyen 1199
☎ (011) 4381 3926
A una manzana de la Avda. de Ma-

Restaurantes populares en Buenos Aires

Algunos de los restaurantes que tienen mejor precio de Buenos Aires son los que sirven una mezcla de cocina local con platos de cocina internacional.

El Trapiche
Paraguay 5099
☎ (011) 4772 7343
El típico restaurante de barrio, en Palermo; hay jamones curados, latas de aceite de oliva y botellas de vino adornando las paredes y el techo. Espléndidos bistés, pasta casera y marisco. **$$**

Restaurante Dora
Leandro N. Alem 1016
☎ (011) 4311 2891
Una versión cara de un restaurante popular, con críticas muy favorables para sus grandes bistés y sus sencillos platos de marisco; un restaurante céntrico que no hay que perderse. **$$**

Bárbaro
Tres Sargentos 415
☎ (011) 4311 6856
Un verdadero hito de Buenos Aires; es un lugar ideal para una comida sencilla a mediodía, o para escuchar música, beber cerveza o tomarse unas tapitas entre amigos por la noche. **$**

La Casa de Esteban de Luca
Entre Defensa y Carlos Calvo
Este restaurante está situado en pleno San Telmo, la casa colonial restaurada del «poeta de la revolución» argentina; popular para comer los domingos, después de la feria de San Telmo. **$**

Pippo
Montevideo 345
Un lugar sencillo, pero con un ambiente estupendo y unos precios incomparables. Se recomienda probar un bife de chorizo (chuleta) o un plato de vermicelli mixto (pasta con pesto y deliciosa salsa boloñesa). **$**

Rodi Bar
Vicente López 1900
☎ (011) 4801 5230
Un acogedor restaurante de barrio, que ofrece comida casera sencilla y a precio muy razonable. **$**

---

yo, cerca del Congreso. Conviene probar la paella o el puchero. **$$**

Plaza Mayor
Venezuela 1399
☎ (011) 4383 0788
Está especializado en platos españoles de marisco. Situado en la zona de los teatros independientes, popular entre la gente joven, abierto hasta tarde. **$$**

Tasca Tancat
Paraguay 645
☎ (011) 4312 5442
Un antiguo bar de madera; sirve tapas al estilo español. Cierra los fines de semana. **$**

Cocina india

Katmandú
Córdoba 3547
☎ (011) 4963 1122
Buena comida picante. **$$$**

Cocina internacional

El Aljibe (Hotel Sheraton)
San Martín 1225
☎ (011) 4318 9329

Un espléndido menú que se compone de carne y una gran variedad de propuestas. **$$$**

Soul Café
Báez 248
☎ (011) 4778 3115
Bar y restaurante moderno, con música. **$$**

Te Mataré Ramírez
Paraguay 4062
☎ (011) 4831 7030
Situado en Palermo, este restaurante ofrece un surtido amplio, original y excelente de platos internacionales. Es apropiado tanto para una cena íntima como para una de negocios. Se especializa en platos con cualidades afrodisíacas. **$$–$$$**

Cocina francesa

Au Bec Fin
Vicente López 1825
☎ (011) 4801 6894
Cocina clásica francesa en una espléndida mansión restaurada; toda una institución en Buenos

Confiterías (cafeterías) en Buenos Aires

Las cafeterías tradicionales de Buenos Aires son famosas por ser animados puntos de encuentro, donde no sólo se ofrecen comidas rápidas y bebidas, a veces durante todo el día, sino también por ser una mezcla ecléctica de música en vivo, poesía y tertulias muy intelectuales.

Café Tortoni
Avda. de Mayo 829
☎ (011) 4342 4328
Fundada en 1848, cuenta con billares, jazz en directo, lecturas de poesía y grandiosidad en declive. Vale la pena hacer una visita. **$$**

Café La Paz
Corrientes 1599
Café muy popular entre los estudiantes e intelectuales. Ha sido modernizado hace muy poco. ⊙ Suele estar a abierto hasta muy tarde. **$$**

Florida Garden
Florida y Paraguay
Famoso lugar de reunión de periodistas, variedad de bocadillos y pasteles. **$$**

Ideal
Suipacha 384
☎ (011) 4553 2466
Un elegante punto de reunión para la gente mayor. Confitería de estilo antiguo, con el suelo y las columnas de mármol pulido. Hay música en vivo los domingos por la noche. ⊙ abierto de lunes a viernes, de 15:00 a 21:00 h. **$$**

La Biela
☎ (011) 4804 0449
Avda. Quintana 600
Situado en un lugar muy bonito, frente al cementerio de la Recoleta; tiene terraza. **$$**

La Giralda
Corrientes 1449
Cafetería de estilo antiguo. Sirven chocolate caliente con churros. **$$**

Richmond
Florida 468
☎ (011) 4222 1341
Agradable bar y salón de té, de estilo Inglés. Conserva los paneles de madera, las sillas de piel y los grabados de cacerías antiguos. **$$**

Guía de precios

Todos los precios corresponden a una comida completa para dos personas con una botella de vino de la casa:
$$$ más de 40 dólares
$$ entre 20 y 40 dólares
$ menos de 20 dólares

Restaurante moderno; sirve pasta fresca, pizzas para *gourmets* y ensaladas especiales. **$$**

Teatriz
Riobamba 1220
☎ (011) 4811 1915
Ambiente cálido e informal en el Barrio Norte. Menú mediterráneo, pasta, pollo y pescado, y unos postres excelentes. **$$**

Cocina mexicana

Cielito Lindo
El Salvador 4999
Palermo Viejo
☎ (011) 4832 8054
Cocina mexicana bastante buena, pero precios elevados. **$$$**

Cocina vegetariana

Ever Green
Tucumán 666
Sarmiento 1728
Cadena de restaurantes vegetarianos que ofrecen bufés económicos. Menús vegetarianos y macrobióticos variados. **$$**

Los Sabios
Corrientes 3733
☎ (011) 4864 4407
Comida china vegetariana. **$$**

Valle Esmeralda
Esmeralda 370
☎ (011) 4394 9266
Autoservicio; sólo al mediodía. **$$**

Dietética Córdoba
Córdoba 1557
⊙ Sólo abre al mediodía, con un bufé impresionante. En la misma manzana está **La Esquina de las Flores**, que también ofrece una buena selección de comida vegetariana muy sabrosa. **$**

Tulasi
Marcelo T. de Alvear 628, local 30
☎ (011) 4311 0972
Situado junto a la frondosa plaza San Martín, Este café es un lugar

Aires. Sólo cenas. Recomendamos reservar mesa. **$$$**

Catalinas
Reconquista 875
☎ (011) 4313 0182
Decoración francesa *country* y un menú original (conejo con higos, pescado con avellanas, angulas a la parrilla), con muchas opciones para comer marisco. Hay que reservar mesa. **$$$**

El Gato Dumas
Junín 1745
☎ (011) 4804 5828
Las ofertas de un chef tan peculiar como el del Gato Dumas incluyen «doble pechuga extasiada de pollo» y «perfumes de langosta y pollo». Hay que reservar mesa con antelación. **$$$**

Mora X
Vicente López 2152
☎ (011) 4803 0261
Menú creado por el mismo director culinario de Au Bec Fin; am-

biente de *loft*/galería, realzado por murales. Sirve cocina francesa informal y carne a la parrilla. **$$**

Cocina italiana y mediterránea

Bice
Alicia Moreau de Justo 192
☎ (011) 4315 6216
El original está en Milán, y hay diez más en distintas partes del mundo, además de la versión porteña en Puerto Madero. Restaurante elegante del norte de Italia, con toques modernos para la pasta tradicional. **$$**

Campo dei Fiori
Venezuela y San José
(enfrente del restaurante Plaza Mayor)
Un lugar familiar, bien decorado, donde se hace la pasta en medio del restaurante. **$$**

Fellini
Paraná 1209
☎ (011) 4811 2222

bueno y económico para comer a mediodía. Ofrece una amplia selección de comida india. **$**

Yin Yang
Paraguay 858
☎ (011) 4703 1546
Echeverría 2444
☎ (011) 4788 4368
Dos establecimientos del mismo propietario. Un respiro delicioso después de la carne de ternera argentina; ofrece ensaladas frescas, sopas, pan de trigo casero, arroz integral con sofritos de verduras y otras delicias sin carne. **$**

Parrillas

El Mirasol
Dávila 202
☎ (011) 4315 6277
Parrilla elegante en la zona cara de Puerto Madero; ambiente elegante. Se recomienda reservar mesa. **$$$**

La Veda
Florida 1
☎ (011) 4331 6442
Otro establecimiento tradicional de la «city». Sótano, paneles de madera oscura y excelente bisté a la pimienta. Casi todas las noches hay un espectáculo de tango con la cena. Se recomienda reservar mesa. **$$$**

Chiquilin
Montevideo 321
☎ (011) 4373 5163
Está especializado en pasta italiana y asado argentino. **$$**

Des Nivel
Defensa 855
Una parrilla sencilla en San Telmo; sirven unos bistés deliciosos en un ambiente muy acogedor. Muy popular. **$$**

El Palacio de la Papa Frita
Lavalle 735
☎ (011) 4393 5849
Un lugar popular; sirven los platos típicos de carne y excelentes patatas soufflé. **$$**

La Chacra
Avda. Córdoba 941
☎ (011) 4322 1409
Restaurante típico en el que se sirven parrilladas y asados, con un aire turístico: se puede ver la carne asándose en el escaparate para que a los peatones se les haga

la boca agua. Las porciones son muy generosas. **$$**

La Estancia
Lavalle 941
☎ (011) 4326 0330
Un restaurante para comer el clásico asado en plena «city». **$$**

Munich Recoleta
R. M. Ortiz 1879
☎ (011) 4804 3981
Popular durante cerca de cuarenta años gracias a su ambiente animado y a sus bistés generosos. No se admiten reservas. **$$**

Río Alba
Cerviño 4499
☎ (011) 4773 9508
También en Palermo; restaurante popular, famoso por las brochetas y sus grandes *filets mignons*. **$$**

Los Troncos
Suipacha 732
☎ (011) 322 1295
Excelentes platos de carne y vinos afrutados a precio de ganga. **$**

Pizzerías

El Cuartito
Talcahuano 937
☎ (011) 4393 1758
Lo más parecido que hay en Buenos Aires a un bar deportivo, con recortes y fotos en las paredes, fútbol por la televisión, deliciosas pizzas y cerveza helada. **$**

Los Inmortales
Corrientes 1369
Lavalle 746
Callao 1165
Pequeña cadena de pizzerías porteñas, con decoración dedicada a la vida y la época de las estrellas del tango; todas las pizzas son buenas. Se recomienda la napolitana clásica, con tomate y ajo. **$**

MAR Y SIERRAS

Mar del Plata

Allí hay literalmente cientos de restaurantes. La mayoría muy buenos, y el marisco fresco.

Tío Curzio
Bulevar Marítimo 2657 y Colón
Para disfrutar de los deliciosos mariscos frente a la playa. **$$$**

El Timón
En el centro del puerto, local 16
☎ (0223) 420 2674
Mariscos frescos. **$$–$$$**

Ambos Mundos
Rivadavia 2644
☎ (0223) 495 0450
Cocina española y argentina. **$$**

El Palacio del Bife
Córdoba 1857
☎ (0223) 420 0209
No sólo bistés, también sirven deliciosos platos de pollo y carne a la parrilla. **$$**

Taberna Baska
Martínez de Hoz, cerca de la 12 de Octubre. Cocina española. Marisco fresco. **$$**

Stella Maris
En la esquina de Alsina y Alberti
Se recomienda pedir una deliciosa cazuela de mariscos, entre otras exquisiteces. **$**

Villa Gesell

Cantina Caprese
Buenos Aires, entre Alameda 206 y 208
Buena cocina italiana. **$$–$$$**

La Cabaña
Paseo 119 y Avda. 3
Buenos platos de marisco y pasta. Precios económicos. **$**

La Jirafa Azul
Avda. 3 entre Buenos Aires y el paseo 102
Un bar y restaurante informal. Muy bien de precio. **$**

Las Cortaderas
Calle 301, entre 214 y la Circunvalación
Excelentes pasteles, y también comidas ligeras. **$**

LAS SIERRAS CENTRALES

Córdoba

Hay muchos restaurantes de autoservicio en la ciudad, donde comen los estudiantes; venden gran variedad de platos al peso, buenos y económicos, sobre todo el menú fijo. De lo contrario, puede probar los siguientes restaurantes.

Betos
San Juan 494
Famoso por servir los mejores platos de carne de toda la ciudad. Muy recomendable. **$$$**

Il Gatto
Rafael Núñez 3856
y General Paz 120
☎ (0351) 421 3619

Pasta, pizzas y cocina internacional; forma parte de una cadena nacional. **$$**

La Mamma
Figueroa Alcorta 270
☎ (0351) 426 0610
Comida italiana. **$$**

Rancho Grande
Rafael Núñez 4142
Cocina internacional, con mucha carne de ternera. Uno de los restaurantes más antiguos y tradicionales de Córdoba. **$$**

Rías Bajas
Montevideo 271
☎ (0351) 425 1845
Especializado en mariscos. **$$**

Río Ceballos
Confitería Vienesa
En San Martín, la calle principal
Excelente repostería. **$$**

Kupferhassel
Buonarotti s/n
☎ (03543) 453 750
Restaurante de estilo alemán, sirve *fondues*, tés variados y deliciosos pasteles. **$$**

Villa Carlos Paz
Il Gato
Libertad y Belgrano
☎ (03541) 422 361
Cocina internacional. Recomendamos especialmente su pasta y sus pizzas. **$$**

ZONA NORDESTE
Rosario
A orillas del río hay varios buenos restaurantes que además ofrecen vistas atractivas del río, como los siguientes:
Club Náutico de Rosario
Belgrano 1000
☎ (0341) 440 9776
Platos de carne y pescado de primera clase. **$$$**

Rich
San Juan 1031
☎ (0341) 440 8657
Restaurante tradicional, de categoría. **$$$**

Señor Arenero
Costanera 2568
☎ (0341) 454 2155
Otro antiguo restaurante rosarino, muy conocido. **$$**

ZONA NOROESTE
Catamarca
Hotel Casino Catamarca
Pasaje Carmen
Menú internacional, buen servicio, cena con espectáculo. **$$$**

Sociedad Española
Virgen del Valle 725
☎ (03833) 431 897
Cocina internacional, española y argentina, está especializado en parrilladas y marisco. **$$**

Trattoria Montecarlo
República 548
Excelentes platos de pasta y carne; situado en la plaza. Recomendable. **$–$$**

La Leña
Güemes 563
Restaurante económico para comer parrilladas. **$**

Tucumán
La Leñita
25 de Mayo 377
Restaurante muy atractivo y acogedor, atendido por sus dueños; está especializado en carnes a la parrilla. **$$–$$$**

Carlos V
25 de Mayo 330
Queda dentro del Hotel Carlos V.
Cocina internacional, sobre todo española e italiana. **$$**

Floreal
25 de Mayo 568
Buena cocina internacional. **$$**

Salta
Boliche Balderrama
San Martín 1126
Restaurante tradicional; sirve platos regionales y ofrece un espectáculo folclórico. **$$–$$$**

Hotel Portezuelo
Avda. Turística 1
El restaurante del hotel ofrece un menú bastante típico de carne argentina y pasta, pero merece la pena verlo porque está situado en una montaña, y tiene una espléndida vista de la ciudad. **$$–$$$**

Los Gauchos de Güemes
Uruguay 750
Restaurante que ofrece también un espectáculo folclórico. La comida es correcta y el espectáculo bueno, pero el ambiente es bastante turístico. **$$–$$$**

Guía de precios

Todos los precios corresponden a una comida completa para dos personas con una botella de vino de la casa:
$$$ más de 40 dólares
$$ entre 20 y 40 dólares
$ menos de 20 dólares

La Estrella Oriental
San Juan 137
Cocina árabe. **$$**

Santana
Mendoza 208
Atractivo, buena cocina argentina, con platos regionales. **$$**

Cafayate
La Casona de Luis
Almagro 87
☎ (03868) 421 249
Cocina regional en un edificio colonial que también es hotel. **$$**

El Comedor Criollo
Güemes 254
☎ (03868) 421 140
Especialidades locales. **$–$$**

La Carreta de Olegario
Güemes 2, en la Plaza Mayor
☎ (03868) 421 004
Cocina regional. Entre sus especialidades incluye platos de carne y locro, además de otras especialidades locales. **$**

Jujuy
Los dos mejores restaurantes están situados en el **Hotel Jujuy Palace** (Belgrano 1060) y el **Hotel Panorama** (Belgrano 1295); los dos son de moderados a caros.
El **Hotel Alto La Viña**, saliendo de la ciudad unos cuantos kilómetros, en la Ruta 56, sirve una comida razonable al mediodía y tiene unas vistas espectaculares.
En la calle peatonal, **Belgrano**, hay muchas confiterías, con buenos precios.

El Éxodo
El Éxodo 190
Cocina regional, como locro, empanadas y especialidades locales. **$**

Madre Tierra
Otero y Belgrano
Cocina vegetariana. **$**

Guía de precios

Todos los precios corresponden a una comida completa para dos personas con una botella de vino de la casa:

$$$ más de 40 dólares
$$ entre 20 y 40 dólares
$ menos de 20 dólares

Cuyo

Mendoza

La Marchigiana
Patricias Mendocinas 1550
Cocina internacional, servicio de alto nivel. **$$$**

Restaurante Sarmiento
Sarmiento 658
☎ (0261) 438 0324
Restaurante tradicional, especializado en parrilladas de chivo y lechón. **$$$**

Ferruccio Sopelsa
Paseo Sarmiento 35
Helados sabrosos en porciones generosas. Forma parte de una cadena que tiene otros puntos de venta en la ciudad. **$$**

La Nuova Pizza
Avda. Sarmiento 785
Muy buen ambiente. Deliciosas pizzas **$$**

Trevi
Las Heras 70
Cocina italiana. **$$**

Class
Paseo Sarmiento
y Avda. San Martín
Menús fijos, buenos y económicos, y cerveza en jarra. Agradables mesas al aire libre, o en el interior con aire acondicionado. **$**

Dalí
Espejo y 9 de Julio
Restaurante agradable; sirve buenos platos, muy normales pero bien cocinados: bistés, milanesas (carne empanada) y pasta. Recomendable. **$**

La Patagonia

Bariloche

Casita Suiza
Quaglia 342
☎ (03944) 423 775
Restaurante tradicional de estilo suizo, con una amplia variedad de platos. **$$$**

Kandahar
20 de Febrero 698
☎ (03944) 424 702
Menú imaginativo y ambiente encantador. **$$–$$$**

Cervecería Blest
Avda. Bustillo, km 11,6
☎ (03944) 461 026
Cervecería situada en las afueras de la ciudad, sobre la carretera al Llao Llao, junto a la única fábrica de cerveza de la zona; sirven comida rápida sabrosa. **$$**

El Boliche de Alberto
Villegas 347
☎ (03944) 431 338
Cocina tradicional argentina, especialmente carnes. **$$**

La Marmite
Mitre 329
☎ (03944) 423 685
Popular cafetería y restaurante. **$$**

Tierra del Fuego

Río Grande

Atlántida
Belgrano 582
☎ (02964) 431 914
Situado en el interior del elegante Hotel Atlántida, sirven cocina internacional y excelentes mariscadas. Buena relación calidad/precio. **$$$**

El Comedor de May
Elcano 839
☎ (02964) 430 868
El mejor establecimiento de la ciudad. Situado en la Posada de los Sauces. Excelente carne, marisco y buena carta de vinos. **$$$**

Rotisería CAI
Avda. Perito Moreno s/n
Un lugar popular, sirve buenos platos de carne. **$**

Tolhuin

Dulces Sueños
Cabecera del Lago Fagnano
☎ 1556 6432 (móvil)
Un lugar enorme frente al lago. Comida razonable. **$$**

El Basco
Kooshten 324
☎ (02901) 492 137
Restaurante especializado en carne a la parrilla. **$$**

La Posada de los Ramírez
Avda. Shelknam 411
☎ (02901) 492 128

Restaurante pequeño pero muy acogedor. **$$**

Restaurante Hostería Kaikén
Cabecera del Lago Fagnano
Ruta 3
☎ (02901) 492 208
Restaurante sumamente agradable, perteneciente a la hostería; situado a 120 km al sur de Río Grande. Magníficas vistas. **$$**

Tel-Amen
Cerro Jeujupén, esquina Juan Villa
☎ (02901) 492 152
Pequeño bar/restaurante, especializado en comida rápida y bocadillos. Recomendable para los que dispongan de poco tiempo. **$$**

Ushuaia

Kaupé
Roca 470
☎ (02901) 422 704
Pequeño restaurante con excelente comida y una vista panorámica encantadora de la bahía. El ambiente es agradable y muy recomendable, el mejor de la ciudad, así que conviene reservar con antelación. **$$$**

Parrilla del Martial
Louis Martial 2135
☎ (02901) 432 253
Vista excelente de las montañas; sirve carne a la parrilla. **$$$**

Tía Elvira
Maipú 349
☎ (02901) 424 725
Excelente comida, recomendamos pidan algún plato de marisco. Muy popular. **$$$**

Barcito Ideal
San Martín 393
☎ (02901) 433 840
Una hermosa casa antigua en el centro de la ciudad. Buen ambiente y comida razonable. **$$**

Club Náutico
Maipú y Belgrano
☎ (02901) 424 028
Un restaurante muy bonito, dentro del Yacht Club, frente al mar. Excelentes vistas. **$$**

Opíparo
Maipú 1255
☎ (02901) 434 022
Hermosa casa antigua ante el Yacht Club de Ushuaia. Especialidad en pizzas y pastas, que son excelentes. **$$**

El Turco
San Martín 1440
☎ (02901) 424 711
El restaurante más popular entre los lugareños. La comida es excelente, el ambiente muy agradable y además resulta barato. Muy recomendable. **$**

Cultura

Los argentinos son un pueblo que presta mucha atención a la cultura. Aunque se fijan en las tendencias europeas, mantienen sus propias tradiciones. Casi todas las ciudades, sobre todo las que cuentan con una universidad, brindan una gran variedad de actividades culturales, centradas en sus museos, galerías, teatros, librerías y bibliotecas. La mayoría de los museos del país cobran una entrada simbólica, y muchos de ellos son gratuitos. A veces se hacen descuentos a los estudiantes con un carné internacional.

Los horarios suelen ser los mismos en todo el país. ⊙ Abren todos los días, excepto domingos y a veces los lunes; bastantes lugares cierran varias horas al mediodía y vuelven a abrir a media tarde. Para consultar los horarios de museos concretos, si se conocen, se recomienda leer la parte correspondiente de esta guía.

Galerías de arte

En Argentina se aprecia mucho el arte, y tradicionalmente hay una fuerte influencia francesa.

La capital, Buenos Aires, es la fuerza dominante de la producción artística nacional, si bien algunas capitales de provincia, como Resistencia, en la zona nordeste, son también centros importantes. Paseando por Buenos Aires se ven bastantes galerías de arte.

Algunas de las galerías más conocidas son las que figuran en la selección que les ofrecemos a continuación.

British Arts Center
Suipacha 1333
Centro Cultural Recoleta
Junín 1930

Colección Alvear de Zurbarán
Avda. Alvear 1658
Una pequeña colección de arte moderno (sobre todo de artistas argentinos) que cambia todos los meses.
Galería Palatina
Arroyo 821
Galería Praxis
Arenales 1311
Galería Ruth Benzacar
Florida 1000
A los que dispongan de tiempo para curiosear y estén especialmente interesados en el arte, les conviene recorrer las calles menos importantes porque pueden encontrar algunas casas antiguas que albergan interesantes exposiciones.

Teatro

El Teatro Colón es el teatro lírico de Buenos Aires, quizás el más conocido de América Latina a nivel internacional. El edificio es de estilo renacentista italiano, con influencias griegas y francesas. Tiene capacidad para 3 500 personas, y para aproximadamente 1 000 de pie. La acústica se considera casi perfecta. La ópera es uno de los programas favoritos de la temporada. El Teatro Colón cuenta además con un magnífico museo.
Teatro Colón
☎ 4374 8611 (información)
☎ 4382 0554 (entradas, en la calle Libertad 621)
☎ 4382 7132 (visitas guiadas)
El **Teatro San Martín** ofrece una gran variedad de obras de teatro y espectáculos musicales. Puede consultar el programa en alguno de los periódicos de la capital. Avda. San Martín 1550
☎ 4370 0111

Festivales folclóricos

Para hacerse una idea real del folclore argentino, conviene asistir a alguno de los numerosos festivales folclóricos que se celebran en distintas ciudades de todo el país.

La oficina nacional de turismo ofrece información sobre los principales acontecimientos, como el festival de Cosquín, cerca de Cór-

La batalla de los sexos en los bailes tradicionales

En las tradiciones de la música y el baile argentinos, se ha sentido durante siglos la influencia de la colonización. La mayoría de las danzas folclóricas tienen su origen en los bailes organizados de parejas típicos de las cortes españolas y de los salones de baile parisienses. No obstante, la influencia nativa en la música está muy presente en el norte del país, que se beneficia del influjo andino de Chile, Bolivia y Perú.

En las regiones montañosas de Jujuy y Salta perduran todavía muchos bailes antiguos, con sus formas coloridas, complejas y audaces. Dentro de la coreografía y los arreglos de estos bailes antiguos se conservan los recuerdos y rituales de civilizaciones precolombinas muy refinadas.

La zamba y la cueca

La zamacueca, originaria de Perú, evolucionó para convertirse en dos bailes: la zamba, que adquiere un ritmo melancólico más lento, y la cueca (o chilena) más ligera. Las cuecas, los bailecitos y los carnavalitos utilizan instrumentos indígenas como el charango (una especie de bandurria), tambores y el sonido agudo de las flautas de la zampoña. Vestidos con ricas prendas de color naranja y tocados con sombreros negros, tipo bombín, hombres y mujeres llevan a cabo el complejo repertorio de bailes en grupo que se conocen con el nombre de «carnavalito». Resumiendo, un correteo azuzado por el son del bombo, la explosión de la zampoña y las vigorosas cuerdas del charango, a las órdenes del que dirige, empuñando una caña a modo de batuta.

La mayoría de los bailes folclóricos representan en cierto modo el juego de roles: la batalla de los sexos. La mujer y el hombre realizan un juego de evasión y seducción, de coqueteo y rechazo.

La chacarera, el gato y el escondido

El gaucho es una figura romántica en el folclore argentino, tan rebelde e indomable como el propio paisaje. Los bailes y la música propios de la cultura gauchesca son la chacarera, el gato y el escondido. A diferencia de los bailes del norte, estas formas que se derivan de la cultura colonial antigua y la moderna cultura europea, constituyen el baile criollo y reflejan el rigor y la alegría de la vida en las planicies abiertas.

Tanto en la chacarera como en el gato resuena el ritmo repetitivo del bombo, y la guitarra y el acordeón acompañan al narrador solista. A menudo los dos tienen un ritmo entusiasta y contagioso; pero las letras de la chacarera entonan temas como el dolor y la desgracia (favoritos de los gauchos, aficionados a tocar sobre todo cuando se sentían melancólicos), mientras que las del gato rinden homenaje a las alegrías de la vida, el baile, la comida y la bebida.

El escondido es un baile muy entretenido de ver, porque en él el hombre y la mujer representan el juego del escondite: ella finge que se esconde, arrodillándose sobre una rodilla, ocultando los ojos, mientras que el hombre, que asume un papel protector se pavonea con sus botas con espuelas, chasqueando los dedos en el aire mientras hace como si la buscara con desesperación.

A mediados del siglo XIX, con la llegada de los bailes de salón como la polca y el vals, se empezaron a ver parejas abrazadas (un alivio después de la belicosidad anterior). En la década de 1920, muchos de los bailes criollos más antiguos se refugiaron en la zona del noroeste, donde encontraron un nuevo hogar, por ejemplo en Santiago del Estero, ciudad que adoptó como propios la chacarera y el gato.

Música folclórica de Salta

Salta es uno de los mejores lugares del país, en especial para escuchar música folclórica, y cuenta con varios restaurantes y peñas que presentan espectáculos en vivo. En la ciudad también se celebra a mediados del mes de junio un festival anual dedicado a la música folclórica y en el que se pueden ver vistosos desfiles de gauchos.

---

doba, que durante el mes de enero atrae a una multitud procedente de todo el país con un desfile de grandes artistas argentinos y también de otros países latinoamericanos y europeos. Vale la pena asistir.

Festival de Cosquín

Cerca de Cosquín
Inicio: segunda quincena de enero
Duración: nueve noches
☎ 03541 450 500
(Oficina de Turismo de Cosquín)

Festival de La Falda

Cerca de Cosquín
Inicio: principios de febrero
☎ (03548) 423 007
(Secretaría de Turismo de La Falda)

La Falda, cerca de Cosquín, hacia el norte, ofrece un excelente festival de música folclórica.

Celebraciones de Salta

Durante el carnaval hay una procesión espectacular en Salta (el martes de carnaval concreta-mente), con carrozas adornadas y complejas exhibiciones multicolores del baile folclórico del norte, acompañados por la enérgica música tradicional.

Recomendamos asimismo algunos de los festivales de música folclórica más famosos:

Boliche Balderrama
San Martín 1126
Gauchos de Güemes
Uruguay 750
Manolo
San Martín 1296

Festival de La Rioja

En esta zona, gran productora de vino, se celebra un interesante festival la tercera semana de febrero en la ciudad del mismo nombre.

Festival de La Chaya

Este festival, aunque tiene lugar durante la época de carnaval, no se inspira en la costumbre europea que introdujo esta fiesta en el continente, sino que parte de una leyenda diaguita precolombina.

Folclore de Santiago del Estero

Santiago del Estero, en el centro norte, tiene un folclore vibrante y rico. Se dice que de aquí surgen los mejores compositores del país, además de ser el lugar donde nacieron dos bailes típicos de Argentina, como el gato y la chacarera.

El 24 de julio, los santiagueños rinden homenaje a su patrono, san Francisco Solano.

Fiesta del Poncho
(Catamarca)

Asimismo, en julio, en la vecina Catamarca, se celebra la Fiesta del Poncho, durante cuatro días de celebración tradicional.

Fiesta de la Vendimia
(Mendoza)

La Fiesta de la Vendimia, en Mendoza, es la fiesta de la cosecha de la uva que se celebra todos los años en marzo, en plena zona vitivinícola argentina. Los tres días de fiesta culminan con un gran espectáculo de luces, música y baile en un anfiteatro, situado en las laderas de la cordillera de los Andes.

Fiesta Alpina del Chocolate
y la Oktoberfest
(Villa General Belgrano)

En este pueblo situado a pocos kilómetros de Córdoba se ofrecen dos festivales al año: la Fiesta Alpina del Chocolate, en invierno, y la Oktoberfest (la Fiesta de la Cerveza), de tradición alemana.

Semana de la Tradición
(San Antonio de Areco)

Durante el mes de noviembre, en San Antonio de Areco, pueblo situado a 115 km de Buenos Aires, se celebra la Semana de la Tradición, con gauchos que muestran su destreza en distintas jineteadas. En la ciudad hay también un museo gauchesco (Ricardo Güiraldes), y los fines de semana los artesanos locales venden sus obras en puestos que instalan alrededor de la plaza del pueblo.

Vida nocturna

Buenos Aires

En la capital, Buenos Aires, la vida nocturna es más activa que en la mayoría de las grandes ciudades del mundo. La gente no tiene problema en salir hasta altas horas de la madrugada y, aunque han aumentado los pequeños delitos, todavía no constituyen un grave problema.

En pleno centro, las calles Florida y Lavalle están a veces tan llenas de gente a medianoche como a mediodía.

◷ Los cines permanecen abiertos después de las 23 h, y algunos restaurantes no cierran nunca. Las cantinas de La Boca se han convertido en una atracción turística por sí mismas, con ruidosos espectáculos en los que todos cantan, en unos restaurantes enormes, decorados estridentes. En la calle Necochea, entre Brandsen y Olavarría, hay una serie de cantinas, como Spadavecchia, La Fragata, Il Piccolo Navio, Los Tres Amigos, Gennarino y La Gaviota.

Abundan los bares de copas, las discotecas, los clubs nocturnos, y los cabarés en casi toda la ciudad.

Cemento
Estados Unidos 700
Se puede bailar y escuchar los últimos éxitos musicales de todo el mundo hasta la madrugada; el ambiente es joven.

Algunos de los establecimientos más tradicionales son:
El Codo
Guardia Vieja 4085
☎ 4862 1381
Muy acogedor. Música *soul* y *funky*. Tradicional.

364 ◆ Guía práctica

El rock como protesta

Lejos de limitarse a asimilar la música rock procedente de Estados Unidos y de Europa, el rock argentino se considera un producto mucho más nacional y enraizado en los asuntos locales. León Gieco, Fito Páez, Charly García, Luis Alberto Spinetta y grupos como Voxdei, Sui Generis, Seru Giran y Soda Stereo son famosos representantes del rock nacional argentino.

Ellos han continuado el movimiento de la nueva canción nacido durante la década de 1960, cuando artistas como Mercedes Sosa y Atahualpa Yupanqui utilizaron la canción folclórica como denuncia de la injusticia social con gran riesgo para sus vidas. Así, por ejemplo, Mercedes Sosa fue arrestada y después se exilió fuera del país en la década de 1970.

Continuando con las voces de protesta, el más radical de los roqueros argentinos actuales es Charly García. Algunos de sus temas más provocadores son *Supervivientes* y *Los dinosaurios*, que se burlan de la opresión en Argentina. También manifestó su oposición a los agresores extranjeros, por ejemplo durante la crisis de las islas Malvinas, con temas como *No bombardeen Buenos Aires*. Famoso justamente por su falta de sutileza, durante la guerra de las Malvinas, García finalizó uno de sus conciertos con una impresionante lluvia de misiles simulados.

Durante el mes de febrero de 1999, antes de que las autoridades frustraran sus planes, ideó un final apoteósico para su mayor concierto anual en Buenos Aires: para que la ciudad recordara los errores del pasado, planeó arrojar cientos de maniquíes al Río de la Plata desde helicópteros, como una forma de conmemorar a las víctimas del antiguo régimen militar.

Se recomienda reservar siempre con antelación.

Bar Sur
Estados Unidos 299
☎ 4362 6086
Caño 14
Talcahuano 975
☎ 4393 4626
Casa Rosada
Chile 318
☎ 4361 8222
El Castillo
Pedro de Mendoza 1455
☎ 4428 5270
El Viejo Almacén
Balcarce
y Avda. Independencia 300
☎ 4307 7388
La Ventana
Balcarce 425
☎ 4331 0217
Local pequeño, con buena comida y un espectáculo excelente, que combina tango y música folclórica de toda América del Sur. El espectáculo con la cena incluida, además del viaje de ida y vuelta al hotel, cuesta unos 50 dólares.
Michelangelo
Balcarce 433
☎ 4331 8689
El repertorio combina tango y música y baile folclóricos, en un antiguo monasterio con un ambiente muy agradable.

El Dorado
Hipólito Yrigoyen 947
☎ 4334 2155
Para cenar y bailar.
El Living
Marcelo I. de Alvear 1540
☎ 4811 4730
Ambiente elegante.
La Morocha
Dorrego 3307
☎ 4773 3888
En una vieja estación de ferrocarril, muy bien arreglada. También para la *jet-set*, mucha pose. Tiene otra sala para los amantes del rock.
Ozono
Uruguay 142
☎ 4373 2666
Buen ambiente. Un bar tranquilo arriba y baile abajo.

En general, a los argentinos les gusta acostarse tarde. ◷ Los restaurantes de Buenos Aires abren a las 20:00 h, pero en las provincias muchos no abren hasta las 21:00 h.

Las grandes ciudades del interior (Córdoba, Mendoza, Bariloche, Salta, etc.) que atraen mucho turismo también tienen una animada vida nocturna. Los espectáculos teatrales no son tan variados como en Buenos Aires, pero se ofrece de todo un poco, y siempre se encuentra un buen espectáculo de tango, aunque los mejores están en Buenos Aires.

Cine

Los argentinos son muy aficionados al cine. Se proyectan películas nuevas, nacionales e internacionales, por lo general en inglés y con subtítulos en español. La cartelera está disponible en todos los periódicos locales. En el centro de Buenos Aires cabe destacar el gran número de salas, sobre todo en Lavalle y Corrientes.

Espectáculos de tango

Se ofrecen espectáculos de tango en casi todo el país, aunque los mejores están en Buenos Aires.

De compras

Dónde comprar

La actual situación económica ofrece muchas gangas al viajero. Además, el gobierno ha presentado hace poco un proyecto de ley para que los turistas extranjeros puedan recuperar el IVA por compras superiores a unos 70 dólares, siempre y cuando se trate de productos hechos en Argentina y comprados en establecimientos que tengan la pegatina de Reintegro Global. Es necesario obtener una factura y un impreso específico en el momento de la compra, y ambos deben ser presentados en la Aduana al salir del país. El dinero puede ser transferido a su cuenta o girado a su lugar de residencia en dólares.

Galerías y centros comerciales

En **Florida y Santa Fe**, principales calles comerciales de la ciudad, está ubicada la mayoría de las marcas más conocidas, como Benetton, Gucci y Stefanel. En la esquina de Florida y Córdoba se hallan las **Galerías Pacífico**, un centro comercial de tres plantas, con tiendas de ropa de alta calidad y prendas deportivas. Allí se encuentran las tiendas de Vitamina, Chocolate y Sol Porteño, que venden ropa bastante cara pero muy moderna.

En el **Patio Bullrich** (Posadas 1245) en la Recoleta, al lado del Hotel Hyatt, hay una serie de tiendas más elegantes todavía, mientras que el centro comercial de **Alto Palermo** (Arenales 3360) queda a mitad de camino entre los dos. Una excelente diseñadora argentina de ropa para la mujer es **Jasmín Chezbar**, su tienda está situada entre República de la India y Libertador.

La **Galería Bond Street** (Santa Fe 850) ofrece una amplia gama de ropa de segunda mano. Allí es donde intentan vender sus colecciones los jóvenes diseñadores argentinos. Podrá disfrutar de algunas de sus prendas más atrevidas y originales.

La parte más exclusiva de la ciudad se encuentra en la zona de la **Recoleta**, a lo largo de la Avda. Alvear, Quintana, Ayacucho y por las calles laterales.

Supermercados

En cuanto a alimentos, los principales supermercados son Disco, Norte y Coto, de precio más reducido. Cualquier taxista sabe llegar hasta el más próximo.

Librerías

Una excelente librería de viajes, con una amplia selección de libros y mapas, es la Tienda de Viajes Patagonia y Tierra del Fuego, situada en Viamonte 500.

Qué comprar

Antigüedades

La zona de Buenos Aires más conocida por sus comercios de antigüedades es San Telmo. Se trata de uno de los barrios con más historia de la ciudad, donde se celebra todos los domingos la feria de San Telmo. La plaza se llena de puestecitos donde se venden los objetos más variados, nuevos y antiguos, normales y extraños, y que pueden resultar muy baratos o excesivamente caros. Sólo el ojo experto es capaz de reconocer las oportunidades. Los demás piensan que han encontrado una pieza única cuando en realidad sólo han comprado una imitación. Alrededor de la plaza hay numerosas tiendas de antigüedades que tienen mucha reputación. Los precios son elevados, pero todavía se encuentran algunas piezas maravillosas.

Son muy populares las tiendas de subastas, donde se pueden hacer buenas adquisiciones. A continuación se enumeran algunas.

Banco de la Ciudad
Esmeralda 660

Artesanías regionales en Argentina

Artesanías Argentina
Montevideo 1386
Cardón
Avda. Santa Fe 1287
Una talabartería que vende aparejos de cuero tradicionales de los gauchos y objetos de plata.
Tuyunti
Florida 971
Tigre
Puerto de los frutos

Los domingos, en diferentes partes de Buenos Aires:
☞ Plaza Francia (cerca del área de la Recoleta)
☞ Plaza Manuel Belgrano (Juramento 22)
☞ Plaza Mitre (San Isidro)

También cabe destacar las importantes ferias de artesanía local en ciudades como Mendoza, Bariloche y El Bolsón.

Naon y Cía.
Guido 1785
Roldán y Cía.
Rodríguez Peña 1673
Por toda la ciudad hay pequeñas tiendas de antigüedades y los precios son negociables. Abundan en la Avda. Rivadavia, alrededor de la manzana del 4000. También se encuentran varias tiendas en la Avda. del Libertador, hacia Martínez y San Isidro.
La Baulera
Avda. Monroe 2753
Tiene un amplio surtido de objetos de colección.

Se pueden conseguir listas de tiendas de este tipo en el hotel, o en los periódicos locales.

Artículos de cuero

Belt Factory
Fco. Acuña de Figueroa 454
Casa Bariloche
Uruguay 318
Coalpe
México 3325
Colicuer
Tte. Gral. Perón 1615, planta 1

Kerquelen
Santander 745–747
Fabricación a la medida y servicio rápido.
La Mia Scarpa
Zapatos hechos a medida.
Thames 1617
Le Fauve
Sarandí 1226
Maximilian Klein
Humberto Primo 3435
Viel
Viel 1550

Joyerías
Antoniazzi-Chiappe
Avda. Alvear 1895
Joyería Koltai
Esmeralda 616
Joyeros Stern
Sheraton Hotel
Lovasi Joyería
Rodríguez Peña 419
Ricciardi
Florida 1001

Shoppings
Los centros comerciales de estilo norteamericano se conocen como *shoppings* y comenzaron a aparecer en Buenos Aires a finales de la década de 1980.

La mayoría de las tiendas son de cadena, y hay algunos puntos con objetos de lujo.

La mayoría de los grandes centros comerciales tienen restaurantes al aire libre, salas de cine y otros equipamientos.
Abasto
Corrientes 3247
Un centro comercial que ocupa un edificio histórico, con restaurantes, salas de cine y una pista de patinaje sobre hielo.
Galerías Pacífico
Florida 787, San Nicolás
Centro renovado en el que está el Centro Cultural Borges.
Patio Bullrich
Posadas 1245
También ocupa un edificio histórico, con todas las comodidades y con juegos para niños.

Actividades al aire libre

Con tanto territorio tan escasamente poblado y con su espectacular variedad de paisajes, desde los multicolores desiertos rocosos del noroeste hasta las imponentes cataratas del Iguazú en el nordeste subtropical, bajando hasta las legendarias estepas y los picos andinos de la Patagonia, Argentina es un paraíso para los aficionados a las actividades al aire libre que requieren mucho espacio. Las infraestructuras del transporte y el turismo están bien desarrolladas, y se ofrece una amplia variedad de actividades para todos los gustos y la mayoría de los presupuestos.

Para los más entusiastas, los Andes argentinos brindan algunas de las posibilidades de escalar, practicar senderismo y esquiar más emocionantes del mundo. Pero si el viajero sencillamente pretende descansar y disfrutar de un entorno tranquilo, encontrará numerosas estancias cuyos propietarios abren sus puertas a los huéspedes y les ofrecen paseos a caballo, o la posibilidad de holgazanear junto a la piscina, esperando el asado que servirán a la hora de comer.

Ésta es una selección de actividades al aire libre en todo el país, con información sobre las agencias especializadas en excursiones organizadas.

Buenos Aires

Para una ciudad de su tamaño, es increíble la cantidad de plazas arboladas, campos de deportes y espacios verdes que hay, donde cualquiera puede huir del tráfico y la multitud en unos minutos.

En los barrios del norte de la ciudad, sobre todo, abundan los parques alrededor del parque 3 de Febrero, en Palermo. También están el Jardín Botánico, el Jardín Zoológico de Buenos Aires, el Hipódromo Argentino, además de clubs de polo, pato, golf y tenis.

En el centro de la ciudad, detrás de la zona portuaria recientemente restaurada de Puerto Madero, se halla el Parque Natural Costanera Sur, un espacio amplio y abierto de prados y lagunas. Este parque, diseñado como reserva ecológica protegida, contiene una amplia variedad de aves acuáticas y otros animales, que está prohibido cazar. Una red de senderos recorre el parque, por lo que resulta ideal para ciclistas, paseantes y aficionados a observar aves. La organización para la conservación de la flora y fauna, la Fundación Vida Silvestre, administradora del parque, ⏰ organiza visitas guiadas todos los días a las 15:30 h. No se puede pasar allí la noche, pero hay muchos restaurantes y puestos de comida rápida (⏰ abiertos todos los días, de 8:00 a 18:00 h, entrada gratuita).

Si el viajero dispone de tiempo para estar en Buenos Aires, puede pasar un fin de semana en la pampa. A dos horas de viaje por carretera encontrará bastantes estancias que ofrecen excursiones a caballo, asados y exhibición de destrezas gauchescas. Algunas incluso disponen de habitaciones y ofrecen paquetes que lo incluyen todo *(véase pág. 104)*.
Estancia El Carmen de Sierra
Arrecifes
A 170 km de Buenos Aires
☎ (036646) 413 083
Edificio histórico que ofrece alojamiento muy cómodo, paseos a caballo y piscina.
Estancia La Bamba
San Antonio de Areco
☎ (011) 4392 9707
A 115 km de Buenos Aires
Establecimiento muy cómodo.
☎ (011) 4392 9707
Estancia Los Patricios
Cerca de San Antonio de Areco
En la Ruta 41
☎ (03326) 3823

Caballos Falabella

Una visita a la **Estancia El Peludo** es un interesante paseo para hacer desde Buenos Aires. Situada a 65 kilómetros de la ciudad, en esta estancia se crían los exclusivos y famosos caballos Falabella (que llevan el nombre de su criador).

Algunos de ellos pertenecen a figuras internacionales como la familia Kennedy, los Carter y el rey don Juan Carlos I de España.

Los interesados en visitar la estancia (y quizás comprar un caballo) tendrán que ponerse en contacto con la señora Falabella.

☎ 444 5050/1404

Hermosa estancia cubierta de hiedra, donde puede montar a caballo, jugar al golf, nadar en la piscina, escuchar música nacional, ver bailes folclóricos y asistir a asados en un granero; ofrece alojamiento para pasar la noche.

Estancia Santa Clara
A 30 min de Buenos Aires
☎ (011) 4274 1878
Para los que buscan un entorno relajado, con caballos vagando por la hierba mientras saborean un asado.

Mar y sierras

La pesca es muy popular a lo largo de la costa atlántica, al sur de Buenos Aires, tanto en el mar como en los diversos ríos y lagunas de la región.

Laguna de Chascomús

Chascomús es una ciudad pequeña, a orillas de la laguna de Chascomús, a unos 125 km al sur de Buenos Aires. Puede llegar en automóvil o tren. La laguna tiene agua salobre, y se pesca sobre todo pejerrey (una especie de siluro) y un pescado muy agresivo llamado la tararira. Puede alquilar el equipo en el club local, el Club de Pesca y Náutica, que tiene tarimas sobre la laguna, al final de la Av-

da. Lastra. También hay diversas estancias cerca de Chascomús que ofrecen alojamiento:
La Estancia Santa Ana
☎ (03241) 436 236
La Euskera
☎ (03241) 430 915

En el litoral

En la serie de centros de vacaciones situados a lo largo de la costa, desde San Clemente del Tuyú hacia el sur, hasta Mar del Plata, Miramar y Necochea, también es popular la pesca, y la mayoría de los clubs locales alquilan el equipo y organizan excursiones para pescar en el mar. Los siguientes operadores organizan excursiones regulares y disponen de embarcaciones para alquilar:
Casa de Pesca La Trucha
Esquina de la calle 10 y la 59
Necochea
☎ (0262) 428 601
Cruceros para pescar, todos los días en verano.
Daniel Rodríguez
Mar del Tuyú
☎ (0246) 421 508
Viajes para pescar; hay que concertarlos con antelación.
El Pique
Avda. Los Talas del Tuyú y calle 72
San Clemente del Tuyú
☎ (0252) 421 601
Viajes para pescar. Reservar.
Turimar
Mar del Plata
☎ (0223) 484 1450
Excursiones en barca y viajes para pescar, todos los días en verano.

Las sierras alrededor de Tandil

Esta zona ofrece excelentes oportunidades para practicar actividades al aire libre. En Tandil, diversos operadores organizan todo tipo de actividades:
Alquiler de bicicletas de montaña
Sr. Rodríguez
Calle Uriburu 1488
☎ (0293) 428 669
Deportes de aventura
Las Heras 346
Canoísmo, senderismo, escalada, equitación, excursiones a pie.
☎ (0293) 430 522

Fundación Vida Silvestre Argentina

Esta fundación se ocupa de algunas de las zonas protegidas del país que tienen especial importancia ecológica.

Es una buena fuente de información sobre estas zonas y los servicios que ofrecen a los visitantes.
Fundación Vida Silvestre Argentina
Defensa 245
Buenos Aires
🕐 De lunes a viernes,
de 10:00 a 13:00 h
y de 14:00 a 18:00 h
☎ (011) 4331 3631

Excursiones a caballo
Sr. Gabriel Barletta
Sierra del Tigre (cerro Centinela)
La Cascada
Avda. Avellaneda 673
☎ (0293) 427 725
Paseos con guía
Garibaldi 215
Cafulcurá
☎ (0293) 424 450

Las sierras centrales

Observación de aves

Observar las aves es una de las actividades más interesantes que se pueden realizar en las sierras de Córdoba, donde podrá ver una amplia variedad de especies, incluidos cóndores, alrededor de un punto llamado justamente El Cóndor, al sur de Córdoba.

El Club Andino organiza excursiones de observación y senderismo, entre otras actividades.
Club Andino
Deán Funes 2100
Córdoba

Zona nordeste

En el nordeste, el principal atractivo al aire libre son las mundialmente famosas cataratas del Iguazú, en la frontera con Brasil, y los esteros del Iberá, una región pantanosa formada en torno al antiguo curso del río Paraná. Los dos lugares ofrecen magníficas oportunidades para observar fauna exótica en un ambiente subtropical exuberante.

Cataratas del Iguazú

Se pueden organizar excursiones en bicicleta o a caballo por los senderos de la selva que rodea las cataratas del Iguazú. Hay que preguntar en el centro de información del parque.

Esteros del Iberá

La mejor manera de ver la flora y fauna en los esteros del Iberá es alojarse en una de las posadas situadas en Carlos Pellegrini o sus alrededores, aunque también se puede acampar al borde de la laguna, en el centro de información que hay en las afueras de la ciudad. También se organizan excursiones en barca por la laguna, que parten del centro de información; se recomienda averiguar horarios y precios. El personal del centro sirve de guía en los paseos a pie por la pequeña zona arbolada situada enfrente, donde hay monos aulladores muy mansos y tímidos ciervos.

Zona noroeste

Termas de Río Hondo

Sin duda, el lugar más elegante del noroeste son las termas de Río Hondo, en la provincia de Santiago del Estero, 63 km al norte de la ciudad del mismo nombre. Para los que prefieran hacer algo más agotador que disfrutar de los baños termales, en las cercanías está el embalse de Río Hondo, donde pueden practicar una amplia variedad de deportes acuáticos organizados por el Club Náutico, que tiene su sede a orillas del embalse. También hay un cámping del ACA.

Parques Nacionales, Calilegua y El Rey

El Parque Nacional Calilegua, al este de Salta, y el Parque Nacional El Rey, al norte de Jujuy, contienen algunos de los paisajes de yungas tropicales más impresionantes del

---

Pesca con mosca

La pesca de la trucha en Argentina figura entre las mejores del mundo.

Es posible pescar a lo largo de la costa, en los ríos andinos o en los numerosos lagos y ríos intermedios. El viajero puede pasar unas solitarias vacaciones pescando truchas en los límpidos lagos y arroyos de la zona de los Andes. Se proporciona alojamiento, equipo y guías. Hay que ponerse en contacto con:

Caleufu River SRL
M. Moreno 1185
San Martín de Los Andes
Neuquén
☎ (03944) 47199
Cosmopolitan Travel
Leandro N. Alem 986,
planta 7, Buenos Aires
☎ (011) 4311 7880/
6695/6684

---

país. Ninguno de los dos ofrece servicios para los visitantes, y tampoco disponen de transporte público; quizás por este motivo su flora y fauna están tan bien conservadas hasta la fecha. Sin embargo, se permite acampar y hay agencias de viajes en Salta y Jujuy que organizan excursiones (unos 100 dólares por persona y día).
Ecoturismo
Jujuy
☎ (03768) 425 216
(Sra. Cintia Alvarado)
Puna Expediciones
Braquiquitos 339
Salta
☎ (087) 434 1875

Cuyo

Literalmente, el mayor atractivo de la zona es el Aconcagua, la montaña más alta de América del Sur. Todos los años se organizan numerosas expediciones para escalarlo, que parten de Mendoza. Se puede pedir información en el Club Andinista.
Club Andinista
F. L. Beltrán 357, Guillén
☎ (061) 431 9870
Para hacer un viaje de ocho días hasta el pie del Aconcagua hay que ponerse en contacto con Fernando Grajales, Optar Tours.
Optar Tours
Mendoza
Hostería Puente del Inca
☎ (0261) 438 0480
Cuyo se está convirtiendo rápidamente en uno de los principales centros de turismo de aventuras

del país y ofrece una amplia gama de actividades, como el *rafting* en los rápidos de los ríos, el ciclismo de montaña y el *snowboard*. Varias agencias de viajes están especializadas en estas actividades, entre las que se incluyen:
Ascensiones y Trekking
Reconquista 702
Godoy Cruz
☎/🖹 (061) 424 4292
ascensionesytrekking@arnet.com.ar
Se puede conseguir transporte y una gran variedad de expediciones de senderismo hasta el Parque Provincial Talampaya, cerca de La Rioja, en el norte del Cuyo. Para más información, hay que ponerse en contacto con D. Carlos Declaro.
Delegación de Turismo
Libertad esquina Independencia
Chilecito
☎ (03825) 422 688; 423 046
**Dirección Provincial
de Turismo**
Avda. Pte. Perón 401
La Rioja
☎ (0822) 428 839
🖹 (0822) 422 913/648
Adolfo Páez
Guardaparque de Talampaya
Pagancillo
☎ (03825) 47115
Betancourt Rafting
Panamericana y Río Cuevas
Godoy Cruz
Mendoza
☎/🖹 (0261) 439 1949/0229
Exploring Turismo Aventura
Avda. H. Yrigoyen 423
San Rafael
☎/🖹 (0627) 436 439
bessone-viajes@cpsarg.com

La Patagonia

A esta inmensa porción del territorio argentino, que tiene forma de cuña, corresponden la mayor parte de los paisajes más espectaculares del país, en los que se ofrece un despliegue deslumbrante de actividades para hacer al aire libre y de safaris naturales.

Bariloche

Bariloche, a orillas del lago Nahuel Huapi, en pleno Parque Nacional Nahuel Huapi, es uno de los centros más populares de la Patagonia, y las distintas actividades disponibles van desde la observación de pájaros hasta el vuelo con ala delta.

Existen numerosas agencias en la ciudad especializadas en distintas actividades al aire libre; de todos modos, para buscar más información conviene dirigirse en primer lugar a:

Club Andino Bariloche
20 dc Febrero
☎ (0944) 424 531

Asimismo, en esta zona abundan las estancias abiertas a los visitantes. Es posible pasar desde medio día hasta una semana cabalgando bajo los cielos abiertos de las laderas andinas, cerca de la ciudad de Bariloche, algo parecido a los ranchos de vacaciones de Estados Unidos pero más duro, acampando bajo las estrellas. Hay que ponerse en contacto con Carol Jones, de la Estancia Nahuel Huapi, o con Hans Chulz, de Polvani Tours.

Estancia Nahuel Huapi
Nahuel Huapi
Polvani Tours
Quaglia 268
☎ (03944) 423 286

Es probable que la península Valdés sea el centro de flora y fauna más conocido de Argentina, sobre todo por sus enormes colonias de leones marinos y pájaros bobos.

Las siguientes agencias, la mayoría con base en Puerto Pirámide, ofrecen viajes en barca para observar las ballenas.

Moby Dick
☎ (0965) 495 014

Muelle Viejo
☎ (0965) 451 954
☎ (011) 4314 1537
Peke Sosa
☎ (0965) 495 010
Pinino Orri
☎ (0965) 495 015
Sur Turismo
Julio A. Roca
Puerto Madryn
☎ (0965) 434 550
🖷 (0965) 421 292

Tierra del Fuego

Un breve viaje en el tren de vapor que hay en Tierra del Fuego, que responde al evocador nombre de «tren del Fin del Mundo», es un agradable paseo de un día, muy adecuado para las familias. Sale del cámping municipal, situado a las afueras de Ushuaia, para emprender un viaje de ida y vuelta de dos horas de duración, hasta la entrada del Parque Nacional de Tierra del Fuego. En verano hace cuatro salidas por día.

**Parque Nacional
de Tierra del Fuego**
☎ (901) 431 600
🖷 (901) 437 696
ush@trendelfindelmundo.com.ar

Ushuaia constituye también la base principal para emprender una serie de viajes en barco por los canales fueguinos, recorriendo el estrecho de Magallanes, así como para hacer varios cruceros más largos, que llegan hasta la Antártida. A continuación, se enumeran algunas agencias y operadores turísticos locales e internacionales:

Excursiones Rumbo Sur
San Martín 342, Ushuaia
🖷 (02901) 430 699
Viajes en catamarán a la isla de los Lobos, a las colonias de pájaros bobos y a Harberton.

Tolkeyén Servicios Marítimos
Puerto de Ushuaia
Muelle Turístico
☎ (02901) 433 080; 430 532
Excursiones en catamarán a la isla de los Lobos y a las colonias de pájaros bobos.

Deportes

Automovilismo

Las carreras automovilísticas han sido muy populares durante años, y así, por ejemplo, Juan Manuel Fangio (ya fallecido), que durante la década de 1950 fue campeón de Fórmula 1 en cinco ocasiones, es prácticamente un héroe popular. Para muchos argentinos es una pena que por motivos financieros no se celebre en Argentina el campeonato de Fórmula 1 desde hace años. Lo más parecido a un «gran premio» que tiene lugar ahora en Argentina son las carreras de Fórmula 3 de América del Sur, en las que se corren media docena de carreras al año en distintos puntos del país. Asimismo, son muy populares las carreras de automóviles con colisiones, en las que hay varios niveles; cada uno de ellos celebra su campeonato anual, en el que se corren carreras casi todos los fines de semana en distintos puntos y regiones del país.

Todos los años se celebran diversos *rallies*, como parte de la serie para el campeonato del mundo, por lo general durante los meses de agosto y septiembre, en la provincia de Córdoba.

Esquí

El esquí es muy popular en Argentina, sobre todo para los turistas que llegan del hemisferio norte. La temporada de esquí va desde el es de mayo hasta octubre, con algunas variaciones según el centro invernal.

Entre las principales estaciones de esquí de Argentina cabe destacar el **Complejo Cerro Catedral**, cercano a Bariloche; el **Valle de las Leñas**, situado al sur de la provincia de Mendoza, y **Los Penitentes**, una pequeña estación cerca de la capital cuyana.

También hay otras estaciones de esquí distribuidas por todas las provincias de la zona sur; incluso una en Tierra del Fuego y otra cerca de Esquel.

Fútbol

El deporte-espectáculo más popular de Argentina es el fútbol. La selección nacional ha ganado la Copa del Mundo en dos ocasiones (1978 y 1986); los equipos locales despiertan un fervor casi religioso, y la rivalidad entre sus partidarios puede ser terrible.

Los principales equipos del país están en Buenos Aires, y los más conocidos son el Boca Juniors y el River Plate. Suele haber partidos los miércoles y domingos, aunque esto varía según la época del año.
Boca Juniors
Brandsen 805
☎ (011) 4362 2050
River Plate
Avda. Figueroa Alcorta 7597
☎ (011) 4785 1019

Hípica

Los dos principales hipódromos de Buenos Aires son:
Jockey Club
En la esquina de la Avda. Márquez y Centenario
San Isidro
Hipódromo de Palermo
Avda. del Libertador (entre Dorrego y Olleros)
Palermo
Hay carreras más o menos cuatro veces a la semana, por la tarde y por la noche.

Hay hipódromos más pequeños en la mayoría de las grandes ciudades del país.

Pato

Este deporte exclusivamente argentino a veces se juega delante del público en las estancias de los alrededores de Buenos Aires.

En el **Club de Campo Hípico y**

de **Pato Barracas al Sur**, en Buenos Aires, se celebran juegos, exhibiciones públicas y numerosas muestras de equitación.
☎ (011) 4201 5196

Polo

Los caballos de polo argentinos son muy apreciados en todo el mundo por su agilidad y velocidad. Muchos equipos europeos viajan al país para mejorar su juego.

El mejor lugar para ver jugar al polo en Buenos Aires es en el campo de Palermo. El campeonato nacional más importante se suele llevar a cabo en noviembre. Las entradas se puede adquirir en la taquilla del mismo campo, en la avenida del Libertador y Dorrego.

Rugby

Argentina es uno de los diez países donde se juega el mejor rugby. Durante la temporada, de abril a noviembre, los partidos siguen llamando la atención de un entusiasta y numeroso público. El equipo nacional, Los Pumas, juega en el estadio de Vélez Sarsfield (barrio de Liniers), cerca de Buenos Aires *(véase pág. 131).*

Bibliografía

Historia

Argentina.
  El Siglo del Progreso
  y la Oscuridad (1900-2003)
  María Seoane
  Crítica
  Barcelona, 2004
Argentina. La destrucción
  de una nación
  Ángel Jozami y Jorge Beinstein
  Mondadori
  Barcelona, 2003
El drama de la autonomía
  militar: Argentina bajo
  las juntas militares
  Prudencio García
  Alianza Editorial
  Madrid, 1995

Ficción

Bomarzo
  Manuel Mujica Láinez
  Seix Barral
  Barcelona, 1998
Boquitas pintadas
  Manuel Puig
  Seix Barral
  Barcelona, 1998
Cuentos argentinos
  (antología)
  Varios Autores
  Siruela
  Barcelona, 2004
Cuentos completos
  (vols. 1 y 2)
  Julio Cortázar
  Ediciones Alfaguara
  Madrid, 1998
Cuentos de la selva
  Horacio Quiroga
  Anaya
  Madrid, 2005
Criaturas de la noche
  Lázaro Covadlo
  El Acantilado
  Barcelona, 2004

El aleph
JORGE LUIS BORGES
Alianza Editorial
Madrid, 1998

El beso de la mujer araña
MANUEL PUIG
Seix Barral
Barcelona, 1998

El enigma Valfierno
MARTÍN CAPARRÓS
Planeta
Barcelona, 2005

El entenado
JUAN JOSÉ SAER
El Aleph editores
Barcelona, 2003

El hacedor
JORGE LUIS BORGES
Alianza Editorial
Madrid, 2005

El juguete rabioso
ROBERTO ARLT
Cátedra
Madrid, 1985

El libro de arena
JORGE LUIS BORGES
Alianza Editorial
Madrid, 2005

**El quinteto
de Buenos Aires**
MANUEL VÁZQUEZ MONTALBÁN
Planeta
Barcelona, 2004

El sueño de los héroes
ADOLFO BIOY CASARES
Alianza Editorial
Madrid, 2005

Estoy en Buenos Aires, gordo
ARTURO SAN AGUSTÍN
Ediciones B
Barcelona, 2004

**Historia universal
de la infamia**
JORGE LUIS BORGES
Alianza Editorial
Madrid, 2005

La ciudad ausente
RICARDO PIGLIA
Anagrama
Barcelona, 2003

**Los viajes: En la Patagonia;
Los trazos de la canción;
¿Qué hago yo aquí?**
BRUCE CHATWIN
Península
Barcelona, 2005

La furia y otros cuentos
SILVINA OCAMPO
Alianza Editorial
Madrid, 1997

La invención de Morel
ADOLFO BIOY CASARES
Alianza Editorial
Madrid, 2005

La selva borracha
GERALD DURRELL
Alianza Editorial
Madrid, 1995

Los siete locos
ROBERTO ARLT
Ediciones Escolares
La Escuela Nueva
y Alinorma
Madrid, 2004

Martín Fierro
JOSÉ HERNÁNDEZ
Espasa-Calpe
Madrid, 2003

Plata quemada
RICARDO PIGLIA
Anagrama
Barcelona, 2000

**Salvaje: Vida y tiempos
de Jemmy Button**
NICK HAZLEWOOD
Edhasa
Barcelona, 2004

Santa Evita
TOMÁS ELOY MARTÍNEZ
Punto de lectura
Madrid, 2003

Sobre héroes y tumbas
ERNESTO SÁBATO
Espasa-Calpe
Madrid, 2004

Todos los Funes
EDUARDO BERTI
Anagrama
Barcelona, 2004

Gastronomía

Cocina argentina
SILVIA SUSMANSCKY, ROSARIO
QUINTETAS Y MARIEL SORIA
ICARIA
Barcelona, 1996

Cocina en Argentina
KARLOS ARGUIÑANO
Editorial Debate
Barcelona, 1997

Créditos fotográficos

Todas las fotografías son de Eduardo Gil excepto:

Bemporad, Fiora 34–35, 36, 38, 39, 40, 41, 42–43, 44, 46, 47, 49, 50, 51, 53, 54, 55, 56, 57, 59, 60, 65, 79, 82, 98, 148, 162, 172, 269, 294
Bemporad, Fiora (National Archives) 58
Bemporad, Fiora (Witcomb Collection) 149
Boroughs, Don 14, 62, 83, 85, 128, 131, 154Marg., 155Marg, 304, 322–323
Brodsky, Marcelo (Focus) 156, 314
Bunge, Roberto (PW) 132–133, 199, 202Marg, 238, 255, 261, 267, 274, 276
Calligaris, Gustavo (Focus) 198
Campbell, Laurie (NHPA) 281Marg, 297Marg, 300Marg
Cassinelli, María (Focus) 196, 299
Cicchelli, Canevari, (Marcelo) 99
Cinti, Roberto (PW) 8–9, 18, 19, 21, 22, 23, 115, 239, 247, 250, 253, 254, 279Marg, 293, 296, 311Izq., 311D., 312, 316, 327, 334
Coe, Chris (Axiom) 262
Cottescu, Pablo Rafael 100, 120, 305, 313
Ellis, Keith 275Marg
Encinas, Arturo (Focus) 122
Enock, Abbie (Travel Ink) 97
Fadigati, Carlos (Focus) 84, 101, 257
Fari, Sindo 121, 257, 264
Fernández, Hugo (Andes Press Agency) 27
Genin, Glyn 6–7
Goldin, Carlos (Focus) 310
Goodall, Rae 324, 329, 330, 332
Goodall, Thomas 325, 326, 331
Guillermo (Andes Press Agency) 129
Hall, Derek 245, 251Marg, 279, 280
Hennessy, Huw 150Marg, 171, 174, 175Marg, 177, 180Marg, 182, 182Marg, 184Marg, 191Marg, 192Marg, 193, 229, 236Marg, 237Marg, 238Marg, 270Marg, 274Marg, 278Marg, 314Marg, 315Marg
Hooper, Joseph 295
Houser, Dave G. 4–5, 91, 166, 178, 183, 270, 334Marg
Joly, Marcus (Focus) 102, 103, 233, 263
Kierszenbaum, Quique (Gettyimages) 72
Kirbus, Federico B. 111, 243
Kitchin, T. & Hurst, V. (NHPA) 116
Kvaternik, Walter (Naturpress) 306
Lawrie, Eric 298, 301

Abreviaturas remisiones

Arr.	arriba
Ab.	abajo
D.	a la derecha
Izq.	a la izquierda
C.	en el centro
Marg.	al margen

Lerke, Eduardo (Focus) 61, 125, 194–195, 204Marg
Martín, Luis (Focus) 32
Miles, G. 245Marg, 248Marg, 249Marg, 254Marg, 257Marg, 258, 259Marg, 260
Morrison, Kimball (South American Pictures) 16–17, 273, 275, 277, 282
Morrison, Tony (South American Pictures) 45, 114, 117, 189, 214
Neyens, Arlette 30, 80, 113, 144–145, 146
Nowikowski, Frank (South American Pictures) 112, 269Marg
Ocampo, Alex (PW) 37, 126–127, 149, 155, 158Marg, 163, 168, 188, 208–209, 210, 212, 222, 223
Océano 230, 235
Passera, Carlos A. (PW) 106–107, 108, 109, 110, 290, 308, 315, 333
Pettypool, Michael J. 231
Pierres, Susan 234
Rüst, Rudolfo (Focus) 118–119
Sánchez, Alfredo (Focus) 78, 226, 227
Schulte, Jorge Juan 24–25, 28, 31, 96, 185
Soder, Eric (NHPA) 236
Toase, David (Travel Ink) 203
Topham Picturepoint 300, 309
Vautier, Mireille 12–13, 20, 26, 48, 73, 161Marg, 164, 165Marg, 266, 281Marg, 283, 288–289, 291, 326Marg, 328, 335
Volkmar Janicke 33, 138, 173, 246, 248, 251, 252, 317
Welna, David 161, 184
Wendler, Martin (NHPA) 237

Dobles páginas

Págs. 104–105
Fila superior, de izquierda a derecha:
Mireille Vautier, Huw Hennessy, Abbie Enock (Travel Ink), Eduardo Gil.
Fila central, de izquierda a derecha:
Chris Coe (Axiom), Abbie Enock (Travel Ink).

Fila inferior, de izquierda a derecha:
Michael J. Pettypool, Abbie Enock (Travel Ink), Eduardo Gil.
Págs. 186–187
Fila central, de izquierda a derecha:
Ed. Gil, Dave G. Houser, Dave G. Houser.
Fila inferior, de izquierda a derecha:
todas de Eduardo Gil.

Págs. 284–285
Fila superior, de izquierda a derecha:
Chris Coe (Axiom), Bowman (Axiom), Huw Hennessy, Chris Coe (Axiom).
Fila central, de izquierda a derecha:
Huw Hennessy.
Fila inferior, de izquierda a derecha:
Huw Hennessy, Chris Coe (Axiom), Huw Hennessy.

Págs. 320–321
Fila superior, de izquierda a derecha:
Eduardo Gil, Frank Nowikowski (South American Pictures), Derek Hall, Frank Nowikowski (South American Pictures).
Fila central, de izquierda a derecha:
Eduardo Gil, Eduardo Gil, Laurie Campbell (NHPA).
Fila inferior, de izquierda a derecha: Frank Nowikowski (South American Pictures), Laurie Campbell (NHPA), Tony Morrison (South American Pictures), Eduardo Gil.

aRGentina

🦙 **GUIAS OCEANO**

Editor de cartografía
Zoë Goodwin
Director de arte
Carlotta Junger,
Graham Mitchener
Investigación fotográfica
Hilary Genin, Mónica Allende
Producción
© 2006 Apa Publications GmbH
Co. Verlag KG (Singapore Branch)

Los mapas de la presente publicación se ajustan a la cartografía oficial de la República Argentina establecida por el poder ejecutivo nacional a través del Instituto Geográfico Militar, Ley 22.963, aprobada por expediente con referencia: GGO 0531/5, de 24 de febrero de 2000.

ÍNDICE

Los números en *cursiva* hacen referencia a las fotografías.

Notas

Notas

Notas

NOTAS

NOTAS